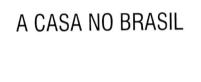

ANTONIO RISÉRIO

A CASA NO BRASIL

Copyright © 2019 Antonio Risério

EDITOR
José Mario Pereira

EDITORA ASSISTENTE
Christine Ajuz

REVISÃO
Luciana Messeder

PRODUÇÃO
Mariângela Felix

DESIGN DE CAPA E ILUSTRAÇÕES
Miriam Lerner | Equatorium Design

DIAGRAMAÇÃO
Arte das Letras

CIP-BRASIL. CATALOGAÇÃO NA FONTE.
SINDICATO NACIONAL DOS EDITORES DE LIVROS, RJ.

R474c

    Risério, Antonio
       A casa no Brasil / Antonio Risério. – 1ª ed. – Rio de Janeiro: Topbooks, 2019.
       427 p.; 23 cm.

       ISBN: 978-85-7475-284-6

       1. Ensaios brasileiros. I. Título.

19-56209   CDD: 869.4
                                       CDU: 82-4(81)

TODOS OS DIREITOS RESERVADOS POR
Topbooks Editora e Distribuidora de Livros Ltda.
Rua Visconde de Inhaúma, 58 / gr. 203 – Centro
Rio de Janeiro – CEP: 20091-007
Telefax: (21) 2233-8718 e 2283-1039
topbooks@topbooks.com.br/www.topbooks.com.br
Estamos também no Facebook e Instagram.

Em memória de Boris Schnaiderman e Décio Pignatari,
figuras iluminadas do ensinamento e da inquietude.

Ai de vós, que ajuntais casa a casa, e acrescentais propriedade a propriedade, até não deixar mais terreno, e habitardes somente vós sobre a terra!

|Isaías.

Oh, a storm is threat'ning
My very life today
If I don't get some shelter
Oh yeah, I'm gonna fade away.

|Mick Jagger / Keith Richards, "*Gimme Shelter*".

Pareceu-me então... que a cidade não havia crescido, como ensinavam os economistas, em obediência a leis quase naturais, mas que era um artefato almejado, um constructo humano em que muitos fatores conscientes e inconscientes desempenham seu papel. O processo parecia ter algo da interação entre consciente e inconsciente que encontramos nos sonhos.

|Joseph Rykwert, *A sedução do lugar: a história e o futuro da cidade*.

Com um pouco de boa vontade, não será tão impossível criar um paraíso terrestre.

|Piet Mondrian, "A Casa – A Rua – A Cidade".

Sumário

Agradecimentos 15
1. Abre-caminho 17
2. Sobre a casa 23
3. Leitura do lugar 26
   Sob o signo da desigualdade 29
   Modos de ver 33
4. Sobre a rua 38
   Na trama das ruas 39
   Parênteses: pobres pedestres 47
5. Sentidos do bairro 52
   Vida bairrista 61
6. Degradação e sumiço das águas urbanas 67
   Um toque final 73
7. A solidão, a palha e o fogo 74
   Onipresença da palha 76
   Lugar do fogo 79
8. A casa-grande 88
   Mobiliário, utensilagem 94
   Densidade demográfica 97
   Declínio econômico, fausto arquitetônico 98
9. Umas casas paulistas 101
10. Três solares 109
   A Casa da Torre de Tatuapara 109
   O Solar do Brejo 117
   O Solar do Almirante 120
11. Um pouco da cidade 123
12. Moradias urbanas 130
   Privacidade zero 137

13. Casa, família e sexo em São Paulo 140
14. Tempo de mudanças 145
15. A casa burguesa no Rio de Janeiro... 151
16. A casa burguesa e seu avesso 160
    O templo lúmpen.. 165
    Casas Híbridas 168
17. Bolinando bordéis 174
18. Sobre senzalas 187
    Família escrava 187
    A casa do casal 191
    Senzala & casa africana 192
    O lance urbano... 194
19. Cortiços e vilas 198
    O cortiço no romance social de Lima Barreto................................. 205
    Vilas operárias 210
    Cortiços hoje 212
    Mais um toque 214
20. Um solar através dos séculos 216
21. A casa neocolonial 230
22. De Hollywood para o Brasil 239
23. Vanguarda em cena 248
24. A questão habitacional 254
    Breve panorama das favelas... 260
25. Vargas e a vanguarda 265
26. A questão da terra e a autoconstrução 272
27. Meu BNH, minha vida 282
28. Mais desigualdade... 294
    Por uma conclusão 299
29. A política das favelas 302
    Uma visão panorâmica 303
    Paisagem paulistana 309
    A perversão consumista 313
    Outras palavras 317
30. O governo atual e as cidades 321
31. Umas notas caseiras 328
    Casa e tecnologia 328
    Sobre condomínios fechados 331
    Bichos de casa 340

    Sociologia da garagem.. 342
    Que casas são essas?.. 347
32. Sobre verticalização 349
    Tecnologia e estética 353
    A qualidade inicial 358
33. O apartamento no Brasil.. 363
34. Um processo carioca 373
35. Esboço para uma síntese 377
36. Ética e cidade 387
    Ética: consciência social e ecologia.. 387
    Virtude e futuro 394
    Sobre "Evolucionismo" 397
37. A dimensão socioecológica... 399
38. Como as moradias mudam 405
    Componente comportamental.. 406
    Cosmovisões... 407
    Tecnologia e ecologia.. 409
    A casa atual 412
    Coda 413
Apêndice – O significado da casa 415

Agradecimentos

Cumpro aqui a obrigação que me é sempre prazerosa de agradecer a uns raros e claros amigos que, fornecendo textos e informações, me ajudaram a compor mais este trabalho: Antônio Heliodório Sampaio, Clarissa Morgenroth, Dóris Abreu, Eneida Ferraz, Eduardo Giannetti, Getúlio Santana, Marcelo Ferraz, Manuel Touguinha, Sérgio Guerra, Tuzé de Abreu e Victor Mascarenhas. Ao editor José Mario Pereira e o pessoal da Topbooks, que, para a minha viva alegria intelectual, se dispuseram a viabilizar o volume. E, finalmente, à força, ao carinho e à luz de minha mulher Sara Victoria, que dá sentidos à minha vida.

Ilha de Itaparica, 15 de maio de 2019.

1. ABRE-CAMINHO

Pensar a cidade e a casa é coisa que parece engendrar uma conversa sem fim. Sempre sobram temas que não foram tocados; desenham-se dimensões insuspeitas e até inesperadas; ganham nitidez lacunas antes apenas entrevistas; o avanço no plano pessoal do conhecimento (sou um estudante a meio caminho entre os 60 e os 70 anos de idade) indica situações, pistas e objetos que não eram percebidos; afloram aspectos novos da questão. E embora eu não me disponha de modo algum a construir um pensamento global e sistemático sobre o assunto – longe disso, na verdade –, me sinto provocado por chispas que deixei pelo caminho (ou também rochedos que, voluntária ou involuntariamente, contornei) e me entrego à atração de voltar atrás, a fim de me aproximar de (ou de tentar levar um pouco mais à frente) tópicos que restaram à margem de paragens onde, bem ou mal, me detive. Foi assim que me vi conduzido a escrever este livro, que nasceu como que em resposta a solicitações e exigências de um outro, que publiquei anteriormente: *A cidade no Brasil*. Mas, como tudo é muito provisório, não duvido de que este agora *A casa no Brasil* queira me forçar adiante a outros rumos e perquirições por essas mesmas regiões do saber. Afinal, como bem diz Barbara Ward em *The Home of Man*, quando escrevemos sobre o *habitat*, devemos nos resignar ao fato de que tudo que produzirmos será sempre incompleto. E Vittorio Gregotti, em seu *Território da arquitetura*, dá uma razão para isso: "Se refletimos em torno à ideia de habitar, esta tarefa se nos apresenta como muito ampla, porque habitar é, de qualquer modo, a maneira como os homens estão sobre a terra."

Até mesmo porque a nossa visão das coisas não cessa de mudar. A minha, pelo menos. Não tenho nenhum apreço especial pelo entendimento mais rasteiro do que seja a coerência. Para mim, "coerência" não é repetir *ipsis litteris* o que disse há dez, vinte ou trinta anos. Isto é redundância. *Coerência* é manter um compromisso profundo e essencial com a busca de uma verdade, com o projeto da pessoa para si mesma e para o mundo e, no meu caso, com a realização de coisas que contribuam para melhorar a qualidade da vida social. No tocante às cidades, meu juízo sobre elas pode variar em função de várias coisas, inclusive em consequência do que as vai modificando. Variações tanto conjunturais quanto essenciais. No primeiro caso, classifico o meu mal-estar atual com relação à Cidade da Bahia. Nunca o senso estético e urbanístico baiano esteve tão baixo como nesses últimos anos, com o paradoxo de uma população comportamentalmente agressiva e politicamente acovardada, enquanto a cidade segue colecionando crimes e cretinices de toda ordem, a exemplo do trem suburbano entre o Iguatemi e Lauro de Freitas. Em poucas palavras, a grossura e a irresponsabilidade, tanto de governos "neoliberais" quanto da mentalidade sindicalista, estão destruindo a cidade. Noutros lances, experimento alterações de natureza essencial. Por exemplo: meu fascínio por Brasília, hoje, não é o mesmo de anos atrás. Turvou-se, numa medida significativa, embora continue achando a cidade muito bonita. Mas entendo melhor a relação ambivalente de alguns amigos meus com a nossa capital. Há pessoas que, mais que urbanitas, são urbanófilas. É o meu caso, aliás. Cidades como Brasília ou, num certo sentido, até mesmo Los Angeles (a atual, claro, não a antiga Nuestra Señora de los Ángeles) podem fascinar um urbanófilo. Mas, regra geral, não o seduzem em total profundidade. Não possuem, para ele, valor "uterino". Não trazem a magia e a densidade dos espaços realmente públicos. Suas ruas e praças não parecem suficientemente impuras e imantadas pela presença mais suja das pessoas comuns. É como se tais cidades portassem um alto teor de irrealidade. Como se fossem figuras pictóricas no espaço e não, por assim dizer, cidades de carne e osso.

Mas este é outro assunto. Por enquanto, este livro quer deixar claro o seguinte: uma teoria e uma história da casa brasileira devem se articular a partir de extremos socioculturais que, na origem e ao cabo, se entrelaçam. De uma parte, sem se esquecer de que o tipo mais persistente, na história da casa brasileira, é o mocambo: a choça ou palhoça do escravo, do ex-escravo ou do descendente de escravos, que vai se prolongar nos barracos das favelas, incorporando novos materiais, como o plástico e o zinco. Ao longo do tempo, este mocambo, sob qualquer ponto de vista, ou foi senzala ou dela descende. Ou seja: os mais pobres, no Brasil, habitam abrigos que remetem à vida no mundo dividido entre senhores e escravos. De outra parte, a senzala também está presente, de modo explícito ou disfarçado, em todas as moradias que os mais ricos edificaram em nossos trópicos. Tivemos a senzala propriamente dita, no conjunto arquitetônico regido pela casa-grande rural. E diversas réplicas dissimuladas, sucedâneos ou *ersatzen* seus. Porque a senzala nunca saiu de cena. As unidades habitacionais construídas no Brasil para receber grupos sociais privilegiados, dos segmentos intermediários para cima, trazem todas esta marca indelével. Fácil vê-la tanto nos edifícios dos primeiros dias coloniais, quanto nos prédios de apartamentos dos séculos XX e XXI. Com relação a estes, coisas como elevadores de serviço e dependências para empregadas domésticas (substitutos evidentes da senzala) também remetem ao escravismo. Isto significa que, se atarmos as duas pontas (amarrando ainda o que vai pelo meio), a da pobreza e a da abundância, vamos ver que a sociedade brasileira, do século XVI aos dias de hoje, *flats* à parte, só conheceu, na verdade, um tipo de moradia: a *casa escravista*. É uma constatação óbvia e central que se pode extrair das páginas por vir.

E olha que é longo o espectro temporal que examino. Os textos aqui reunidos tratam de temas que se estendem dos inícios da história do país aos dias de hoje. Mas aviso que, se me espraio pelo passado e pelo presente, economizo palavras com relação ao futuro. Como sempre digo, inexistem búzios ou cartas de tarô na mochila do sociólogo. Quando um "cientista social" se arrisca a profetizar, quase sempre quebra a cara. Na verdade, é bom desconfiar de todo e qualquer exercício de futurologia. E tratar fantasias proféticas com o maior distanciamento possível. Nunca me esqueço de que, quando era garoto, a minha turma toda acreditava que, no ano 2000, viveríamos como os Jetsons, família que fazia sucesso entre as séries de desenhos animados que passavam na televisão. Entrando na adolescência, ouvi profecias fantásticas. Grande parte delas, apenas deliriosa. Fantasias sem fundamento – ou processos que não tiveram maiores desdobramentos histórico-sociais. Ao mesmo tempo, a humanidade tem presenciado mudanças gigantescas. Gosto de lembrar que, quando o Brasil foi descoberto, em abril de 1500, estima-se que cerca de 500 milhões de seres humanos viviam na superfície terrestre. Hoje, só a população do Brasil é praticamente a metade disso. A já mencionada Barbara Ward diz que, dos povoados de dois mil moradores às megacidades de vinte milhões de habitantes, a humanidade experimentou um "salto quântico". Hoje de manhã, como era de esperar, o planeta se tornou urbano. E, nesses últimos tempos, as mudanças assumiram algo de vertigem. Temos então de caminhar nessa fronteira, tentando perceber/ antecipar direções dos ventos mudancistas e identificar construções falaciosas. Ao mesmo tempo, não devemos abrir mão de pelo menos tentar promover mudanças. Mas, aqui, a conversa é outra. Melhor adotar uma definição de profeta que a poesia romântica nos dá. Para William Blake, profeta não é quem divisa o que acontecerá, mas quem, surpreendendo uma direção nas coisas do mundo, trabalha para que ela se materialize. Não há profecia sem práxis.

Na contextura em que nos encontramos, a questão da moradia brasileira deve ser pensada, radical e simultaneamente, em termos sociais e ecológicos. No Livro II da *República*, Platão faz suas personagens imaginarem a criação de uma cidade (ou cidade-estado, para usar a expressão consagrada *a posteriori*). E aí se impõe a distinção entre a *cidade natural* e a *cidade da luxúria*. A cidade natural é aquela que existe para atender às nossas necessidades reais e primárias. Basicamente, comer e morar. Quando o agrupamento humano vai além disso, voltando-se para satisfazer demandas que não dizem respeito ao "querer natural", configura-se a cidade do excesso, da acumulação ilimitada de riqueza, das falsas necessidades. Para supri-las, a cidade precisa de mais espaço vital e de mais servos. Platão não toma posição por um ou outro modelo de cidade, apenas faz seus convidados chegarem a conclusões a partir do que está implicado no quadro. Para ele, a cidade do excesso e do supérfluo conduz à guerra. No plano externo, porque, para atender a uma miríade de desejos, necessita de mais espaço não só para abrigar uma população crescente (até em resposta a uma complexidade cada vez maior da divisão social do trabalho), como de mais terras para produzir. E vai ser obrigada a tomar essas terras *manu militari*, arrancando-as das cidades que lhe são vizinhas. No plano interno, porque, ao exceder o limite da necessidade natural, a cidade precisa de mais trabalhadores, mais servos, acentuando as desigualdades sociais. Daí que, no Livro IV da mesma *República*, Platão afirme que qualquer cidade, não importa o seu tamanho, é sempre dividida em duas: uma é a cidade dos ricos, outra é a dos pobres – e estas duas cidades estão sempre em guerra uma com a outra.

Platão não se refere (nem poderia se referir, em seu horizonte histórico-cultural) a uma terceira "guerra" gerada pela cidade da luxúria, já que seu funcionamento exige um consumo descontrolado de recursos ambientais. É a guerra contra a natureza, que implica o suicídio da espécie. Daí a preocupação mais recente em combater o excesso, as falsas necessidades do consumo, no sentido de fazer a humanidade se aproximar um pouco do modelo básico da cidade natural. De um tipo de vida de caráter mais comunitário. Observamos isso, ainda que em pauta anarco-romântica até singelamente delirante, durante o movimento da contracultura, na segunda metade da década de 1960. Eram os filhos e netos de Henry David Thoreau em cena. Hoje, a conversa é outra. A necessidade de frear a cidade do excesso, de tentar conduzir uma sua relativa reconversão ao modelo da cidade natural, fundada rigorosamente na satisfação exclusiva de nossas demandas essenciais, é tema de cúpulas políticas internacionais, estudos científicos etc. etc. Existem razões para o medo – e se não existem (ainda) motivos para o desespero, a verdade é que estamos atrasados em começar a lidar pra valer com o assunto. E, em seu sentido mais amplo, a fórmula "cidade natural" aponta para um espaço urbano desenhado pela redução das distâncias sociais e por metas progressivas de diminuição de nossos delitos ambientais. Caminharemos assim, idealmente, para uma cidade ecologicamente equilibrada e socialmente mais saudável. A partir do plano da moradia, que não só é o começo da cidade, como elemento central de qualquer reforma urbana digna desse nome.

E, já que citei Platão, vou me demorar um pouco mais por aqui, entre gregos e grecismos. Todos aprendemos que *polis* (*póleis*, no plural) é a palavra grega para cidade, distinguindo-a de sua área rural, a *khôra*. Está certo, mas uma outra palavra era também usada para denominar a configuração urbana: *ásty*. Embora digam respeito à realidade urbana, todavia, *ásty* e *polis* não são sinônimos. *Ásty* designa a cidade em seu aspecto físico, em sua expressão tangível, em sua materialidade urbanística e arquitetônica. *Polis*, por sua vez, designa a cidade enquanto corpo cívico, complexo jurídico-político, estruturação simbólico-ideológica. É a comunidade política, em sentido lato. No *Greek-English Lexicon*, de Liddel e Scott, lemos: *polis* é o corpo de cidadãos (*body of citizens*) – *ásty*, suas habitações (*their dwellings*). M. I. Finley, em *The Ancient Greeks*: "A *polis* não era um sítio, um lugar material, ainda que ocupasse, naturalmente, um determinado território. Era, em essência, o conjunto do povo atuando de comum acordo e necessitando, por isso mesmo, de um lugar onde se reunir em assembleia para discutir e buscar soluções para os problemas que se apresentassem." A *ásty* era este lugar e seus prédios.

Mas ainda há mais, entrando pelo léxico lúdico. Os gregos empregavam a mesma palavra, *polis*, para designar a cidade e um jogo de tabuleiro – com dados – semelhante ao nosso gamão. Liddel e Scott exemplificam com um texto de Cratinos. Mas também sugerem que é possível que Platão tenha feito uma alusão a este gamão grego na sua *República*. De fato, o filósofo escreve, trocadilhesco, jogo verbal na referência a um jogo real: *póleis-polis*: "Você deve falar de outras cidades [*póleis*] no plural; nenhuma delas é uma só cidade [*polis*], mas muitas cidades [*póleis*], como se diz no jogo [*polis*]". Uma tradutora portuguesa, Maria Helena da Rocha Pereira, informa que Platão aludia a "um jogo do tipo do das damas, cujo tabuleiro estava dividido em sessenta sectores, cada um dos quais representava uma cidade". Ou seja: os gregos diziam "cidades" para o que dizemos "casas", em nossos jogos do gênero (gamão, xadrez, damas). É interessante que, assim como em grego a palavra *polis*, em português o vocábulo *casa* também pertença à semântica lúdica: casa = "cada uma das divisões dos tabuleiros de xadrez e de dama" (Houaiss). De qualquer sorte, entre cidades e casas, a coincidência vocabular grega, com a palavra *polis* podendo nomear tanto a cidade quanto um jogo de dados, é altamente significativa. Não porque os gregos tenham construído cidades geométricas, em grelha ou xadrez. Mas porque aquele jogo era balizado por um conjunto de regras e, ao mesmo tempo, rolava sob o signo do acaso. A cidade tem tudo a ver com isso. Com a interação entre uma coisa e outra, dialética da norma e do imprevisto. É o *coup de dés* urbano. O lance de dados da cidade. Estamos assim, em nossa *polis*, entre a regra e o imprevisível, entre o acaso e a necessidade. E é preciso ter as duas coisas ao mesmo tempo: se tivermos somente a regra, teremos a uniformidade total do corpo cívico, o totalitarismo; se tivermos somente o acaso, teremos a anomia, o caos. Esse é o jogo da cidade. Mas, indo além do jogo verbal de Platão, devemos dizer que isto vale também para a *ásty*, para a configuração urbana em sua fisicalidade. É neste sentido que o diálogo entre a regra e o acaso diz mais de perto à arquitetura e ao urbanismo. À construção de prédios e aos nossos "planos diretores". Sem um conjunto claro e rigoroso de regras, nossas cidades só conhecerão o desequilíbrio, a doença, a anarquia predatória. É num campo definido em termos normativos, tendo como regra ou princípio fundamental a incorporação sistemática e rotineira do acaso, que deveremos tentar construir aquela que é hoje, em dimensão ecossocial, a *cidade necessária*. Com as determinações que os dados, voando livres, encontram finalmente ao aterrissar no tabuleiro.

Para encerrar, advirto que este *A casa no Brasil* é, sobretudo, um *guia para estudantes*. De um modo mais geral, para pessoas interessadas no Brasil e nas realidades brasileiras. Mas sem pretensão maior de originalidade ou de trabalho exaustivo. À sua partida, recorro ao velho Goethe, para dizer, lembrando o verso que se lê no *Fausto I*, que espero sinceramente que este livro não se revele ao cabo um devaneio feito de "muito erro e uma faísca de verdade" ("*Viel Irrtum und ein Fünkchen Wahrheit*"). Pelo contrário – e sem qualquer aspiração "fáustica" –, meu propósito foi compor uma série de apostilas razoáveis e seguras para iniciantes. E posso deixar aqui, finalizando este recado de abertura, mais palavras de Goethe, no mesmo *Fausto*: "tudo eu não sei, mas ando bem informado".

2. SOBRE A CASA

Em *Arquitetura da cidade*, Aldo Rossi escreve uma coisa simples e óbvia. Diz ele que as "características estáveis da arquitetura" são a criação de um ambiente mais propício à vida e a intencionalidade estética. Claro. Uma casa é um objeto que construímos no mundo natural a fim de nos proteger desse mesmo mundo. A construção de um abrigo significa sempre a procura de um "ambiente mais propício à vida". De proteção contra fenômenos naturais e bichos. Independentemente do fato de que possa dialogar até voluntariamente com o entorno, o abrigo consegue isolar as pessoas do mundo externo. Dentro dele, encontramos uma temperatura relativamente controlada pelo homem – seja pela disposição dos trastes ou pelo uso do fogo, por exemplo. Até num contexto entrópico, de fim de jogo, o abrigo guarda, resguarda e busca amenizar rigores existenciais e climáticos, o que podemos ver bem retratado num texto como "A Caverna", de Zamiátin, por exemplo. E uma aldeia tende a criar, inclusive, uma espécie de microclima. Quanto à "intencionalidade estética", é algo encontrável desde o começo das atividades construtivas da espécie humana. Na verdade, está presente também no mundo dos neandertalenses, detectável pela intrigante presença do ocre-vermelho nos sítios onde viviam ou por um curioso arranjo de esferas de calcário encontrado na Tunísia, como nos ensinam os estudos paleontológicos. Indo adiante, ninguém constrói uma casa para que ela seja feia. A intenção não é essa. Nunca foi. Darcy Ribeiro costumava falar da "vontade de beleza" de nossos índios. E arquitetura é arte visual. Arte plástica pública. Sonho ou projeto de acréscimo de beleza ao mundo. Ao lar da natureza.

* * *

Além de abrigo, refúgio. Um canto para morar é um ponto onde nos defendemos de transtornos climáticos e ameaças animais, como foi dito, mas pode ser também um espaço de recolhimento, uma barreira ou um escape às intromissões do meio social – da marola ou da maré dos outros. Esta vontade de ficar a sós, de se recolher, nada tem de especificamente "ocidental" ou particularmente moderna. Em *Canibais e reis*, Marvin Harris cita um estudo de Thomas Gregor sobre os mehinákus, mostrando que a busca da preservação da intimidade permeia o viver em aldeias. No resumo de Harris, os mehinákus sabem demais uns dos outros. Sabem, por marcas de calcanhar ou de bunda, onde um casal suspendeu a caminhada para se entregar aos prazeres do sexo; deduzem pesqueiros secretos, ao encontrar setas perdidas; conhecem o comportamento de cada um durante o coito, assim como o tamanho, a cor e o cheiro de sua genitália. E é evidente que todos acalentam o desejo de escapar, aqui e ali, deste círculo fechado e opressivo. Do mesmo modo, em *Araweté: os deuses canibais*, falando de índios que vivem hoje em terras amazônidas, Eduardo Viveiros de Castro observa que a cordialidade e a extroversão dos arawetés não implicavam inexistência de situações de constrangimento ou de desejo de proteção da intimidade: "uma das funções das periódicas excursões à mata, ou dos acampamentos temporários junto às roças, que congregam pequenos grupos de parentes, é justamente a liberação de tensões provenientes da convivência em uma aldeia". Mas isto vale também para os antigos tupis. Tome-se o caso da arquitetura dos tupiniquins e tupinambás que viviam na orla quinhentista do que hoje é o Brasil. Não havia como preservar a intimidade numa maloca tupi, inteiramente aberta a todos os olhares. Daí que, entre os tupinambás, moças solteiras possuíssem pequenas cabanas no meio do mato, em espaço extramaloqueiro, às quais se recolhiam para fazer sexo com guerreiros de sua escolha. Ou seja: ao lado de proteger do mundo natural, o abrigo humano serviu e serve, também, de proteção contra os faróis devassadores do mundo social. No futuro da espécie, entrando em tempos modernos, este será o espaço por excelência da intimidade pessoal.

* * *

Desde que passamos a viver em póvoas, vilas ou cidades, a casa deve ser vista não como entidade avulsa ou desgarrada do ambiente construído, mas como fragmento significativo do assentamento citadino. Como ponto de partida, princípio da arquitetura e começo mesmo do urbanismo, da constituição material e simbólica da cidade. Existe casa sem cidade, mas não existe cidade sem casa. Nas palavras do arquiteto-urbanista Affonso Reidy: "a habitação é a célula mater da cidade e, como elemento fundamental de sua estrutura, deve estar sempre relacionada com os demais elementos que constituem o complexo urbano". Dito de outro modo, uma casa não existe por si mesma no espaço urbano, mas em relação/diálogo com as demais casas e elementos que configuram o lugar onde ela se instaura e se inscreve. Ao contrário do que pretendem tantos arquitetos "pós-modernos", uma casa não deve ser concebida e construída como uma escultura idiossincrática a ser entronizada numa vitrine pública, mas como elemento fundante e fundamental da estrutura e das articulações urbanas. Vale dizer, também: uma cidade não deve ser pensada (embora muitos a considerem assim) como um aglomerado de delírios pontuais. É por isso mesmo que, ao menos em princípio, se queremos ter uma espécie realmente nova de cidade, devemos principiar pela realização de uma espécie realmente nova de casa. Os mais diversos estudiosos do fenômeno urbano tocaram nessa tecla. Piet Mondrian, por exemplo, no texto "A Casa – A Rua – A Cidade", ao expor sua visão do que deveria ser o influxo da estética neoplasticista na arquitetura e no urbanismo: "Para se chegar à criação da nova cidade, será preciso primeiro criar a nova residência. O neoplasticismo, no entanto, não considera a residência um lugar para se isolar ou onde buscar refúgio, mas como uma parte do todo: um elemento construtivo da cidade." É certo que essas coisas não se excluem (casa como refúgio e, ao mesmo tempo, elemento construtivo da cidade), mas o místico e profético Mondrian sonhava casas e ruas bem distintas daquelas em que ainda hoje habitamos: casas projetadas para uma sociedade onde o "eu individual" teria sido superado pelo "eu universal". Mesmo quando descemos dessas paragens mais distantes e elevadas das utopias vanguardistas, no entanto, devemos ter em mente duas coisas. Como nenhuma moradia urbana existe a vácuo, ela deve ser construída levando em conta o contexto onde se vai instalar – e deve ser pensada/entendida levando-se em conta o contexto onde se instalou. É tão simples assim.

* * *

O que mais se deve buscar, numa casa, é conforto ambiental. E o que está por trás dessas duas palavras, embora não sendo complicado, é coisa complexa. Este conforto começa pelo modo de inserção da casa em sua circunstância urbana ou natural. Mas implica igualmente conforto térmico, lidando preferencialmente com ventos e brisas locais. Conforto visual – ou ótico-perceptivo. E, ainda, conforto informacional, no plano prático da legibilidade do arranjo interno, da facilidade/fluência de leitura do objeto arquitetural. Esta é a base de um abrigo realmente capaz de acolher a pessoa.

3. LEITURA DO LUGAR

Habitar uma casa significa habitar um mundo – Christian Norberg-Schulz, *The Phenomenon of Place*, 1976.

Não costumo ter muita paciência para ler filósofos contemporâneos. O tantas vezes ilegível Martin Heidegger, por exemplo, chegou a dizer que, ao cruzar o rio, uma ponte não junta margens que já existem: as margens só aparecem como tais em consequência da ponte. Vale dizer, é a ponte que faz com que as margens fiquem defronte uma da outra... Parece brincadeira. O filósofo não sabia nadar? Em minha juventude, quando atravessei nadando alguns pequenos rios onde não havia pontes, sabia muito bem, inclusive por uma questão vital, que as margens existiam – e ficavam justamente uma em frente à outra. Marcava os dois pontos da travessia, aliás, justamente escolhendo os lugares mais fáceis ou gostosos de partir e de chegar, na linha mais reta possível. Na verdade, quando escreve sobre arquitetura, como em "Construir, Habitar, Pensar", Heidegger oscila entre o chato e o banal. Mas, apesar de me sentir muitas vezes entediado por divagações filosóficas rebuscadas em excesso, que não raro parecem procurar intencionalmente a ininteligibilidade, vou recorrer aqui livremente ao texto "O Fenômeno do Lugar" (estampado na coletânea *Uma nova agenda para a arquitetura*, organizada por Kate Nesbitt), do teórico norueguês Christian Norberg-Schulz, voltado para assentar o domínio de uma fenomenologia da arquitetura, sem se descolar nunca do que Husserl chamava "o mundo-da-vida cotidiana". E o faz com clareza.

Escolhe a palavra *lugar* como uma expressão concreta para falar do "ambiente" (natural ou construído). *Lugar* é algo mais do que uma localização abstrata. É "uma totalidade constituída de coisas concretas que possuem substância material, forma, textura e cor". E é uma realidade que deve ser pensada em termos ecológicos e antropológicos, desde que mesmo os lugares destinados a abrigar as funções mais básicas da existência, como comer e dormir, variam segundo climas e culturas. É assim que nosso filósofo parte para analisar a "estrutura do lugar", que pode ser uma cidade, um bairro, uma rua, uma casa. Uma estrutura que deve ser vista como "paisagem" (mundo natural) e "assentamento" (mundo fabricado pela ação humana) e examinada através de categorias como "espaço" e "caráter". No caso, entendendo-se "espaço" não como noção meramente matemática ou geométrica, nem, ainda abstratamente, como campo perceptual – mas como espaço concreto, vivenciado, "organização tridimensional dos elementos que formam um lugar", entidade dotada de uma ineludível ou inelutável dimensão existencial. E "caráter" como a "atmosfera" desse mesmo lugar. Indo adiante, Norberg-Schulz escreve: "Todo espaço cercado é definido por uma fronteira, e Heidegger afirma: 'A fronteira não é aquilo em que uma coisa termina, mas, como já sabiam os gregos, a fronteira é aquilo de onde algo começa a se fazer presente.' As fronteiras de um espaço construído são o *chão*, a *parede* e o *teto*. As fronteiras de uma paisagem são estruturalmente semelhantes e consistem no solo, no horizonte e no céu. Essa similaridade estrutural simples tem importância fundamental para as relações entre os lugares naturais e os lugares feitos pelo homem. As propriedades de confinar um espaço, típicas de uma fronteira, são determinadas por suas *aberturas*, como Trakl intuiu poeticamente [em *"Ein Winterabend"* – que um Haroldo de Campos talvez traduzisse por "Uma Invernoite"] ao usar as imagens da janela, da porta e da soleira." Dentro de tais fronteiras, define-se o caráter do lugar – caráter que é determinado pela constituição material e formal desse mesmo lugar.

Mas vou banalizar o quadro, a partir de uma casa onde vivi, beira de praia do bairro atlântico de Itapoã, de modo que o leitor também se sinta levado a pensar na unidade de espaço-caráter do lugar onde mora. Com relação àquela casa, devo falar de duas fronteiras. Porque o local da casa é murado e só depois que ultrapasso o portão é que a arquitetura (paisagística, residencial e doméstica) vai transformá-lo em *lugar*. Passada esta primeira fronteira, "algo começa a se fazer presente". Ainda que do lado de fora da unidade habitacional, estou já num interior, familiar, habitual. Vejo o coqueiro, a cachorrinha Carlota, o gato preto que gosta de se deitar em cima da mesa do jardim onde vou escrever (e que brinca com a caneta e quer se espreguiçar sobre o caderno dos meus rabiscos), a rosa do deserto, a pequena piscina circular, os cágados, o sofá e a mesa da varanda, os bancos de madeira sobre a grama. Desse quintal, com o coqueiro, a jabuticabeira, o pé de santo-antônio, as flores dos pés de jasmim etc., é que entro na casa, atravessando a porta de madeira e vidro entre a varanda e a sala, materialização da segunda fronteira – umbral guardado por uma estatueta de Exu e uma imagem indiana de Ganesha –, pisando então aquele chão delimitado pelas paredes, o teto de telha-vã, a clarabóia de vidro. Vejo os móveis de madeira e couro, as orquídeas, os livros, os quadros pendurados nas paredes, as imagens de santos em pequenos oratórios cheios de cor. Bichos e pessoas circulam por todos os cantos. E é a soma de tudo isso que compõe e firma o caráter da casa. O mobiliário, as plantas, os vasos de barro, alguns objetos artesanais de autores diversos e telas pintadas por minha mulher articulam esses dois interiores – o quintal, a casa –, integrando-os numa totalidade colorida carregada de estímulos visuais, cujo caráter se tece justamente sobre esta constituição material e formal do lugar. Não só estou, como *me sinto* em casa, identificando-me com ela. E aqui entendo perfeitamente algumas afirmações do fenomenólogo norueguês. *Primo*: "A arquitetura pertence à poesia e seu propósito é ajudar o homem a habitar." E, como é a partir da casa que sinto concretamente o meu pertencimento à cidade, *secundo*: "Pertencer a um lugar quer dizer ter uma base de apoio existencial em um sentido cotidiano concreto." E ainda: "o homem sabe ao que tem acesso por meio da morada". Prosseguindo, Norberg-Schulz chama a atenção para o modo como lugar, espaço e caráter se expressam na estrutura da linguagem cotidiana. Vale a pena transcrever: "... lugares são designados por *substantivos* e isso implica dizer que os consideramos 'coisas que existem', que é o sentido original da palavra 'substantivo'. O espaço, como um sistema de relações, é indicado por *preposições*. No dia a dia, raramente falamos sobre 'espaços', mas sobre coisas que estão 'acima' ou 'abaixo', 'antes' ou 'atrás' umas das outras, ou usamos preposições como 'de', 'em', 'entre', 'sob', 'sobre', 'para', 'desde', 'com', 'durante'. Todas essas preposições indicam relações topológicas do tipo mencionado acima. Por fim, o caráter é indicado por *adjetivos*... Um caráter é uma totalidade complexa e um adjetivo sozinho não pode dar conta de mais de um aspecto dessa totalidade. Muitas vezes, porém, o caráter é tão nítido que uma só palavra é suficiente para captar sua essência".

Mas é claro que nem tudo é um mar de rosas. Heidegger faz os seus torneios e volteios para nos dizer que, no final das contas, habitar é estar em paz num lugar protegido. Em tese, sim – mas não vivemos "em tese". O mundo-da-vida husserliano nos reserva surpresas – algumas delas, nada agradáveis. Vejamos, em termos brasileiros. A população de nosso país carece sempre mais, a cada dia que passa, de educação urbana e educação doméstica. Avançamos para um grau de grossura inédito na história da vida cotidiana no Brasil. E aqui, muitas vezes, "habitar" fica bem distante de "estar em paz". Alterando a célebre sentença sartriana, podemos dizer que, não raro, num prédio de apartamentos ou num condomínio fechado de casas variavelmente burguesas, o inferno são os vizinhos. Além disso, temos o problema da insegurança pública nacional, ao qual o governo federal, objetivamente, não dá a importância devida, limitando-se antes a dourar promessas em discursos quase sempre subliterários, eleitoreiros e impressionantemente vazios. Logo, o tal do "lugar protegido", entre nós, é praticamente uma ficção perversa. Além do mais, os heideggerianos costumam soar anacrônicos ou nostálgicos, como analistas de um mundo que não mais existe. Falam como se a casa existisse sempre numa paisagem bucólica. Algo assim como a Arcádia de nossos poetas pré-românticos do *settecento*.

SOB O SIGNO DA DESIGUALDADE

Mas é claro, como acabamos de lembrar, que nem tudo é um mar de rosas. Não é sequer um lago de miosótis. Daí que, ao falar da moradia humana, não tenhamos como contornar as implicações residenciais da desigualdade social. Tudo porque não somos uma espécie geneticamente programada para sempre construir um mesmo e determinado abrigo, milenarmente padronizado, como certos pássaros, formigas e abelhas que conhecemos. Nossos estímulos e determinações são outros – e múltiplos. Desde que deixamos de viver em sociedades mais ou menos estáveis e igualitárias – isto é, em configurações antropológicas não marcadas por acentuadas distinções em sua estratificação social e relativamente estacionadas, da perspectiva cultural hoje planetariamente dominante, no plano de suas conquistas históricas e práticas técnicas –, a desigualdade se impôs. Em todos os campos da vida material. E, evidentemente, no terreno das tipologias habitacionais desenvolvidas pela humanidade.

Com relação ao horizonte brasileiro, esta imposição brutal da desigualdade se deu a partir do momento em que deixamos para trás as malocas comunitárias de nossos antepassados indígenas. Genericamente, deve-se observar que é em sociedades complexas, repartidas em estratos ou classes sociais, que os tipos e estilos de moradias se vão afastando e distinguindo ao extremo uns dos outros, do ponto de vista do porte, da engenharia contratada para executar as encomendas e do valor material atribuído aos elementos utilizados na construção. Podemos ver isso nas mais variadas circunstâncias histórico-sociais, de castelos da Idade Média a mansões da burguesia empresarial hoje espalhada pelo mundo, coexistindo, respectivamente, com choupanas de camponeses reduzidos ao estatuto de servos e favelas também disseminadas pelo planeta. Mas vemos também o desequilíbrio na qualidade habitacional se manifestar em escala bastante reduzida, quanto mais uma sociedade se diferencia interiormente em termos econômicos, apresentando matizes diversos dentro de um mesmo agrupamento social. Encontramos tais distâncias, por exemplo, até na disposição interna de favelas brasileiras, onde não é nada difícil divisar um elenco de casas de alvenaria cercando um centro de comércio e, mais afastados, barracos de madeira que mal conseguem se manter em pé.

É certo que reconhecemos expressões inconfundíveis da desigualdade social em inúmeras coisas que aparecem diante de nós – sejam objetivações materiais ou cristalizações sígnicas. Mas não vejo como discordar de Bukhárin e Preobrajenski, quando, no *ABC do comunismo*, eles negritam que em nenhum outro aspecto da vida social os privilégios da "classe dominante" aparecem tão clara e acintosamente quanto no campo da habitação. Um pescador pode comer tão bem quanto um banqueiro, fazendo seu peixe assado numa fogueira na margem do mar, mas a distância entre a cabana de palha e a sólida mansão burguesa é imensa. E olha que, mesmo aqui, o contraste ainda não é o mais agudo: compare-se uma tenda de pau e plástico pregada na beira de um córrego-esgoto numa favela paulistana e um palacete aristocrático ou um apartamento luxuoso encimando um prédio em Vila Nova Conceição, São Paulo, ou na avenida Delfim Moreira, Leblon, Rio de Janeiro. Nem em matéria de meios de transporte, entre o metrô superlotado e o sedã caríssimo, a diferença chega a ser tão escandalosa. Até porque o veículo existe num percurso – e o abrigo habitacional, por mais miserável que seja, ainda é o ninho e o refúgio onde o ser humano se recolhe para se recompor física e espiritualmente. No extremo, topamos a carência habitacional, gente sem ter onde morar, adultos, crianças e jovens de rua, ocupando praças pelo meio da noite, procurando um canto menos desprotegido sob uma marquise qualquer. Na periferia, sim. Mas, até mais impressivamente, a denunciar uma perversão histórica, nos sítios antigos de nossas principais cidades. No miolo do "centro expandido" de São Paulo, por exemplo, onde, por falta de alternativa e de oportunidades, se vão deixando carcomer pela miséria e o *crack*. Onde, subvivendo ao relento, morrem inclusive de frio.

Como se fosse pouco, a disparidade social pode ser criminosamente incrementada pelo poder e pela ganância dos donos de empresas imobiliárias. E isso não é de hoje. A propósito, me lembro de um dos *cantares* de Ezra Pound, o "Canto XLV", ataque virulento à organização exclusiva da sociedade segundo os preceitos cruéis do mercado, aos que fazem os moinhos sociais se moverem sob o signo da *usura*. Neste poema belo e forte, marcado pelo pensamento econômico de Tomás de Aquino e do catolicismo medieval, Pound escreveu a seguinte passagem (tradução de Augusto de Campos, Décio Pignatari e Haroldo de Campos, em *Ezra Pound: antologia poética*):

Com usura nenhum homem tem casa de boa pedra
blocos lisos e certos
que o desenho possa cobrir,
com usura
nenhum homem tem um paraíso
pintado na parede de sua igreja
harpes et luthes
ou onde a virgem receba a mensagem
e um halo se irradie do entalhe,
com usura
ninguém vê Gonzaga, seus herdeiros e concubinas
nenhum quadro é feito para durar e viver conosco,
mas para vender, vender depressa
com usura, pecado contra a natureza,
teu pão é mais e mais feito de panos podres
teu pão é um papel seco
sem trigo do monte, sem farinha pura
com usura o traço se torna espesso
com usura não há clara demarcação
e ninguém acha lugar para sua casa.

Não, não acha. Daí, por exemplo, o extremo neoanarquista dos "provos" holandeses liderados por Roel van Duyn, agitando a Amsterdã da década de 1960 com uma série de ações claras e criativas que eletrizavam a juventude local. Entre outras coisas, os "provos" lançaram, naquela época, o Projeto Casas Brancas, "propondo a distribuição para a população, todos os sábados, de uma lista de todas as casas vagas na cidade. As portas dessas casas seriam pintadas de branco, o que implicava que as pessoas que necessitassem e quisessem poderiam ali se instalar". Nessa mesma pauta, podemos incluir a crítica e a ocupação da chamada "segunda casa", já atacada na Bíblia pelo profeta Isaías – uma residência na praia, por exemplo, usada apenas para feriados e férias, quando há pessoas que não têm sequer o esqueleto ou esboço de um abrigo na cidade.

Não preciso dizer que, nesse particular, os "provos" contam com a minha total concordância. Mas devo lembrar também que nem só os radicais se afligem com a carência habitacional. Vemos a preocupação dos mais diversos reformadores sociais (e de todas as pessoas socialmente sensíveis) com o assunto. Preocupação muito nítida da vanguarda arquitetônica modernista. Preocupação das forças reformistas de sociedades que se querem mais igualitárias, a exemplo do que aconteceu no campo da social-democracia nórdica, por exemplo. A propósito, em *Uma nova história do poder: comerciante, guerreiro, sábio*, David Priestland nos reporta a uma visita de Corbusier, em 1930, à Exposição de *Design* e Artesanato de Estocolmo. Lembra ele que as "ideias radicais" do suíço tiveram forte impacto não só entre os arquitetos como entre os reformadores sociais suecos, com o sociólogo Gunnar Myrdal à frente. "Profundamente comprometido com a reforma social, [Myrdal] viu nos projetos de Le Corbusier, baratos e funcionais porém elegantes, um novo ideal para a habitação da classe operária sueca. Consultor influente dos governos social-democratas, ajudou a lançar um programa de habitação pública a partir de 1934, em estilo modernista apelidado de 'apartamentos de Myrdal'. A partir de então, o modernismo se arraigou na cultura sueca, e não é por acaso que hoje o país, através da IKEA, seja o fornecedor mais bem-sucedido de mobília simples modernista às classes ascendentes de todo o mundo", escreve Priestland. Para acrescentar: "Foi precisamente nesse momento da história que a Suécia se tornou a pioneira da política social-democrata, e é na arquitetura modernista da época que podemos ver com mais clareza o espírito da social-democracia. [...]. O estilo era visto como científico e funcional: baseava-se em formas geométricas puras, adaptadas à produção industrial em massa. Sua estética era estudadamente democrática, desprezando a grandeza dos edifícios aristocratas neoclássicos e rejeitando o requinte e os ornamentos tão amados pela burguesia tradicionalista. Com suas linhas horizontais limpas e fachadas abertas, envidraçadas, o modernismo era, literalmente, a democracia materializada no concreto."

No Brasil, vamos ter um avanço nessa mesma direção. Curiosamente, numa conjuntura muito diversa, justamente sob a ditadura estadonovista de Getúlio Vargas. Mas há que sublinhar que o populismo "trabalhista" então em ascensão virou as costas à democracia política, mas se dispôs a avançar no terreno da democracia social, inclusive com leis em defesa da classe trabalhadora. E Vargas também acionou o modernismo arquitetônico no campo da habitação social. Foram ações pioneiras no país. Depois disso, não tivemos nada de comparável ao que foi então realizado a partir das pranchetas de arquitetos como Affonso Reidy, por exemplo. Mais tarde, a social-democracia brasileira, tanto no governo de Fernando Henrique Cardoso quanto nas administrações petistas, não esteve à altura do que foi feito no período varguista, nem do que rolou na Suécia. Nenhum Gunnar Myrdal apareceu nesse ambiente. Pelo contrário: Fernando Henrique quase nada fez em função dos trabalhadores e, em seguida, vieram as edificações fundamentalmente vagabundas do "Minha Casa, Minha Vida" – com este nome ridículo de quadro de programa de auditório na televisão –, construindo hoje as favelas de amanhã.

MODOS DE VER

De outro ângulo, será sempre bom lembrar que são obviamente vários os modos de as pessoas encararem suas casas. Ou *a* casa – como construto, entidade ou símbolo. Aqui, como os mais diversos estudiosos insistem, vamos encontrar desde a relação mais ligeira e descuidada com o imóvel até uma postura mais sensivelmente sacralizadora do abrigo humano.

Para muitas pessoas, hoje, a moradia é vista quase como um acidente. Conheço gente que entra na unidade habitacional que ocupa da mesma maneira com que entra num avião ou num táxi. É o que vejo, principalmente (mas não exclusivamente), entre moradores de hotéis e *flats*. São aposentos descartáveis. Mas também encontramos pessoas que percebem e sentem o lugar onde moram não como uma unidade habitacional indiferente, mas realmente como a casa delas. Pessoas que entram nas suas casas como se estivessem ingressando num espaço especial. Como se pisassem num pequeno território algo sagrado. Num nicho que as protege contra as tristezas da vida, as agruras do mundo e até do mau-olhado. Num lugar de vibrações positivas. E aqui tanto faz que a casa em tela seja um quarto e sala ou um antigo e espaçoso casarão, como alguns que ainda restam no bairro de Santo Antonio Além do Carmo, na Cidade da Bahia. Pessoalmente, como morador tanto de hotéis e *flats* quanto de casas, da alameda Lorena em São Paulo à praia da Ilha de Itaparica, confesso o seguinte. A praticidade dos primeiros me agrada muito, mas nada se compara à quentura física e espiritual que encontro no lar, sentindo-o como a minha verdadeira caverna ou toca. E vejam que me referi à "praticidade" de hotéis e *flats* – e não a uma suposta "impessoalidade", de que tanto ouço falar. Costumo passar meses em hotéis, em consequência de boa parte de minhas atividades profissionais – e sempre estabeleci relações pessoais diretas, muito amistosas e agradáveis, com seus funcionários, a ponto de eles mesmos fazerem meu rol de lavanderia, saberem como gosto da disposição das coisas no quarto (infringindo o padrão da decoração dos apartamentos), do que me deixa contente no café da manhã, das minhas marcas preferidas de cerveja. E algumas coisas fazem com que eu me sinta bem nesses lugares. Como sair deixando o quarto sujo e revirado e, na volta, encontrá-lo impecavelmente limpo e arrumado – ou poder telefonar para a cozinha às três da madrugada pedindo um *paillard* de filé-mignon. Mas confesso, mais ainda, que nada se iguala a estar em minha casa (com bagunça ou sem bagunça), na companhia de minha mulher, meus bichos, meus livros e minhas plantas.

Pode parecer estranho, mas, no caso do sentimento mais sacralizador com relação à moradia, às vezes me lembro justamente de um discurso demoníaco: uma fala de Mefistófeles no *Fausto II* de Goethe. Mas é preciso ter em mente quem é Mefistófeles. Goethe vai tratá-lo como o espírito da contradição, assim como se pode dizer que o iorubano Exu é a encarnação do paradoxo. Já no *Fausto I*, nos surpreendemos com a primeira conversa entre o demo e o doutor. Nela, Fausto amaldiçoa aspectos fundamentais e grandiosos da vida humana: "Maldita a graça suprema do amor! Maldita a esperança! Maldita a fé! Maldita sobretudo a paciência!". E quem sai em defesa da vida, diante de tão forte vitupério, é Mefistófeles. Em vez da figura proverbial do "advogado do diabo", ou do anjo da negação expulso dos páramos celestes, temos o próprio diabo-advogado em *performance* paradoxalmente positiva. Em *Deus e o Diabo no Fausto de Goethe*, Haroldo de Campos cita, a propósito, uma observação certeira de Thomas Mann. Para Mann, Mefistófeles "não poderia nunca extrair de dentro de si mesmo a compaixão ou a dor capazes de um tal anátema contra a vida e o júbilo. Não. É o angustiado ser humano, é Goethe-Fausto quem pronuncia as palavras terríveis. Aqui os papéis se trocam e o niilístico demo torna-se advogado da vida, o causídico prático e experimentado nas coisas do mundo, em contraposição ao desespero e à rebelião do espírito humano". E é também Mefistófeles quem vai conferir um caráter sagrado à moradia, a fim de atormentar Helena, por ela ter deixado o palácio de Menelau em Esparta. Ainda no *Fausto I*, Goethe insere lugares-comuns significativos sobre a moradia. No episódio "*Vor dem Tor*", por exemplo, coloca na boca do fâmulo Wagner palavras que falam da casa como espaço que asila e defende, deixando do lado de fora de sua concha o frio incômodo e os temores que a escuridão desperta. Adiante, na segunda cena da chamada "tragédia de Gretchen", Fausto se refere ao quarto de Margarida com expressões tão diversas quanto *Kerker* (cárcere) e *Heiligtum*, que significa santuário. Versos depois, na mesma estrofe, diz que Gretchen faz da choupana um *Himmelreich*, um "império celestial". Mas, no *Fausto II*, a conversa é mais séria. Deixando de parte qualquer sentimento moralista repressor que o texto possa porventura despertar, com o diabo infernizando a alma da belíssima Helena, vamos a ele. É o discurso de Mefisto:

> *Dem, der zu Hause verharrend edlen Schatz bewahrt*
> *Und hoher Wohnung Mauern auszukitten weiss,*
> *Wie auch das Dach zu sichern vor des Regens Drang,*
> *Dem wird es wohlgehn lange Lebenstage durch;*
> *Wer aber seiner Schwelle heilige Richte leicht*
> *Mit flüchtigen Sohlen überschreitet freventlich,*
> *Der finder wiederkehrend wohl den alten Platz,*
> *Doch umgeändert alles, wo nicht gar zerstört.*

Mal traduzindo, de forma rasteiramente livre e descuidada (no caso, sem levar em conta o estrato fonológico e os esquemas métrico e rímico), poderíamos ter algo pouco mais ou menos assim:

Quem permanece em casa e guarda o nobre tesouro/ Sabe cimentar os altos muros da morada/ E garantir o telhado contra o ímpeto da chuva/ Terá tudo de bom ao longo de sua longa vida./ Mas quem atravessa o limite da soleira/ Com passo leviano e sacrílego/ Vai encontrar no seu regresso o velho sítio/ Em tudo transformado, quiçá destruído.

Pessoalmente, vejo a casa onde moro menos no sentido corbusieriano da "máquina de morar" do que nessa dimensão goethiano-mefistofélica. De todo modo, não posso deixar de lembrar o seguinte. A questão de uma política habitacional pública, por exemplo, não se coloca imediatamente nesses termos. Casas para massas de trabalhadores (empregados ou desempregados) não devem ser construídas com o objetivo precípuo de fazer com que, ali, as pessoas se vejam num lugar sagrado ou sacralizável. Assim como um programa de edificação de moradias populares não deve ser concebido com o propósito de que cada morador se sinta feliz na unidade que lhe foi destinada ou financiada. Sentir-se num espaço sagrado ou sentir-se feliz são sentimentos que cabem às pessoas ter e não ao projetista ou construtor pensar que pode ou deve forjá-los. São coisas muito pessoais, inteiramente subjetivas. Se não me falha a memória, Simone de Beauvoir tocou nesse assunto em *O segundo sexo*, justamente para dizer que iniciativas sociais e lutas políticas não devem visar objetivos dessa natureza. Discursos políticos que falam de qualquer "projeto de felicidade" podem ser sedutores, mas não levar a lugar algum. A movimentação feminista teria de se empenhar para alcançar avanços tangíveis, conquistas econômicas, direitos civis e sociais, não "felicidade". Afinal, a esposa ignorante e oprimida de um padeiro de Uberlândia, no interior de Minas Gerais, pode se achar "realizada" e "feliz", com seu lar doce lar e uma fieira de filhos, ao passo que não será assim tão difícil encontrar uma feminista independente, livre e culta, mas infeliz e mesmo depressiva, num apartamento charmoso de Londres, Barcelona ou Berlim. No caso habitacional, é a mesma coisa.

Um programa de casas populares não deve sonhar em edificar abrigos a serem percebidos como templos ou nichos de felicidade tranquila, até porque as concepções dos planejadores sobre um ambiente bom para morar dificilmente correspondem ao que pensam e sentem as pessoas comuns. Deve, sim, buscar solidez, sistemas hidráulico e elétrico bem instalados, esquadrias resistentes, claridade e arejamento saudáveis etc. Vale dizer, a base técnica material da boa habitação. Como foi dito, o bem-estar subjetivo da pessoa não coincide necessariamente com certas condições objetivas de autonomia econômica ou estatuto jurídico, nem com determinado tipo e extensão de parques, gramados, *playgrounds* etc. As pessoas precisam da existência de serviços e não da imposição de estilos destinados a elevá-las a uma nova situação espiritual de vida, supostamente superior: vejo muito mais crianças brincando felizes em favelas do que em condomínios fechados. Daí que os movimentos político-sociais devam assegurar coisas concretas e não acenar com a busca do que diz respeito a estados psíquicos de cada um, cujo teor não sabemos fixar e menos ainda medir. Afinal, não somos gregos antigos. Para eles, a "felicidade", *eudaimonia*, era um estado objetivo determinado pela riqueza e a saúde. Para nós, é coisa diversa. Kant já dizia que a felicidade diz respeito não à razão, mas à imaginação. Ao mesmo tempo, tendo isso e muito mais em mente, também considero que, com uma visão mais sagrada da habitação, construiremos casas melhores para todos, já que tal visão implica, em princípio, um grau mínimo de sacralização do próprio ser humano. E assim não nos sentiríamos à vontade (e, muito menos, justos) montando conjuntos habitacionais lastimáveis, com unidades a meio caminho entre a senzala e o canil, exibindo vazamentos e rachaduras, como acontece com o supracitado programa "Minha Casa, Minha Vida", que o governo federal apresenta com orgulho, embora dele devesse mais se envergonhar, caso de fato tivesse o profundo respeito pelo povo que alardeia ter.

Sempre que toco nesse assunto, aparece alguém para dizer que "o povão adora" as bolachas quebradas do programa residencial lulopetista. E daí? Claro que "o povão adora". Para quem se recolhia em acampamentos e cortiços degradados, vivendo ali de favor ou aluguel, os neocortiços podem sugerir um paraíso. Pedintes se deliciam até com produtos de validade vencida que catam no lixo. Mas, para o observador que avalia e julga, a concepção que guia a prática do programa só pode provocar tristeza e repulsa. Durante anos, tivemos um governo que fazia praça de esquerdista e, no entanto, oferecia banquetes aos ricos enquanto distribuía migalhas aos pobres. Mas isto será discutido em detalhe adiante. De momento, advirto apenas que não olho a máquina de morar e a moradia-templo, em princípio, como coisas excludentes. A industrialização da construção civil pode gerar casas boas para viver. Casas pré-fabricadas não significam, obrigatoriamente, celas ou cápsulas irrespiráveis, expulsivas. João Filgueiras Lima (Lelé) fez um projeto invejável de moradias populares para o "Minha Casa, Minha Vida", encarando o problema de construir casas em encostas. A presidente Dilma Rousseff viu o projeto. Declarou-se maravilhada. E ponto final: engavetou os planos. Do mesmo modo, é bom lembrar o óbvio: um pequeno abrigo pode ser uma joia. Mas já ouvi também uma boa sugestão para contornar o limite legal estabelecido para a dimensão física de uma "casa popular": agentes oficiais entregariam somente a estrutura básica da casa e outras partes tecnicamente mais complicadas da construção, deixando que o proprietário complete sua moradia – ou por ele mesmo ou pelo expediente popular do mutirão. Aliás, limites e determinações legais, hoje, é o que não faltam. É asfixiante o número de regras jurídicas em vigor para o construir. Costumo por isso mesmo dizer que o nosso arquiteto-mor, atualmente, é o Ministério Público. Não há mais espaço para o arquiteto jogar de modo solto segundo seus voos criativos, como nos bons velhos tempos de Niemeyer na Pampulha. O Ministério Público chegou a querer bloquear e refazer as belas e rigorosas passarelas de Lelé em Salvador, argumentando que elas deveriam ter um grau de inclinação que simplesmente inviabilizaria sua feitura. Talvez eles aproveitem um dia para, quem sabe, corrigir a inclinação exagerada das ladeiras de Ouro Preto, com espetaculares movimentações de terraplanagem.

Bem. Aqui chegando, sou levado a reproduzir três observações que podem nos nortear em importantes direções. Primeiro, um comentário de Hannah Arendt, em *A condição humana*, sobre a relação casa-política-cidade na Grécia clássica: "O que impediu a pólis de violar as vidas privadas dos seus cidadãos, e a fez ver como sagrados os limites que cercavam cada propriedade, não foi o respeito pela propriedade privada tal como a concebemos, mas o fato de que, sem possuir uma casa, um homem não podia participar dos assuntos do mundo porque não tinha nele lugar algum que fosse propriamente seu." Não nos esqueçamos, aliás, que "habitação" é o latim *habitationis* – de *habitus*, que significa tanto estado do corpo, quanto modo ou maneira de ser. Penso que levar tudo isso em conta é imprescindível para quem se empenha em reflexões sobre o assunto e/ou se engaja na formulação de políticas habitacionais públicas, a fim de superar o quadro hoje existente. Nessa mesma batida, mas agora para abolir devaneios ingênuos ou arquivar ânsias de panaceias, um comentário de Jane Jacobs, em *The Death and Life of Great American Cities*: "Um bom abrigo é um bem útil em si enquanto abrigo. Quando, ao contrário, tentamos justificar um bom abrigo com o pretenso argumento de que ele fará milagres sociais e familiares, estamos enganando a nós mesmos. Reinhold Niebuhr denominou essa ilusão de 'doutrina da salvação pelos tijolos.'" Por fim, um conselho para o analista em horizonte antropológico, de que é preciso ter sempre em mente a realidade seguinte, bem expressa em palavras escritas por Viollet-le-Duc nos meados do século XIX: "Na arte da arquitetura, a casa é certamente o que melhor caracteriza os costumes, os gostos e os usos de um povo."

4. SOBRE A RUA

Qual de vós já passou a noite em claro ouvindo o segredo de cada rua? Qual de vós já sentiu o mistério, o sono, o vício, as ideias de cada bairro? – João do Rio, "A Rua", 1905.

Com relação às casas que as pessoas conseguem construir, comprar ou alugar, a leitura sociológica ou de antropologia urbana deve procurar dar conta de seu contexto mais amplo. Pensar a rua, a vizinhança mais próxima, o bairro, a região ou zona citadina e mesmo a forma geral da cidade. Claro: numa cidade, inexistem edificações insulares, por mais que se fechem em copas. E o mesmo vale para as ruas e os bairros, retalhos urbanos que vamos costurando ao longo de nossa existência urbanita, da infância aos dias finais da velhice.

    Além disso, é sempre bom lembrar o óbvio: ruas são criações históricas. Não existiam ruas em nossas aldeias indígenas, por exemplo – e milênios depois elas seriam combatidas pelo urbanismo modernista nascido dos Ciam, os Congressos Internacionais de Arquitetura Moderna. E suas concepções e realizações variam nas culturas e no tempo. Culturalmente, a antiga rua muçulmana era bem distinta do tipo de rua que vigorava em Roma – e ambas são diferentes da rua tal como definida e desenhada pelas teorizações e intervenções do urbanismo ocidental moderno. Temporalmente, o caráter das ruas é mudável, mesmo no interior de um só conjunto cultural. Para dar um exemplo, quando as primeiras póvoas europeias passaram a se estruturar a partir de suas vias públicas, estas não eram como as que conhecemos hoje. Não só pelos materiais empregados em sua feitura e pavimentação, nem apenas pelos tipos de edificações que as margeavam. Mas, também, por outros aspectos práticos e simbólicos. Costumamos nos esquecer, por exemplo, do fato de que nem sempre as casas tiveram números (Paris só começou a numerar suas casas em 1463). Elas eram assinaladas e identificadas por emblemas, insígnias, marcos visuais voluntários ou não. Fazia parte do comportamento bagunceiro de estudantes de séculos transatos, por sinal, desfigurar, deslocar ou até roubar esses emblemas. François Villon, por exemplo, poeta de meados do século XV, autor de textos inesquecíveis como *"Le Lais"* e *"Le Testament"*, participava dessas farras desordeiras.

Aliás, "rua" é uma palavra que nos veio do latim – e dela derivam as expressões "ruaceiro" e "arruaceiro", designando aqueles que moram na rua ou que ali provocam confusões e brigas: "arruaça", coisa do espaço público, é o contrário mesmo da ordem doméstica, fundada na disciplina e na paz. E não sei quando a prática de numerar casas teve início no Brasil. Documentos históricos costumam localizar prédios pelo nome da rua e pela disposição da vizinhança ou a presença de algum marco bem conhecido. Não se fala de número. Hoje, a numeração nos orienta. É a sinalização precisa de um imóvel. Sem o nome da rua e o número da casa, ficamos perdidos. Foi por isso mesmo que, quando as botas do exército soviético invadiram a então Tchecoslováquia, em 1968, os nomes das ruas e os números das casas foram apagados pelos moradores de Praga. Uma tática eficiente e bem-humorada de desorientação dos soldados do então chamado Pacto de Varsóvia. Enfim, o que quero dizer, com essa conversa, é que a rua é uma construção, um produto da história e da cultura.

NA TRAMA DAS RUAS

"Ao pensar numa cidade, o que lhe vem à cabeça? Suas ruas" – pergunta e responde a já citada Jane Jacobs, que chamou vigorosamente a nossa atenção para a importância da vida pública cotidiana informal das ruas e dos "inúmeros pequenos contatos públicos" nas calçadas da cidade. Mas não acredito na validade inflexível da regra. Na minha experiência, ruas ocupam uma fatia inexpugnável do campo da memória, mas junto com outras coisas. O elenco das lembranças não é tomado inteiramente por elas. Ao pensar em São Paulo, por exemplo, me vem imediatamente à cabeça a avenida Paulista (com o Masp em destaque, como numa tomada de reportagem televisual), mas também (e às vezes em primeiro lugar) o parque do Ibirapuera. Se penso no Rio, saltam à frente a orla Ipanema-Leblon, os morros, o Jardim Botânico e o Aterro do Flamengo. Em Salvador, ao lado de algumas ruas, o Farol da Barra e a colina do Bonfim. No Recife, o barco deslizando pelo rio, passando sob as pontes, e a praia da Boa Viagem, que nem acho tão bonita assim. E, para falar dessas coisas, melhor adotar, como a própria Jane Jacobs, o tom pessoal. Enveredar pelo depoimento existencial. Dizendo de antemão que entendo perfeitamente o que a estudiosa quer dizer, porque ruas são de fato fundamentais para a nossa percepção e julgamento dos aglomerados urbanos.

Em São Paulo, como sempre gostei de andar pelo centro da cidade, pela avenida Paulista, pelas ruas de Vila Nova Conceição e pelas calçadas de Higienópolis, tenho boas lembranças desses lugares (e como não gostava de caminhar entre as avenidas Berrini e Morumbi, passando pela Jurubatuba, não sinto a menor vontade de voltar a pôr os pés ali). No Rio, sempre senti prazer em fazer as coisas a pé, também entre Ipanema e Leblon. Já no Recife, prefiro os rios às ruas. Nunca fui de andar por ali. Da Cidade da Bahia, trago gravadas com nitidez na memória casas e ruas em que morei ou que costumava frequentar, do Jardim de Nazaré (embora me lembre menos das ruas e mais desta bonita e larga praça do lugar, com sua igreja, seus oitizeiros, um verdadeiro sítio dos oitis, o colégio dos padres salesianos, a biblioteca infantil, a significativa presença de um contingente populacional judaico, que fazia com que os judeus da Bahia dessem ao bairro o apelido de "o gueto", e o belo casarão do barão do Rio Real, construído na primeira metade do século XVIII, com seu mirante – a lembrar o do Convento do Desterro, onde cheguei a jogar algumas partidas de "futebol de salão" –, sua escada de jacarandá e seus bancos azulejados) à primeira casa que habitei em Itapoã e ao apartamento numa colinazinha suave da orla do Rio Vermelho, limitando-se já com Amaralina, com sua linda visão do mar cintilando em dias de sol. Gravada fundamente na memória está ainda a trama de ruas da Barra, bairro de minha juventude. Mas assinalando uma coisa corriqueira: se me lembro da atmosfera de companheirismo das ruas da infância e da adolescência, devo dizer também que, a partir dos 15 anos de idade – quando já circulava por lugares populares de Salvador, bebendo batida de limão e comendo lambreta entre a Barroquinha e a praça Cayru –, as amizades – que vinham principalmente dos colégios e dos locais que comecei a frequentar, por incipientes interesses étnicos, políticos, sexuais ou culturais –, espalhavam-se já pela cidade. Seja como tenha sido, a lembrança e o prazer da vivência rueira são coisas claras demais. Por volta dos 18 anos, eu chegava a guardar dinheiro em brechas de um longo muro de pedras na rua central do bairro Fazenda Garcia, que desembocava no Campo Grande, recorrendo eventualmente a tais depósitos a fim de dar prosseguimento à farra noturna.

Claro que lembranças de tal intensidade não povoam a memória de todos. É preciso ter vivido intensamente as calçadas. Mas como ter tais lembranças em Brasília, por exemplo? Brasília não tem ruas memoráveis. Na verdade, nem chega a ter ruas, no sentido residencial e comunitário do vocábulo, mas ruas definidas pelo pragmatismo comercial – e até ruas monotemáticas. Como se não bastasse a existência de todo um "setor hoteleiro", vemos coisas como a "rua das farmácias", ao lado do Hospital Sarah Kubitschek. Mas, na paisagem urbana brasileira, Brasília figura ainda no rol das singularidades, no sentido de ser uma configuração citadina definida pela especialização de funções (me lembro de minha irritação com o desempenho lastimável da maioria da mão de obra brasiliense, quando, necessitando fazer adaptações no sistema elétrico de um apartamento que alugara, perguntei a um amigo: onde é que fica nesta cidade o setor de fazer as coisas bem-feitas?). É produto e expressão da vanguarda do urbanismo modernista, que, com as pregações de Le Corbusier, decretara que a ideia de rua era uma fantasia dessueta, a ser descartada nos novos projetos de cidade do século XX. Ou seja: o lance de Brasília é outro. Nem rua, nem bairro. O que conta é a superquadra.

Regra quase geral, os críticos de Brasília costumam misturar sem inibições análise e antipatia, submetendo a cidade a questionamentos algo esquisitos. Anos atrás, era comum ouvir a pergunta, em tom de recriminação: onde foram parar os trabalhadores que construíram o Plano Piloto? Curiosamente, a mesmíssima pessoa que disparava tal questionamento, fazendo pose de comissário-do-povo-para-a-habitação, jamais perguntava, diante de São Paulo ou do Rio, onde tinham ido morar os trabalhadores que construíram os apartamentos do Jardim Paulistano ou de Ipanema. Bertolt Brecht, aliás, generalizou a questão, em seu poema *"Fragen Eines Iesenden Arbeiters"*, perguntando pelo destino dos pedreiros que construíram Tebas, reconstruíram Babilônia, ergueram as casas de Lima, fizeram Roma, Bizâncio e mesmo Atlantis... Com isso em mente, melhor andar com calma, medindo as coisas com algum cuidado, ao falar da capital brasileira. Gosto, aliás, de começar lembrando que há diversos tipos de assentamento urbano no perímetro de nosso atual Distrito Federal, assunto examinado por Maria Elaine Kohlsdorf em "As Imagens de Brasília", estudo incluído na coletânea *Brasília, ideologia e realidade: espaço urbano em questão*, organizada por Aldo Paviani. Para exemplificar essa variedade das configurações, é suficiente lembrar que havia núcleos urbanos naquela área, antes que o Distrito Federal fosse traçado nos mapas. Tais assentamentos filiavam-se arquitetonicamente a modelos dos tempos coloniais. É a "morfologia vernácula do Centro-Oeste brasileiro". Implantaram-se depois outras configurações bem distintas, como a do Plano Piloto e a das cidades-satélites, embora ambas remetam ao funcionalismo urbanístico moderno. E isto para não falar de favelas, assentamentos informais com seus barracos e tantos outros traços típicos. Mas meu tema, aqui, não é o Distrito Federal, e sim Brasília. E Brasília, para mim, é o Plano Piloto. Os moradores das cidades-satélites – como o Guará, Gama e Taguatinga, por exemplo – as tratam como cidades e não como bairros; e assim as trato também. Do ponto de vista das cidades-satélites, sempre afastadas do Plano Piloto por um espaço vazio de razoável extensão, Brasília é uma distância. Distância física e social. É a "cidade dos ricos", invariavelmente privilegiada pelos governantes, que no mesmo gesto condenam a periferia brasiliense à carência e à precariedade.

É claro que a morfologia espacial de Brasília não explica tudo. Mas, com certeza, explica muita coisa. Hoje, tenho para mim que as misturas funcionais e sociais concorrem para o bem-estar urbano. No caso de Brasília, a separação espacial das "funções urbanas" isolou as áreas de morar. Temos faixas residenciais nitidamente distintas no corpo geral da cidade. E esta solução morfológica separatista, setorializante, teve e tem consequências no modo de vida que se desenvolveu na cidade. Esperava-se, na verdade, que Brasília, cidade-signo do urbanismo funcionalista, produzisse, por sua própria disposição espacial, um novo tipo de sociabilidade urbana – tempo da crença num poder demiúrgico da arquitetura, como se ela fosse capaz, por seu próprio *fiat*, de instaurar uma *vita nuova*. Pode até ser que, em alguma medida, uma sociabilidade distinta tenha acontecido, mas não no sentido asseverado ou aguardado pelo discurso intelectual sobre a cidade. Em vez dos relacionamentos interclassistas cordiais, ou ao menos relativamente harmônicos, advindos de um projetado uso igualitário dos equipamentos citadinos, o que vemos é uma espécie de atomização da existência cotidiana, dividida basicamente entre o mundo do trabalho e a introspecção doméstica. O que vemos é falta de volume, frequência e intensidade na teia dos relacionamentos interpessoais. É o célebre isolamento social candango, que se vai prolongando no tempo. Em "A Morfologia Interna da Capital" (também na antologia de Paviani), o arquiteto pernambucano Frederico de Holanda examinou as relações entre atributos da forma urbana e modos de apropriação de espaços abertos de uso coletivo, para concluir que a morfologia mesma de Brasília contribui para materializar um "modo de estruturação social" que implica o esvaziamento daqueles espaços. Isso é facilmente verificável no centro monumental da cidade, com a Esplanada dos Ministérios e a Praça dos Três Poderes. É o espaço mais apartado do corpo da cidade, povoado e usado somente por funcionários que trabalham no aparelho estatal. Mesmo assim, povoado e usado de forma bem específica: é o funcionário em sua rotina ida e volta do trabalho, deixando o lugar deserto à noite, nos fins de semana e em feriados. E este funcionário também não parece muito inclinado a frequentar espaços de convivência pública na cidade. Vive rigorosamente entre a casa e o trabalho. (Aliás, de um modo geral, frequentar lugares públicos não é uma prática corrente em meio à maioria dos moradores do Plano Piloto.) Enfim, o que encontramos no centro de Brasília é um espaço que não tem parentesco com a vida que se vê nos núcleos tradicionais das antigas cidades brasileiras: "... é um espaço 'radicalmente monumental', no sentido de que seus atributos fazem-no adequado ao nível simbólico, mas não ao material; ao excepcional, mas não ao cotidiano".

O que pode lembrar um centro tradicional, em Brasília, é o Setor Comercial Sul, "onde mais intensas trocas *diretas* se dão entre agentes sociais de categorias diversas". Mesmo assim, o lugar se esvazia tão logo a noite cai. Sem boates, cinemas ou coisas do gênero, o setor desliga fora do chamado "horário comercial". Mas não quero me estender mais sobre esses aspectos da cidade. O que me interessa, aqui, são ruas e bairros residenciais. Nesse caso, a morfologia da superquadra, ao contrário da morfologia "tradicional" de ruas e casas, não facilita ou estimula o contato e o convívio, a não ser entre crianças. A interação social no espaço residencial da cidade é relativamente fraca. O acaso parece ficar um pouco mais distante do cotidiano das pessoas. Fazendo às vezes uma caricatura, digo que a vida social cotidiana de Brasília tende mais ao monástico que ao mundano. Mas vejamos de mais perto os blocos residenciais do Plano Piloto. Verdade que os pilotis liberam o solo para um uso público. O problema é que a superquadra, por seu desenho e implantação, afasta os que não são seus moradores. Não é objeto de um fluxo significativo de estranhos. Afinal, a superquadra tem dono. Por isso mesmo, penso que Frederico de Holanda não está inteiramente errado quando a compara a um condomínio fechado: "... por paradoxal que pareça, é pequena a diferença, em termos morfológicos, entre o condomínio fechado e a superquadra, na medida em que ambos, ainda que por meio de artifícios distintos (a cerca no condomínio, os espaços verdes e/ou os equipamentos coletivos na superquadra), destacam fisicamente do tecido urbano uma parcela de território com a qual devem se identificar, prioritária e quase exclusivamente, os seus próprios moradores". A superquadra não tem muros, mas possui paredes invisíveis. Claro que há uma diferença imensa entre topar com um reduto amuralhado e olhar em direção a um grupo de prédios plantados num espaço verde inteiramente aberto. O que não quer dizer que este espaço foi genuinamente socializado. Não. E hoje muitos moradores preferem fechar o espaço definido pelos pilotis. Além disso, o que posso tirar da minha experiência de morador da 107 Norte é que os prédios delimitam um espaço, mas não circunscrevem uma verdadeira vizinhança, em sentido físico-cultural. Os vizinhos são vizinhos porque moram próximos, mas não são vizinhos "comunitários". Eles apenas habitam o mesmo território.

Em todo o caso, o exagero de Francisco de Holanda é evidente. A diferença entre aberto/fechado é brutal. E a questão não é somente estética. Achar que condomínio fechado e superquadra se assemelham, embora ajude a pensar sobre o assunto, me faz lembrar comparações igualmente insustentáveis ditadas pela brilhante paranoia de Foucault, por exemplo, em *Vigiar e punir*. O condomínio fechado é unívoco e impositivo. A superquadra é ambígua. Ninguém tem dúvida sobre o caráter privado do espaço condominial de uma *gated community*. Já a extensão verde da superquadra e o espaço entre pilotis são anfíbios, apresentando não exatamente uma articulação, como querem alguns, mas uma sobreposição dos domínios público e privado. De outra parte, é sempre bom insistir que, embora Brasília seja uma exceção no atual panorama citadino brasileiro (nossas outras cidades planejadas foram se desconfigurando ao crescer), ela não é um corpo estranho na realidade sociológica do país. E, por isso mesmo, também é vítima da especulação imobiliária, da ignorância governamental, da insensatez dos políticos e da estupidez e da falta de educação estética da quase totalidade dos seus moradores. Veja-se o aspecto da segregação socioespacial. Da segregação residencial. A diferença, com relação às demais cidades grandes do país, é que em Brasília o processo foi rápido e se apresenta com nitidez absoluta. E não me refiro à distribuição dos mais pobres por cidades-satélites, no âmbito do Distrito Federal. Ainda no período de construção da cidade, entre 1960 e 1962, foram abertos espaços separados para moradia popular: as superquadras 400 e as quadras 700. Logo adiante, já sob o regime militar, criou-se a Sociedade de Habitações Econômicas de Brasília (SHEB). Fizeram casas geminadas. Até aí, o nível permaneceu elevado. Mas a degringolada não demoraria. Hoje, a cidade tem um número enorme de "quitinetes" nas quadras 900. E é claro que a qualidade construtiva da arquitetura residencial das superquadras (na Asa Sul e nos prédios mais antigos da Asa Norte) foi despencando com o tempo, cedendo o posto a preferências plásticas e "materiais nobres" do novo-riquismo (real ou ideológico) da população. Afora isso, atente-se para a localização das classes sociais no espaço físico do Distrito Federal: contingentes demográficos mais pobres foram enxotados para a periferia, apesar da existência de extensos terrenos vazios nas duas asas do Plano Piloto. Ou seja: não é só São Paulo – também Brasília é a cara do Brasil.

Voltemos, no entanto, à rua. Apenas para não soar injusto, lembro que há ruas em Brasília, mas só no setor comercial geral e nos comércios de entrequadras, que foram além de sua finalidade local, atraindo moradores de diversos pontos da cidade, tanto de dia quanto à noite, quando não raro se constituem em pontos de encontro e polos de animação. Mas é preciso sublinhar que a disposição desse comércio contrariou a proposta original da cidade. Lúcio Costa queria cada unidade vicinal de comércio postada de frente para a superquadra. Os comerciantes não gostaram da ideia e inverteram o lance, voltando suas lojas para a via. Com isso, os comércios locais viraram comércios de bairro e geraram ruas cheias de vida. Mas vamos retomar o passo: vejo a rua como lugar essencial da existência cotidiana urbanita. Não por acaso tantos poetas a tematizaram. Recorrendo ao que me vem mais imediatamente à memória, posso citar/recitar Maiakóvski e T. S. Eliot, personalidades tão distintas e tão distantes entre si. Maiakóvski publicou dois poemas sobre o assunto em 1913. No texto "De Rua", ouvimos sua típica imagética. E, no final de "De Rua em Rua", uma surpreendente visão ginomórfica erotizada da rua-fêmea: ao ser aceso, o lampião calvo despe voluptuosamente a meia preta da rua. Quanto a Eliot, me lembro dos versos inesquecíveis de *"Preludes III"* (*"You had such a vision of the street/ As the street hardly understands*) e de um poema como "*Morning at the Window*", também no *Prufrock and Other Observations*, com a sonoridade impressiva, marcante mesmo, do verso de abertura, quando de fato escutamos o matraquear de pratos nas cozinhas.

Na minha vida profissional, recordo-me de que o primeiro frila publicitário que fiz foi a campanha de um prédio de apartamentos que se começava a construir em Salvador, no bairro da Graça, que tem esse nome porque foi ali o único lugar da Bahia em que se diz ter ocorrido uma aparição da Virgem Maria, no século XVI, para a radiância dos olhos e o êxtase da alma de uma índia tupinambá: Catarina Paraguaçu. Escrevi roteiro e texto para locução *off* de um comercial e o artista plástico e fotógrafo Mariozinho Cravo (que depois passaria a assinar Cravo Neto) cuidou da direção visual, caprichando na fotografia. O filmete, exibido na televisão, dizia justamente da relação sentimental das pessoas com a rua: todo mundo traz uma rua especial em sua memória – a rua onde passou a infância, a rua da primeira namorada etc. etc.; para então falar daquela rua especial da Graça, onde se estava a construir o tal edifício. Mas o que desejo destacar é que, na trilha sonora do filme, rodamos uma conhecidíssima canção popular (assinada por Jorge Faraj e Newton Teixeira), executada apenas instrumentalmente por um sax maravilhoso (a verdadeira estrela do comercial), já que não haveria então quem ignorasse seus versos: "a deusa da minha rua/ tem os olhos onde a lua/ costuma se embriagar". Como esta, muitas outras peças da música popular brasileira tematizam a rua, a exemplo da uma letra de Torquato Neto: "toda rua tem seu curso/ tem seu leito de água clara/ por onde passa a memória/ lembrando histórias de um tempo/ que não acaba".

E ao me lembrar da poesia da música popular tomando a rua como tema, sou levado de volta a João do Rio. Impedido pelo barão do Rio Branco de fazer parte dos quadros do Itamaraty, por ser mulato, gordo e veado, João do Rio se entregou à vida de dândi e ao ofício de escritor (cronista, contista, repórter, romancista), mergulhando fundo no redemoinho diário das ruas e bairros de sua cidade, de onde nos trouxe muitos achados e observações preciosas. Entre outras coisas, sublinhando a criatividade linguística e poética das ruas. "A rua é transformadora das línguas", diz ele, observando que, enquanto os lexicógrafos correm atrás do prejuízo ("estafam-se em juntar regrinhas para enclausurar expressões"), "a rua continua, matando substantivos, transformando a significação dos termos, impondo aos dicionários as palavras que inventa, criando o calão que é o patrimônio clássico dos léxicons futuros". E ainda: "A rua criou todas as blagues e todos os lugares-comuns. Foi ela que fez a majestade dos rifões, dos brocardos, dos anexins." Está certo. Tenho ainda para mim que, no plano da existência individual, nosso discurso só ganha configuração plena quando ultrapassamos os limites do campo de força da vida privada. E a rua enriquece nosso vocabulário – especialmente, o chulo. Ela amplia e define o léxico erótico-sexual de cada um (não é por acaso que às prostitutas chamamos mulheres da vida, mulheres da rua). E é também deste solo dos falares cotidianos que brota a poesia popular, a língua das ruas elevando-se à segunda potência, como João do Rio vai insistir no texto "A Musa Urbana", publicado na revista *Kosmos*, órgão da *belle époque* carioca, partidário de Pereira Passos e seu quebra-quebra urbanístico.

"A Musa das ruas é a Musa que viceja nos becos e rebenta nas praças, entre o barulho da populaça e a ânsia de todas as nevroses, é a Musa igualitária, a Musa-povo, que desfaz os fatos mais graves em lundus e cançonetas, é a única sem pretensões porque se renova como a própria Vida", escreve o cronista. E vai ver essa poesia (a dimensão estética da linguagem, que, como aprendemos com Roman Jakobson, não se encerra em tipos literários do fazer poético) se enramando por toda a cidade. "Onde for o homem, lá estará à sua espera, definitiva e teimosa, a Musa. Se tomardes um bonde modesto, encontrareis o palpite do [jogo do] bicho em verso nas costas do recibo; se entrais nos *tramways* de Botafogo, o recibo convida V. Exas. numa quadra a ir a Copacabana. Os cafés são focos de micróbio rímico, os blocos de folhinha, as balas de estalo, as adivinhações dos pássaros sábios, as polianteias [...], as tabuletas, os reclamos, os jornais proclamam incessantemente a preocupação poética da cidade, o anônimo mas formidável anseio de um milhão de almas pelo ritmo, que é a pulsação arterial da palavra... O verso domina, o verso rege, o verso é o coração da urbs, o verso está em toda a parte como o resultado absoluto das circunvoluções da cidade. E a Musa urbana, a Musa anônima, é como o riso e o soluço, a chalaça e o suspiro dos sem-nome e dos humildes". Nessa batida, vai fazer uma caricatura então até saudável da distinção entre o erudito e o popular: "As artes são por excelência ciências de luxo. A modinha, a cançoneta, o verso cantado não é ciência, não

é arte, pela sua natureza anônima defeituosa e manca: é como a voz da cidade, como a expressão justiceira de uma entidade a que emprestamos a nossa vida – colossal agrupamento, a formidável aglomeração, a urbs, é uma necessidade de alma urbana e espontânea vibração da calçada. [...]
... por que teimaremos nós em dizer que a poesia preferiu o nosso cérebro ensanduichado em literaturas estrangeiras à alma simples do povo ignorante? Os poetas da calçada são as flores de todo o ano da cidade, são a sua graça anônima, a sua *coquetterie*, a sua vaidade anônima e sua sagração... [...]. É exatamente assim a nossa Musa urbana. Dispépticos intelectuais, vemo-la tristemente à margem da poesia. Que idade tem ela? Tem séculos e parece nascida ontem, passou por todas as vicissitudes e chalra como uma criança."

Seu fruto mais luzente e sedutor é a canção popular. "Cada nação moderna pode esquissar séculos da sua vida sentimental, política e artística, apenas com uma coleção de cantigas", assinala João do Rio, destacando a "Marselhesa" como "canção guerreira". No caso brasileiro, o que importa é o que vem da fusão da viola de Gregório de Mattos e do "viradinho" de São Paulo. "A fusão dos dois é a alma do Brasil", diz, num daqueles seus rasgos inteiramente insustentáveis. Para compensar, uma observação deliciosa, ao comentar a criação do *tralalá*, definindo-o como "jocunda insignificância, mais vasta, mais profunda que um etc.". E outra, inevitável: "A civilização é a apoteose do verso popular, porque mais nitidamente acentua a facilidade de exprimir da massa ignorante."

PARÊNTESES: POBRES PEDESTRES

Morar numa casa é morar numa rua. Morar numa rua é poder andar por ela. Mas hoje, quando as pessoas falam de mobilidade urbana, dificilmente se lembram dos pedestres. No entanto, precisamos, cada vez mais, de meios e modos que nos permitam andar a pé pela cidade.

Não queria repetir clichês, mas é difícil. Andar é se mover em proximidade com os elementos que constituem o mundo urbano. E é insubstituível, no plano do prazer pessoal, no do conhecimento mais íntimo da cidade ou no da apreciação estética ou erótica da vida urbana. Em deslocamentos automobilísticos, vemos as coisas de modo rápido e distante. Entre 60 e 80 km por hora, nada é muito real, a não ser o próprio deslocamento, ainda mais depois que se generalizou o uso do ar-condicionado e de vidros escuros nos automóveis. Mesmo num congestionamento, estamos no meio de uma pista, no enquadramento da janela. Tempos atrás, Rykwert escreveu: "Sociólogos, especialistas em tráfego e políticos, todos já escreveram longamente sobre a cidade e seus problemas atuais. Economistas e futurólogos profetizaram a sua morte. Lendo todos eles, sempre me surpreende quão pouco o tecido físico da cidade – o toque, o cheiro e até as revelações da cidade – ocupa a sua atenção." Mas é que eles não eram pedestres. Porque a pé a vida é outra. Olhamos para tudo a partir de nós mesmos. Aqui, cada corpo é um corpo. E é andando que sentimos tanto o fedor quanto o perfume das pessoas e das coisas. O cheiro detestável da gasolina, o cheiro adorável de um pé de jasmim. Ou até o olor fugaz do sexo das meninas, como ouvimos na canção de Caetano Veloso. Depois que parei de fumar, então, os cheiros da cidade me invadem as narinas. Mas não é somente o olfato. Andar é acionar os cinco sentidos. É estabelecer uma relação visualmente intensa e íntima com a cidade. Uma relação tátil, também, sentindo a textura das coisas. Andar é, ainda, ouvir os sons da urbe, os ruídos de tudo e de todos. A fala cadenciada numa esquina, o grito aflito num prédio, alguém cantarolando num ponto de ônibus, um assovio claro modulando no ar. E há, ainda, o aspecto gustativo. A delícia de tomar um sorvete na rua. E até mesmo de comer as rosas de um canteiro.

Mas não é fácil andar em nossos ambientes urbanos. É uma empresa arriscada. E para quem, como eu, tem de se mover com a ajuda de uma bengala, chega a ser uma aventura. Tanto que, por causa disso, tem gente que às vezes até prefere não sair de casa. Pedestres em geral e deficientes físicos em particular são sistematicamente desrespeitados no Brasil (as pessoas não respeitam sequer vagas para aleijados em estacionamentos de *shoppings*, ainda que sinalizadas; no que, aliás, talvez estejam certas: estacionar ali é, no mínimo, atestado de deficiência moral). Numa reportagem do jornal *O Estado de S. Paulo*, uma senhora de 86 anos, viúva, aposentada, declarou: "As calçadas são um obstáculo para os idosos em São Paulo. Às vezes, eu deixava de sair para evitar quedas." E muita gente cai. Em 2012, um estudo da Companhia de Engenharia de Trânsito (CET) revelou que 171 mil pessoas caíam anualmente nas calçadas da região metropolitana de São Paulo, gerando um custo social – entre resgate, tratamento e reabilitação – de cerca de três bilhões de reais por ano. É uma loucura, em vários sentidos. A começar pelas pessoas e a terminar pelos gastos. E uma queda na rua é sempre algo humilhante para quem vai ao chão – a graça, na queda, só existe em piadas visuais invariavelmente sádicas, de Chaplin aos Trapalhões. E o gasto público, com isso, é muito alto. Reportagem da *Folha de S. Paulo*, assinada por Cristina Morena de Castro, informa: "O valor é 45% maior que o custo social causado por acidentes com veículos motorizados na região metropolitana de São Paulo." Mais: "O Hospital das Clínicas fez um levantamento sobre quedas em seu Instituto de Ortopedia e Traumatologia, que recebe a maioria das vítimas de acidentes de trânsito. A pesquisa concluiu que as quedas são o segundo principal motivo da busca por atendimento, com mais que o dobro de casos que os acidentes provocados por veículos."

Leio, em algum lugar (o excesso de meios de informação, hoje em dia, é um fato – ao tempo em que minha memória não é mais a mesma de dez anos atrás), sobre um *ranking* das calçadas no país. Um levantamento sobre a situação dos passeios em doze capitais brasileiras. Com Fortaleza aparecendo em primeiro lugar – e, embolando nos três últimos, com os piores passeios do país, Salvador, Rio e Manaus. Gostaria de ver, também, um *ranking* de praças. Porque aí se completava o quadro. Afinal, teoricamente, é em passeios e praças que a pessoa pode ser plenamente pedestre. E, ainda que em medidas muito variáveis, pedestres todos nós somos. "Estamos motoristas, estamos passageiros, mas somos pedestres", lembra o arquiteto-urbanista Fábio Duarte, na coletânea *A (des)construção do caos*, organizada por ele e Sergio Kon. É possível passar uma vida inteira sem nunca ter dirigido (ou entrado em) um automóvel. Sem andar, não. Sem pisar os pés no chão, dentro e fora de casa, não – a menos que a pessoa sofra de um grave problema locomotor e tenha de ser carregada para os lugares. Afora isso, não conheço ninguém que não seja pedestre, à exceção, claro, do governador e do prefeito, que nunca foram vistos atravessando a rua, pedindo grana ou vendendo água mineral na sinaleira, nem jogando amarelinha numa pequena praça de bairro. Se a urbanista Jane Jacobs está certa, quando diz que a gente só conhece uma cidade quando anda por suas ruas, o governador e o prefeito são as pessoas menos indicadas para falar de nossos principais centros urbanos.

E a verdade é que nossos passeios estão péssimos. Antes mesmo de falar do estado físico das calçadas, devemos nos perguntar pelas normas que a prefeitura estabelece para a sua execução, que cabe aos proprietários de imóveis. Em São Paulo, a prefeitura determina que os passeios não podem ter degraus e devem ser pavimentados com piso antiderrapante. Ninguém cumpre – e fica por isso mesmo. Em Salvador, se regras existem, também não são respeitadas. Os passeios da cidade são estreitos, completamente irregulares, com tipos variados de pisos etc. Além disso, são passeios esburacados. É preciso andar olhando para o chão. As pessoas (moradores ou turistas) estão proibidas de contemplar a cidade enquanto andam. De apreciar a paisagem física ou humana. De observar a arquitetura. Enfim, de olhar a cidade no plano mais íntimo e sensível, que é aquele propiciado pelo andar a pé. Como se não bastasse, carros particulares estacionam nas calçadas, embora isto seja proibido por lei. O mobiliário urbano é disposto de qualquer jeito. Cadeiras de bares avançam, privatizando o espaço. Lixeiras, quando existem, atrapalham o andar. Quando não, o lixo se espalha à vontade. Em suma, andar acaba sendo não um prazer, mas um incômodo. Ou um sacrifício. A cidade parece querer proibir que as pessoas circulem tranquilamente por ela. Hostilizam o pedestre. O que fica ainda pior quando sabemos que boa parte da população brasileira é obrigada a andar a pé, pelo simples motivo de que não tem dinheiro para o ônibus.

Salta aos olhos, ainda, o desrespeito dos motoristas. Continuemos com o caso de São Paulo, primando o tempo todo pelos extremos da violência e da solidariedade. Em agosto de 2012, líamos nos jornais que o tópico "desrespeito ao pedestre" rendia 741 multas por dia – 261 mil infrações em 350 dias. Parece muito, mas poderia ser bem mais, se a fiscalização fosse séria. Mas o que há é uma vigilância vagabunda. Os poucos agentes da CET ficam sempre nos mesmos lugares, de sorte que os motoristas se comportam direito ali, sabendo que estão sob observação. E a CET tem o seu turno burocrático de trabalho, embora a cidade não funcione apenas em "horário comercial". A maioria dos "acidentes" envolvendo ferimentos e mortes se dá fora do turno dos funcionários da prefeitura. A maioria dos atropelamentos, por exemplo, acontece entre as 18 e as 24 horas, nos chamados dias úteis. Nesse período, a CET e a Polícia Militar estão fora do ar. Ou seja: na hora mais necessária, a turma está de folga. E a conduta dos motoristas varia conforme a região: é uma nas áreas centrais da cidade e outra nos bairros mais distantes (e mais pobres) da periferia. No centro, as regras são mais obedecidas. Os motoristas mostram-se mais inibidos diante da norma. Também nos bairros mais ricos e elegantes costuma ser assim, apesar da eventual pirueta assassina de algum boçal. Na periferia, não. Quase todos se acham donos do pedaço. Dirigem bebendo, estacionam de qualquer jeito, não respeitam pedestres. Agem como se o código nacional de trânsito não valesse por ali.

Mas há outros aspectos. Eu mesmo fiz uma pesquisa informal, durante mais de quatro meses, nas ruas de um bairro paulistano que, de uns tempos para cá, vem virando moda e está ficando caro: Vila Mariana. A história foi a seguinte. No começo de 2012, tive um derrame cerebral (o chamado AVC, hoje um sério problema de saúde pública no país), fui submetido a uma neurocirurgia (sim: abriram minha cabeça) e tive de passar um tempo na cadeira de rodas, até recuperar meus movimentos e como que reaprender a andar, agora com o auxílio de uma bengala. Pois bem: entre junho e outubro daquele ano, trabalhei na Vila Mariana e saía diariamente para almoçar num dos muitos restaurantes do bairro. Mesmo sem agilidade e com pouco equilíbrio, ia andando, prestando atenção no chão, para não tropeçar e cair. Sempre tinha de atravessar algumas ruas. E o que verifiquei, naqueles quatro meses, foi o seguinte. Regra geral, quem parava para me dar passagem, na faixa de pedestre, era homem, entre os 40 e 60 anos de idade, dirigindo um carro de potência e preço médios. Mulheres jovens, a bordo de um 4x4 importado, nunca paravam. Ônibus me esbagaçariam no meio da faixa. Mesmo assim, devo dizer que os motoristas de São Paulo sempre foram mais respeitosos comigo do que os motoristas da Bahia. Mas não só deficientes físicos são maltratados. O desrespeito é geral. Resultado: *inferno dos pedestres* é uma das definições possíveis das cidades brasileiras de grande e médio porte. É o predomínio absoluto dos carros sobre as pessoas. Paraíso dos pneus, inferno dos pés.

Esta cidade atual não quer saber de ninguém flanando por suas ruas. Banimos o andar prazeroso em nossos centros urbanos. Passeios bloqueiam passos ou são expulsivos. A falta de uma padronização estabelecida pelo poder público e a falta de educação urbana dos donos de imóveis responsáveis pelas calçadas se conjugam para atrapalhar os pedestres. Principalmente, idosos e deficientes físicos, para os quais quedas podem ser um tremendo problema. E o que impressiona é que governantes e proprietários, sempre que se manifestam publicamente, posam do lado dos usuários de calçadas, do andar nas ruas. Cinismo? Claro. E mesmo calçadas estreitas – com desníveis, pisos inseguros, mobiliário inadequado ou mal distribuído, buracos etc. – são um luxo. Não sei quantos quilômetros de calçadas existem hoje em Salvador, mas é bem menos do que o necessário. Calçadas inexistem em vasta parte da cidade. E temos de juntar todo esse quadro com a situação de nossas praças e, ainda, com a carência delas. Vamos ver assim como o crescimento de nossas cidades, desprezando passeios e praças, é perverso com os mais pobres, a juventude e, especialmente, os extremos etários da velhice e da infância.

5. SENTIDOS DO BAIRRO

A questão da identidade de um bairro não é diferente da questão da identidade de uma cidade: é o conjunto de traços distintivos que nos faz perceber um local como diferente de outros locais. Em princípio – ou tradicionalmente –, um bairro se distingue (ou pode se distinguir, já que também devemos contar com a indeterminação e a mesmice citadinas) por algumas características relativamente nítidas. Uma certa paisagem natural, uma certa paisagem urbana. Pode ser plano ou escarpado, conter alguma referência lacustre ou marinha, possuir arvoredos ou se deixar marcar pela aridez, ter ou não ter córregos e riachos etc. Pode se distinguir ainda por sua tipologia arquitetônica, por ruas largas ou estreitas, pelo excesso ou carência de determinados equipamentos, pelos papéis mais destacados de seus prédios (cujo caráter pode ser predominantemente público, empresarial ou residencial), por seu gênero ou perfil de comércio etc. Mas também por características sociais prevalentes, em termos de classe e cor. Eventuais singularidades de raça e/ou cultura. E, às vezes, por determinada "função" no conjunto da cidade – bairros que se especializam na oferta de certos serviços, por exemplo, ou que concentram opções relativas ao lazer ao ar livre.

Historicamente, no caso mais extremo, vamos ter a separação e o controle de tais "unidades de vizinhança" na base do isolamento noturno. Aqui, é a régua do poder que fixa as separatrizes. Que se pense em Chang'an, na China, a capital das dinastias Han e T'ang, onde, por volta de 700 d.C., vivia um milhão de pessoas. Cidade em grelha, cercada de muralhas, tipicamente ritualística e militarizada, Chang'an contava com 160 bairros. Cada um deles tinha muros e a porta, que se fechava ao pôr do sol e se abria pela manhã, sempre ao som de tambores. Mas esta espécie de enclausuramento não ficou restrita ao mundo asiático, nem a tempos tão distantes. Chegou à Europa, como podemos ver, na aurora da "era moderna", em cidades como Veneza – onde o confinamento espacial dos judeus aconteceu na mesma época em que jovens homossexuais venezianos foram proibidos de deslizar nus (cobertos apenas com joias femininas), em gôndolas, pelos canais da cidade – e Lisboa, e bem mais recentemente, com a implantação de Soweto, em Joanesburgo, na África do Sul. Mas com uma diferença fundamental. Em Chang'an, eram todos chineses e todos os bairros ficavam igualmente lacrados. À noite, nas ruas daquela cidade ostensivamente geométrica, apenas patrulhas militares tinham permissão para circular. Os casos de Veneza e Lisboa são diversos. O que havia não era um enclausuramento geral da população, mas um enclausuramento discriminatório. Foi a definição do *gueto*, com as "judiarias", segmentos citadinos cuja personalidade própria é estabelecida em base rácica ou etnocultural: espaço de confinamento dos portadores de sangue judaico. Em Soweto, os apartados já não seriam judeus. Foi a população negra de Joanesburgo, que o regime do *apartheid* achou por bem alojar fora da cidade.

Hoje, a situação é outra. Conhecemos prédios entrincheirados, condomínios fechados e a segregação socioespacial de lugares de moradia. Mas nenhum grupo étnico vive trancafiado nas cidades dos países democráticos do mundo. Ao contrário, o que vemos, em extensão quase planetária, é principalmente a indisciplina das misturas, apesar do ressurgimento do racismo em nações europeias, reagindo patologicamente a imigrantes árabes, turcos, negro-africanos. Em todo caso, o que desejo ressaltar é que a clareza das delimitações dançou, exceto para os muito pobres, que sofrem as proibições da privação monetária, mal tendo o que comer e sem poder gastar dinheiro com passagem de ônibus ou metrô. Afora isso – e apesar dos preconceitos e segregações –, todos os que querem circulam quase freneticamente pela cidade. A propósito, costumo citar, com certo grau de perversidade, o panfletarismo futurista de Marinetti: "Viva a desigualdade! Aumentem-se as diferenças humanas. Desencadeie-se e intensifique-se sobretudo a originalidade humana. Faça-se diferente, faça-se com mérito, desproporcione-se cada coisa." O fato é que os limites se diluíram e, em alguns casos, foram rasurados. Sintomaticamente, houve quem decretasse, não faz muito tempo, a superação da noção de "bairro". Mas não se tratava disso. As pessoas podiam morar num ponto da cidade e trabalhar em outro, a alguns quilômetros de distância. Podiam ter a sua teia mais geral de relações sociais e sua rede mais restrita de amizades distribuindo-se pelos quatro cantos da configuração citadina, sem voluntariamente tecer ou cultivar laços próximos com nenhum morador de sua vizinhança física mais imediata – e nem assim o referencial do bairro, da "comunidade imaginada", se dissolveu no ar. Pelo contrário, tivemos mesmo, de uns anos para cá, talvez até por conta das marés desestabilizadoras da globalização atual, o reavivamento da ideia de bairro, visto como âmbito da familiaridade e espaço onde os cidadãos podem de fato pensar em intervir com certo efeito prático, buscando alguma qualidade de vida. Como disse Kevin Lynch, a política de bairro renasceu, apesar da inquestionável "dispersão espacial" dos lugares de trabalho e das conexões pessoais dos moradores.

Está escrito em *A boa forma da cidade*: "Estas relações [sociais espacialmente dispersas] baseavam-se no parentesco, no trabalho ou em interesses variados, em vez de se basearem no local. Esta dispersão espacial parecia ser verdadeira para todas as pessoas, com exceção de alguns residentes de mais baixos rendimentos dos guetos étnicos. A unidade espacial limitada não se adequava à rede de interação social. [...]. Logo após a ideia de bairro ter sido completamente demolida nos mais elevados níveis intelectuais [acadêmicos], reapareceu com toda a força proveniente de baixo. Várias ameaças às áreas locais existentes... originaram uma vaga de resistência, organizada sobretudo ao nível do bairro. As pessoas demonstraram que, apesar de os seus empregos e mesmo as suas amizades não seguirem as linhas do bairro, podiam mesmo assim unir forças a esse nível quando era necessário se defenderem. Estas organizações de bairro se orientaram por questões concretas e se mostraram resistentes à mudança, em vez de serem geradoras de mudança. Desde então, tornaram-se politicamente ativas a níveis mais elevados e mais formais da administração. A política de bairro reapareceu." Mais: "Investigações recentes acerca do modo como as pessoas idealizam uma cidade revelam que a designada comunidade local é muitas vezes um elemento importante dessa estrutura mental. O bairro pode não ser essencial para as suas relações sociais, mas é, juntamente com as principais vias, uma peça fundamental da sua estrutura mental. [...]. Já não é um espaço no qual as pessoas se conhecem umas às outras porque vivem lado a lado, mas um espaço definido por todas as pessoas, a que todas as pessoas dão um nome e no qual as pessoas consideram ser relativamente fácil unirem-se quando as situações se tornam perigosas."

Cabem, aqui, duas observações. Primeiro, com relação ao fato de as organizações de bairro terem aparecido ou reaparecido em cena como entidades que resistiam a mudanças, antes de serem geradoras de transformações. Era compreensível. Lembro-me de que, quando criamos a Associação dos Moradores de Itapoã, acho que em 1980, a iniciativa foi uma reação ao processo de desfiguração final do bairro, que, com o tempo, foi bem além de tudo o que então fomos capazes de prever. O bairro estava sob ameaça de empresas de ônibus e da especulação imobiliária – e era preciso defendê-lo, coisa que não chegamos a fazer com inteligência. Tentamos interferir na circulação do transporte público e assumimos ares protecionistas. Um pouco adiante, à época da campanha "diretas já", durante uma visita de Tancredo Neves à Bahia, convidei Caetano Veloso (em nome do Movimento Democrático Brasileiro, MDB) para levá-lo à lagoa do Abaité, onde os dois defenderam a necessidade urgente de preservar o então ainda lindo lugar. Não é preciso dizer que não fomos bem-sucedidos em nossas ações. Hoje, em matéria de ambiente construído, Itapoã é um dos bairros mais feios e degradados de Salvador. A sua orla, logo após a pequena e medíocre estátua da sereia, é uma sucessão de prédios pavorosos. O governo estadual, na administração de Waldir Pires, incrementou a depredação das dunas alvíssimas, a partir de um loteamento criminoso do bairro de Stella Maris. E a prefeitura se encarregou de avacalhar a lagoa. Hoje, olhando Itapoã e Stella Maris (com suas praças transformadas em depósitos de lixo), vejo que o único local limpo e luminoso daquela orla é a lua – mesmo assim, porque ela não está ao alcance dos moradores e comerciantes locais, nem se acha no raio de ação da administração municipal. Em segundo lugar, nossas organizações de bairro, atualmente, não se limitam a uma importante atuação defensiva. Também trazem projetos e propostas, mesmo que poucos, como vemos em São Paulo e em outras cidades do país.

Outra coisa é que movimentações e lutas de bairro, *nowadays*, nem sempre ficam restritas à participação de moradores do local. De uma parte, certos segmentos físicos do espaço citadino e mesmo fronteiras urbanas são percebidos como lugares que dizem respeito a toda a coletividade. De outra parte, alguns bairros podem ser abraçados por parcelas da população que não residem dentro de seus limites. No primeiro caso, é o que vemos com relação a centros antigos e linhas litorais, por exemplo. Hoje, o "centro histórico" de uma cidade tende a ser visto como elemento central da identidade cívica, cuja preservação e manutenção deveriam ser preocupação obrigatória de todos. O mar, por sua vez, costuma aparecer não só como fronteira que assinala um limite para a expansão física da urbe, mas também como ponto de encontro, espaço de convívio e mesmo gerador de um traço caracterológico fundamental dessa mesma urbe. É o que acontece com o Rio de Janeiro, onde a praia se tornou peça-chave da identidade social, cultural e visual da cidade. O Rio é um lugar que desenvolveu uma sociabilidade praieira própria – e nossa memória estética da cidade nunca será capaz de dissociá-la de seus altos morros e da extensão azul do mar. Sob outro ângulo, como foi dito, alguns bairros conseguem se projetar no horizonte geral do aglomerado urbano de que fazem parte e mesmo do país, investindo-se de algum aspecto simbólico marcante, em termos histórico-culturais ou em plano comportamental – estilísticas da vida –, fazendo com que moradores de outros bairros e até de outras cidades se sintam de alguma forma vinculados ao local. Eu mesmo, morando na praia de Itapoã, em Salvador, já fui convocado por ativistas paulistanos para assinar manifestos relativos a problemas da Vila Madalena, em São Paulo. E assinei.

Tudo isso na interessante contextura dos bairros em cidades contemporâneas, para dizer de modo ligeiro. Na contextura de cidades que foram se tornando demasiado grandes e complexas para que as pessoas consigam construir em suas cabeças, por experiência própria, uma percepção global da multiplicidade de formas e conteúdos existentes nos aglomerados populacionais em que vivem. No escrito "A Pequena Berlinense" (em *Absolutamente nada e outras histórias*), de Robert Walser, a personagem principal, com seus 12 anos de idade, observa: "Não se veem pobres – trabalhadores, por exemplo – em nossa região, onde os prédios têm jardim. Próximos de nós moram donos de fábricas, banqueiros e pessoas ricas, gente cujo ofício é a riqueza. Bom, isso significa que papai está, no mínimo, muito bem de vida. Os pobres e os mais pobres não têm como morar por aqui, porque é caro demais. Diz papai que a classe em que reina a miséria vive no norte da cidade. Que cidade! O que é isso, o norte? Conheço Moscou melhor do que o norte de nossa cidade. Já recebi numerosos cartões-postais de Moscou, Petersburgo, Vladivostok e Yokohama. Conheço as praias da Holanda e da Bélgica; conheço também o Engadina, com suas montanhas altas como o céu e suas verdes pradarias, mas minha própria cidade? Para muitos dos que a habitam, Berlim constitui talvez um enigma." Bem, o texto de Walser é de 1914 e sua personagem é uma pré-adolescente rica que desconhece a parte pobre de sua cidade. Hoje, um século depois, a situação é bem mais grave. Nem adultos conhecem suas cidades. Ricos desconhecem bairro pobres – e vice-versa. Mas uma coisa se mantém: o conhecimento indireto do aglomerado urbano, embora não mais privilegiando cartões-postais, como nos tempos da *kleine Berlinerin*. Na verdade, alastrou-se e se aprofundou uma situação que Dostoiévski detectava já na segunda metade do século XIX (atribuindo-a então à intensificação do circuito informacional, em consequência da expansão da imprensa), como lemos em suas *Notas de inverno sobre impressões de verão*: "Quem de nós, russos (pelo menos dos que leem revistas), não conhece a Europa duas vezes melhor do que a Rússia? Escrevi duas por delicadeza, mas o certo seria dizer dez vezes."

Cidades como São Paulo e o Recife, ou como Salvador e o Rio de Janeiro, são agora conhecidas, pela vasta maioria de seus moradores, bem mais por intermédio de programas e reportagens veiculados pelos meios de comunicação de massa, ou por via internética, do que através de vivências *in situ*. Além disso, em nossas cidades maiores, atualmente, cada bairro tende, em medidas variáveis, a um isolamento relativo, a ser uma espécie de cidade dentro da cidade, em consequência do desenvolvimento de uma rede terciária complexa dentro dos seus limites. São bairros que oferecem postos de trabalho, exibem um comércio bastante variado e muitas possibilidades de diversão e prazer. Em princípio, não é preciso sair deles para comprar coisas, nem para resolver nada. Mesmo o mercado amoroso e sexual é razoável, entre butiques, barzinhos e até alguma eventual "casa de massagem". Conheço alguns bairros assim em São Paulo, mas não é diferente o que acontece em Salvador. Voltei a constatar o fato recentemente, entrevistando pessoas de classe média baixa que moram em Itapoã. Encontrei então baianos que só tinham visto o Pelourinho em fotos de jornais e programas de televisão. Outros que há anos não iam até à Pituba ou à Barra, vivendo e trabalhando entre Itapoã e o bairro contíguo de Stella Maris. Em resumo, é possível passar a vida no bairro – e, em alguns casos, ser cremado ou enterrado nele mesmo. A fragmentação da cidade é um fato, em pauta física e sígnica. Mas é igualmente claro, por outro lado, que a autonomia total de um bairro o destruiria, no sentido de que ele deixaria de ser bairro, para se fazer urbe ou uma espécie qualquer de ilha. É muito bom, por isso mesmo, que nossas amizades estejam dispersas, distribuídas por aí, no corpo geral da cidade.

    De qualquer sorte, devemos dizer que atualmente, em algumas cidades brasileiras, a antiga noção de bairro, de um pedaço da cidade com identidade relativamente própria – em termos sociológicos, visuais e até culturais –, se tornou muitas vezes confusa. Perdeu a clareza de outrora. Especialmente, em alguns casos, da década de 1970 para cá. É certo que não vamos ver isso em Brasília, onde nem é possível falar de "bairro". Deixando de parte quadras e casas geminadas, vemos a diferença interna de Brasília entre as superquadras mais antigas da Asa Sul, com a uniformidade de seus prédios residenciais, e as partes novas da cidade, ainda dentro do Plano Piloto. À medida que avançamos em direção ao final da Asa Norte ou enveredamos para o oeste, entre construções mais recentes, deparamos com a variedade tipológica, nem sempre muito feliz. Mas a cidade apresenta vidas semelhantes em ambas as "asas". O contraste maior se dá entre elas e a atmosfera suburbana dos lagos (na verdade, trata-se de um só lago artificial: o Paranoá), com o *Kitsch* de suas mansões greco-goianas e suas ruas quase sempre mais letargicamente soturnas do que agradavelmente noturnas. Mas, mesmo em cidades que se estruturam a partir de seus centros e seus bairros, encontramos hoje exacerbações perversas, em que o mercado fala mais alto do que qualquer outra coisa. É o caso de Cidade Monções, vizinho do Brooklin em São Paulo, que poderia se ter definido como um belo bairro levando vida de bairro, com suas praças e pracinhas, mas foi quase inteira e destrutivamente ocupado por um sem-número de empresas e escritórios, que se agitam e se ouriçam somente de segunda a sexta-feira. Com isso, tudo o mais fica igualmente fechado nos finais de semana. Aos domingos, só é possível tomar uma cerveja, almoçar ou jantar na Leiriense (fundada por um gajo de Leiria, é claro), que é daquelas padarias paulistanas que vendem praticamente tudo, de picanha a chiclete, passando por sorvete e lâmina de barbear. Afora a "padoca", mesmo os botecos dos trabalhadores de renda mais baixa recolhem suas mesas e fecham suas portas à chegada do fim de semana. Enfim, é um bairro que não é propriamente um bairro (mesmo o centro da cidade tem vida aos sábados e domingos – e não é pouca), cuja personalidade parece ser não ter personalidade.

Sabemos que pessoas adultas da classe média tradicional, da alta classe média e da burguesia não são muito dadas a vivências em espaços e *points* de uso coletivo. Tendem, ao contrário, aos relacionamentos domésticos ou, um pouco mais amplamente, intramuros. É um segmento populacional que cultiva preferencialmente o convívio em locais fechados, em espaços mais privatizados como certos clubes, bares e restaurantes. A apropriação franca e até festiva de espaços abertos de uso coletivo é coisa mais das classes populares – e de jovens, independentemente de sua extração social. Nos quatro meses em que me hospedaram num *flat* caro em Cidade Monções (um duplex de varanda espaçosa com vista para a Marginal Pinheiros e prédios da avenida Berrini e cercanias), pensei muitas vezes nisso. Porque mesmo a frequência popular e juvenil às pracinhas do bairro era inexistente nos finais de semana. Nesses dias, quando caminhava pelo bairro, eu só encontrava seguranças e porteiros de prédios. Sumiam até as empregadas domésticas que levavam a passeio, durante os "dias úteis" (como se um sábado e um feriado fossem necessariamente "inúteis"), os cachorrinhos das patroas. Enfim, o que se tinha era uma paisagem morta de ruas e praças desertas, bares e restaurantes fechados. Aos domingos, quando eu costumava almoçar em algum dos restaurantes de Vila Madalena, a cena era completamente diferente: gente farreando nos bares, restaurantes cheios, pessoas papeando nas calçadas, tomando cerveja, jogando dominó. Já Cidade Monções, mesmo nos dias mais quentes do inverno de 2014, não tinha a mínima vida de bairro, quando o sábado e o domingo chegavam. Era um centro de altos prédios de escritórios. E o uso das ruas pelos pedestres, durante a semana, era exclusivamente instrumental. Elas não passavam de vias de acesso ao local de trabalho; ou de caminhos estritos e atalhos fazendo a ligação local de trabalho-local de almoço. Ou seja: se o bairro não era propriamente um bairro, também as ruas não eram ruas, no melhor sentido da palavra.

O contrário disso está na história de um bairro como Copacabana. O lugar, aliás, foi objeto de um estudo histórico e socioantropológico recente de Julia O'Donnell – *A invenção de Copacabana: culturas urbanas e estilos de vida no Rio de Janeiro* –, que vamos acompanhar aqui. Lembro apenas uma curiosidade linguística significativa, antes de enveredar em direção ao bairro. Se alguém pensa que o topônimo "Copacabana" nos veio dos índios tupis, se enganou. É de origem quíchua. E toda essa história é bem anterior à formação do bairro burguês, hoje decaído. Antenor Nascentes, no *Dicionário etimológico da língua portuguesa*, esclarece. A denominação surgiu "quando foi levantada no pequeno promontório entre a praia de Copacabana e a do Arpoador uma pequena ermida em honra da Senhora, sob esta invocação, de origem peruana. A devoção de N. S. de Copacabana começou na igreja da Misericórdia. Já existia em 1638, pois quando o padre Miguel da Costa quis colocar na Santa Casa a imagem de N. S. do Bom Sucesso, só o pôde fazer no altar de N. S. de Copacabana, visto estarem ocupados os outros. Informa fr. Agostinho de Santa Maria, no *Santuário Mariano*, que logo nos princípios daquela casa se colocou em sua igreja a imagem da Senhora. E porque nada lhe referiram a respeito dela, representou-se-lhe que, como a Senhora é tida em todo o Império Peruano por um grande prodígio pelos milagres que continuamente obra, poderia ser a trouxesse de lá algum português, como o trazem muitos em uns relicários de prata. Tal invocação era também conhecida em Portugal. [...]. No século XVII havia no Rio de Janeiro negociantes que comerciavam com o Peru, via Rio da Prata". Aí está. "Copacabana" é assim palavra bem menos brasileira do que motoboy, montagem tipicamente tropical do étimo latino *motus* ("movimento") e de um substantivo inglês, *boy* ("rapaz"), resultando numa expressão original, inexistente na língua inglesa.

Mas vamos ao que interessa. Copacabana começou como um misto de fantasia e projeto de uma nova modernidade-civilidade de um segmento da elite econômica carioca (ou que apenas morava no Rio, já que muitas pessoas que foram morar no arrabalde tinham nascido em outros estados e países), que só se realizou gradualmente. Era o projeto de um "Novo Rio", de um espaço praiano rico e elegante, com estilo de vida próprio, buscando atualizar o que, em matéria de prestígio no período imperial, se concentrara praticamente nos palacetes da enseada de Botafogo. Copacabana então, embora premiada com um epíteto monárquico, "princesinha do mar", deveria se converter no bairro chique por excelência dos tempos republicanos. Em marca de um Brasil moderno – marca lúdica, saudável e cosmopolita. Mas as coisas não aconteceram de uma hora para outra. De início, o que se tinha ali, naquele pedaço de orla marítima, era obviamente a praia, o longo areal quase deserto, pontilhado por casinhas de pescadores. O prédio que se destacava na região, entre as ondas azuis e a areia branca, era uma simples igrejinha: a Capela de Nossa Senhora de Copacabana, objeto de romaria desde o século XVIII.

Índios quatrocentistas à parte, os primeiros moradores brasileiros do local parecem ter sido pescadores – e ainda no início do século XX era possível apreciar puxadas de rede no local (hoje, a palavra "arrastão" já não tem nada a ver com antigas pescarias grupais na beira do mar, designando antes uma espécie de "operação pente-fino", promovida pelas bandidagens pequena e média de São Paulo e Rio). Além disso, no alto do morro da Babilônia, sob o qual se construiria o Túnel Novo, surgira, já pelos finais do século XIX, uma das primeiras favelas cariocas. Mas tudo começou a mudar, no sentido da futura constituição de um bairro burguês, algo novo-rico, com a inauguração do Túnel Real Grandeza, em 1892, ligando Botafogo ao areal e sua igrejinha. O que vai se desenhar a partir daí não é somente um bairro novo numa das paisagens menos povoadas da capital fluminense. É toda uma nova área da cidade, destinada a se tornar a mais desejada de todas: a chamada "Zona Sul", estendendo-se do Leme ao campo do Leblon e à Gávea, passando pelo bairro que principiou a florescer nas antigas terras do barão de Ipanema. Em seu livro, Julia O'Donnell dá conta desse processo. Houve um esforço planejado e sistemático para transformar Copacabana em "novo *locus* da civilidade", "*locus* de distinção", foco do *high society* ou do *grand monde*, morada preferencial da elite carioca em sua versão "praiano-aristocrático-moderna". E se incrementou então o processo de incorporação daqueles recantos atlânticos ou novos bairros litorais ao desenho e à malha urbana do Rio. Nesse caminho, aconteceram coisas interessantes ou curiosas, por seu caráter hilariante, discriminatório etc., mas também com relação ao *design* urbano. Aqui, não podemos nos esquecer de que o prefeito Pereira Passos, tão exclusivamente "parisiense" na sua remodelação das áreas centrais da cidade, tenha se lembrado de Lisboa quando interveio em Copacabana, mandando buscar calceteiros em Portugal para assentar pedras portuguesas, em desenho ondulado, nas calçadas do bairro. Sim: a marca visual daquela orla é lisboeta.

Mas vamos avançar um pouco mais no tempo. Na década de 1920 – "nos vertiginosos anos 1920 cariocas" –, o bairro aparece já configurado e reconhecido como reduto de elegância, com a avenida Atlântica duplicada e iluminada, e o prédio do Copacabana Palace, algo copiado de hotéis da Riviera Francesa (Nice e Cannes), projetando-se dominador no ambiente construído, reinando sobre a sequência de mansões da orla. Àquela altura, já se fala do trio Copacabana-Leme-Ipanema, ao qual logo adiante se irá incorporar o campo do Leblon. No decênio seguinte, o projeto praiano da parcela "moderna" da elite já está inteiramente materializado, firmado na dimensão física e simbólica, no imaginário do conjunto da sociedade. Julia: "O Rio passava a reconhecer em artefatos como o *maillot*, as cabines de praia e os para-sóis elementos de distinção, vendo emergir um novo estilo de vida que, associado a um território específico e a determinados segmentos sociais, trazia para o rol de personagens urbanos uma figura até então marginal nas narrativas identitárias da cidade: o banhista." Copacabana e suas adjacências atlânticas encarnam enfim a "distinção", a "modernidade", o novo estilo de vida praieiro. É o balneário dos habitantes ricos do Rio, definindo-se como "vanguarda", como o suprassumo visual, urbanístico e existencial das mudanças que redirecionavam o país. E é impressionante como o discurso da elite copacabanense se mostra, de cabo a rabo, obsessiva e até infantilmente aristocracista, narcisista e exibicionista. Tudo compondo uma fantasia ideológica que vai perdurar, enraizando-se na mentalidade carioca, mesmo quando os mais ricos passam a dar preferência a Ipanema e ao Leblon. Copacabana, ainda na década de 1970, se mantém como a cereja do bolo da ascensão social classemediana dos subúrbios – e como signo de alguma fantasia de modernidade.

VIDA BAIRRISTA

Naquela mesma década de 1970, em Salvador e São Paulo, assisti a grandes mudanças. Quando penso sobre elas, me vem à mente, numa ligação quase automática, uma observação de Jane Jacobs: "Um bairro bem-sucedido é aquele que se mantém razoavelmente em dia com seus problemas, de modo que eles não o destruam. Um bairro malsucedido é aquele que se encontra sobrecarregado de deficiências e problemas e cada vez mais inerte diante deles. Nossas cidades apresentam todos os graus de sucesso e fracasso." São palavras que permanecem válidas para recentes realidades urbanas brasileiras. Vi bairros que, paralisados frente à acumulação de seus problemas, perderam suas características sociais e culturais – e se desfiguraram. Como a Barra, em Salvador – lugar excepcionalmente belo e agradável, do morro do Cristo ao porto da Barra, que foi degradado e se degradou. Menos por descaso governamental do que por estupidez de seus proprietários ricos, que trocaram um lugar estética e ambientalmente privilegiado pela fantasia de criar logradouros supostamente mais sofisticados alhures, em locais sem graça alguma, áridos e insípidos, como o Itaigara e o Caminho das Árvores: a mesma burguesia espasmódica que tempos antes abandonara a Vitória – e a ela depois retornou, quando mentores interesseiros de modas citadinas voltaram a dizer que ali estava a situação geográfica mais bonita da capital baiana. De outra parte, vi bairros experimentarem uma transformação visual avassaladora e se projetarem no contexto da cidade e até se insinuarem no imaginário do país, acentuando uma nova identidade, que apenas vinha aflorando em meados da década de 1970, a exemplo de Vila Madalena, em São Paulo.

Há uns bons quarenta anos (morei no bairro, pela primeira vez, entre 1974-1975, numa casinha térrea de número 1 à rua Purpurina), a Vila ainda não se mostrava como bairro boêmio, embora abrigasse já uma curiosa fauna artística. Era fácil encontrar na feira parte da turma colorida do conjunto Novos Baianos, por exemplo, notório bando de músicos e maconheiros, todos comendo pastéis. Mas não havia vida noturna intensa (um bar solitário, de propriedade de um baiano ligado ao terreiro Axé do Opô Afonjá, reunia os últimos bebuns da noite). Quando voltei a morar lá, de 1979 a 1980, a tênue marca artístico-boêmia tinha já se aprofundado. Eu encontrava, naquelas ladeiras frias, o vanguardista Arrigo Barnabé, os músicos sertanejos do Bendegó, a dupla baiana Jorge Alfredo-Chico Evangelista, os roqueiros de um conjunto chamado Papa-Poluição. Moradores de outros bairros da cidade já começavam a frequentar o bochicho local. Até que o caldo engrossou de vez, com bares e prédios pipocando para arquivar de uma vez por todas o ideário classemediano pobre e paroquial durante tanto tempo hegemônico no local. Hoje, Vila Madalena é um bairro decididamente boêmio, festeiro, comportamentalmente relaxado. Na disputa por seus significados, venceu a vertente dos "desbundados" – ex-integrantes e filhos da contracultura. As antigas donas de casa perdidas no tempo, com seus lenços e bobes na cabeça e suas contas modestas em açougues e armazéns, se viram sem espaço. O cheiro da maconha se espalhou pelo ar. O bairro se encheu de pessoas ativas, liberais, "descoladas". Bares e restaurantes explodiram em sucesso. O lugar se definiu como recanto de "vanguarda" (estética, intelectual e existencial), fazendo da inovação seu traço distintivo central, no que foi correspondido ainda pelo risco renovador no desenho e na dimensão de seus prédios de apartamentos. E o que é mais importante, no dizer de Jane Jacobs: um bairro informado, reivindicativo, em dia com seus problemas.

Por falar nisso, cheguei a distribuir recentemente, entre alguns moradores do bairro, um questionário com três perguntas básicas. 1) Quando você se mudou para Vila Madalena e por que a escolheu? 2) Como é a sua vivência do bairro? 3) Qual a sua visão geral (qualidade, funcionamento, forma etc.) do lugar? Reproduzo, a seguir, as respostas que me foram dadas por um dos mais ilustres moradores do lugar, o escritor (misto de economista, filósofo e romancista) Eduardo Giannetti. Não será necessário recorrer às respostas dos demais, porque Giannetti (com quem eu costumava andar por ruas do bairro, juntamente com o sociólogo Marcos Pompeia, para nossos almoços domingueiros) produziu uma síntese perfeita das vozes que ouvi. Verdade que, optando pela discrição, ele preferiu passar ao largo de algumas coisas, como o lance da paquera nos bares, devidamente sublinhada pelo fotógrafo Robério Braga, que também entrevistei. Feita a observação, vejamos o que Giannetti diz:

"1) Vim para Vila Madalena em meados de 2011. Já havia morado por aqui em meados dos anos 1990, por aproximadamente cinco anos. Desde jovem universitário, tenho grande simpatia pessoal pelo bairro. Além da localização na Zona Oeste, perto de Pinheiros e não demasiado longe do centro, a principal razão de minha escolha tem a ver com a qualidade da vida urbana: a Vila preserva uma atmosfera de bairro, com ruas cheias de vida, um movimento que me infunde ânimo, jovialidade e alegria, mas sem a tensão nervosa de um bairro intransitável como o Itaim Bibi. Como não tenho carro, escolhi um bairro residencial-comercial onde posso realizar os afazeres do dia a dia a pé com tranquilidade, como ir à padaria, farmácia, livraria, papelaria, jornaleiro, banco, restaurantes, etc. Isso foi decisivo. 2) Adoro meu bairro e sou grato por viver nele. Aos poucos descobri que a Vila preserva um espírito de pequena vizinhança ou comunidade em que as pessoas que nela residem ou trabalham se conhecem e manifestam gentileza no dia a dia. No Alto de Pinheiros, bairro grã-fino onde morei antes de vir para cá, as ruas eram desertas e, ao caminhar a pé, as pessoas com que cruzava nas calçadas eram os guardas de segurança das mansões. Aqui é totalmente diferente: as ruas estão cheias de vida e as pessoas do bairro se reconhecem. Sinto alegria em simplesmente caminhar ou perambular a pé pelas ruas, ver as pessoas e o movimento nas lojas e bares, nas rodas de samba e ensaios da Pérola Negra, na lotérica e nos pontos do bicho, sentir a vida pulsando nas calçadas. Acho ótimo também que a população, tanto a residente como a visitante, reflita a diversidade humana, uma maravilhosa mistura de pessoas de diferentes grupos etários, étnicos e sociais. 3) A Vila goza de uma situação privilegiada no tocante a serviços. Temos duas estações de metrô (Heitor e Fradique) nas redondezas e um excelente serviço de táxi. O trânsito flui razoavelmente bem para os padrões de São Paulo, mas as calçadas deixam muito a desejar. O comércio é no geral de qualidade, com bares e restaurantes diversificados que atraem pessoas de outros bairros e uma livraria de tamanho médio, embora as lojas menores e de menor movimento, como sapateiro e armarinho, estejam deixando o bairro por conta do preço do aluguel. O grande risco da Vila é sofrer um adensamento desastrado, com prédios enormes e embrutecidos, que acabem fazendo dela uma combinação pesada e insustentável de bairro residencial e comercial, como acabou se tornando o Itaim. A Vila ainda é um bairro com cara de bairro, leve e ameno, mas a ameaça de uma urbanização desastrada paira no horizonte."

Fiz um miniquestionário específico, diverso deste, para o arquiteto-urbanista Guilherme Wisnik, hoje professor da USP. Reproduzo, a seguir, a conversa que rolou.

P: Qual o seu grau de vivência de Vila Madalena? Se o bairro não é dos seus favoritos, algum outro o encanta/fascina em São Paulo? Por quê?

GW: Quando eu era criança, nos anos 1970 e início dos 1980, lembro de que a Vila Madalena era um bairro em que viviam muitos amigos dos meus pais, professores e artistas em geral, sobretudo de cinema e música, ligados à chamada vanguarda paulista. Pelo menos é essa a minha impressão. Estudei em uma escola chamada Criarte, que eu acho que ficava por ali, pois logo em seguida acabou e se dividiu em duas escolas daquele bairro: o Novo Horizonte e a Escola da Vila. Era um lugar alternativo, ainda um pouco *hippie*, com ladeiras e sobrados de classe média, muitos com jardins e hortas, e um ar algo decadente e charmoso não programado ou calculado, isto é, resultado não de um estilo, e sim de um modo de vida. Na minha adolescência, passei a frequentar o bairro pelas suas baladas noturnas. Ainda eram razoavelmente autênticos bares tradicionais do bairro, como o Empanadas e o Sujinho, onde figurinhas carimbadas do lugar eram sempre encontradas, como o músico Piriri. Nos anos 1990, o bairro passou por uma mudança brutal. Todas as casas de classe média começaram a ser vendidas ou alugadas para bares e restaurantes, as baladas noturnas passaram a ser frequentadas por muito mais gente, perdendo aquele ar alternativo e descolado, e a charmosa Feira da Vila, ocorrida anualmente em agosto, se tornou uma festa de massa. O bairro bombou também durante o dia, tornando-se um polo de frequência de populações vindas de vários cantos de São Paulo, ao mesmo tempo que começou a se verticalizar rapidamente, substituindo sobrados por edifícios. Tornou-se, com isso, um lugar de aglomeração dos mais conhecidos da cidade durante eventos como o Carnaval e a Copa do Mundo. Vocação de massa que está em evidente contradição com a sua estrutura urbana, de ruas estreitas e íngremes, e um precário sistema de transporte público.

P: Como você vê Vila Madalena em termos de forma, funcionamento, serviços? Vila Madalena também é um "estado de espírito" ou isso é conversa-fiada?

GW: Eu tendo a não gostar de me alinhar com posturas nostálgicas, que condenam o presente em nome de um passado perdido e glorioso em que as coisas eram sempre melhores. Mesmo assim, preciso admitir que em relação a Vila Madalena as coisas pioraram um tanto. Tanto a massificação da frequência no bairro através de bares e restaurantes, quanto a sua verticalização excessiva, estão em desacordo com a frágil estrutura viária do bairro. As recorrentes enchentes, que arrastam carros em suas ruas, atestam o estado de empilhamento que vive o bairro. Não cabem tanta gente e tanta coisa naquele arruamento e parcelamento fundiários típicos de uma cidadezinha do interior. Nesse sentido, o "estado de espírito" a que você se refere era próprio daquela outra Vila – literalmente, uma vila –, e não desse arremedo de consumo massificado com cara de alternativo.

P: Você pode falar um pouco sobre as linguagens arquitetônicas do bairro – em especial, dos novos prédios badalados como "moderníssimos"? Existe realmente alguma realização/experiência de relevo?

GW: Arquitetonicamente, a maioria dos prédios novos que têm sido feitos no bairro, pela ação de construtoras menores e mais novas, como a Idea!Zarvos, é de boa qualidade. Isso representa um grande avanço no panorama da cidade como um todo, em que as construtoras e empreiteiras constroem edifícios de péssima qualidade, pautados exclusivamente pela lógica do lucro, da segurança, do individualismo, e pelo atendimento a um gosto médio cafona e conservador. Como a Vila Madalena carrega uma imagem alternativa, e possui lotes pequenos, deu a possibilidade de se criar ali negócios voltados a um mercado menor e mais específico, que reconhece valor na arquitetura e em espaços de uso coletivo e compartilhado. Nesse cenário, podemos encontrar tanto edifícios tipicamente verticais, quanto conjuntos mais horizontais e próximos de um modelo urbano de vila, como a Vila Fidalga, por exemplo. Como exemplo negativo, destacaria o agigantado edifício comercial Mix 422, projetado por Isay Weinfeld, cuja escala destoa acintosamente do padrão do bairro. Em resumo, se o surgimento desse novo modelo de edifícios de boa qualidade arquitetônica é louvável no contexto da cidade, me parece, no entanto, que o melhor seria que eles começassem a encontrar outros bairros paulistanos para se implantarem, já que a Vila Madalena parece ter atingido um limite de saturação.

* * *

Aqui chegando, lembro que é muito interessante Kevin Lynch dizer que "as vidas das pessoas são enriquecidas através da aprendizagem da observação e da compreensão dos bairros da sua própria cidade". Os bairros ensinam – em especial, aos adolescentes. São objetos espaciais extensos e humanamente variados, a partir de cuja leitura, mesmo que somente intuitiva e sensível, incorporamos muitas coisas aos nossos saberes incipientes e à nossa personalidade em formação, aprendendo, entre outras coisas, a evitar perigos, frequentar domínios públicos, estabelecer relações com estranhos, fruir lugares agradáveis, criar conexões extrafamiliares, conhecer a solidariedade dos pequenos grupos de rua ou de praia, experimentar uma que outra transgressão menor, identificar distinções sociais. Hoje, é bem fácil constatar esta didática do bairro e ver como ela pode nos enriquecer, fazendo uma comparação entre adolescentes que vivem exclusivamente no triângulo condomínio fechado-escola-*shopping center*, onde circulam sempre em ônibus escolares privados e carros igualmente particulares, sem jamais pisar os pés nas ruas abertas e coloridas da cidade, e adolescentes da mesma faixa etária que moram em casas avulsas, indo a pé ou de transporte público até à escola, em contato permanente com a rua e frequentando pontos comerciais espalhados pela vizinhança, de barzinhos e padarias a bancas de revista e espaços esportivos improvisados ou não. Condomínios fechados uniclassistas não dão aos seus jovens sequer o sentido de responsabilidade com relação ao conjunto total da cidade em que vivem – é como se a cidade fosse uma espécie qualquer de ficção incômoda, passível de ser apagada... A verdade é que, a partir da situação urbana da casa, da rua e do bairro, a cidade enriquece a vida das pessoas. A vida rueira influi no desenvolvimento do indivíduo e é importante até para as pessoas ganharem maturidade. Enfim, a rua, o bairro e a cidade existem para ser vividos. E volto assim a Jane Jacobs: "... se os contatos interessantes, proveitosos e significativos entre os habitantes das cidades se limitassem à convivência na vida privada, a cidade não teria serventia".

Ainda nessa batida, não será excessivo lembrar que é a nossa percepção da cidade e a nossa interação com suas realidades físicas, sociais e semióticas que determinam se vamos considerá-la um bom ou mau lugar para viver. Mas nossos sentimentos com relação ao aglomerado urbano e sua multidão de pessoas irão depender, em última análise, da educação que nos foi transmitida, da cultura que incorporamos, dos nossos movimentos no mundo e do que nos vai acontecendo ao longo da vida. A própria casa, mas também a rua, o bairro e a cidade serão vistos e vividos de modos diversos se nos dedicamos ou não à apreciação estética das coisas do mundo, se desenvolvemos nossa sensibilidade para questões sociais e ambientais, se não nos fechamos à diversidade da vida e cultivamos a tolerância "não repressiva" (Marcuse), aceitando as diferenças entre os indivíduos e suas opções existenciais, e até mesmo se não somos sujeitos emburrados e resmungões, e sim pessoas claras, abertas e bem-humoradas, capazes de alegria sob o sol – e de sorrir para as estrelas.

6. DEGRADAÇÃO E SUMIÇO DAS ÁGUAS URBANAS

(O crescimento implanejado das cidades e o avanço da produção industrial foram destrutivos com relação às águas urbanas. Cidades cresceram transformando rios em esgotos. Fábricas envenenaram fluxos d'água com seus produtos nocivos. Já na década de 1840, Friedrich Engels mostrava o horror em que o rio de Manchester se transformara sob as forças implacáveis da urbanização e da industrialização. Mas, durante bem mais de século, ninguém se importou muito com isso. Dizem os estudiosos que, só nos Estados Unidos, algo em torno de 130.000 km de rios e riachos sofreram danos em consequência da urbanização. Não disponho de números para o Brasil. Mas tenho tudo para acreditar que também aqui os dados sejam impressionantes. É o que o meu olho me diz. Não conheço nenhuma cidade brasileira de pequeno, médio ou grande porte que não tenha estragado ou corrompido pelo menos um curso d'água. E os efeitos negativos do crescimento urbano predatório e do processo industrial sobre o ecossistema aquático, em nosso país, só têm feito aumentar.)

A proximidade entre o pouso humano e alguma fonte ou curso de água é coisa universal, encontrável desde o início da aventura da espécie sobre a superfície terrestre. Uma escolha necessária, lógica e natural. Podemos ver isso, especialmente, quando o nomadismo começou a ficar para trás e a sedentarização se impôs, alterando definitivamente nossos modos de ser no – e de ver o – mundo. Tome-se o caso das aldeias tupis que se espalhavam pelo litoral hoje brasileiro, quando os europeus principiaram a circular por aqui. A aldeia era o espaço delimitado pela praça das malocas e as práticas da existência cotidiana. Envolvia a roça, as zonas de caça e pesca, as reservas vegetais, os caminhos de terra e de água. Os índios selecionavam um segmento ambiental onde viver – geralmente, segundo Gabriel Soares de Sousa, no seu *Tratado descritivo do Brasil em 1587*, "um sítio alto e desabafado dos ventos, para que lhe lave as casas, e que tenha a água muito perto, e que a terra tenha disposição para de redor da aldeia fazerem suas roças e granjearias". Ou seja: as aldeias neolíticas, que pontuavam nossa fachada atlântica, jamais se distanciaram da água.

Mais tarde, quando já teorizávamos por escrito sobre o assunto, a conexão entre o assentamento humano e a água é sempre explicitada. Gregos antigos diziam que a cidade deveria ficar localizada de tal forma que o sol, ao nascer, batesse antes na água – e só depois nas paredes e telhados das casas. No *Corpus Hippocraticum* – reunindo os textos de Hipócrates e dos demais médicos da Escola de Cós, de orientação sempre socioantropológica e ambiental – ressalta-se a relação entre a água e o ambiente construído, no sentido de que o conjunto dos moradores da cidade venha a ter uma existência sadia, individual e coletivamente. A mesma relação é tematizada por Vitrúvio, no seu célebre *Tratado de arquitetura*, cuja redescoberta foi fundamental para a configuração do urbanismo renascentista, que se refletiria no ambiente que os lusos construíram em nossos trópicos, gerando, por exemplo, o plano quadriculado da mancha matriz da Cidade da Bahia, no final da primeira metade do século XVI. E fazendo ainda sentir o seu influxo no desenho inicial de outras cidades brasileiras, como São Luís do Maranhão e Belém do Pará.

Mas também a poluição dos rios começou cedo. Veja-se o exemplo do rio das Tripas em Salvador, onde hoje está a Baixa dos Sapateiros. No século XVIII, a água daquele rio já não deveria ser bebida, nem usada para o banho. Eram atirados no curso d'água dejetos e vísceras ensanguentadas do matadouro da cidade. Em São Paulo, via-se a mesma coisa, com o matadouro local despejando restos do gado nas águas do Itororó. Progressivamente, a poluição foi ficando cada vez mais pesada. Nossas cidades e nossos bairros abandonaram seus rios. E o mais grave: soterramos muitos deles. Em todo caso, mesmo ao fim do período colonial, entre grupos sociais privilegiados, o rio tinha *status* superior ao do mar. Em *Sobrados e mucambos*, Gilberto Freyre observa: "As praias, nas proximidades dos muros dos sobrados do Rio de Janeiro, de Salvador, do Recife, até os primeiros anos do século XIX, eram lugares por onde não se podia passear, muito menos tomar banho salgado. Lugares onde se faziam despejos; onde se descarregavam os gordos barris transbordantes de excrementos, o lixo e a porcaria das casas e das ruas; onde se atiravam bichos e negros mortos. [...]. O rio é que era nobre." Nobre, talvez, mas com certeza nem sempre tratado com cuidado e respeito. Aqui, é possível fazer uma comparação. Mostrar certo paralelismo entre os destinos dos caminhos fluviais e dos espaços verdes no quadro das relações entre cidade e natureza. A cidade expande-se devastando e expulsando a vegetação – e poluindo ou aterrando suas águas. Ao começar a se expandir, destrói o verde. Expulsa o mato para fora do seu círculo. Mantém a mata virgem à distância. É por isso que o crescimento das cidades, ao privar as pessoas de um contato mais íntimo e direto com o mundo natural, acaba gerando, ele mesmo, a abertura de grandes jardins, parques e passeios públicos, a fim de acolher, agora devidamente domesticada, a natureza que antes afastara. Embora num processo muito mais lento, algo de semelhante vem acontecendo com as águas doces. Elas são poluídas ou vão desaparecendo da paisagem citadina, seja de bairros centrais ou periféricos, mas como que no aguardo de um futuro retorno, de uma futura reintegração à vida urbana. Visível já em algumas cidades europeias, norte-americanas (veja-se, a propósito, o plano de recuperação do rio Los Angeles, na Califórnia) e mesmo na capital da Coreia do Sul.

Em outras regiões, tal retorno ainda existe somente em perspectiva, como possibilidade futura. Tome-se o caso de Manaus, que teve suas ruas submersas com as fortes chuvas amazônicas de 2012. Naquele ano, as águas do rio Negro subiram sem parar. Seu monitoramento teve início em 1902 – e o fato foi que nunca se viu nada igual de lá para cá. A grande cidade do Amazonas ficou quase inteiramente debaixo d'água. Era uma paisagem de canoas deslizando mansas, de lojas inundadas, de pessoas se equilibrando em passarelas de madeira totalmente improvisadas. Nas casas alagadas, moradores se viam obrigados a elevar assoalhos. Com isso, tinham de se mover agachados, passando horas de cócoras. Lembro-me de que vi na televisão o depoimento de um morador que amarrou a rede no telhado da casa – e dormia escutando ruídos de cobra e peixes se mexendo dentro d'água, pelos cômodos do casebre. É interessante recordar, por sinal, que, diante de Salvador e de Manaus, em épocas bem diversas, houve quem tivesse basicamente a mesma ideia, que não vingou: a construção de uma Veneza tropical. No caso baiano, com vias marinhas; em Manaus, com os igarapés, caminhos de água doce da Amazônia. Veja-se a cena imaginada por Luiz Vilhena, em *A Bahia no século XVIII*, observando que Salvador teria sido deslumbrante, caso a tivessem construído no rosário de ilhas que inclui a dos Frades e a da Madre de Deus. Já em *O rio comanda a vida – uma interpretação da Amazônia*, Leandro Tocantins diz que se poderia ter transformado Manaus "numa Veneza tropical, onde não faltaria o tráfego intenso de embarcações varando os quintais das casas, abordando as fachadas e os jardins dos palacetes. Mas o governador Eduardo Ribeiro [no final do século XIX] preferiu aterrar os caudais em benefício de um urbanismo funcional, que lutou contra a natureza até fazer secar os pequenos cursos d'água, transformados agora em amplas vias públicas" (em ruas e avenidas pavimentadas, é claro, já que o autor parece se esquecer de que o leito de um rio também pode ser uma via pública). Curioso, aliás, ver como a imagem de Veneza ronda, à maneira de uma fantasia idealizada, algumas cidades brasileiras. Em sua autobiografia *Vida de cinema – antes, durante e depois do Cinema Novo*, Cacá Diegues se recorda "dos passeios de canoa pelas lagoas [de Maceió], uma Veneza selvagem formada pelos canais que ligam a Mundaú à Manguaba, com infindáveis coqueirais a margear ilhas e coroas (que mais tarde eu filmaria em *Joana francesa*), indo terminar na beleza colonial de Marechal Deodoro, antiga cidade das Alagoas, capital do estado até o entreposto de Maceió se impor como tal na segunda metade do século XIX". Maceió à parte, que o seu caso é outro, diante das frustrações dos sonhos e projetos "venezianos" de Salvador e Manaus, lembro que, entre nós, somente Recife se realizou mais ou menos na direção de uma Veneza ou Amsterdã tropical, graças à sua criação pelos holandeses, que, ao conquistar Pernambuco, rejeitaram a localização enladeirada de Olinda. Mas hoje não só a população recifense, de um modo geral, não tem olhos para os rios, esquecida pelo menos aparentemente de sua beleza e de seus papéis na história da cidade, como o Capibaribe e o Beberibe andam igualmente emporcalhados.

Voltando a Manaus, a opção oficial da cidade pelo delito ecológico, com o aterramento de seus fluxos fluviais, ocorreu por volta de 1890. A partir dali, a cidade velha, a antiga Barra do Rio Negro, daria um salto. Converter-se-ia na capital mundial da borracha, com o látex dos seringais exportado para os centros ricos do mundo. Mas, em vez de uma Veneza, os "coronéis da borracha" decidiram ter uma "Paris Tropical", seguindo o roteiro de Haussmann, como o Rio de Janeiro sob Pereira Passos. O governo amazonense resolveu soterrar os igarapés. Aterrar o igarapé do Espírito Santo – e sobre ele pavimentar uma avenida com o nome do governador supracitado. Escreve Edinea Mascarenhas Dias, em *A ilusão do Fausto: Manaus – 1890-1920*: "A capital do Amazonas deve apresentar-se digna da nova função de centro exportador e importador ligado ao comércio internacional... O poder do capital determinou uma nova concepção de cidade... consolidando a demolição da antiga aldeia e da velha cidade colonial... As funções do espaço foram redefinidas. Para cada igarapé aterrado, surge uma avenida ou é alargada uma antiga viela... O tecido urbano passa a configurar um novo formato de cidade." Bem, *igarapé*, como se sabe, é vocábulo de origem ameríndia. Significa "caminho da canoa". E, de fato, até ao final do século XIX, os igarapés de Manaus eram percorridos por canoas e canoeiros. A modernização urbana acabou com isso. A opção da classe dirigente local foi segregar espacialmente a população manauara mais pobre e dar cabo dos igarapés, banindo a canoa como meio de transporte urbano. Em 2012, no entanto, vimos as ruas da cidade completamente inundadas. Vimos canoas transportando pessoas e coisas. E não consegui deixar de pensar comigo mesmo: é a revanche dos igarapés. Mas, se o processo manauara foi especialmente violento, as demais cidades brasileiras também não foram nada suaves em seu trato com as águas. Veja-se o que aconteceu no Rio de Janeiro.

Podemos fazer aqui, de improviso, uma breve lista com alguns exemplos de agressões dos governos do Rio aos córregos e rios cariocas. No início do século passado, o já mencionado Pereira Passos, dispondo de "carta branca" no comando da prefeitura, mandou canalizar o rio Carioca (Laranjeiras-Flamengo) e segmentos dos rios Berquó (Botafogo), Maracanã, Joana e Trapicheiro (Tijuca). Outro prefeito, Paulo de Frontin, ao abrir a avenida Rio Comprido (que hoje leva seu nome), canalizou o rio que por ali passava. Na administração de Carlos Sampaio, já na década de 1920, rios foram canalizados na Tijuca. Nessa mesma gestão, foram desviados e canalizados rios que buscavam a lagoa Rodrigo de Freitas. Etc. Enfim, diante de um curso urbano de água doce, os engenheiros cariocas só sabiam conjugar dois verbos: canalizar e tamponar. A faculdade não lhes tinha ensinado outra coisa.

O caso de São Paulo foi um pouco mais matizado. A cidade nasceu e se formou debruçada sobre a água doce; debruçada sobre o corpo móvel de rios como o Tamanduateí e o Anhangabaú. Impossível pensá-la fora da rica moldura fluvial da região. Mas esses rios não tiveram o tratamento merecido, recebendo, antes, algum desprezo. "Em São Paulo, a proximidade do rio Tamanduateí, com sua ampla planície de inundação, foi um dos fatores determinantes para a escolha do sítio onde a vila se instalou por atender a necessidades de defesa, abastecimento, comunicação e transporte. No entanto, tal relação manteve-se normalmente em nível degradante e só em raras ocasiões, e por breve tempo, ultrapassou os limites do meramente utilitário: o colégio jesuítico e, mais tarde, o palácio do governo davam as costas ao rio; suas águas eram desviadas para atender a conveniências particulares; o lixo da cidade era depositado em sua várzea", comenta Vladimir Bartalini, em *A trama capilar das águas na visão cotidiana da paisagem*. São Paulo se fantasiou uma cidade moralista que chegou até mesmo a proibir o banho de rio. Ainda assim – nos diz o mesmo Bartalini, em *Os córregos ocultos e a rede de espaços públicos urbanos* –, não faltaram sugestões e planos, pelo menos até à primeira metade do século XX, para recuperar rios paulistanos, associando-os a áreas verdes. Mas o que vingou e vigorou mesmo, como no Rio e em Salvador, foi a prática predatória de canalização e tamponamento de cursos d'água. Mais: "Quando não entaladas pelas pistas das avenidas, as margens dos rios serviram de chão para os mais pobres, desatendidos pela política habitacional. Nos casos de remoção, observa-se a regra de construir vias de automóveis o mais rente possível do canal para evitar futuras ocupações. Teria sido possível revegetar as margens desocupadas, implantar parques lineares? Decidiu-se sempre pelo não, com o argumento de que as áreas verdes são alvos fáceis para novas invasões." São Paulo tornou-se assim, como tantos outros núcleos urbanos brasileiros, uma cidade de rios desprezados e córregos clandestinos. Uma cidade que se fez inimiga prática de suas águas.

Mas, aos primeiros passos do século XXI, a realidade paulistana voltou a ganhar novas luzes e novas cores. Retomando o que foi dito parágrafos antes – a destruição do verde e das águas com a expansão urbana –, o que vemos atualmente na cidade é a projeção de um desejo inverso: desejo de um renascimento vegetal e aquático da cidade imensa. Hoje, uma dimensão essencial e sedutora do discurso ambiental paulistano diz respeito justamente à necessidade de recuperação dos rios e córregos da cidade. São muitos os estudos sobre esses fluxos fluviais que foram condenados à imundície ou a se mover nos subterrâneos da cidade. Arquitetos e urbanistas, como Alexandre Delijaicov com seu anel hidroviário, têm projetos para recuperar e reativar as coisas, planejando fazer novamente de São Paulo um lugar de portos, circulação de barcos e até de canoas. Vemos essa preocupação também no discurso de diversos artistas. E isso é muito bom. Bem-vistas as coisas, a mensagem que essa onda ou maré restauradora/transformadora está a nos enviar é a seguinte: uma nova São Paulo pode nascer a partir da transfiguração contemporânea de sua própria origem – isto é, recuperando e reincorporando seus rios ao movimento dinâmico da vida; reestruturando suas relações com as águas urbanas. E esses signos luminosos do novo ambientalismo paulistano felizmente já se vão irradiando para outras cidades relevantes do país – numa luta de reconquista que deve se dar cidade a cidade, bairro a bairro. Era esperável: a consciência e a sensibilidade ecológicas são primeiramente um produto da vida citadina. Da experiência tumultuária da cidade. É em meio ao concreto, ao vidro e ao aço que nasce a preocupação com o verde, com os bichos, com as águas. Claro que temos, no Brasil, divindades aquáticas que são milenares. Como Oxum, mãe dos pássaros, mestra em línguas, senhora da brisa e da água fresca. Mas é a expansão urbana descontrolada, destruindo ou apagando rios e cachoeiras, que nos leva a reler o significado da deusa nagô-iorubá em perspectiva ambiental.

Certa vez, no final da década de 1970, quando viajava sem compromisso pelo país, ao entrar de barco quase rente a uma das margens do Urucuia, "vereda" de Riobaldo Tatarana no *Grande sertão* de Guimarães Rosa, provoquei uma revoada de garças brancas. Naquela paz cheia de verdes e azuis, a simples aparição de um barquinho de madeira, com seu motorzinho meio gago, perturbava e conturbava tudo. Ninguém pensaria ali, obviamente, em temas de proteção ou preservação ambiental. Só alguém que não fosse nativo; só um urbanita. Foi preciso que uma fábrica envenenasse o Subaé, em Santo Amaro da Purificação, para que Caetano Veloso protestasse com sua música. Foi preciso que o assoreamento atingisse o Rio de São Francisco, caminho natural de grupos indígenas "pré-históricos", para que moradores de Juazeiro e Petrolina batessem na mesa. Do mesmo modo, no Piauí, as pessoas agora se levantam contra os delitos que ameaçam o Parnaíba, rio que tem Teresina à sua margem. Mas não é preciso multiplicar exemplos. O que importa dizer é que o modelo predatório de desenvolvimento material, produzindo desastres, nos fez reabrir os olhos para o doce mistério das águas. E agora elas nos levam a repensar o sentido e a forma de nossa aventura urbana.

UM TOQUE FINAL

O antropólogo Clifford Geertz está mais do que certo quando, em *A interpretação das culturas*, escreve que "o homem é um animal amarrado a teias de significados que ele mesmo teceu". Em tela, weberianamente, o *homo semioticus*. Podemos ver isso, de modo bastante claro, em nosso relacionamento com o mundo urbano. Nenhum cidadão é inteiramente passivo com relação ao ambiente construído. Observa-se, a qualquer momento e em qualquer situação, que todo urbanita é leitor ativo do urbano. É intérprete incansável de sua circunstância – das ruas, prédios e símbolos que o envolvem. Sua conduta não se dá exatamente em termos de respostas diretas a esse ambiente. Mas, primeiramente, de respostas às suas próprias interpretações do espaço que habita. É assim que se desenha o campo tanto de nossas interações com as estruturas gerais da cidade, quanto de nossas interações com pessoas e coisas na esquina da rua onde moramos. E aqui não é pequeno o espaço para a emergência da criatividade individual, mesmo sob a pressão de poderosos fatores sociais. Daí a afirmação de Karp, Stone e Yoels, em *Being Urban*, de que as pessoas não são meras marionetes jogadas para cá e para lá por forças sobre as quais não têm nenhum controle – *persons are the architects of their worlds*. Temos, sim, uma permanente dialética – um "jogo de efeitos recíprocos", para lembrar a expressão de Max Weber – entre o macro e o micro. Experimentamos determinações e influxos vigorosos do sistema econômico, da organização social e das redes culturais, em que se incluem valores e crenças. Mas, ao mesmo tempo, podemos certamente dizer que cada indivíduo é, em grau considerável, arquiteto de seu próprio mundo.

7. A SOLIDÃO, A PALHA E O FOGO

A solidão, a palha e o fogo, do modo particular com que se fizeram presentes e se manifestaram inicialmente em nosso ambiente construído, deveriam ser os elementos centrais do capítulo de abertura de qualquer panorama histórico da arquitetura brasileira. É por isso que a história da casa no Brasil, em termos arquitetônicos e ideológicos, ou físicos e simbólicos, tem de ser construída levando em conta a formação de nossa gente e os passos primeiros do futuro país; a nossa circunstância ecológica; a nossa realidade social; os nossos processos culturais e a cultura material ou o aparato tecnológico de que dispusemos nos primeiros séculos de nossa existência, desde o grande encontro antropológico que nos fundou no *cinquecento*.

Por exemplo, ainda que sem pretender maior rigor cronológico, embora acreditando que o começo de qualquer arquitetura – da *tectônica* – está na escolha do lugar e no preparo do terreno para o fazer construtivo: a solidão. A própria realidade fundiária dos trópicos vai conduzir a uma disposição espacial dos edifícios, uns com relação aos outros, que não se via em terras portuguesas. Aqui, no tocante às grandes casas rurais, o Brasil apresenta, em termos de inserção e situação no espaço físico, uma diferença imediatamente visível em comparação com os ordenamentos residenciais lusitanos. É o isolamento, a enorme distância física separando as edificações. Portugal era não só um país de dimensão territorial bastante reduzida, mesmo para o padrão ocidental-europeu, como seus campos tinham sido retalhados num rosário de pequenas propriedades, numa infinidade de minifúndios. O Brasil, ao contrário, era uma entidade territorial de dimensões continentais, como se costuma dizer. E veio à luz como um lugar de latifúndios e fazendas que se estendiam realmente a perder de vista, como as plantações de cana-de-açúcar do Recôncavo Baiano e da capitania de Pernambuco, os primeiros centros econômicos da Colônia, entre os séculos XVI e XVIII. Mais: como um lugar de sesmarias imensas (em algumas delas, caberia, com folga, um Portugal inteiro), de megalatifúndios – como o da Casa da Torre, da família de Garcia d'Ávila, que praticamente conquistou e definiu a região nordestina, ou o da família Guedes de Brito, que ia do interior da Bahia às cercanias da atual Belo Horizonte.

Como era esperável, esta circunstância geográfica continental, sem barreiras à vista, somando-se ao regime de largueza impressionante na distribuição ou organização das terras, produziu nos campos tropicais uma característica residencial muito diversa daquilo que se costumava ver no velho Portugal. Lá, com o predomínio praticamente total da pequena propriedade, as casas rurais ficavam muito próximas umas das outras. Como acho que li em algum lugar, a distância entre elas poderia ser coberta por um tiro de arcabuz ou de espingarda, às vezes até por um latido de cão de guarda ou por um grito humano. Mas esta densidade demográfica do campo lusitano era desconhecida entre nós. Fisicamente – e não em termos de estruturação econômica e ordenação social, bem entendido –, as vastas plantações açucareiras ou campos para criatórios de gado, em nossos trópicos, ostentavam medidas muito mais parecidas com as dos feudos franceses. Com a extensão de domínios territoriais de alguns senhores da Provença, como o poeta Guillem de Peitieu, avô de Eleonora de Aquitânia e bisavô de Ricardo Coração de Leão. Vale dizer, em Portugal, comparativamente com as realidades da Bahia e de Pernambuco, as casas rurais quase se amontoavam. No Brasil, longe disso. Se em Portugal a gente de um determinado grupo de fazendas frequentava uma igreja próxima e comum, no Brasil, cada propriedade contava com sua própria capela, construída na orla de canaviais que se perdiam na imensidão. Se fosse uma só igreja, seria preciso viajar para assistir à missa. E como fazer isso diariamente? A construção da capela particular, em cada propriedade, era uma decorrência ou imposição de nossa formação católica e de nossa configuração socioterritorial, fundada em latifúndios monocultores.

Aqui, no campo brasileiro, umas casas viviam na solitude. Outras, na soledade. E ainda outras, na solidão. Com todas as implicações políticas, sociais e culturais decorrentes, a começar pela desmesura do poder senhorial dentro dos limites de cada latifúndio. A extensão do mando (sobre pessoas e coisas) correspondia à extensão territorial. E não havia instrumentos objetivos, como destacamentos armados cumprindo determinações de juízes, para limitar usos e abusos do poder. O senhor reinava absoluto no interior dos marcos lindeiros que delimitavam suas terras. Mas vamos focalizar a questão arquitetural. E aqui cumpre verificar o efeito objetivo do isolamento físico na arquitetura dos prédios. De fato, a solidão influía. Determinava uma certa disposição no desenho interno da casa. Por exemplo: os enormes vazios rurais entre um eventual pouso e outro fizeram com que as casas já fossem pensadas com um cômodo para acolher viajantes. Era uma espécie de hospitalidade compulsória, desde que indispensável à sobrevivência grupal nas novas realidades dos trópicos. Ou seja: a prática da hospedagem afetava já a arquitetura. Mas não afetava sozinha. No caso em tela, intervinha também o plano simbólico. A ideologia dominante naquele grupo colonizador determinava a segregação feminina. Mulheres e viajantes não deveriam sequer se ver, quanto mais se misturar. Logo, o cômodo que abrigava o hóspede deveria ser um recinto separado, embora dentro do corpo da construção. E vemos isso em muitas casas coloniais. O quarto de hóspedes fica bem na parte da frente, dando para o espaço externo – de costas para o interior da casa, onde circulavam as mulheres e se vivia a intimidade da vida familiar. Era inclusive neste segmento da frente, espécie de faixa de transição entre o lá fora e o cá dentro, entre o público e o privado, que o dono da casa trabalhava, distribuía tarefas para seus escravos e fazia as refeições juntamente com seu hóspede. Sempre sem a presença das mulheres da família.

Este apartamento de um pedaço da casa pode ser visto também no caso da capela doméstica, área de atividades específicas voltadas para o sagrado. Atividades pragmáticas mundanas não podiam acontecer ali, por decisão do poder eclesiástico – condição, aliás, para permitir o funcionamento da capela. Era preciso então encontrar um modo de fazer com que as mulheres pudessem acompanhar as cerimônias religiosas, sem serem vistas por escravos ou eventuais visitantes e hóspedes. E a solução foi ter um aposento contíguo à capela, com os velhos muxarabis árabes protegendo as fêmeas senhoriais de olhares extrafamiliares. Agora, sem o isolamento físico, sem a solidão das casas rurais naquelas terras que pareciam não ter fim, não haveria a obrigatoriedade da capela caseira ou do quarto de hóspedes – ambos apartados do conjunto do prédio. Temos aí exemplos de como a solidão incidia sobre o elenco de atividades diárias, para repercutir no chamado "partido arquitetônico", tocando assim na estrutura mesma da casa.

ONIPRESENÇA DA PALHA

A distribuição das casas no território, bem afastadas entre si mesmas, já afetaria estruturalmente sua disposição interna. E outras alterações objetivas, também no terreno arquitetônico, vão aparecer com os primeiros sincretismos euro-ameríndios no campo da arte da construção. Basicamente, com a definição do lugar do fogo no espaço magnetizado pela unidade habitacional e com o uso de elementos do ambiente tropical para erguer, sustentar e cobrir as habitações que se iam construindo. Uma apreciação da arquitetura dos grupos indígenas tupis que se espalhavam pelos litorais brasílicos (*grosso modo*, entre as atuais unidades federativas do Ceará e de Santa Catarina), quando os primeiros europeus botaram os pés em nossa praia, pode ressaltar o aspecto estético das malocas, sua admirável adequação climática ou os materiais empregados na prática construtiva. Ou, por outra, podemos dar ressalte à beleza daquelas grandes casas vegetais, salientar a virtude ecológica das edificações, nos deter nos elementos que os ameríndios extraíam da natureza para implantar os abrigos de suas aldeias – assim como podemos falar das três coisas ao mesmo tempo. No caso presente, vou me referir brevemente aos materiais escolhidos para as construções, desde que eles foram incorporados às primeiras obras que os portugueses realizaram por aqui.

Como não há quem ignore, a colonização do Brasil começou de forma fragmentária, informal, sem o controle de uma programação sistemática do poder lisboeta. Durante os três primeiros decênios depois da ancoragem das naus cabralinas no litoral sul da Bahia, a Coroa portuguesa permaneceu inteiramente voltada para terras e mares do Oriente, para extensões e riquezas asiáticas, ocupada principalmente com a Índia. Mas foi ao longo dessas décadas que teve início a colonização dos trópicos brasílicos, a partir de aventuras principalmente individuais ou de pequenos grupos de náufragos ou desertores de frotas que por aqui passaram, tocando aqui e ali em algum ponto costeiro. É o *período caramuru* de nossa história. E é também nesse período de colonização assistemática e extraestatal que são erguidas as primeiras cabanas ou casas brasileiras, para além do padrão litorâneo ameríndio que até então dominava com exclusividade a paisagem, praticamente se resumindo às grandes malocas de palha dos índios tupis, que Pero Vaz de Caminha contemplou em Porto Seguro. A moradia de Diogo Álvares Caramuru e Catarina Paraguaçu, por exemplo, já não era a oca indígena, nem uma cópia fiel da habitação popular portuguesa – mas, quase certamente, uma casa de barro, madeira, cipó e palha, desde que aqui ainda não existiam olarias e a produção de tijolos e telhas. Ocorreram aí nossos primeiros sincretismos arquitetônicos: elementos de engenharia e arquitetura ameríndias em plano europeu. Como se verá, um pouco adiante, nas casas de cobertura de palha da vila de Igaraçu, em Pernambuco, ou mais tarde na construção da Cidade do Salvador da Bahia de Todos os Santos, com obras nos campos das arquiteturas governamental de caráter público, religiosa, militar e residencial. Ou seja: vamos reconhecer de imediato os materiais construtivos empregados pelos indígenas nos primeiros sincretismos arquitetônicos euroameríndios que se processaram no ambiente inaugural do Brasil – especialmente, a partir do início da colonização oficial sistemática do extenso território, em seguida ao período das aventuras individuais de nossos "caramurus" e da feitura das primeiras feitorias.

O caso de Salvador é exemplar. O que se construiu ali, em meados do século XVI, foi uma povoação vegetal. Viam-se índios e índias nus nas capelas e nas feiras, curumins vicejando alegres pelas praias, todos circulando pelo arruamento quadriculado de uma cidade de palha. De madeira, cipó e palha. A técnica indígena era logo visível na substituição da pregaria europeia pelos cipós tropicais. Começou-se a usar também a cal dos mariscos, "muito alva, boa para guarnecer e caiar", segundo o jesuíta Fernão Cardim, em seu *Tratados da terra e gente do Brasil*, obra datada ainda do século XVI. Sobre tal paisagem, leiamos o comentário de Carlos Lemos, em sua *História da casa brasileira*: "Enquanto do sistema estrutural da moradia indígena resulta sempre um espaço abobadado de planta circular ou elíptica, dessa intervenção da técnica portuguesa, usando exclusivamente materiais locais, decorriam espaços cúbicos de plantas próximas ao quadrado. Essas, as nossas primeiras moradas caracterizadas pelo sincretismo." É o que se vai ver, em tempos quinhentistas, ao longo da faixa litorânea das terras brasílicas. Uma raridade, no entanto, seria encontrada no litoral hoje paulista. Já antes da chegada de Martim Afonso de Sousa em São Vicente e de aquela póvoa ser elevada à categoria de vila, um registro deixado pelo espanhol Alonso de Santa Cruz, cosmógrafo da armada de Sebastião Caboto, informava: "... têm os portugueses uma povoação chamada São Vicente de até dez ou doze casas e uma feita de pedra com seus telhados, e uma torre para defender dos índios em tempo de necessidade". Este é o dado imprevisto: a casa de pedra de São Vicente, tão notável que é imediatamente destacada, por Alonso de Santa Cruz, da dúzia de casas então existentes na ilha. Mas não sei se devemos encará-la como exceção raríssima. Em seu *Diário da navegação*, Pero Lopes de Sousa relata que, entre abril e maio de 1531, seu irmão Martim Afonso mandou fazer "hûa casa forte, com cerca por derredor" no Rio de Janeiro – casa que o arquiteto Nireu Cavalcanti, em *O Rio de Janeiro setecentista*, trata como se também fosse pétrea (grifos meus): "Como marco simbólico da posse dessas terras construiu Pero Lopes, próximo à desembocadura do rio ao qual foi dado o nome Carioca, a primeira casa portuguesa na Guanabara. Era 'uma casa forte, com cerca por derredor', *edificada com pedra*, a anunciar à população indígena local que os portugueses tinham vindo para ficar."

De qualquer modo, podemos falar de uma onipresença da palha nas edificações brasílicas do século XVI. Fiz referência a Salvador, cidade que nasceu com casas cobertas de palha. Construiu-se, inclusive, a "Sé de palha" da Bahia. São Paulo de Piratininga se assentou pelo mesmo caminho, a partir da casa dos jesuítas levantada pelos índios, da igreja construída logo depois, das primeiras moradias que foram surgindo, cobertas com palha de guaricanga ou aguarirana. Em ação, o primeiro engenheiro-arquiteto (se podemos usar a expressão) da futura cidade, o jesuíta Afonso Brás, nascido em Coimbra e hoje nome de rua no bairro de Vila Nova Conceição, região do Ibirapuera, na capital paulista. Em *Informações históricas sobre São Paulo no século de sua fundação*, Edith Porchat assim resume sua trajetória: "Chegou ao Brasil, como sacerdote, em 1550. Fundador do Colégio do Espírito Santo. Viajou por Ilhéus e Porto Seguro. Em 1553, embarcou com Leonardo Nunes [outro grande jesuíta] para São Vicente. Foi discípulo de Anchieta. Deu início à casa e igreja de São Paulo de Piratininga, dirigindo a construção como arquiteto, pedreiro e carpinteiro. Com seus companheiros e discípulos, construiu casas para as famílias dos índios, que desse modo foram atraídos para a vizinhança do Colégio, facilitando a catequese. Encarregado das obras do Colégio do Rio de Janeiro, para lá partiu em 1573. Trabalhou no Brasil durante sessenta anos. Morreu entre 1610 e 1613." Serafim Leite ("Os Jesuítas na Vila de S. Paulo", *Revista do Arquivo Municipal*, 1936) completa o quadro geral de Edith Porchat, chegando ao detalhe: "Ele fazia os petipés [plantas, projetos], traçava paredes, lavrava madeira com sua enxó na mão, sem que nunca tal ofício aprendesse [em escola]. Ele era juntamente obreiro com os demais, trazendo os cestos de terra às costas, a água da fonte e o mais necessário". É claro que as primeiras casas que os paulistas plantaram, nos primórdios da colonização de Piratininga, não foram obviamente construções sólidas e estáveis, de pedra e cal. Mas, como disse o Gilberto Freyre de *Sobrados e mucambos*, "a palhoça quase de caboclo, o casebre quase de cigano, o mucambo quase de negro". Àquela altura, os sincretismos já se iam espalhando pelo território colonial. Na origem de Curitiba (expressão tupi para "lugar dos pinheiros"), por exemplo, encontramos cabanas de pau cobertas com palma de butiá. E, com o tempo, não serão só palha e cipó. Outros sincretismos se desenharão no horizonte.

LUGAR DO FOGO

Um dos capítulos do livro *A cidade antiga*, que Fustel de Coulanges publicou em 1864, intitula-se "O Fogo Sagrado". Coulanges vinha lembrando, até aí, que os latinos denominavam *lares* as almas humanas divinizadas pela morte, desde que fossem benfazejas. "Lar" era como se chamava o deus doméstico. Deuses lares, já que cada família tinha o seu. E o deus era identificado ao fogo sagrado que se mantinha aceso no interior de cada moradia. Dizia-se, indiferentemente, fogo ou lar. Não havia distinção entre o fogo, os penates (outro nome para as divindades caseiras) e os lares. Eram sintagmas que remetiam a um mesmo segmento da dimensão referencial da língua. E Coulanges nos fala então da importância do fogo doméstico entre os antigos – tanto entre os gregos quanto entre os romanos. Toda casa de grego ou de romano, diz ele, exibia um fogo rebrilhando num altar. O dono da casa tinha de manter o fogo aceso dia e noite, sob pena de atrair desgraças para sua família. "O fogo só deixava de brilhar no altar quando toda a família tivesse morrido: fogo extinto, família extinta eram expressões sinônimas entre os antigos." E havia regras e ritos para ter o fogo sempre vivo. Só a madeira de algumas árvores poderia ser usada para alimentá-lo. Nada impuro deveria ser atirado entre suas brasas e chamas. Anualmente, renovava-se o foco de calor e luz. Mas não se podia acendê-lo com metal e pedra: havia que friccionar pedaços de pau ou concentrar os raios solares num determinado ponto.

Tratava-se, enfim, de um fogo sagrado, divino, ao qual as pessoas dirigiam súplicas e faziam oferendas, esparzindo sobre o altar "vinho ardente da Grécia", óleo, incenso e gordura de vítimas sacrificiais. O deus não fazia por menos: devorava as dádivas e, satisfeito, levantava-se sobre o altar, iluminando o adorador com o brilho de suas chamas. De outra parte, era esse deus que cozinhava o pão e preparava os alimentos. Fogo, fogão. E a sacralidade do fogo – e da lareira – não só perdurou na Grécia clássica e na Roma antiga, como jamais se perdeu inteiramente. Ainda encontramos vestígios disso, em línguas, gestos e costumes de povos modernos. Como, talvez, num antigo provérbio alemão – *Eigener Herd ist Goldes wert*: "Um fogão próprio vale ouro." Devemos notar ainda, mais facilmente, que, também no alemão, a expressão idiomática *"der häusliche Herd"* (literalmente, o fogão caseiro) significa, muito simplesmente, *o lar*. E o velho Gottfried Semper, ao discorrer sobre a "tectônica", a arquitetura como arte da construção, ainda vai se referir à origem sagrada da lareira, desdobramento do altar. Já no *Webster*, lemos que as palavras inglesas *edifice* e *edify* (edificar) vêm do latim *aedificare* – de *ad* (pira, fogo; *aede*, a morada do deus, o templo; *aedes*, lareira) + *ficare* (*facere*, fazer) – significando literalmente *lareira*, como se vê ainda em sua sinonímia: *hearth* (pedra do fogo; mas também vida doméstica, lar) e *fireplace*. Veja-se igualmente o verbete "lar" no *Dicionário Houaiss da língua portuguesa*, onde os primeiros sentidos dados para o vocábulo são: "1 local, na cozinha, em que se acende o fogo; lareira 2 *p.ext.* a casa de habitação; domicílio familiar". Etimologicamente, ainda segundo o *Houaiss*, a palavra vem do latim: *Lar, Laris*, "deus protetor da casa, domicílio, lareira". E tudo isso parece querer nos remeter àquele fundo longínquo de remotas crenças etruscas, greco-romanas. Ou seja: por mais esmaecido que o vejamos, algum reflexo daquele fogo ancestral mediterrânico não deixou de chegar a nós, ainda que sem a intensidade divina que possuiu, ainda que desbotado e já caído nas esferas do mundano e do profano.

* * *

Chegou-nos, também, o fogo sagrado de nossos antepassados africanos. E é notável como há coincidências altamente significativas na visão antiga do fogo entre o eixo Grécia-Roma e a África. Mas não é preciso enveredar por caminho comparativo. As coincidências ressaltam por si. E o tema não é um ilustre desconhecido. Em *Na senzala, uma flor*, o historiador Robert W. Slenes se valeu de diversos relatos missionários e estudos antropológicos – do capuchinho Giovanni Cavazzi de Montecuculo, no século XVII, a pesquisadores do século XX – para nos falar de sentidos que o fogo assume entre alguns povos bantos da África Central (Angola, Congo, Zaire), muitos dos quais viriam a ter uma forte presença na vida sociocultural brasileira, desde o próprio século XVI, como os ovimbundus, os kimbundus e os bakongos. Entre eles, o fogo, de dia, servia para cozinhar – à noite, protegia a casa e seus moradores, espantava o mal. Mas significava bem mais que isso: era, o tempo todo, um elo com o mundo dos espíritos (mesmo a fumaça funcionava como veículo para a comunicação com o extranatural). Fazia parte do culto aos ancestrais e representava a continuidade da linhagem.

Permanecendo sempre aceso no interior das casas, o fogo assinalava a vigência da autoridade do *soba*, o chefe político banto. Com a morte do *soba*, porém, os fogos domésticos também tinham de morrer. Eram todos apagados. E só voltavam a brilhar quando um novo chefe fosse escolhido e assumisse seu cargo à frente do grupo. Assim, cada vez que um novo *soba* ascendia ao poder, o fogo se renovava nos povoados, substituindo as chamas que tinham sido extintas. Vai-se o fogo velho, vem o fogo novo. Mas o quadro completo era o seguinte. Cabia ao novo *soba* acender, ele mesmo, uma fogueira maior na povoação capital. Se o fogo vibrasse, crepitando, era agouro bom: haveria um governo eficiente, haveria dias prósperos para todos. Caso contrário, era preciso tomar providências. Realizavam-se ritos e "feitiçarias" e outra fogueira era acesa. Este fogo, através de tições ou outros meios, era então levado às póvoas que se encontravam sob a administração do chefe – e com ele se acendiam as lareiras das casas todas. Mas não só aí, nessa oportunidade, fogueiras eram trocadas. Bantos renovavam o fogo do chefe da aldeia e os demais fogos domésticos não somente no momento da ascensão de uma nova liderança política, mas também quando construíam uma nova póvoa ou quando se viam sob a ameaça de alguma epidemia. "Neste último caso, o médico/sacerdote encarregado de zelar pela saúde do povo avisa ao chefe, quando este procura seu conselho: 'seu fogo está sujo e gasto, você precisa de um novo fogo'", escreve Slenes, citando Wilfrid Hambly. De imediato, realizam-se rituais de renovação ígnea. Não só com relação ao fogo central da povoação, à grande fogueira comunitária. As pessoas são encarregadas de apagar também as chamas de seus fogos caseiros. E só depois que a nova fogueira coletiva despede suas labaredas vívidas para o ar, cada pai de família leva uma porção dela (brasa ou chama) para casa, a fim de inaugurar e alimentar suas novas línguas de fogo domésticas. Na verdade, até para construir uma casa nova, na hora mesma de assentar as fundações, o homem banto cuidava de conseguir um tição do fogo de um sacerdote-chefe respeitado, de modo a usá-lo para ativar a chama da futura moradia. Adiante, já com a casa construída, dedicando-se ao trato desse fogo doméstico, africanos coincidem com gregos e romanos antigos. Escreve Montecuculo, missionário seiscentista que viveu entre ambundos e bakongos: "... quando o lume doméstico fizer estrépito ou faiscar, por ser bom sinal, todos se manifestam alegres, batem palmas e deitam nas chamas farinha ou outra coisa, como para presenteá-lo com alimentos, acrescentando mil outras ninharias, como se o fogo fosse criatura inteligente".

Foi depois de domesticar o fogo que os diversos grupos africanos puderam colonizar todo aquele continente. Foi com o fogo devastando a vegetação que os negros abriram espaço para viver, em meio às densas florestas da África. Era natural que o fogo viesse a ocupar um lugar central nas culturas material e simbólica daqueles povos. Falamos dos bantos. Mas é claro que o fogo foi fundamental também para os jejes, falantes da língua fon, e para os nagôs ou iorubás, grupos de presença poderosa na formação de nossa gente, na configuração cultural do Brasil. Os iorubanos, como os tupinambás, usavam o fogo a fim de clarear o terreno para suas plantações de palma ou inhame, a comida favorita de Oxaguiã. Havia, portanto, uma coivara nagô. E o fogo se acendia também nos pejis, nos espaços e recintos sagrados dos iorubás. Impossível ler um livro sobre o mundo religioso desses negros em que não se fale do fogo e de divindades ligadas às suas chamas. Veja-se, por exemplo, *Aráàràaràà: Wondrous Inhabitor of Thunder*, de John Mason, alentado estudo sobre Xangô, orixá da língua ígnea. Um deus que, como os dragões, despede labaredas pela boca. Pense-se também, entre tantas outras coisas, na importância da palavra *iná* ("fogo", em iorubá) nos orikis, cânticos sagrados de Oiá-Iansã.

É claro que os povos bantos transportados massiva e compulsoriamente para o Brasil, durante séculos do comércio negreiro, não esqueceram, ao longo da travessia da Kalunga grande, do mar oceano, os significados simbólicos do fogo. Chamas culturais religiosas não se apagaram nas águas do Atlântico. Daí que Slenes possa escrever as palavras seguintes: "No Brasil, o fogo doméstico dos escravos, além de esquentar, secar e iluminar o interior de suas 'moradias', afastar insetos e estender a vida útil das coberturas de colmo, também servia-lhes como arma na formação de uma identidade compartilhada. Ao ligar o lar aos 'lares' ancestrais, contribuía para ordenar a comunidade – a *sanzala* – dos vivos e dos mortos." Do mesmo modo, os iorubanos, ao cruzar Olokum, o oceano, trouxeram consigo as chamas de seus deuses.

* * *

Antes de falar do lugar do fogo na casa brasileira, vamos atentar para um sentido antigo da expressão *fogos*, além do que vimos até aqui. "Lar", já o sabemos, foi palavra que, remetendo primeiramente à pedra onde se acendia o fogo, no altar ou na cozinha, passou a significar a casa inteira, a moradia. No Brasil Colônia, mais que "lar", era o vocábulo "fogo" que designava a unidade residencial – denominação que perdurou até mais recentemente em Portugal. A habitação era chamada "fogo" ou "fogão". E era assim que se dizia que uma determinada cidade contava com certo número de habitantes (vale dizer, *almas*) vivendo em determinado número de *fogos*. Qualquer estudioso da história do Brasil está acostumado com isso. Censos falavam sempre de "fogos" e "almas". E essa terminologia censitária diz bem não só do caráter essencial e obsessivamente católico da sociedade medieval lusitana que se estendeu para os trópicos, como do papel relevante do fogo (do fogão, da cozinha) na vida doméstica dos portugueses. Atestado da função fundamental da cozinha em Portugal e em tantas regiões do Brasil. Papel do fogão não somente como instrumento para cozinhar os diversos gêneros alimentares, mas também, em lugares mais frios – em vilas ou cidades próximas à serra do Mar, a exemplo de São Paulo e Curitiba, na serra gaúcha e no litoral de Santa Catarina ou entre as montanhas de Minas Gerais –, como foco de irradiação de calor, como fonte de aquecimento. Ainda hoje, vemos isso em habitações mais pobres ou menos ricas dessas regiões. Nesse caso, o equipamento bem que poderia ser denominado por uma palavra composta esclarecendo sua dupla função: fogão-lareira. Mas é também ao redor do fogão de lenha, no abrigo aquecido da cozinha, que rola alguma conversa noturna – o que nos leva a atribuir, ao fogão e à cozinha, mais um papel ou função, com relação, agora, ao plano da sociabilidade.

Mas não vamos esporear a mula. Durante tempos, aceitei sem reservas – e cheguei a assumi-la por escrito, inclusive num dos textos de meu livro *Mulher, casa e cidade* – uma tese que hoje sei insustentável. O argumento era lógico e cristalino. Nos termos seguintes. Grande parte da extensão tropical brasileira nada tinha de especialmente fria. O Brasil é um país de quase inacreditável variação climática, onde, no mesmíssimo dia, neva em diversos lugares do Rio Grande do Sul, do Paraná e de Santa Catarina – e faz sol forte, com temperaturas elevadas, nas terras nordestinas, em cidades como Natal, Teresina ou Fortaleza. E esta última região apresentava predominância de temperaturas notavelmente elevadas nos meses de verão ou, mais elasticamente, entre setembro e março. Era o que acontecia (e ainda acontece, até com dias mais quentes em decorrência dos desmatamentos e da impermeabilização do chão; em consequência de crescimentos citadinos) também em Salvador, no Rio de Janeiro, em Vitória, no Recife, em Belém, Aracaju ou São Luís do Maranhão. São núcleos habitacionais onde as casas não tinham necessidade de contar, no seu interior, com um ponto que irradiasse quentura. Ao contrário, o uso do fogão apenas para cozinhar algum alimento já podia produzir uma quentura muito incômoda na cozinha, fazendo as pessoas suarem de tanto calor. Patente desconforto térmico. Por isso mesmo, rezava então a tese, uma das primeiras novidades da casa brasileira, com relação ao padrão residencial lusitano, teria sido o deslocamento físico das operações culinárias para fora do espaço caseiro.

Os portugueses ou os já luso-brasileiros teriam ido, aqui, no rastro da experiência ameríndia. Nossos índios litorais, como se sabe, não cozinhavam dentro, mas fora de suas malocas. E os lusos seguiram a lição. Carlos Lemos era categórico na defesa desse ponto de vista: "Moradias que logo aceitaram a cozinha ao ar livre, embaixo da copa das árvores, sob algum precário *tejupar* ou rancho aberto próximo à casa. Adeus às lareiras e chaminés. Nos trópicos, o cozinhar deveria ser fora da área de estar e dormir, bem que os índios tinham razão. Fogo, dentro de casa, só nas raras noites frias do Sul ou para iluminar com as bruxuleantes candeias alimentadas com óleo de peixe, qualquer imagem sacra, lembrando o costume dos índios, que afastavam as 'vexações de Anhangá' com pequeninas fogueiras fumarentas situadas ao lado das redes de dormir. Fogo grande de ferver caldeirões, só no quintal. Realmente, essa foi a primeira decisão assumida pela casa brasileira."

Nas pegadas de Lemos, outros dois pesquisadores, Francisco Salvador Veríssimo e William Seba Mallmann Bittar assinaram embaixo, no livro

500 anos da casa no Brasil, escrevendo: "A casa portuguesa, representada através do estereótipo – casinha caiada, estreita – também não veio de forma unificada para a Colônia. Dependia de quem era seu ocupante, sua origem, seu nível de conhecimento e seu *status*. Assim podemos encontrar as construções em pedra aparente, oriundas do Norte de Portugal, as chaminés do Algarve ou as paredes caiadas de branco com esquadrias coloridas do Sul mediterrânico, porém abrasileiradas ou tropicalizadas". E ainda, precisando elementos: "... o português foi uma espécie de coordenador, orientador e homogeneizador dessa moradia [brasileira]. Com o índio, aprende que cozinhar nos trópicos é uma tarefa a ser feita do lado de fora; numa varanda ou num puxado ao lado da casa. A solução para o escoamento das grandes chuvas ele copia da experiência aprendida no Oriente, trazendo dessas regiões as inflexões dos telhados e dos beirais alongados com desenhos graciosos. De Portugal traz as paredes caiadas e os portais coloridos, tão comuns nas paisagens do Minho, do Alentejo e do Algarve". E eu ainda me dava ao luxo de fazer o lembrete seguinte. Nas moradias mais ricas é que a cozinha foi desligada do corpo da casa, ao qual retornaria décadas mais tarde. Nas mais pobres, não. O fogão continuou a existir sob o mesmo teto que o proprietário da unidade habitacional. A carência de recursos e a falta de escravos obrigavam à coexistência de moradores e do fogão. Quanto mais pobre o sujeito, mais perto ele ficava do fogo.

O argumento teria inclusive validade universal. Havia exemplos de cozinha ao ar livre em lugares que apresentavam condições meteorológicas favoráveis, como os países quentes da África. E da cozinha no interior do abrigo, do fogão-lareira, em casas da Escandinávia. Em lugares onde o frio noturno era tantas vezes insuportável, era preciso buscar algum conforto térmico. Para isso, naqueles dias obviamente anteriores à calefação e outros sistemas modernos de aquecimento, o fogão era ferramenta indispensável. Infelizmente, em nosso caso, a teorização carecia de qualquer fundamentação factual. Não encontrava correspondência na realidade objetiva dos primeiros tempos coloniais. O argumento climático era furado. Em duas direções. De um lado, havia cozinhas fora do espaço da casa em lugares frios como São Paulo e Rio Grande do Sul, assim como em Santa Catarina – e havia cozinhas dentro da área circunscrita da construção residencial em lugares quentes, como no Recife. Algumas pessoas se preocuparam em afastar o calor – outras, não: o clima parecia não intervir significativamente nas escolhas das configurações residenciais. O próprio Carlos Lemos reconheceria isso, em *Casa paulista – história das moradias anteriores ao ecletismo trazido pelo café*, livro publicado uma década depois de sua *História da casa brasileira*, em que ele expunha a tese de que o fogão fora colocado para fora da casa no caminho do exemplo indígena, em resposta à nossa circunstância climática. Em inventários antigos, ouvia-se falar de cozinhas situadas na sala de jantar ou "varanda" dos fundos da casa – e de cozinhas plantadas no quintal. E isto em São Paulo. Cozinhas separadas do – cozinhas integradas no – corpo da casa. Muitas vezes, ao mesmo tempo.

Como se não bastasse, a cozinha fora de casa, antes que influência indígena, pode ter sido herança da dominação árabe na Península Ibérica, coisa já encontrável em casas do Sul de Portugal (vamos ver a cozinha fora de casa até em casas francesas, na Paris do século XVII). O que desapareceu no Brasil foi o fogão acoplado à "chaminé de tiragem", aspiradora de fumaça, de origem francesa. Ainda no século XVIII, a paisagem urbana de Salvador se mostrava pontilhada de chaminés "renascentistas". Mas elas não resistiram. E a lareira (a "chaminé de lareira") só vingou em terras sulinas e sudestinas. Além disso, era possível cozinhar em qualquer lugar – um dia aqui, outro ali – graças à trempe, já velha conhecida, também, de nossos índios. "Como [os indígenas] assariam a comida? Sobre três pedras típicas, universais, sem idade no tempo, denominadas pelo português *trempe*, as pedras do fogo, do fogão, ou simplesmente o *fogo*. Diz-se ainda em Portugal a trempe ao aro de ferro sobre sustentação trípode em que assenta a panela ou pousa a grelha. Os indígenas do idioma tupi diziam *itacurua*, "sapo de pedra"... O nome proviria da imagem dos batráquios acocorados em roda. As pedras manteriam a horizontalidade da panela, quando houve cerâmica, e antes a do espeto em que a carne rechinava, suando gordura", ensina Câmara Cascudo, em sua *História da alimentação no Brasil*. Com a trempe, podia-se resolver cozinhar dentro de casa, na própria sala principal, se a noite tivesse esfriado muito. Ou seja: não era só a localização dupla das cozinhas. Um tipo de fogão, ao menos, também se deslocava com facilidade: no Brasil colonial, o fogo era móvel.

Enfim, a primeira decisão da casa brasileira não foi afastar o fogo, removendo-o para o quintal. Foi se fazer sincrética, construção luso-tupi, correspondência da prática arquitetural com a própria mestiçagem que começava a desenhar um povo novo. Lemos, insistindo com clareza no assunto, em *Da taipa ao concreto*: "As novas condições do meio ambiente e a precariedade da mão de obra disponível... fizeram que se apelasse, de início, à experiência indígena. Surgiu, então, uma arquitetura sincrética do maior interesse. O sistema construtivo dos índios, baseado em estruturas autônomas de madeira rústica, com seus vãos preenchidos e recobertos de folhas de variada origem, donde resultavam espaços abobadados de planta circular ou elíptica, foi empregado para atender à nova programação residencial, disso resultando as primeiras casas de palha de risco retangular, de dependências quadriculares e de coberturas definidas por planos inclinados também do mesmo material. Dessas construções sincréticas restam ainda hoje os mocambos do Nordeste. Foi essa construção a primeira adaptação ao trópico – não só adaptação à tecnologia local, mas a sujeição aos rigores do clima quente da Colônia."

# 8. A CASA-GRANDE

Façamos duas observações preliminares. Em primeiro lugar, lembrando que falar de edificações é coisa que sempre exige certos cuidados. Embora devamos levar em conta, rigorosamente, suas aparências, será um equívoco se deixar levar unicamente por elas. Acabamos de nos referir à importância do fogão no interior da casa portuguesa tradicional, observando que, no Brasil, aquele mesmo fogão foi plantado, com frequência, em espaço exterior à casa. E isto quer dizer o seguinte: o lusitanismo das primeiras casas brasileiras foi, muitas vezes, uma espécie de meia realidade, se assim podemos dizer. A casa brasileira podia repetir (e repetia) materiais e técnicas de construção lusos, assim como podia repetir (e repetia) a fisionomia plástica de habitações características de Portugal. Mas a sua disposição interna, o uso de seus cômodos e o seu funcionamento objetivo geral, o *modus vivendi* e o *modus operandi* de seus moradores, eram muitas vezes bem distintos do que se encontrava nas casas peninsulares d'além-mar. Ou seja: não raro, o que tivemos, em nossa primeira arquitetura residencial, foi um lusitanismo mais de fachada que de uso.

Em segundo lugar, assim como não existiu *a* casa romana ou *a* casa medieval, também não devemos falar de *a* casa brasileira. Melhor a gente se referir sempre às "casas", no plural. Porque temos uma paisagem de construções residenciais variadas e bem distintas entre si, ou partilhando quase somente a função mais básica de qualquer tipo de casa, que é a de abrigar, protegendo as pessoas de perigos e fenômenos do mundo exterior, que podem ir da presença ou ameaça de animais selvagens a eventos da natureza, como aguaceiros e enxurradas. Mas há casas e casas. Que se pense na paisagem urbana de Salvador ou do Recife entre os séculos XVII e XVIII. Uma coisa é a casa dos mais ricos, dos membros do escalão privilegiado da sociedade, a exemplo de senhores de escravos e integrantes da faixa superior do poder político ou da burocracia colonial. Aqui, destaca-se o sobrado de vários andares, inícios do processo de verticalização das cidades brasileiras. Outra coisa é a casa térrea de homens livres ou libertos, que ocupam postos nas forças armadas ou exercem ofícios urbanos que vão de mestres construtores a peritos em práticas medicinais. E outra coisa, ainda bem particular, é o casebre, a choça ou o mocambo dos mais pobres, geralmente situado na periferia dos centros urbanos, com sua relação mais evidente com o jeito construtivo indígena. No entanto, apesar de todas as diferenças assinaláveis, é possível fazer umas poucas generalizações, desde que ressalvando o que se deve ressalvar. Não vamos perder essas duas observações de vista em nossas excursões por diversos tipos e modelos de casas que brotaram e vingaram na extensão territorial de nossos trópicos, a começar pela sua expressão mais célebre: a casa-grande dos engenhos de açúcar.

Regra geral, quando falamos de "engenho", costumamos nos esquecer de que o que havia era um complexo arquitetônico. Afora algumas casas de trabalhadores e oficinas, o que se via era o quadrilátero básico do engenho de açúcar, com uma unidade residencial maior, a casa-grande; uma unidade fabril, que inicialmente ocupava dois prédios (a casa de moenda e caldeiras e a casa de purgar), reunidos somente nos engenhos setecentistas; uma unidade religiosa, a capela; e, ainda, o prédio linear de cubículos, alojamentos para os escravos, que só vai se disseminar no século XVIII e foi aqui batizado com uma palavra africana – *senzala*, encontrável nas línguas kikongo e kimbundo das terras de Angola e do Congo. Mais precisamente, segundo Renato Mendonça, em *A influência africana no português do Brasil*, "senzala" vem do kimbundo *sanzala*, cujo sentido primeiro é "povoado", arraial.

No caso baiano, é certo que existia Salvador e é certo que existiam as vilas do Recôncavo, a exemplo de Nossa Senhora do Rosário da Cachoeira e de Santo Amaro da Purificação – e esses núcleos urbanos eram fundamentais para todos. Mas boa parte dos senhores de engenho, embora se deslocando com frequência de saveiro para a capital do Brasil Colônia e para os assentamentos barrocos às margens dos rios Subaé e Paraguaçu, viviam principalmente em suas próprias terras. Não se tratava de um abandono dos focos urbanizados, como muitas vezes se fantasia, com o rótulo de "absenteísmo". A viagem de saveiro de Jequiriçá ou Cachoeira do Paraguaçu a Salvador, por exemplo, não demorava quase nada. Senhores de engenho, residindo em suas casas-grandes rurais, faziam parte de câmaras de vereadores e frequentavam suas reuniões. Outros senhores, por sua vez, moravam mesmo na capital baiana. Ainda assim, havia a extensão de terras e o consequente isolamento do conjunto arquitetônico do açúcar, favorecendo o poder individual do senhor dentro de seus domínios territoriais. Uma solidão que tinha implicações construtivas, arquiteturais, solicitando a existência da capela particular para o cumprimento das obrigações religiosas cotidianas, numa sociedade obsessivamente católica; a reserva de um quarto de hóspedes, a fim de acolher viajantes mais ilustres; espaços para abrigar serviçais desses mesmos viajantes ou passantes mais comuns que ali pedissem guarita etc. Enfim, o isolamento senhorial no campo fazia exigências de largueza e autossuficiência. Era preciso saber e poder ser só, relativamente só.

Diante dessas casas-grandes que se iam erguendo nos trópicos brasílicos, as visões variam. Há quem nelas veja principalmente a redundância; há quem ressalte a informação nova. No texto "Uma Nova Lusitânia" (incluído na antologia *Viagem incompleta. A experiência brasileira*, editada por Carlos Guilherme Mota), o historiador Evaldo Cabral de Mello adota o seguinte juízo: "As casas-grandes que pintou Franz Post eram, segundo Robert C. Smith, 'uma transcrição quase literal do tipo mais comum das casas rurais da mãe-pátria', marcado 'desde o Minho e Trás-os-Montes e por toda a Beira Alta e a Beira Baixa' pelas mesmas características: 'os mesmos esteios no andar térreo usado para depósito, as varandas abertas e as escadas externas, quer no centro, quer num dos ângulos da fachada, e os mesmos telhados de quatro águas e cumeeira do Pernambuco do século XVII.'" Já o Gilberto Freyre de *Casa-grande & senzala*, ao contrário, sublinha justamente a novidade das construções tropicais, vendo a nossa casa-grande como signo indicial de uma nova sociedade: "A casa-grande de engenho que o colonizador começou, ainda no século XVI, a levantar no Brasil – grossas paredes de taipa ou de pedra e cal, coberta de palha ou de telha-vã, alpendre na frente e dos lados, telhados caídos num máximo de proteção contra o sol forte e as chuvas tropicais – não foi nenhuma reprodução das casas portuguesas, mas uma expressão nova, correspondendo ao nosso ambiente físico e a uma fase surpreendente, inesperada, do imperialismo português: sua atividade agrária e sedentária nos trópicos; seu patriarcalismo rural e escravocrata. Desde esse momento o português, guardando embora aquela saudade do reino que Capistrano de Abreu chamou 'transoceanismo', tornou-se luso-brasileiro; o fundador de uma nova ordem econômica e social; o criador de um novo tipo de habitação." Freyre sugere que a comparação da planta de um solar lusitano do século XV com a de uma casa-grande brasileira do século seguinte já vai mostrar a diferença que então se abrira entre o português do reino e o português do Brasil. Uma centúria de vida patriarcal e de escravismo agrário nos trópicos teria sido suficiente para transformar o antigo reinol em "quase outra raça, exprimindo-se noutro tipo de casa". Pode-se então dizer, no caminho do pensador pernambucano, que, assim como o idioma luso se ia metamorfoseando no português brasileiro, também a moradia se transmudava, em resposta à nova situação socioambiental.

Para Freyre, o conjunto arquitetônico açucareiro aparece como uma espécie de modelo reduzido de um novo mundo. A casa-grande e a senzala expressam todo um sistema social inédito. Na produção, com a monocultura latifundiária. No regime de trabalho, com o escravismo. No transporte, do carro de boi ao saveiro. Na religião, com o catolicismo de família, com capelão subordinado ao *pater familias*, culto dos mortos etc. Na vida sexual e familiar, com o patriarcalismo polígamo. Na higiene da casa e do corpo, entre banhos de rio e de gamela. E mesmo na política, desde o início marcada pelo compadrio. No campo das necessidades fisiológicas, a sociedade do açúcar adotou ainda objetos indígenas para o sono, o repouso e o comer, disseminando o uso da rede e da cuia. Com relação à estrutura familiar, víamos uma verdadeira rede, contando com muitas pessoas. Regra geral, a casa-grande abrigava uma família enorme, dilatada, acumulando agregados, filhos "naturais", afilhados, compadres e comadres, além de um dos tipos mais discriminados de mulher: as solteironas, parentes que os proprietários do casarão acolhiam, para não deixá-las sem eira nem beira, que era o que significava então, naquele meio social, não ter marido. Com tal *entourage*, o senhor rural se via obrigado a adotar programas arquitetônicos também amplos, sempre espaçosos e complexos. Não era uma simples moradia o que se construía, mas quase um castelo, capaz de abrigar toda aquela gente. E é precisamente aqui que a velha casa-grande, sempre cheia de pessoas, com suas incontornáveis carências de sossego e ausência de privacidade individual, vai se mostrar uma entidade bem distante e diversa do futuro "lar burguês", que só se consolidará entre nós no século XIX, com atraso imenso em comparação ao padrão europeu. Mas vamos aos poucos. Afinal, o conjunto arquitetônico do açúcar não apareceu pronto de uma hora para outra. Foi-se desenhando desde o século XVI para chegar à sua realização plena no século XVIII. Podemos esboçar uma aquarela histórica do processo, seguindo o roteiro de Esterzilda Berenstein de Azevedo, que, em seu *Arquitetura do açúcar*, sistematizou informações sobre o assunto.

Apesar de afirmações categóricas de Freyre, feitas sem base documental, pouco sabemos sobre a fisionomia física dos engenhos do século XVI. Fala-se de engenhos implantados na beira do mar ou na ribeira de rios navegáveis; de casas-grandes torreadas, como o velho solar de Tatuapara, atual Praia do Forte; de fábricas com a casa de moenda separada da casa de purgar; de capelas de pedra e cal. No Recôncavo Baiano, sobraram somente vestígios dessas capelas quinhentistas. O que prevalece, em verdade, principalmente, com relação às casas-grandes, é a escassez documental. Na centúria seguinte, a situação é outra. Graças, em especial, à bela e precisa documentação visual produzida pelos pintores do Brasil

Holandês – Franz Post à frente –, sediados em Pernambuco. Esses registros pictóricos, por sinal, providenciam um esclarecimento histórico importante, relativo ao abrigo dos negros escravizados. Inexistem senzalas nas pinturas de Post. Mas, antes que falha documental, aprendemos aí que senzalas não pontuavam a paisagem dos engenhos pernambucanos do século XVII. Nem a dos engenhos baianos. O que havia, para abrigar escravos e alguns trabalhadores livres, eram casas térreas recobertas de palha. Cabe lembrar, aliás, que a palavra "senzala" não era usada para designar, em globo, o magro pavilhão de alojamentos, mas cada uma das suas unidades estreitas e sujas. De todo modo, é somente no século XVIII que a construção de senzalas vai se disseminar, juntamente com a dos aquedutos em arcaria de pedra e a dos viveiros de peixes. Em *Cultura e opulência do Brasil*, Antonil se refere já a senzalas, em sua descrição do Engenho Real de Sergipe do Conde, na Bahia. Senzalas eram, então, as celas das edificações lineares para escravos, cubículos de três a seis metros quadrados, onde se amontoava uma família inteira de negros ou uns dois ou três pretos solteiros, estendendo esteiras no piso de terra nua. E o vocábulo acabou vingando no singular.

Com os dados que temos sobre o século XVII, não é difícil ter uma visão mais ou menos precisa do desenho geral do engenho de açúcar – e, dentro dele, ver a localização, a fisionomia e o agenciamento espacial interno da casa-grande. A distribuição dos prédios no terreno é praticamente padronizada, fazendo coincidir hierarquia e topografia, de modo que a casa-grande detinha o controle visual do que se erguia em sua vizinhança. Juntamente com a capela, ficava no alto, de onde o senhor corria facilmente o olho pelos cantos e recantos da propriedade. (Também na estância gaúcha a residência se colocava em plano superior às outras unidades do complexo industrial do campo, observa Francisco Riopardense de Macedo, escapando-lhe, no entanto, a conexão entre topografia, hierarquia e vigilância.) Na parte baixa do terreno, viam-se as unidades fabris e as casas dos trabalhadores, casas térreas, com porta e janela na fachada. Além dos prédios citados, construções menores apareciam aqui e ali para completar o desenho, como a olaria e a carpintaria; oficinas, depósitos, a casa de farinha; a estrebaria e o barracão, onde os moradores se abasteciam de gêneros alimentares e outras pequenas coisas julgadas necessárias à simples passagem dos dias. Algumas das casas-grandes do período tornaram-se tão dominadoras e significativas que póvoas se formaram ao seu redor. Como no caso da casa da família Adorno, obra de pedra e cal da segunda metade do século XVII (trazendo consigo a capela da Ajuda), em torno da qual se desenvolveu a Vila da Cachoeira, chegando às margens do rio Paraguaçu.

No século XVIII, permanece predominante a ordenação vertical, topográfico-hierárquica, do conjunto de edificações do engenho, com a casa-grande e a capela situadas acima das demais construções. Na Bahia, pelo menos, aquele século foi o momento do apogeu arquitetônico dos engenhos de açúcar – alguns deles exibindo cais ou ponte de atracação –, com casas-grandes esplendorosas e capelas que se projetavam com a dimensão física de igrejas matrizes. Nesse caso, aliás, muita gente se acostumou a pensar que "capela" é construção necessariamente pequena, mas o que a define não é o tamanho e sim a hierarquização eclesiástica dos prédios. A capela se distingue da igreja porque nela quem oficia é o capelão; a igreja, por sua vez, é sede de paróquia e seus ritos são celebrados pelo pároco. Assim, as grandes capelas dos engenhos setecentistas, apesar do porte, permaneciam capelas. As casas-grandes, como disse, passaram a apresentar uma imponência e um requinte até então desconhecidos. A do Engenho Freguesia, por exemplo, contava com seis salas, 22 quartos e dois pátios, além de uma cozinha extremamente espaçosa (como a da casa-grande do Engenho Matoim, entre outras, mostrando a importância de tal espaço naquela vida familiar senhorial; note-se ainda, como foi dito, que, depois de descolada da casa no início da empreitada colonizadora, a cozinha foi reintegrada ao corpo da unidade residencial), totalizando 1.858 m² de área construída.

As casas-grandes dos engenhos Matoim, Caboto, Freguesia, Cinco Rios e Paramirim tendiam ao formato quadrado, com pátio interno e três ou quatro pavimentos. "Esse partido, adotado pela primeira vez [no Recôncavo Baiano] no final do século XVII na Casa dos Adornos, em Cachoeira, só se difundiria no setecentos. À mesma época, era utilizado em edifícios nobres de Salvador, a exemplo dos paços Municipal e Arquiepiscopal e solares Berquó, Sete Mortes e Boa Vista. O mesmo partido foi adotado nas casas de Câmara e Cadeia de Santo Amaro e São Francisco do Conde, por influência daquela de Salvador. Casas do mesmo tipo, encontradas em Minas Gerais no final do século XVIII, teriam sido transplantadas da Bahia", escreve Esterzilda Berenstein. Acrescentando: "Estas casas-grandes são as mais requintadas encontradas no Recôncavo e se caracterizam por uma concepção e tratamento eruditos do espaço arquitetônico, complexidade de seu programa funcional [embora a dimensão da casa-grande do Freguesia, por exemplo, tenha muito mais a ver com o simbólico do que com funcionalidade] e robustez de sua construção." Assim, enquanto as demais casas rurais (e as casas urbanas do estrato médio da população) permaneciam se alimentando das formas da arquitetura vernacular portuguesa, as casas-grandes setecentistas se eruditizavam. Tratamento erudito do espaço arquitetônico e solidez construtiva que vamos encontrar também numa casa-grande semiurbana que ficou conhecida, entre nós, sob a denominação de Solar do Unhão – casa que, na segunda metade do século XVIII, ganhou seus célebres azulejos azuis e brancos, que, graças ao esforço de restauração executado por Lina Bo Bardi, ainda hoje vemos lá, refrescando nossas vistas.

MOBILIÁRIO, UTENSILAGEM

Gilberto Freyre fala de coisas contraditórias sobre o equipamento encontrável em nossas casas-grandes: mobiliário escasso e utensilagem luxuosa. No primeiro caso, começa nos lembrando de que os portugueses trouxeram para cá e transmitiram a seus descendentes luso-brasileiros uma espécie de fachadismo social, que ainda hoje é bem visto no Rio de Janeiro, por exemplo, talvez mais do que em qualquer outra cidade brasileira. Fachadismo que pode ser resumido no seguinte binômio: ostentação pública – privação doméstica. Gregório de Mattos já tematizava essa dupla, no século XVII. Luiz Vilhena insiste no assunto, cem anos mais tarde, em *A Bahia no século XVIII*. E o visconde de Cayru, já no século XIX, na sua célebre carta a Vandelli, também fustiga o culto da aparência, o exibicionismo social de homens e mulheres cercados pela criadagem luzente e cobertos de sedas, veludos e joias.

Freyre repete o que diziam esses e outros autores. Fala que os portugueses sofriam na intimidade caseira a carestia da vida ou a carência de recursos, mas que, ao botar os pés fora de casa, simulavam riqueza e grandeza, como se vivessem dias de ampla folga financeira. E esse mesmo culto da ostentação e do fausto, essa teatralização de uma situação econômica inteiramente irreal, se espalhou também pelas terras brasílicas. Na rua, encenação da opulência; em casa, ascetismo, indigência alimentar, desconforto. Esta duplicidade seria um dos motivos para explicar a surpreendente falta de conforto doméstico, a escassez de mobiliário que caracterizava nossas casas-grandes. Mas isso não explica tudo, de vez que mesmo em casas-grandes ricas, onde havia fartura de comida e dinheiro, os móveis eram poucos. Claro que, em comparação com a senzala – onde o que se via podia não ir além de uma esteira e de uma cuia –, qualquer casa-grande depenada seria magnífica. Mas não é esta a comparação a ser feita. O que está em questão é outra coisa. É o sujeito que esbanjava com roupas e joias, mas muitas vezes não só não tinha um único talher em casa, como não raro jejuava. E Freyre avança no tempo para dizer que ainda hoje "se encontra no brasileiro muita simulação de grandeza no vestuário e em outras exterioridades, com sacrifício do conforto doméstico e da alimentação diária" – por isso mesmo, minha observação sobre o Rio de Janeiro na abertura deste tópico.

Mas havia luxo também, ainda que em poucas casas, com seus inevitáveis e providenciais alpendres sombreados e suas capelas brancas franqueando caminho à brisa pelo copiar. Luxo e animação. Como no caso daquele senhor de engenho do Recôncavo Baiano que contava, em sua casa-grande, com uma orquestra só de músicos pretos, regida por um maestro francês importado da cidade de Marselha. E há notícia de pelo menos mais uma orquestra de negros, desta vez em Minas Gerais, no século XIX – era o time dos instrumentistas pretos da casa-grande do Engenho Soledade, perto do Paraibuna. Muito embora os senhores daqui nunca tenham chegado a ser tão ricos quanto os senhores russos, a ser verdade o que diz André Maurois em sua biografia de Ivan Turguêniev, em que ele afirma que, na velha Rússia do regime servil, um proprietário podia às vezes comprar a orquestra inteira de um vizinho. Ainda assim, no tocante ao luxo, Freyre observa: "... atentando-se no fato de que muitos dos requintes de mesa e de tratamento doméstico e de vestuário adotados pela Europa, nos séculos XVI e XVII, foram requintes orientais, compreende-se a opulência de alguns senhores de engenho pernambucanos e baianos. [...]. Por que não, se Pernambuco e a Bahia desde cedo tornaram-se pontos de escala de naus que voltavam do Oriente, rangendo de tão carregadas de mercadorias de valor, arrastando-se pelo mar com vagares de mulher grávida; cheias de objetos finos que os portugueses vinham introduzindo por essa época na Europa aristocrática e burguesa? A só presença de baixelas de prata entre os senhores de engenho de Olinda, no século XVI, basta, não há dúvida, para causar-nos pasmo. É luxo que surpreende entre homens que tinham acabado de abrir claros na mata virgem e fundar os primeiros engenhos de cana".

O lugar de Salvador no comércio entre Portugal e o Oriente, assim como a presença de produtos chineses em nossos trópicos, foi mapeado e examinado por José Roberto do Amaral Lapa, em *A Bahia e a Carreira da Índia*. Adotamos e usamos ainda hoje esta expressão antiga, "Carreira da Índia" – consagrada logo em seguida à primeira viagem de Vasco da Gama –, para designar a rota marítima Lisboa-Goa-Lisboa, através dos oceanos Atlântico e Índico. Bem-vistas as coisas, o próprio Brasil veio à luz, para a história do mundo, no bojo de tais navegações: Porto Seguro mais não foi do que uma escala no caminho de Cabral para Calicute. E o porto da Cidade da Bahia – "um dos mais ricos portos do mundo, muito antes que Nova York saísse da infância" (Donald Peirson, *Brancos e pretos na Bahia*) – foi fundamental na amplidão desse horizonte oceânico, escala constante, ainda que não raro clandestina, de tantas e tantas embarcações. Porto fundamental no "mais complexo e duradouro roteiro marítimo da Idade Moderna", como bem disse Amaral Lapa, observando: "'Porto do Brasil', denominavam-no os documentos do tempo, como se não houvesse outro ancoradouro em toda a Colônia."

A Cidade da Bahia assume, aqui, seu lugar e função de capital do Atlântico Sul, para que fora planejada pela Coroa lisboeta. Salvador enviava açúcar para Portugal e tabaco para o Oriente, do qual recebia os mais variados artigos, comparecendo assim nas duas mãos do roteiro. E temos de atentar para o seguinte. Produtos orientais que aqui chegavam eram objetos de uso. Mas tal uso não deixaria de repercutir, entre nós, nos campos da semântica social e das práticas de cultura. Diz-nos Roland Barthes, em seu *Elementos de semiologia*: desde que haja sociedade, qualquer uso se converte em signo desse mesmo uso. Quem importa e consome produtos, importa e consome signos – mesmo que para distorcer, falsificar, subverter ou transfigurar valores, condutas e gestos. Assim, quando falamos da circulação e do consumo de mercadorias orientais na vida colonial brasileira, estamos falando também de uma presença cultural asiática em nossas latitudes tropicais. Porque a vida quinhentista-seiscentista nos trópicos brasílicos se viu às voltas com sedas, bengalas, palanquins, colchas de cetim, porcelanas finas, baús, frasqueiras, bocetas, tigelas esmaltadas, escrivaninhas, telhados recurvados nas pontas "em corno de lua" etc. Peças e práticas semióticas do Oriente na tessitura cotidiana de nossa Idade do Açúcar. Logo, casas-grandes com artigos altamente refinados, em seus variados cômodos e dependências.

* * *

Luxo à parte, a escassez mobiliária caracterizava não somente residências campestres, mas também as casas de póvoas, vilas e cidades coloniais, pouco importando se os seus proprietários integravam os estratos mais humildes ou os segmentos mais ricos e poderosos da sociedade. A regra era o despojamento – e, não raro, o desleixo. Verdade que, a caminho do final do século XVIII, algumas pessoas passaram a se preocupar um pouco mais com a decoração doméstica, sob renovado influxo cultural europeu, vindo agora, principalmente, do ambiente anglo-francês. Mas eram raras, raríssimas exceções. O que predominou mesmo no Brasil, do século XVI ao XIX, foi o mobiliário reduzido. Em *Viagem pelas províncias do Rio de Janeiro e Minas Gerais*, livro publicado na França em 1830, Saint-Hilaire anotou que o próprio palácio do governador, em Vila Rica (atual Ouro Preto), exibia apartamentos bem espaçosos, mas escassamente mobiliados, como as antigas casas lusitanas. Note-se, além disso, que, mesmo em casas que contavam com cadeiras, as mulheres, principalmente, continuavam cultivando o costume árabe de sentar em esteiras estendidas sobre o chão. Parece que o único móvel de luxo que os habitantes do Brasil Colônia faziam questão de ter e exibir, desde o século XVI, era a cama. Já Fernão Cardim se referia à presença de leitos de seda ou damasco, "franjados de ouro", e colchas da Índia, em moradias da Bahia e de Pernambuco. Mesmo assim, durante muito tempo, a maior parte das pessoas prosseguiu dormindo em redes, segundo a maneira indígena. Enfim, vigorava aqui o contraste extremo entre a pobreza dos móveis e a riqueza dos utensílios de mesa, deslumbrando visitas com o requinte das porcelanas e o brilho das baixelas de prata. Mas, na intimidade, quem preferia dormir na rede também preferia comer com as mãos, deixando os talheres finos para ocasiões muito especiais.

DENSIDADE DEMOGRÁFICA

No plano de sua movimentação interna, do tipo de vida caseira das pessoas que a habitavam, a casa-grande brasílica, tanto na Bahia quanto em Pernambuco, estava bem mais próxima da casa medieval europeia do que do lar burguês que se firmaria na mesma Europa durante o século XVIII e, no Brasil, ao longo da centúria seguinte. Falamos já do mobiliário rarefeito, deixando a casa quase nua, em comparação com o decorativismo oitocentista francês. Mas não é isso o mais importante. O que realmente conta, para a leitura que estamos empreendendo, é que nossas casas-grandes, como as habitações da burguesia medieval europeia, tinham moradores demais, além dos escravos que a frequentavam obrigatoriamente, fazendo serviços. Era um excesso de gente: filhos (oficiais ou "naturais" – e o que seriam mesmo filhos "artificiais"?), afilhados, agregados, compadres, parentes desamparados (viúvas ou solteironas, por exemplo), órfãos etc. Como se não bastasse, havia os escravos domésticos, desde crianças que brincavam relaxadamente pela casa e moleques de recado a pajens e cozinheiras, passando pelas célebres mucamas, que estavam sempre na companhia de sinhás e sinhazinhas, fosse cozinhando, costurando e tecendo, ou contando histórias, ensinando cantigas, falando de amor, catando piolho, fazendo cafuné e mesmo, eventualmente, trocando carícias sexuais. Mucamas que viviam na casa, algumas, inclusive, partilhando o quarto de dormir de suas senhoras. Ou seja: o uso da casa e a vida doméstica sofriam, como não poderia deixar de ser, o forte influxo da organização geral da sociedade, fundada na escravidão. Com tudo isso, a casa-grande, por maior que fosse, por mais cômodos que tivesse, estava quase sempre demasiadamente povoada, do ponto de vista da casa burguesa que a sucederia, centrando-se na intimidade da família nuclear. E o número de pessoas que a habitava, ao qual se somava a turma que por ali circulava diariamente, não deixava maior espaço para coisas íntimas: a ordem social escravista condicionava a organização da casa e o desenho da vida doméstica, impedindo que ali se firmasse a figura da privacidade.

DECLÍNIO ECONÔMICO, FAUSTO ARQUITETÔNICO

Não vamos passar ao largo de um aspecto interessante da Idade do Açúcar em terras baianas. Coincidem aqui o declínio econômico da produção açucareira e a suntuosidade arquitetural das casas-grandes dos engenhos que se foram espalhando, a partir da Cidade da Bahia, em direção às terras férteis de Cachoeira e São Félix, banhadas pelas águas densas do Paraguaçu. O inverso do que se via na centúria anterior. No século XVII, o açúcar, "sua alvíssima alteza" (como lemos no verso de Maiakóvski), fazia a riqueza baiana. Naquela centena de anos, novas terras foram conquistadas, o número de engenhos cresceu, as rendas aumentaram. Mesmo com a concorrência do açúcar antilhano, a produção açucareira da Bahia e de Pernambuco prosseguiu alta, favorecendo a acumulação de riquezas e os deleites do luxo. Esta riqueza, contudo, não se traduziu no campo das realizações arquitetônicas. Basta consultar os quadros de Franz Post, com suas casas-grandes de pau a pique. Em comparação com o que viria em seguida, as construções daqueles engenhos primavam pela modéstia de materiais e até pela rudeza projetual. No século XVIII, observa-se o contrário: economia em baixa, arquitetura em alta. O sistema açucareiro está em crise, mas a arquitetura das casas-grandes e de todo o complexo construtivo do engenho busca a exuberância. Esterzilda Berenstein procura dilucidar este paradoxo baiano com uma argumentação lógica e simples. De uma parte, enquanto a economia do açúcar atravessava dias difíceis, a economia baiana, no seu conjunto, se diversificava, experimentava avanços, gerava riquezas. De outra parte, os senhores do açúcar, embora se ressentindo das dificuldades que seus engenhos eram obrigados a enfrentar, não ficaram de fora da prosperidade geral. Ao tempo em que se envolveram no comércio viram comerciantes se desdobrar no sentido inverso, tornando-se senhores de engenho.

Em primeiro lugar, escreve Esterzilda, enquanto os séculos XVI e XVII se caracterizaram por uma economia agrícola fundada na cana-de-açúcar e na criação de gado, o século XVIII se caracterizou pelo surgimento e/ou crescimento de outras atividades econômicas, como o comércio e a especulação financeira, "negócios mais lucrativos, que favoreciam a ascensão de uma classe mercantil assumida, pouco a pouco, das responsabilidades anteriormente monopolizadas pela aristocracia rural". Ou seja: a degringolada relativa dos engenhos não fez com que a economia baiana em globo entrasse em parafuso. O comércio projetou-se dominante, centralizando e comandando a geração da riqueza local. Na verdade, a projeção dos mercadores era já visível na Salvador do século XVII. Adiante, tivemos a afirmação incontornável da "máquina mercante", de que falava a poesia de Gregório de Mattos. E o poder dos mercadores foi aumentando com o tempo, para reinar no cenário econômico, como nos mostrou o sociólogo Gustavo Falcón. Enfim, o comércio foi a base da prosperidade setecentista baiana, financiando, comprando ou vendendo escravos, engenhos, gado. E Salvador era um forte entreposto comercial, recebendo/enviando mercadorias de/para a África e a Ásia. Trocando tabaco por preto, ouro por manufaturas inglesas, fumo e açúcar por sedas, utensílios de mesa e móveis orientais. Internamente, era intenso o comércio entre a Bahia e o Rio Grande do Sul, por exemplo. É bem verdade que, ainda durante o século XVIII, o "corpo dos comerciantes", como dizia o velho Luiz Vilhena, era olhado algo enviesadamente, com preconceito. A terra enobrecia, o comércio não. O comércio – o jogo das finanças – não conferia *status* a ninguém. O que dava prestígio e acesso à aristocracia era a propriedade fundiária. A agricultura. O cultivo prolongado dos campos do Recôncavo, não a ciranda citadina de investimentos e empréstimos.

Mas, ainda no dizer de Vilhena, a praça baiana era das mais "comerciosas" das colônias portuguesas. O comércio se fizera sinônimo de riqueza – e, por isso mesmo, de poder. Diante do que esse comércio gerava (incluindo as traficâncias de ouro e gente), a elite senhorial e político-administrativa não resistiu: entrou com tudo no ramo mercantil. Assim, os senhores de engenho também participaram do enriquecimento comercial baiano. E o relacionamento dessas frações da classe dominante – a do comércio e a do açúcar – não foi intranquilo na praia baiana. Ao contrário do que acontecia em Pernambuco, marcado pelo conflito que levou à luta entre Olinda e o Recife, desembocando na Guerra dos Mascates em 1710, senhores e comerciantes, na Bahia, se misturaram, trocaram de papéis, estabeleceram associações e alianças até familiares, unindo seus filhos pela via matrimonial. Senhores de engenho passaram a integrar as hostes da burguesia mercantil – e comerciantes viraram também plantadores de cana-de-açúcar. Tivemos, assim, a formação de um considerável bloco de comerciantes agricultores, com seus interesses comuns e seu poder de pressão. E não por acaso mencionei a prática do casamento. Núpcias estabeleceram ou consolidaram elos entre aristocracia rural e burguesia mercantil. Membros de famílias da açucarocracia se casavam com membros de famílias do grêmio dos negociantes. E a troca de alianças entre os nubentes selava e consagrava outras alianças. Mas há mais, lembra Esterzilda, colhendo dados e interpretações na historiografia do período: "Kátia Mattoso observa que os senhores de engenho, apesar da crise, não se arriscariam a abandonar suas fazendas, dando um golpe fatal na economia agrícola. É provável que já desconfiassem de que a riqueza das minas era transitória, enquanto que os canaviais se recuperariam, retomando a posição que tinham na economia baiana. Ora, se os investimentos produtivos não eram interessantes naquele momento, a imobilização [de recursos] sob a forma de casas-grandes e capelas era praticamente a única alternativa de inversão nestas propriedades."

Por tudo isso, a elite dos senhores rurais não naufragou com a brutal redução dos lucros do açúcar. E continuou financiando a construção de capelas, hospitais e até do Seminário de Belém, nas terras de Cachoeira. Fizeram casas-grandes magníficas, quando a produção do açúcar, por si só, não teria como bancá-las. Só não estou certo se a explicação para o descompasso entre economia e arquitetura se esgota aí. Porque vimos tal descompasso também nas Minas Gerais. A grande arquitetura barroca de Ouro Preto e de toda aquela região, com as suas igrejas e casas mais imponentes e requintadas, vai ser feita justamente na fase de decadência da mineração, quando o ouro escasseia e os lucros míguam, levando o mineiro a se voltar para a lavoura e a pecuária. Não sei se estudiosos de questões mineiras tentaram esclarecer esta contradição entre crise e ostentação, entre rarefação de rendas e fausto construtivo, nas Minas Gerais de meado para o fim do século XVIII. Em sua *História da riqueza no Brasil*, Jorge Caldeira sugere que a explicação pode ser a mesma do caso baiano: quando as imensas jazidas se reduziram a brilhos esporádicos, a economia mineira, em seu conjunto, não cessou de gerar riquezas. Mas também às vezes tenho para mim que uma boa dose de compensação psicológica talvez haja contribuído para tais gestos, fazendo com que as casas-grandes mais notáveis da Bahia e as esplêndidas criações da arquitetura urbana de Minas tivessem se produzido em conjuntura de aguda crise econômica, de carência de capitais na área açucareira e na zona aurífera. Afinal, a alma humana parece feita não só de cascalhos óbvios, como de centelhas improváveis.

9. UMAS CASAS PAULISTAS

Campos de Piratininga. Ainda no século XVII, a propriedade imobiliária valia pouco, monetariamente, em São Paulo. É conhecido um inventário de 1660 no qual uma roça – com casa e canavial – é lançada por uma quantia inferior a um vestido de seda e veludo preto. Mas, como nos diz Alcântara Machado em *Vida e morte do bandeirante*, não devemos confiar demais nos algarismos.

"O que vale a terra é na realidade muito mais do que as avaliações traduzem. [...]. Do latifúndio é que parte a determinação dos valores sociais; nele é que se traçam as esferas de influência; é ele que classifica e desclassifica os homens; sem ele não há poder efetivo, autoridade real, prestígio estável. Nenhuma força organizada se lhe opõe. Não tem a Colônia um escol de letrados e intelectuais, nem uma classe industrial ou comercial poderosa e educada. Fora das grandes famílias radicadas ao chão, o que se encontra é meia dúzia de funcionários, é uma récua de aventureiros e pandilhas, é a arraia-miúda dos mestiços, é o rebanho dos escravos. Num ambiente assim, a figura central e dominante há de ser pela vontade irresistível das coisas o senhor do engenho, o fazendeiro, o dono da terra. Por esse tempo [...] os que não possuem sesmarias ou não conseguem adquirir terras se acham como que deslocados no meio da sociedade em que vivem. O lucro não é o único incentivo às explorações agrícolas. O que se procura antes de tudo é a situação social que decorre da posse de um latifúndio, as regalias que dele provêm, a força, o prestígio, a respeitabilidade", escreve Alcântara. Aqui, como em Pernambuco e na Bahia seiscentistas, o latifúndio procura ser "um organismo completo, que se basta a si mesmo e por si mesmo se governa". É um "mundo em miniatura". O fazendeiro possuía seu pouso na vila, aonde ia descansar, resolver negócios ou assistir às festas civis e religiosas. Mas sua casa melhor, onde reinava absoluto, ficava no campo. Florescem por essa época, ao lado da criação de gado e de outros bichos (porcos, carneiros, ovelhas), as culturas do trigo, do algodão, da cana-de-açúcar e da vinha. São Paulo produz marmelada (seu principal produto de exportação) e água de rosas. E as fazendas são de fato autossuficientes. Mas vamos caminhar aos poucos. Antes de mais nada, lembrando que alguns estudiosos paulistas, à maneira de Luís Saia, gostam de fazer a distinção entre o desempenho *bandeirista* e o desempenho *bandeirante*. No primeiro caso, situam as atividades do mameluco dentro de sua terra natal. No segundo, sua atuação fora das fronteiras de São Paulo. Faço a observação porque, ao ouvir a expressão "casa bandeirista", há pessoas que mostram algum estranhamento. Mas é um conceito corrente – e vamos usá-lo aqui. Em seu livro *Casa paulista*, Carlos Lemos fala de alguns *momentos arquitetônicos* na história da moradia no território hoje pertencente ao estado de São Paulo, entre os séculos XVI e XIX: "De início, havemos de compreender as diferenças entre o litoral e as terras do planalto. E, serra do Mar acima, perceber as distinções culturais existentes entre os moradores das várias bacias hidrográficas, da bacia do rio Tietê, do vale do Paraíba, por exemplo; e não podemos nos esquecer também dos mineiros que refluíram sobre as divisas do território paulista descendo os rios nascidos nos 'Campos das Vertentes' das Minas Gerais, rios formadores da bacia do rio Grande. Gente de variada cultura. [...]. E nas áreas acima descritas sumariamente, ao longo do tempo, ocorreram sucessos econômicos que resultaram inclusive em manifestações arquitetônicas bem nítidas, sobretudo nas construções residenciais. Pelo menos quatro ou cinco 'momentos' arquitetônicos nos chamam a atenção: as moradias da fase atuante do bandeirismo e anos seguintes à descoberta do ouro mineiro, que vai desde o século XVI até meados do século XVIII, ocupando as cabeceiras e o médio Tietê até à barra do Piracicaba; as moradias, ainda na mesma zona, do tempo da abastança resultante do açúcar ituano e do tropeirismo; as casas trazidas pelos mineiros a partir da exaustão das catas auríferas da bacia do rio Grande, especialmente as do alto rio Sapucaí; e as habitações do litoral, de modo especial as de Iguape do tempo do arroz e as do Ribeira acima. Também não podemos deixar de citar uma quinta arquitetura residencial, a do início do ciclo cafeeiro, a que antecedeu o ecletismo, arquitetura ainda ligada aos materiais de construção locais e ao 'saber-fazer' tradicional, mas já algo comprometida com o programa de vida moderno trazido por influência dos primeiros lucros propiciados pelo ouro verde. E veremos também variadas nuanças entre esses cinco tipos de planejamento domiciliar no tempo e no espaço, que nos podem sugerir ter havido um desenvolvimento da habitação paulista no planalto, sem rupturas, sem mudanças drásticas ou saltos na forma e no uso daquela casa até à chegada do café e do ecletismo, que subverteu tudo." Seguindo Lemos, vamos ver, mesmo sumariamente, apenas um desses tipos, que é aquele que, de momento, interessa à nossa excursão.

Inicialmente, o que se construiu, na solidão dos campos de Piratininga, foi a chamada "casa bandeirista". Apesar de sua população mestiça, mameluca, a futura vila e cidade de São Paulo podia ser vista, nos primeiros tempos de sua existência, como uma espécie de aldeia rural lusitana. Era cercada e contava com poucas ruas e raras casas. Algumas portas franqueavam o acesso ao campo, onde ficavam as pastagens e plantações (roças de milho e mandioca). Com o crescimento da póvoa e a expansão das propriedades fundiárias, a vida no campo foi ficando mais distante. Mas, como ensina o estudioso, a pequena casa urbana e a casa roceira da bacia do Tietê mantiveram absoluta identidade por cerca de dois séculos e meio. Mesma casa e mesma técnica construtiva. O núcleo urbano, em sua pobreza, demorou a ver imóveis de dois pavimentos. A caminho do final do século XVIII, havia só meia dúzia delas. A regra era a residência térrea. Casas simples implantadas em lotes estreitos e compridos. No caso da casa rural, há uma especificidade, uma singularidade sincrética, mameluca, onde se reconhece a influência indígena: "A casa bandeirista da roça era uma casa pulverizada, toda fracionada em inúmeras construções-satélites do núcleo familiar, cada qual com sua especialidade. Um partido [arquitetônico] 'aberto'. Ao lado da casa principal de moradia propriamente dita... ficavam o telheiro da cozinha geral; os quartos para agasalho dos criados subalternos dos hóspedes importantes, sobretudo tropeiros e arrieiros; os depósitos de gêneros, os paióis, o moinho de trigo ou milho, a casa de fazer farinha, o monjolo (legado da Índia) de fazer canjica, o galinheiro, o curral de tirar leite, a moenda de fazer garapa para a rapadura e para a cachaça e o pomar cheio de 'árvores de espinho' (cítricos em geral), de bananeiras, marmeleiros e parreiras. Tudo isso protegido por valados, por cercas de madeira ou por muros de taipa. E não nos esqueçamos das casas dos 'negros', como eram chamados os índios escravizados ou 'administrados'. Dizia-se simplesmente 'casas dos negros', sem que merecessem avaliação nos inventários. Deviam ser construções extremamente rústicas. A palavra *senzala* aparece raramente, e assim mesmo só no século XVIII. Essa fragmentação em esparsas edículas à volta da casa está mais para a sistemática indígena do que para a tradição europeia, ou melhor, ibérica."

Outro traço interessante daquelas casas rurais, embora não fosse exclusividade paulista: a área de recepção e convívio, que já mencionamos em tópico anterior, onde permaneciam as pessoas não pertencentes à família. Com isso, acabou-se definindo, no partido da casa, uma área voltada para o espaço externo, destinada a ofícios religiosos (além do quarto de hospedagem, ali ficava a capela) e à permanência de hóspedes, visitantes, agregados ou escravos. Era uma espécie de espaço semipúblico da casa, ou "faixa intermediária entre a vida pública e o mundo privado". Lemos indica sua origem árabe, aperfeiçoada na Península Ibérica, "donde veio ao nosso país trazendo junto o muxarabi, a janela de rótulas ou treliças". Em *Morada paulista*, Luís Saia é mais abrangente (passem ao largo da expressão "feudal", que é disparatada, e guardem as informações que interessam): "O funcionamento da faixa fronteira da morada seiscentista em São Paulo fixa o caráter feudal da sociedade bandeirista e denuncia os elementos fundamentais da organização da família da época, separada do mundo e muçulmanamente enclausurada no interior da habitação de janelas gradeadas. Até à faixa fronteira chegam o hóspede, o agregado, o mameluco e o escravo, sendo-lhes entretanto vedado o acesso à parte mais íntima da residência. O hóspede tem seu dormitório aberto sobre o alpendre, sem ligação com o interior da morada. [...]. No alpendre, tradicionalmente chamado pretório, o senhor distribui, como um maioral ou pretor, ordens e justiça, com o mesmo espírito militar e autocrático com que dirige as 'entradas', desafia a ordem metropolitana, ou se mete em brigas entre famílias. [...]. É a peça mais característica deste tipo de habitação, no tocante ao problema de separação de classes [...]. Sobre ele se abre a capela, a cujo recinto só teriam acesso padre e gente da família, o pretório comportando o resto da lotação. Este funcionamento religioso acompanha o alpendre através de quase todos os tipos de habitações rurais de São Paulo, até o século passado [XIX]. E é neste sentido uma herança da Igreja. De fato, é na Igreja medieval europeia e nas capelas quinhentistas da Península Ibérica que a separação de classes se reflete arquitetonicamente nos alpendres."

Em resumo: aquela faixa fronteira era uma separatriz entre a família e a sociedade. Só atrás dela é que se organizava o espaço reservado à vida doméstica. Aqui, impunha-se a grande sala central de distribuição, com os quartos situados lateralmente. E, claro, a sala de jantar. Com uma particularidade linguística. Em São Paulo, a partir do século XIX, os sintagmas "sala de jantar" e "varanda" passaram a ser usados como expressões sinônimas. Lemos explica: "É que nesse estado, no tempo colonial, quase sempre nas casas urbanas a cozinha e o local das refeições eram situados num alpendre profundo olhando para o quintal e essa varanda alpendrada, com o tempo, recebeu um vedo, às vezes envidraçado, que a transformou em sala." Mas vamos a uma visão geral dessa arquitetura, que, quando nada, nos deu a chamada casa do sítio do padre Ignácio, construída em Cotia, na segunda metade do século XVIII – bonita e precisa construção, de uma limpeza visual admirável (mesmo que determinada pelas limitações da técnica construtiva), mais do que warchavchikiana. Ainda no rastro de Lemos, sintetizando o já observado, podemos dizer que o partido arquitetônico (a forma final assumida pelo objeto arquitetural) desse "complexo rural unifamiliar colonial paulista, foi caracterizado primordialmente pela pulverização, ou fragmentação, do programa em várias construções, tendo como centro de interesse a casa de moradia da família titular do estabelecimento".

Ao falar de "constâncias" nas casas que estuda, exemplares edificados entre a segunda metade do século XVII e as primeiras décadas do século seguinte, Saia logo assinala a escolha do local onde implantar a construção e o modo de assentá-la no terreno. Regra geral, implantava-se a casa a meia encosta, assentando-a sobre uma plataforma plana, às vezes artificial, feita de pedra. Casa, emenda Lemos, "sempre assentada numa plataforma ou terrapleno delimitado por íngreme talude ou por muro de arrimo feito de pedras catadas no campo e empilhadas para segurar a terra. Essa artificialização do solo se destinava a assegurar à construção de terra socada impossibilidade de enxurradas danosas às suas paredes facilmente erodíveis. Essa é a primeira característica do partido arquitetônico da casa bandeirista: casa esparramada no chão plano em nível e cercada por uma calçada de pedras irregulares também catadas aqui e ali, nunca pedras aparelhadas. [...]. Casa sem desníveis internos – um chão só, de terra batida, da soleira para dentro". A escolha de terrenos a meia encosta, por sua vez, seria ditada principalmente por critérios de ordem prática. De uma parte, em função da localização de nascentes ou rios – meia altura que deixaria a casa perto da água e, ao mesmo tempo, a salvo de enchentes. De outra parte, teríamos os mesmos motivos de hierarquia, segurança e vigilância seguidos pela casa-grande baiano-pernambucana e pela estância rio-grandense-do-sul. Era do alto, mirando desde o alpendre, que o senhor descortinava a paisagem de pessoas e coisas a seus pés. Observava o andamento dos trabalhos. Mantinha sob controle visual os movimentos e o comportamento de escravos e agregados.

Por fim, Saia e Lemos falam ainda de uma *trade mark* desse fazer arquitetural da bacia do Tietê: a fachada simétrica com um espaço vazio entre cubos brancos, espaço chamado "corredor" ou "pretório", como vimos. E ambos remetem a solução, em última análise, ao arquiteto quinhentista italiano Andrea Palladio, via engenheiros da Península Ibérica. Na formulação de Lemos, trata-se da "célebre composição arquitetônica caracterizadora da casa bandeirista, onde um espaço aberto reentrante, uma verdadeira *loggia* palladiana na forma, é entalado entre dois cômodos perfurados, cada um deles, por minúscula janela gradeada. Dois cheios, dois cubos brancos, separados por um vazio que chamavam de corredor". Casa bandeirista que apresenta, portanto, de influxos indígenas a reflexos palladianos.

* * *

O que veio depois da casa bandeirista, antes que São Paulo disparasse em matéria de crescimento e riqueza, será apreciado em outra oportunidade. Por ora, a fim de não fugir ao foco de nosso interesse – que não é exatamente o de compor uma história ampla e detalhada da casa brasileira, mas apresentar uma aquarela crono-socioantropológica do assunto, na medida do possível –, o máximo que podemos fazer são umas anotações rapidíssimas e superficiais.

    De cara, tivemos aqui, no século XVIII, ao tempo da consolidação da cultura caipira, a formação do chamado "quadrilátero do açúcar" (Mojiguaçu, Jundiaí, Sorocaba e Piracicaba) e a migração ("invasão") mineira. No caso das plantações de cana-de-açúcar, aconteceu o primeiro – breve e modesto – momento açucareiro de São Paulo, que durou cerca de 80 anos, mais ou menos entre 1765 e meados da década de 1840. Tempo de paulistas abrindo canaviais e implantando engenhos, mas tudo sem a grandeza e a riqueza do que acontecera antes entre o Recôncavo da Bahia e terras de Pernambuco. No segundo caso, vemos a chegada de levas de mineiros (os mais lusitanos de todos os brasileiros, como já se disse), com objetivos diversos. Alguns pensando em plantar cana-de-açúcar. Outros, à procura de pastagens novas para o gado. E ainda outros nos caminhos do café. A novidade aqui, no horizonte da arquitetura, é o ingresso do engenho no complexo rural paulista. Com o engenho e o açúcar, chegam o negro e a senzala. Mas, mais uma vez, nada de comparável à "tarja negra", como dizia Euclydes da Cunha, que se estendeu entre o Recôncavo Baiano e São Luís do Maranhão. Em São Paulo, o negro chegou tarde. Encontrou já um conjunto de cultura (material e simbólica) não só estruturado em base sólida, como regido pelo conservadorismo bandeirante. E praticamente nada marcou de modo profundo, no plano dos saberes e dos fazeres sociais. Não imprimiu uma assinatura inconfundível nas invenções e reinvenções da vida cotidiana. Ao contrário: como dizem os estudiosos, foi tão totalmente assimilado que até surgiu a figura do *caipira preto*. Mas isso diz respeito à cultura, é bom enfatizar, não à política, campo onde os pretos locais souberam muito bem se organizar e lutar. Campinas, aliás, é exemplo disso.

    Na arquitetura, as mudanças não foram fortemente significativas. Ao longo do século XVIII, assistimos ao fechamento da *loggia*, do pretório palladiano, que então virou sala de receber. Sumiu o espaço aberto "reentrante" entre os dois cubos brancos. Desapareceu também a capela caseira, substituída pelo oratório exclusivamente familiar. E o corredor dos fundos – a "varanda" – ganhou maior relevo. Novidade maior, nesse âmbito, foi o aparecimento do tradicional sobrado de dois pavimentos na arquitetura residencial do campo paulista. E muito por influência dos mineiros, que transplantavam os ricos sobrados de suas vilas auríferas para a textura tosca da roça caipira. Em resumo: as casas ganharam em dimensão e imponência. Transformação – mesmo – só virá mais tarde, com o florescimento da cultura cafeeira, avançando com o avançar do século XIX. É a nova economia que vai fazer a arquitetura se descolar do quadro local. Das determinações estritamente provincianas. Sim: o café trouxe, para São Paulo, o ecletismo arquitetônico internacional. E então, com a província riquíssima e a aplicação de altos recursos na construção de moradias às vezes monumentais, a desigualdade social se inscreve, com nitidez nunca antes ali vista, na materialidade mesma dos prédios. "Antes do café, as diferenças entre os bens dos pobres, dos remediados e dos escassos ricos eram puramente quantitativas. As casas dos afortunados e donos do poder foram apenas maiores que as moradias populares humildes. A taipa era a mesma, as telhas idem, e também eram iguais as esquadrias de madeira, os pisos atijolados ou assoalhados e assim por diante. Com o café essas diferenças passaram a ser qualitativas. Surgiu então a vaidade personalista, não mais só no que se referisse à moda, ao vestuário das donas, à espora de prata dos chefes de família, mas às construções das moradias, ao mobiliário, às alfaias. Agora a riqueza iria alterar de modo significativo o cotidiano de todos – inclusive, por extensão, o dos pobres, o dos escravos. [...]. Foi a época do ecletismo, que logo substituiu o contido neoclássico, e do surgimento de uma nova arquitetura e de renovados modos de morar em novos invólucros de tijolos, ficando esquecida a velha taipa de pilão do tempo antigo, que todos agora queriam olvidar." É também o tempo da decoração vitoriana, com seus tapetes e cortinas, seus pianos e bibelôs de porcelana, seus móveis estofados e de palhinha, suas toalhas de veludo e seus papéis de parede, seus espelhos ricamente emoldurados.

Há pelo menos mais duas coisas que pedem para ser ditas sobre o que aconteceu nessa época em São Paulo, no vale do rio Paraíba, com a chegada do café. A primeira é que o cafeicultor é um novo tipo de fazendeiro – empresarial e urbano. Não era exatamente um homem rural. Homem de recursos e de mentalidade empresarial, financiava o desmatamento e o posterior plantio dos cafeeiros, numa prática agrícola que demorava quatro anos para gerar seus produtos. Um fazendeiro que se definiu como "um agricultor diferenciado, mais parecendo homem de cidade, e logo na segunda geração realmente tornou-se um ser urbano, sempre com outras preocupações, e foi igualmente médico, advogado, engenheiro, banqueiro, jornalista, especulador na bolsa e industrial. Frequentemente com um pé na Corte. Foi também político, influindo nos destinos do recém-fundado Império. Com isso veio a engrossar a fidalguia chegada com dom

João VI, fornecendo à história os chamados 'barões do café'" (Lemos). Mas essa prosperidade no vale do Paraíba foi breve, estendendo-se mais ou menos de 1830 a 1890, já que aquelas terras se revelaram inadequadas à cafeicultura, conduzindo a região ao declínio econômico. Novas e lucrativas plantações de café surgiam em outras áreas. Seria então a vez do chamado Oeste Paulista: o Oeste velho, centralizado em Campinas – e o Oeste novo, desenhando-se a partir de Ribeirão Preto. Em todo caso, sociologicamente, Lemos está certo. Não era apenas que comerciantes ricos eventualmente viravam fazendeiros. Ao longo do século XIX, em especial, vamos assistir ao desempenho do fazendeiro do café em papéis "capitalistas". Rompendo antigos preconceitos senhoriais, que rezavam que só a posse da terra nobilitava, muitos fazendeiros se lançaram ao jogo da economia urbana, dedicando-se inclusive ao comércio.

O segundo aspecto foi o da segregação de gênero. Ela vai acontecer não no ambiente quase cortesão de uma cidade como Bananal, na zona pioneira do vale do Paraíba, mas rio adiante, já no velho mundo caipira, de Lorena para cima. Aqui, vamos topar com uma espécie de zoneamento sexual das casas, com áreas determinadas para a permanência das mulheres e outras exclusivas dos homens. Salas para as mulheres conversarem entre si, salas para os homens falarem de política e negócios. Em compensação, a sala de jantar se tornou, nessa época, espaço livre, local de convivência de todos.

10. TRÊS SOLARES

De início, a palavra *solar* era usada para designar o casarão rural fortificado, pertencente a membros da nobreza. Já no século XIX, o vocábulo sofre um deslizamento semântico. Seu sentido não aponta necessariamente para o campo, nem para a nobreza. Nomeia antes, de um modo geral, a habitação rica, seja uma construção suburbana, como a da Quinta do Unhão, seja um prédio urbano, como o Solar do Ferrão ou o Paço do Saldanha, todos em Salvador. Nos casos dos sobrados que vamos abordar brevemente aqui, apenas para lembrar que coisas iam acontecendo em diversos pontos do país, o primeiro e o segundo deles – a Casa da Torre de Tatuapara (atual Praia do Forte, na Bahia) e o sertanejo Solar do Brejo – eram realmente solares, na acepção original de construção rural fortificada. Já o terceiro, o Solar do Almirante, casarão colonial localizado em Rio Pardo, no interior do Rio Grande do Sul, cabe na classificação geral de habitação rica.

A CASA DA TORRE DE TATUAPARA

A preocupação com a defesa militar era onipresente na vida dos lusos nos trópicos brasílicos. Os documentos oficiais insistiam sempre na expressão "povoar e defender". O que d. João III queria que Thomé de Sousa fizesse, na Bahia de Todos os Santos, era "uma fortaleza e povoação grande e forte" – "e não achando na terra aparelho para se a dita fortaleza fazer de pedra e cal, far-se-á de pedra e barro, ou taipes ou madeira, como melhor puder ser, de maneira que seja forte". Além disso, o rei estabeleceu que as pessoas favorecidas com a doação de sesmarias ficavam obrigadas a construir, em suas terras, "uma torre, ou casa forte". A "feição e grandeza" dessas torres e casas fortificadas seriam determinadas pelo governador-geral, em função das condições de segurança de cada propriedade. E o "Regimento" entregue a Thomé de Sousa especificava que "os senhorios dos engenhos e fazendas... terão ao menos quatro berços e dez espingardas com a pólvora necessária e dez bestas e vinte espadas e dez lanças ou chuços e vinte corpos d'armas de algodão". No antigo vocabulário da artilharia, "berço" era o nome de uma boca de fogo curta, o que significa que, com berços, espingardas e bestas, uma fazenda estaria de fato bem armada.

A ordem para a construção de torres ou casas fortificadas era, na verdade, a oficialização de uma prática anterior. Já Diogo Álvares Caramuru fizera uma casa-fortaleza na enseada da Barra, para depois transpor este modelo construtivo para o alto do atual bairro da Graça, em Salvador. Nos primeiros tempos da conquista e colonização do Brasil – e, especialmente, em posicionamentos inaugurais de colonos – a torre ou a casa fortificada se impunha pela necessidade mais óbvia e imediata. Não só havia a ronda de índios hostis, como o circuito de corsários igualmente ameaçadores. Afinal, a Terra do Brasil, objeto de disputa entre povos distintos, tanto indígenas quanto europeus, estava sendo *conquistada*. E conquista era guerra. Quem estava na chuva bélica, que cuidasse de providenciar suas trincheiras. Além do mais, como lembra o arquiteto Paulo Ormindo de Azevedo, em "As Três Etapas do Paço dos Ávilas *em* Tatuapara", havia a tradição medieval das casas-torres lusitanas, comuns na região de Entre Douro e Minho. Eram casas de pedra, geralmente fortificadas. E não devemos nos esquecer de que o Caramuru e Garcia d'Ávila (construtor do Solar de Tatuapara) foram homens criados na cultura minhota. Para Robert Smith (*Arquitetura civil do período colonial*), a designação de "Casa da Torre", dada por Garcia d'Ávila ao seu solar quinhentista de Praia do Forte, vinha justamente daqueles solares de Entre Douro e Minho.

Na verdade, o que Garcia construiu não foi meramente um sobrado, mas um conjunto formado por casa e capela, com 407 m² de área edificada. Além disso, parece que havia ali outros prédios ou pavilhões, que funcionavam como dormitórios, depósitos, áreas de serviço. Foi a este conjunto que se referiu Gabriel Soares de Sousa, escrevendo: "Aqui [em Tatuapara] tem Garcia d'Ávila, que é um dos principais e mais ricos moradores da cidade do Salvador, uma povoação com grandes edifícios de casas de sua vivenda, e uma igreja de Nossa Senhora, mui ornada, toda de abóbada, na qual tem um capelão que lhe ministra os sacramentos." Impressionado com o "requinte construtivo" da vivenda, que considerou risco de arquiteto de formação erudita, Paulo Ormindo descreve: "O templo, seguindo normas canônicas muito antigas, tinha não só sua porta principal como as duas secundárias orientadas para o poente. A casa acompanhou a orientação da capela, embora devesse ter balcão voltado para o mar, não só pela necessidade de vigiar o oceano como para captar a brisa marinha... Qualquer arquiteto experiente pode verificar que foi a casa que se ajustou à capela e não o contrário, comprovando que não só conceitualmente como construtivamente a capela precedeu a vivenda, embora num processo contínuo." Ainda Ormindo: "Se a casa tem raízes medievais, o plano centrado da capela e a decoração em estuque do conjunto são francamente renascentistas." E mais: "O que é evidente é que a concepção da capela, o sistema construtivo e a decoração eram extremamente atualizados, especialmente considerando que o Renascimento chegou a Portugal com certo atraso com relação a outros países europeus."

Requinte e atualidade, portanto. E o fato é que a Casa da Torre fascinava aqueles que, no próprio século XVI, tinham ocasião de contemplá-la. O jesuíta Fernão Cardim, por exemplo, como vemos em seu *Tratados da terra e gente do Brasil*. Partindo do aldeamento jesuítico do Espírito Santo (antiga aldeia indígena de Ipitanga, na atual Abrantes) para o de Santo Antônio, em viagem feita a pé e em jangadas, Cardim pernoitou na Casa da Torre, deixando-nos o seguinte registro: "[Garcia d'Ávila] Agasalhou o padre em sua casa armada de guadamecins com uma rica cama, deu-nos sempre de comer aves, perus, manjar branco etc. Ele mesmo, desbarretado, servia a mesa e nos ajudava à missa, em uma sua capela, a mais formosa que há no Brasil, feita toda de estuque e tim-tim de obra maravilhosa de molduras, laçarias e cornijas; é de abóbada sextavada com três portas, e tem-na mui bem provida de ornamentos." Também José de Anchieta (*Cartas – informações, fragmentos, histórias e sermões*) mencionou elogiosamente essa capela de Nossa Senhora da Conceição: "Quatorze léguas da cidade para o norte se fez uma ermida da Conceição de Nossa Senhora, na fazenda de um homem dos antigos e principais da terra, mui perfeita e de muita devoção. Está em um alto sobre o mar, onde se vê dos navegantes", anotou o jesuíta. De fato, a Casa da Torre de Tatuapara fora implantada no alto de uma colina, a cerca de 4 km da praia e 65 metros acima do nível do mar. O que significa que ela ficava na mesma altura em que se encontrava a cidade de Thomé de Sousa, também erguida a cavaleiro do Atlântico.

* * *

Paulo Ormindo fala de etapas construtivas distintas na história da Casa da Torre. No passo de que estamos tratando, nos interessam as duas primeiras etapas desse processo arquitetônico. No começo, o que temos é a casa inaugural de Garcia d'Ávila, cuja planta se repetia nos dois andares e onde, como era comum em Portugal, uma escada conduzia diretamente do exterior da casa ao seu pavimento mais nobre. E não devemos passar ao largo do significado desse solar erguido na atual Praia do Forte. Por sua dimensão física, a Casa da Torre de Tatuapara não era ainda, naquele período inicial, o palácio barroco em que se converteria na centúria seguinte. A cena era a do avanço desbravador, do gesto inaugural e da cartada pioneira, não a da pompa, do perfume e do fausto. Dos pontos de vista político e antropológico, contudo, o que ali se via era bem mais do que um mero sobrado. Era um polo colonizador. Um foco de irradiação da cultura lusitana nos trópicos brasileiros – e um núcleo ativo de mestiçagem genética e sincretismos sígnicos, envolvendo negros, índios e portugueses. Um polo que, de resto, já começava a desempenhar uma função fundamental, também, no processo da configuração territorial do Brasil. Temos, por isso mesmo, que sublinhar a bravura desse gesto: construir, no século XVI, uma casa ao mesmo tempo sólida e requintada no meio da mata tropical brasileira. Podemos discutir a ação de Garcia d'Ávila sob os mais diversos ângulos, do histórico ao ideológico. Mas jamais negar-lhe a coragem da investida – e o que ela significou para a formação do Brasil, como ponto de partida para a conquista e colonização do mundo nordestino. Garcia não atravessou o oceano para se enriquecer e – rico – fazer a travessia de volta para Portugal. Não. Veio para ficar. Para avançar sobre a floresta, que já recuava sob os passos da agricultura predatória dos índios tupis. Para impor currais e assustar suçuaranas. Para comer carapitangas e curumatás, à sombra de ipês e sucupiras. Para se engajar na construção do Brasil.

A segunda etapa construtiva teria ocorrido no século XVII, entre 1660 e 1676. E o que aconteceu então não foi uma simples ampliação da vivenda primeva, mas a construção de "um edifício conceitualmente novo, seis vezes maior que o primeiro, que absorveu em sua volumetria, provavelmente por razões afetivas, o conjunto quinhentista". Feitas as contas mais ou menos na ponta do lápis, esse novo prédio teria sido edificado depois que os holandeses foram expulsos do Nordeste brasileiro.

* * *

Passado o perigo holandês, entra-se aqui no período em que Garcia d'Ávila II toma a frente dos negócios da Casa da Torre. Ainda muito jovem, recebera ele, dos governadores interinos da Bahia, o posto de capitão de ordenança. Em seguida, como o seu pai, foi feito cavaleiro fidalgo. Mas era um "nobre" bem rude, à maneira de alguns de seus pares. Fidalgos como aqueles preferiam galopar pelos campos, escavar minas e lidar com índios do que frequentar salões elegantes, entre cavalheiros polidos e damas desempenadas por seus espartilhos. Estavam mais para asperezas de pedra do que para finuras de porcelana. Mais para o vaqueiro de couro do que para o conde lustroso. De qualquer sorte, foi nessa época que a Casa da Torre de Tatuapara se transformou numa vila barroca a cavaleiro do mar. Transformação que de certo modo se impunha, já que, como lembra Paulo Ormindo, era "pouco provável que os Ávilas, à época possuidores de um verdadeiro reino dentro do Brasil, com fazendas que se estendiam além São Francisco com uma extensão avaliada em 800.000 m^2, continuassem vivendo em uma casa de 260 m^2, sem condições para agasalhar seus convidados, dependentes e vassalos". Com a grande reforma, a Casa da Torre passou a dispor de 1.684 m^2 de área construída. Era, agora, o palácio barroco de Tatuapara.

Prossigamos com Paulo Ormindo: "Tudo indica que aquela obra seria posterior à expulsão dos holandeses do Nordeste, devido às suas semelhanças com outros edifícios coevos de Salvador e pela existência de condições históricas muito favoráveis. É nesse período que se dá a grande expansão das propriedades dos Ávilas no Nordeste e se registra o maior surto da atividade edificatória na Bahia colonial, quando são construídos os maiores conventos, edifícios públicos e mansões." Observando que o novo palácio de Tatuapara exibia "um partido em U, tipicamente barroco", e fora construído sobre arcos, o arquiteto pode compará-lo à Casa de Câmara e Cadeia de Salvador e ao prédio da Quinta do Tanque, onde residiu, nos últimos anos de sua vida, o jesuíta Antonio Vieira. Avançando em sua leitura, Ormindo escreve: "O novo palácio obedecia a uma nova concepção oposta à da casa primitiva. Ao invés de um anexo da capela, austero e introvertido, a nova residência era faustosa e pródiga de espaços, com seu belo pátio de honra a cavaleiro do mar. Desse pátio partiam duas elegantes escadas simétricas, protegidas por uma meia-água, que conduziam diretamente ao pavimento nobre... Promoveu-se, por outro lado, uma reorientação do edifício. Em vez de abrir-se para o poente, seguindo a capela, ele volta-se para o mar, que era o seu principal acesso, e de onde soprava a brisa. O pátio de honra e o sótão abertos para o nascente refletem bem esta opção preferencial pela paisagem e pelos alísios." Ormindo flagra, por sinal, uma espécie de desencontro entre o partido arquitetônico e a técnica construtiva. Fala mesmo de um "empobrecimento tecnológico" com respeito à primeira construção. "Algumas características construtivas dessa etapa devem ser ressaltadas. Ao contrário da fase anterior, quando se importou praticamente todo o material necessário, essa nova construção utilizou exclusivamente materiais locais e uma tecnologia construtiva mais rudimentar que a utilizada um século antes... Enquanto o projeto dessa [nova] etapa segue um partido erudito e avançado para a sua época... sua técnica construtiva e decoração seguem a tradição popular do Minho e o 'estilo chão' tradicional português. Essa aparente contradição nos leva a imaginar que seu risco fosse de um arquiteto com formação acadêmica, enquanto sua interpretação e execução deveram-se a simples pedreiros do Norte de Portugal. A dificuldade de acesso à obra, distante mais de 100 km de Salvador em lombo de burro ou em mar aberto, teria dificultado uma participação mais efetiva do arquiteto na construção."

Indo adiante, Ormindo tenta identificar esse arquiteto da nova e imponente vila de Tatuapara. "Quem poderia ser tal profissional? O único projetista com estas características e que se encontrava na Bahia nesse período era o beneditino espanhol frei Macário de São João. Ele era um arquiteto inteiramente atualizado com as últimas correntes europeias... Seria ele também... o autor de um edifício que apresenta grande semelhança construtiva com o palácio de Tatuapara, a Casa de Câmara e Cadeia de Salvador, ambos construídos sobre arcarias. Por último, as tradicionais relações dos Ávilas com os beneditinos, ao contrário do que ocorria com as demais ordens, reforçam a hipótese de poder ter sido ele o autor do risco." Deve-se apontar, por fim, a conexão entre a extraordinária ampliação do espaço territorial pertencente à Casa da Torre, ao longo do século XVII, e o surgimento daquele palácio barroco na colina de Tatuapara. O palácio foi como que a expressão arquitetônica da constituição de um império territorial privado nos trópicos brasileiros.

*   *   *

Não poderia encerrar este assunto sem me referir aos desvarios sádicos de Garcia d'Ávila Pereira de Aragão, senhor da Casa da Torre na segunda metade do século XVIII, que foi também o sujeito mais rico do Brasil nessa época. O antropólogo Luiz Mott abordou a matéria em "Terror na Casa da Torre: Tortura de Escravos na Bahia Colonial". E para chegar à triste conclusão, diante da documentação que examinou, de que "dificilmente imaginaríamos que o sadismo de um senhor de escravos chegasse a tanto".

Mott foi descobrir essas coisas esquadrinhando documentos guardados nos arquivos secretos da Inquisição de Lisboa. Verdade que os Ávilas, no Brasil, nunca foram nenhuns santinhos. Verdade, também, que é preciso fazer uma distinção elementar. Se o velho Garcia d'Ávila, o primeiro, não tivesse jogado duro, índios seus inimigos o teriam liquidado nos campos de Itapoã, bem antes que ele chegasse a Tatuapara/Praia do Forte. E ninguém deveria esperar, de um sujeito que cruzou o oceano numa empresa de conquista, que se comportasse aqui como antropólogo do

Museu Nacional ou como funcionário exemplar da Funai. E não falei de "índios seus inimigos" casualmente. De fato, Garcia contava com índios livres e libertos, aliados na lida dos seus campos, das suas casas, do seu gado. Mas tinha de se haver, também, com índios inimigos, adversários que ameaçavam esses mesmos campos, casas e gado. A expansão de suas fazendas, a partir do atual bairro do Rio Vermelho, em Salvador, se fez pela conquista de terras até então dominadas pelos tupinambás. E não se fez de modo pacífico. Houve luta nos campos de Itapoã. A caminhada do rio Joannes para Tatuapara foi feita *com* mamelucos e índios aliados e *contra* índios inimigos. Em estado de guerra, portanto. E em guerra ainda mais viva Garcia foi alargando seus domínios pela costa do Sauípe, pelo Subaúma, pelo Inhambupe, pelo Itariri e para além do Itapicuru.

Para melhor examinar o assunto, situando a espécie de relacionamento que Garcia d'Ávila entretinha com os índios do litoral brasílico, cumpre fazer outra distinção elementar. Podemos falar, aqui, de relacionamento genérico e de relacionamento particular. No primeiro caso, temos o relacionamento em plano político e social. Aqui, para o pecuarista da Casa da Torre, haveria, como foi dito, dois tipos de índio: o aliado e o inimigo. Ao aliado, trabalho. Ao inimigo, a espada. Espada e armas de fogo contra flechas. E Garcia, homem rude, de ânimo guerreiro, ia para o combate com a alma esbraseada, soltando fogo pela boca, até mesmo porque não alimentaria o menor desejo de vir a ser degustado num banquete canibal. Os índios aliados, por seu turno, podiam servir como vaqueiros e lavradores ou como soldados. Ora pastoreavam o gado e cuidavam dos campos, ora arrebanhavam os seus arcos e flechas e rumavam para cercos e refregas contra índios inimigos. Já no plano particular, zona de relacionamento interpessoal mais imediato e íntimo, a conversa era outra. Podia envolver amizade, sexo, amor. Não devemos nos esquecer do fato de que a primeira mulher de Garcia d'Ávila foi uma índia tupinambá, batizada com o nome cristão de Francisca Roiz (ou Rodrigues). Foi a índia Francisca quem lhe deu a sua filha querida, Isabel d'Ávila. Garcia era, portanto, pai de uma menina mestiça, mameluca, luso-tupinambá – ou "mamaluca filha de branco e de índia deste Brasil", como se lê nas *Denunciações* do Santo Ofício na Bahia, em 1591. Isabel, de sua parte, ao se casar pela segunda vez (seu primeiro marido foi morto por índios nas lutas de Itapoã), uniu-se a outro mameluco, Diogo Dias, neto do Caramuru e de Catarina Paraguaçu. Segundo Jaboatão ("Catálogo Genealógico das Principais Famílias"), Isabel e Diogo "viveram sempre no Itapoã, onde existe um grande penedo, à beira-mar no porto de cima, chamado a Pedra de Diogo Dias". Foram eles os pais de Francisco Dias d'Ávila Caramuru. Ou seja: as famílias Ávila e Caramuru, formando-se ambas na mestiçagem de sangue luso e sangue tupi, cruzaram desde logo os seus genes. O que significa que, depois da morte do velho Garcia d'Ávila, a Casa da Torre passou às mãos de um descendente direto de índios antropófagos.

De outra parte, os Ávilas, ao longo da história, foram muitas vezes sanguinários. Cometeram diversas atrocidades, tão chocantes quão desnecessárias. Promoveram (ou participaram de) chacinas de índios inimigos. Mas o supramencionado Garcia d'Ávila Pereira de Aragão, que assumiu a Casa da Torre no século XVIII, foi sem dúvida o mais cruel, o mais doente de todos. Um torturador frio, que atingia extremos de prazer (rindo, inclusive) com as dores que infligia a seus escravos. Razão tem Mott ao dizer que esse criminoso foi "merecedor do deplorável título de o maior carrasco de que até então se tem notícia na história do Brasil. Triste sina: o mais rico e o mais cruel de todos os brasileiros escravistas". O sujeito era tão barra-pesada que sua segunda mulher não teve coragem de morar com ele, permanecendo guardada na casa paterna. Entre as notícias de sadismo que nos chegaram dele, vamos recordar algumas. E é crueldade em todas as direções, atingindo escravos e escravas adultos, velhos e crianças. Pereira de Aragão açoitava negros e negras horas e horas seguidas, até que sangrassem bastante. Chegou a dependurar um sujeito e amarrar meia arroba de bronze em seus testículos, de modo que o camarada dava urros desesperados de dor. Deixou uma escrava sem comer, capinando com as mãos uma área enorme, sob um sol de matar. Pegou uma criança de 6 ou 8 anos, de nome Manoel, mandou que o virassem de bunda para cima e o arreganhassem bem, enquanto ele, com uma vela acesa nas mãos, deitava a cera derretida, quentíssima, no cu do menino, que pulava no ar e gritava com a dor do fogo, enquanto Aragão ria "com regalo e alegria de queimar aquele cristão". Outra coisa que fazia era mandar suas escravas se deitarem com as saias levantadas – para que ele passasse colocando algodão aceso em suas bocetas. De outra vez, depois de pegar dois rabos de arraia e muito açoitar três escravas – Rosaura, Francisca e Maximiana –, obrigou-as a arrancarem os pelos pubianos umas às outras. E é ainda a documentação da Torre do Tombo, revelada por Mott, que informa que, ao encontrar um figo bicado por um passarinho, Pereira Aragão mandou chamar a criança que ficara encarregada de vigiar a figueira – Arquileu, de 4 anos de idade – e deu-lhe uma longa e virulenta surra com um chicote de açoitar cavalos, deixando o pobre coitado quase inteiramente em carne viva.

Mas chega: não tenho estômago para prosseguir com tais exemplos. Clara demais a crueldade extrema desse Pereira de Aragão como expressão maior da loucura daqueles moradores do grande solar. E nem é por outro motivo que, quando começo a falar sobre a história da Casa da Torre, do castelo litorâneo dos Ávilas, me vêm à mente uns versos de Heinrich Heine, do poema *"Affrontenburg" (Gedichte. 1853 und 1854)*, com os quais encerro agora este item: "*... das Schloss,/ Das alte Schloss mit Turm und Zinne/ Und seinem blöden Menschenvolk,/ Es kommt mir nimmer aus dem Sinne*". Ou numa tradução rasteira: "... o castelo,/ O velho castelo com sua torre e ameias/ E seus habitantes dementes,/ Não me sai da cabeça". Sim: o solar, o velho solar, *das alte Schloss*, com seus *blöden Menschenvolk* – seus habitantes dementes.

O SOLAR DO BREJO

Ao escolher falar do Solar do Brejo, casarão do alto sertão da Bahia, região de Brumado, Caetité, Nossa Senhora do Livramento e Rio das Contas, já na vizinhança da Chapada Diamantina e do norte de Minas, não quis deixar passar em branco um tipo residencial bem distinto da casa-grande do Recôncavo Baiano. Em meados do século XVIII, Rio das Contas vivia dias de riqueza. Possuía casa de fundição, pelourinho, sobrados. O ouro rebrilhava. E muitos judeus moravam na região. "Viviam espalhados pelo distrito, nessa época, milhares, talvez, de cristãos-novos. Muitos, enredados em devassas, no Reino, ali estavam foragidos e escondiam-se até da própria sombra, assustados, temerosos, guardando-se de tudo e de todos. Mas o sertão era grande, e o ouro, abundante, amaciava a atuação dos agentes da Inquisição. A maioria lá permanecia tranquila, folgada, rica, livre mesmo para a prática de heresias", nas palavras de Lycurgo Santos Filho, em *Uma comunidade rural do Brasil antigo (Aspectos da vida patriarcal no sertão da Bahia nos séculos XVIII e XIX)*. Por essa época, 1755, Miguel Lourenço, um português enriquecido nos trópicos brasileiros e de ascendência talvez judaica, instalou-se na fazenda Brejo do Campo Seco, propriedade rural que pertencera à célebre Casa da Ponte, em terras do futuro povoado de Bom Jesus dos Meiras, atual cidade de Brumado – povoado que daria seus primeiros passos na passagem do século XVIII para o XIX. Mas o gado já crescia por ali, no então chamado sertão do Rio das Contas, de onde podia ser vendido para o Recôncavo Baiano ou para Minas Gerais.

O Solar do Brejo foi construído de 1808 a 1812. Era um casarão amplo, de dois andares, adobes vermelhos, mas todo caiado de branco, "a alvejar ainda mais na claridade da caatinga", no dizer de Lycurgo, que o define como "a mais imponente residência daquele sertão" – lembrando que, em sua fachada principal, abriam-se três portas e quinze janelas. Para também informar: "O Sobrado do Brejo foi construído de sorte a poderem seus moradores repelir ataques porventura empreendidos pelos indígenas da região – estava-se em 1808 e no sertão ainda existiam tribos semicivilizadas – e 'cabras' malfeitores, bandidos acoitados na caatinga. Além da disposição estratégica da escada interior, junto à porta de entrada, havia seteiras para canos de espingarda." Era a mansão-fortaleza do Campo Seco, onde o embrião de Brumado se movia. Curiosamente, quando houve confusão, entreveros armados e morte na fazenda e no solar, nenhum dos eventos teve a ver com índios ou cabras malfeitores. Reza a tradição local que o senhor do Solar do Brejo morreu não por um ataque externo, mas de uma facada desferida por um de seus escravos, que fugiu em seguida para a serra das Éguas, refúgio da onça-pintada – onça canguçu, onde morreu de fome, tendo o seu esqueleto reconhecido, tempos depois, pelo gibão de couro que envergava no momento em que aplicou a facada fatal. Mas foi um acontecimento único. O que se impôs, naquele espaço geográfico, como uma cortina pesada e densa, foi a paralisia. Rio das Contas à parte, que era rico burgo barroco, os habitantes das fazendas e dos pequeninos e incipientes focos urbanos regionais pareciam todos determinados, por algum decreto superior, a cumprir as mesmas tarefas, a repetir os mesmos hábitos, a cultivar os mesmos costumes, a insistir nas mesmas práticas, a usar as mesmas roupas, a cultivar as mesmas crenças, a fazer os mesmos gestos, a falar as mesmas coisas.

A rotina só foi rompida ali – com sangue, punhais e tiros – pela explosão da luta entre dois poderosos clãs sertanejos, o dos Mouras e o dos Canguçus (sobrenome adotado pelos proprietários do Brejo Seco na maré onomástica nativista dos tempos do processo da Independência brasileira), na qual esteve envolvida, em seus inícios, a família materna do poeta Castro Alves, pois que tudo começou pelo rapto (consentido) de uma tia sua, ainda muito jovem, Pórcia Carolina da Silva Castro, pelo irmão mais moço de Exupério Pinheiro Canguçu, que viria a ser o último senhor do sobrado do Brejo. A história ficou célebre, desde que se tornou assunto de romance de Afrânio Peixoto, *Sinhazinha*, e foi recontada, em cores vivas e fantasiosas, por Jorge Amado, em seu *ABC de Castro Alves*. "Dissensões entre famílias, degenerando em conflitos sangrentos, ocorreram com frequência em vários pontos do país, nos séculos passados. [...]. Tais desavenças assumiram por vezes o caráter de pequena guerra ou luta prolongada, organizando-se os partidos pela tomada de posição de famílias aparentadas e amigas, verificando-se assaltos isolados e ataques em bando às pessoas e propriedades do campo adverso. Consequência do regime patriarcal, no qual o poder da família era mais forte do que o exercido pelo Estado, a luta de clãs originou-se, de uma ou outra forma, do desejo de vindita ou desforra. Quando afrontada por este ou por aquele motivo, reunia-se a grei e por conta própria decidia a represália [...]. E [tais guerras] eclodiram sempre pelos mesmos motivos: questões de honra, rivalidades políticas e econômicas", comenta, a propósito, o já citado Lycurgo. Eram coisas que não aconteciam com muita raridade. Basta lembrar que a luta entre Mouras e Canguçus, no sertão de Brumado, Caetité e Rio das Contas, ocorreu na mesma época em que Militões e Guerreiros brigavam pelas bandas do rio de São Francisco, entre Pilão Arcado (hoje cidade submersa sob as águas da barragem de Sobradinho) e Sento Sé, outro lance virulento desse conhecido aspecto da vida social sertaneja.

No caso do enfrentamento entre Mouras e Canguçus, a história começou com a viagem de duas moças solteiras da família Castro – Pórcia e Clélia Brasília, que logo viria a ser a mãe de Castro Alves, poeta nascido na Fazenda Cabaceiras, na região de Muritiba, no Recôncavo Baiano. Para o qual, aliás, elas se dirigiam, regresso de uma temporada na fazenda paterna, no alto sertão. Uma viagem extremamente longa e cansativa, que se realizava por etapas, parando em uma e outra fazenda que se achava no caminho, para o necessário descanso. Foi justamente assim que Pórcia e Clélia Brasília acabaram pousando no solar dos amigos do Brejo Seco, em Bom Jesus, a fim de recuperar forças, antes da última etapa da viagem – oito dias a cavalo por caminhos de terra, atravessando os campos em direção a Curralinho, atual cidade de Castro Alves. E aí aconteceu o que não estava no *script*. Leolino Canguçu – jovem de 18 anos, recém-casado, mas de temperamento fogoso e aventureiro – apaixonou-se perdidamente pela bela Pórcia, "jambo queimado pelo sol da seca", que então estava entre os 15 e 16 anos de idade. E Pórcia correspondeu ao namoro, deixando-se encantar pelo sedutor sertanejo. Não se sabe ao certo se Leolino impediu que retirassem a moça do Sobrado do Brejo, como quer o pouco confiável Pedro Calmon, em sua *História de Castro Alves*, ou se foi raptá-la no meio do caminho, como acredita Jorge Amado, tomando-a à força de sua comitiva viajora e levando-a pela noite na garupa do cavalo. O fato foi que Leolino não quis abrir mão de sua conquista – se é que não foi ela quem tomou a iniciativa do jogo amoroso.

Conta-se que Pórcia Carolina ficou três semanas no Sobrado do Brejo, onde pôde amar à vontade o seu Leolino. Mas a afronta – um homem casado tomar, para sua amante, a filha solteira de um amigo da família – jamais seria deixada de lado naquela época. Pelo velho e rígido código moral dos sertões, tal fato equivalia a uma declaração de guerra. E a guerra veio. No dia 16 de dezembro de 1844, em hora oportuna, quando Exupério e Leolino se achavam ausentes, o casarão da família Canguçu foi assaltado. Pórcia foi retirada à força do sobrado – e à força levada para Curralinho. O clã dos Mouras – ao qual pertencia o político e líder abolicionista Marcolino de Moura – ajudou a família de Castro Alves na empreitada. E assim começou a luta dos Canguçus contra os Mouras, ainda hoje viva na memória daqueles sertões. Para o agrupamento Canguçu, era lógico, natural e esperável que a família Castro quisesse de volta a sua flor enamorada. E que recorressem às armas para trazê-la de volta ao Recôncavo. Mas por que os Mouras – família de amigos e mesmo de parentes próximos dos Canguçus – foram se intrometer no assunto? Aquilo revoltou a gente do Sobrado do Brejo. A partir daí, emboscadas, tiros e mortes marcaram a vida dos dois clãs. Leolino não recuperou sua amada Pórcia, recolhida (e bem vigiada) no Recôncavo. Mas apunhalou um dos mais respeitados chefes da família Moura e despachou outro para o além, com um certeiro tiro de clavinote. E ele mesmo foi assassinado, a mando dos Mouras, no povoado de Grão-Mogol, interior de Minas Gerais, em princípios de setembro de 1847. A disputa clânica, no entanto, só foi terminar adiante. Dizem que por interferência da loja maçônica a que eram filiados indivíduos de ambas as famílias em guerra.

Enfim, uma história que, envolvendo o amor dos jovens e a violência dos tiroteios sob o céu cheio de estrelas daquelas extensões sertanejas, bem que poderia dar um bom roteiro de filme. Mas meu assunto aqui não é cinema. Continua Lycurgo: "Erraria por completo quem quer que imaginasse luxo, fausto, opulência, na vasta casa-grande, naquela imensa mole de adobe, espécie de fortaleza do antigo Campo Seco. Paredes adentro, ali houve apenas frugalidade, simplicidade, desconforto até." O casarão sertanejo, naquela região de umbuzeiros e unhas-de-gato, apresentava um mobiliário ainda mais austero e reduzido do que o das casas-grandes dos litorais baianos e pernambucanos. Só haveria alguma mudança bem mais tarde, nos dias de Exupério, o derradeiro senhor do solar. E a escassez de talheres indica a predominância do costume, que entraria pelo século XX, de as pessoas comerem se servindo das mãos.

O SOLAR DO ALMIRANTE

Também no Rio Grande do Sul, durante o período colonial, a arquitetura se expressa em termos de limpeza, sobriedade e concisão visuais. Mas este é o aspecto externo do que as pessoas construíram, o jogo das fachadas. Internamente, havia variações regionais. Como vimos com a casa bandeirista, distinta sempre das casas-grandes da Bahia e de Pernambuco. No caso do Rio Grande do Sul, perquirindo a genealogia da planta, a gênese daquela arquitetura, Francisco Riopardense de Macedo vai chegar à casa rural açoriana. Ao mesmo "esquema simples há centena de anos adotado nos Açores", como ele escreve em O Solar do Almirante – e é este solar que vamos abordar aqui.

No entender de Riopardense, assim como falamos de um influxo mourisco na arquitetura baiana e nordestina da Idade do Açúcar, devemos falar de influência açoriana na casa rio-grandense-do-sul, ao longo do *settecento* (e não vamos nos esquecer de que os açorianos chegaram no atual Rio Grande do Sul em meados do século XVIII). O que é logo interessante, na sua exposição, é a tese de que o sobrado rural – na região de Rio Pardo, uma das povoações mais antigas (uma das quatro primeiras vilas) do Rio Grande do Sul – já nasceu pronto, "uma concepção acabada", sem delongas ditadas por traduções culturais ou adaptações climáticas. Riopardense: "Cada sala em seu lugar, uma unidade compacta com circulação e relacionamentos consagrados, impondo-se altaneiro sobre um porão que o elevava, destacando-o entre os demais elementos do complexo [rural] habitação-trabalho. Mas não se percebia a linha de pensamento que num descampado sem fim, como são as colinas rio-grandenses, aproximara e grupara tantas salas num espaço reduzido, e passamos a acreditar que 'o estudo histórico-social da casa rio-grandense-do-sul terá que se estender aos antecedentes açorianos dos tipos de construção doméstica' [G. Freyre, Sugestões Para o Estudo Histórico-Social do Sobrado no Rio Grande do Sul]". Com estas palavras o sociólogo sentiu bem antes, sem conseguir formular, o que constatamos após o estudo da genealogia da casa rural gaúcha: aquele tipo de sobrado não poderia ser habitação de agricultor".

A casa rural setecentista do Rio Grande do Sul viria da transformação que a casa rural açoriana teria experimentado em sua inserção citadina. Vale dizer: o sobrado do campo sul-rio-grandense descenderia, mais proximamente, do sobrado urbano das ilhas do arquipélago dos Açores. Passando da estância para a vila, veríamos, no Solar do Almirante, o típico sobrado urbano gaúcho. É por isso que Francisco Riopardense de Macedo confere destaque a este prédio. Um solar ou sobrado que foi construído por um dos casais açorianos que, depois do Tratado de Madri (1750), desceram da ilha de Santa Catarina e se estabeleceram na região de Rio Pardo. Um belo e sóbrio solar de esquina, de visões livres, assentado sobre um sócalo de pedras, com seus dois pavimentos exibindo oito janelas e duas portas na fachada frontal, e sua grande escadaria se abrindo diretamente para a rua. E o que Francisco Riopardense sublinha, a partir daí, é que a planta típica da residência no Rio Grande do Sul, entre meados do século XVIII e primórdios do XIX, repete a das casas e dos casarões dos Açores. Não vou entrar aqui em detalhes técnicos da argumentação, que podem ser conferidos no estudo que venho seguindo e citando – seria quase tão entediante quanto acompanhar a discussão técnica sobre o que distingue um alpendre de uma varanda. O que importa é ressaltar que, mesmo na unidade geral de nossa arquitetura colonial, que tende a uma austeridade em princípio até bem mais "clássica" do que "barroca", havia diversidade, riqueza de influxos, soluções e agenciamentos regionais.

11. UM POUCO DA CIDADE

Deixemos de parte agora os senhores rurais ("Donos das terras. Donos dos homens. Donos das mulheres" – no dizer de Gilberto Freyre) e vamos retornar ao espaço urbano. Para recontar, ainda que em termos breves, a vitória das cidades sobre o campo nas extensões territoriais brasileiras. É interessante. No Brasil, ao contrário do que ocorreu na Ásia, na Europa e em partes do continente africano, foi a cidade que criou o campo. Mas o campo, que se tornou o grande produtor de riquezas, impôs sua dominância econômica e ganhou prontamente as principais atenções e os maiores favores do reino. Ou seja: a cidade criou o campo, mas logo passou a viver na sua dependência, da qual só iria se descolar, mais amplamente, no século XVIII, com a descoberta do ouro e a projeção sempre maior do capital comercial em nosso jogo econômico.

Além de o campo se ter rapidamente convertido em fonte de riqueza e de ter sido privilegiado pelos governantes luso-brasileiros, a urbanização da América Portuguesa foi muito lenta. Ainda no século XVII, o que tínhamos de fato era Salvador e Olinda – mas com Recife se desprendendo de vez e com brilho da capital da Nova Lusitânia, durante a dominação holandesa, para, adiante, Pernambuco atravessar a Guerra dos Mascates, desfecho do conflito entre o patriciado rural de Olinda e a burguesia recifense. Não nos esqueçamos, por falar nisso, de que o Recife (com a ocupação da ilha de Antônio Vaz, transformada então em Vriburgo ou Cidade Maurícia) foi sobretudo obra dos batavos, que rejeitaram a velha Olinda de feitio lusitano, islâmico-medieval, com suas ladeiras empinadas e suas ruas irregulares. Naquele Pernambuco regido pelos flamengos, perderam força os senhores de engenho e, obviamente, a Igreja Católica, ao tempo em que Recife deu um salto. "Com o domínio holandês e a presença, no Brasil, do conde Maurício de Nassau [...] o Recife, simples povoado de pescadores em volta de uma igrejinha, e com toda a sombra feudal e eclesiástica de Olinda para abafá-lo, se desenvolvera na melhor cidade da Colônia e talvez do continente. Sobrados de quatro andares. Palácios de rei. Pontes. Canais. Jardim botânico. Jardim zoológico. Observatório. Igrejas da religião de Calvino. Sinagoga. Muito judeu. Estrangeiros de procedências mais diversas. Prostitutas. Lojas, armazéns, oficinas. Indústrias urbanas. Todas as condições para uma urbanização intensamente vertical", escreve Freyre em *Sobrados e mucambos*.

Ainda no dizer de Freyre, o "tempo dos flamengos" trouxe para Pernambuco "o sabor, o gosto físico, a experiência de alguma coisa de diferente, a contrastar com a monotonia tristonha da vida de trabalho à sombra das casas-grandes; o gosto da vida de cidade – não daquelas cidades antigas, do século XVI e dos princípios do XVII, dependências dos engenhos, burgos de família onde os senhores vinham passar as festas, reunindo-se para as cavalhadas e os banquetes –, mas o gosto de cidades com vida própria; independentes dos grandes proprietários de terras". Na paisagem pré-holandesa do Brasil Colônia, de fato, Salvador foi rara exceção. Era cidade com vida própria, como o Recife viria a ser. Não por acaso, Freyre fala do Brasil pré-holandês como "uma Colônia de matutos – excetuada a quase metropolitana Bahia". Já a caminho dos últimos dias do primeiro século colonial, Salvador se foi "enobrecendo", como costumam dizer os estudiosos da matéria. Foi deixando para trás seus primeiros muros de taipa grossa e substituindo imóveis algo toscos por edificações mais sólidas e amplas. O atual Terreiro de Jesus, por exemplo, se transformara já em espaço urbano socialmente concorrido, lugar de procissões e corridas de touros, além de *point* do fuxico e da fofoca. Vila Velha, sede da capitania fracassada do Rusticão e ponto do desembarque de Thomé de Sousa, convertera-se em subúrbio da nova capital. E as moradias dos mais ricos foram assumindo imponência, ganhando requintes lusitanos. No século XVII, o quadro se consolidou: o acampamento militar de Thomé de Sousa, com suas casas de barro cobertas de palha, se transformou na cidade de Antonio Vieira e Gregório de Mattos, onde os homens do comércio começaram a botar as manguinhas de fora e as cartas na mesa. Escrevendo já ao apagar das luzes daquela centúria, um sempre citado viajante francês, Froger, descreveu a Cidade da Bahia como "grande, bem construída e bastante povoada". Logo em seguida, o marinheiro inglês William Dampier, em *A New Voyage Round the World*, a tratou como "a mais importante cidade do Brasil, seja em relação à beleza de seus edifícios, seu tamanho ou seu comércio e renda".

Mas Salvador, como disse, destoava. São Cristóvão, São Luís, Belém do Pará, São Paulo e o Rio não contavam então para praticamente nada. Em inícios do século XVII, boa parte dos "homens nobres e honrados" de São Paulo vivia em suas roças e lavouras, deixando a vila praticamente deserta. Com o incremento do bandeirismo, tanto o mineralógico quanto o de apresamento, o arraial se foi despovoando mais e mais. Só na centúria seguinte a coisa mudaria de figura. Também o Rio, embora se expandisse e se fizesse base para a reconquista portuguesa de Angola, não era ainda assentamento digno de nota, caldeando-se ali "uma população rude e áspera", no dizer de Vivaldo Coaracy, em *O Rio de Janeiro no século dezessete*. O caso de São Cristóvão, por sua vez, a quarta cidade mais antiga do país, teve um aspecto dramático. De maneira geral, costuma-se enfatizar (ou mesmo enxergar) apenas a dimensão construtiva e dinamizadora do domínio holandês, quando este teve, de igual modo, uma face implacavelmente destrutiva. Olinda foi incendiada para que seus materiais fossem reutilizados na construção do Recife. E São Cristóvão se viu igualmente varrida pela violência flamenga. Erguida em 1590 por Cristóvão de Barros – senhor de Jacaracanga (engenho de açúcar do Recôncavo da Bahia) que, sob o comando de Mem de Sá, participou também da campanha bélica que expulsou os franceses do Rio de Janeiro –, a capital da nova capitania de Sergipe d'El-Rei (justaposição de um nome ameríndio e uma expressão lusa) começou a tocar o povoamento e colonização daquelas terras. Com sucesso. Até que Nassau resolveu invadir Sergipe. Ao saber disso, o comandante da resistência antiflamenga, chamado Bagnuolo, um napolitano covarde (Felisbelo Freire não o perdoa, em sua *História de Sergipe*) que, sempre fugindo dos flamengos, acabou se aquartelando em São Cristóvão, resolveu, uma vez mais, escafeder-se. Ao levantar acampamento, depredou o arraial. Avançando no seu encalço, os batavos sitiaram a "cidadezinha de Sergipe", como a chamou Barlaeus, quase inteiramente destruída. Diante do quadro, o oficial nassoviano Von Schkoppe resolveu finalizar a obra de Bagnuolo – e São Cristóvão foi incendiada. Assim, enquanto promoviam avanços em Pernambuco, os holandeses devastaram Sergipe. O quadro completo foi o seguinte. Na sua correria em direção à Bahia, o fujão Bagnuolo destruiu o que encontrou pela frente, de São Cristóvão ao Rio Real. Von Schkoppe, por sua vez, fazendo o caminho oposto, isto é, voltando no sentido de Pernambuco, comandou a destruição do que havia entre São Cristóvão e a margem do Rio de São Francisco. Com isso, quase meio século de trabalho construtivo foi atirado fora: Sergipe virou terra de ninguém, terra arrasada.

É somente no século XVIII que a urbanização se consolida e avança pelo território brasileiro. Salvador é deslocada do centro das decisões, ao passar para o Rio o título de capital colonial. Ressentiu-se, é claro, mas não desceu de imediato a escada. Firmou-se, ao contrário, como cidade imponente, senhorial, ostentando admiráveis construções religiosas e militares, da igreja e convento de Santa Tereza (onde hoje funciona o Museu de Arte Sacra) ao Forte do Mar, flutuando sobre as águas azuis da Bahia para, no futuro, ganhar versos de Oswald de Andrade. E permaneceu, durante boa parte daquele século, como a mais rica e populosa cidade do Império português, depois de Lisboa. Em Pernambuco, Olinda retomou seu ritmo a partir do fim do domínio holandês. Textos estampados na antologia *Visões do Rio de Janeiro colonial 1531-1800*, organizada por Jean Marcel Carvalho França, vão sinalizando as transformações por que passa a cidade. "Situada na costa ocidental do mesmo rio [sic], sobre uma bela planície rodeada de altas montanhas, a cidade é bem construída e suas ruas são retas", anota já François Froger, no final do século XVII. Já em 1751, no relato do astrônomo francês Nicolas Louis de La Caille (que, numa viagem de observação ao cabo da Boa Esperança, catalogou mais de dez mil estrelas do Hemisfério Sul), lemos: "O Rio de Janeiro é, atualmente, uma cidade de tamanho considerável. O número de habitantes, incluindo os negros, ronda os 50 mil. As ruas são bastante belas, quase todas com um traçado em linha reta. As casas, feitas com pedras talhadas e tijolos, são bem construídas. Elas são comumente de dois andares, algumas de três, todas cobertas com telhas e contam com gelosias nas portas e janelas." La Caille, que se queixava das "chuvas quase diárias e do calor", parece não ter conhecido as partes média e pobre da cidade, com ruas não pavimentadas e casas térreas e casebres. Mas o fato é que o Rio era já bem diferente do que fora no século anterior. É agora a "cidade memorável" e a cidade "grande e bem construída" dos escritos de Langstedt (1792) e do jovem irlandês George Barrington (1791), curioso personagem que fez carreira como larápio profissional, exímio batedor de carteiras, circulando nos meios ricos da sociedade oitocentista inglesa. Enfim, resumindo a situação do Rio, Vivaldo Coaracy escreve: "O século XVIII, sob a influência principal da descoberta e exploração das minas opulentas do território que veio a constituir a capitania real de Minas Gerais, oferece ao estudante da história da cidade um panorama mais brilhante e movimentado [que o do século anterior]. O Rio de Janeiro torna-se a capital da Colônia; os governadores transformam-se em vice-reis, com um arremedo de Corte; o modesto Conselho da Câmara adquire a dignidade de Senado da Câmara que lhe foi conferida por d. José I; a população tresdobra-se e enriquece num comércio intenso fomentado pela situação de entreposto do ouro – e tudo isso praticamente na véspera da transferência de João VI e seu enorme *entourage*, quando o Rio, mais do que ser capital colonial, vai sediar o Império lusitano."

E não era só: cresciam as vilas já existentes em diversos pontos do Brasil, nasciam as vilas pombalinas da Amazônia. Escrevendo na década de 1740, em sua *Viagem na América Meridional descendo o rio das amazonas*,

La Condamine, ao desembarcar em Belém, observou: "Afigurava-se-nos, chegando ao Pará, e saídos das matas do Amazonas, ver-nos transportados à Europa. Encontramos uma grande cidade, ruas bem alinhadas, casas risonhas, a maior parte construída desde trinta anos em pedra e cascalho, igrejas magníficas." E havia mais. Formavam-se e se expandiam rapidamente, longe do litoral, as vilas de Minas Gerais. E o caso de Minas e cercanias merece destaque. É o brilho das regiões da mineração, onde, o ouro fez erguer burgos notáveis. Vale aqui uma observação de Carlos Lemos: "... a gente pode imaginar o Brasil como um grande arquipélago cultural em cujas ilhas sempre foi dominante a presença portuguesa, inclusive nas representações de sua civilização material. Nelas, seus artefatos sempre estão ostentando fusões, maiores ou menores, de influências europeias com as locais ou com as negras trazidas pelos escravos. Sem dúvida, a ilha mais portuguesa em sua produção foi Minas, porque foi extremamente rápida ali a ocupação territorial por reinóis ávidos de ouro, que logo anularam a rarefeita presença bandeirante e a espalhada população indígena. Somente nos fins da produção aurífera é que os negros, através de mulatos surpreendentemente numerosos, deram a sua inspiração na produção artística, sendo Aleijadinho o símbolo deles. Em certos aspectos, Minas é verdadeiramente Portugal trasladado para o trópico". Não se trata, aqui, de rebaixar a originalidade do barroco mineiro, mas de assinalar o caráter acentuadamente lusitano daqueles centros citadinos. Lusitanismo que também vamos ver na expansão setecentista da cidade amazônica, em lugares como Alcântara, Belém e São Luís. Lugares de sobrados bem portugueses. Mas de um lusitanismo já em mutação: sobrados realçados por uma solução lindamente brasileira: fachadas revestidas com azulejos – e azulejos de muitas cores.

Uma exceção que pode surpreender está nos campos de Piratininga. São Paulo passa à categoria de cidade em 1711, mas não dá um passo adiante. São décadas de estagnação e mesmo de retrocesso. Já no começo do século, a cidade se viu numa transição, como disse Ernani Silva Bruno (*História e tradições da cidade de São Paulo*), entre "a vida antiga de liberdade rude e a vida amolecida pela riqueza". Mas as coisas não andaram bem. "As descobertas de ouro representaram de início um fator negativo para São Paulo. Paralisou-se o pouco que havia de atividade pastoril, extraviando-se os rebanhos. Não sobrava gente para rotear as terras. A emigração contínua para as zonas auríferas – como ocorrera no seiscentismo com a caça ao bugre – fez com que se despovoassem de forma sensível, sobretudo a partir de meados do setecentismo, a cidade e a capitania. Por outro lado o seu comércio sofreu abalo violento com o desequilíbrio dos preços de gêneros causado pela mineração. A situação ainda se agravou em consequência da medida tomada em 1758 pelo marquês de Pombal, libertando da escravidão os indígenas, sobre cujos braços assentava em boa parte a riqueza paulista da época." Na década de 1760, a cidade era uma desolação só. Tornou-se proverbial, naquela segunda metade do século, a "preguiça paulista". Quase em fins do século XVIII, Arouche de Toledo Rendon classifica os lavradores locais como "vadios". Em suma: a cidade ia mal, mal ia a agricultura. Houve até quem propusesse a transferência da capital da capitania para Santos. E foi assim que São Paulo ingressou no século seguinte, quando o Brasil declarou sua Independência.

Outra coisa: é no século XVIII que a sociedade tropical luso-brasileira vai de fato registrar a emergência de uma nova classe. É o grupo dos mercadores que se projeta cada vez mais forte. E esta nova fração da classe dominante vai promover a passagem da casa-grande rural ao sobrado urbano. Vai implantar "casas nobres" na cidade. Mas, mesmo decaindo, os senhores rurais conservam sua "mística social", que fascina os ricos citadinos, todos sonhando pertencer àquela "nobreza", ou pelo menos imitar seu modo de vida. Acontece então uma inversão psicossociológica. Antes, eram os proprietários rurais que mantinham uma casa secundária na cidade, à qual compareciam em ocasiões especiais. Agora, são os comerciantes que compram propriedades rurais com vistas a seu espairecimento ou ostentação. Freyre considera, aliás, que interessava ao poder real no Brasil, como outrora em Portugal, opor a riqueza e a força das cidades à arrogância e prepotência dos senhores rurais. Assim, os reis passaram a privilegiar interesses urbanos, embora sem afrontar abertamente os interesses do campo. Coisa que se vai acentuar depois do desembarque de João VI na praia fluminense. É o tempo do desprestígio social dos agricultores. Donos de plantações ou de rebanhos, eles já não apitavam como antes. Mesmo as novas gerações de filhos de senhores rurais bandeavam para as cidades. Formavam-se em direito ou medicina e passavam a viver no mundo urbano, sem voltar a pôr os pés na roça. E iam se desidentificando dos princípios e valores do patriarcalismo das casas-grandes. Tinham outra visão da política e da moral. Cultivavam outro gênero de vida. Era o incontornável processo de urbanização negritando diferenças, trazendo o velho patriarcalismo para as transformações da cidade, onde se tornaria progressivamente impotente e irreconhecível. Foi nesse período, ainda nas palavras de Freyre, que "o brasileiro típico perdeu asperezas paulistas e pernambucanas, para abaianar-se em político, em homem de cidade e até em cortesão".

Enfim, é isso. São Paulo à parte, é com o século XVIII em andamento que a relação entre a cidade e o campo vai se inverter de vez entre nós. A cidade se faz o principal centro gerador de riquezas da sociedade colonial. O campo passa a depender sempre mais dos centros urbanos. Do financiamento dos comerciantes para tocar suas plantações e finalizar sua produção, a fim de poder comercializá-la. Em seguida, os senhores rurais ficam a depender também de empréstimos bancários. Com o fortalecimento da classe mercantil e do capital comercial, com o crescimento das atividades urbanas, as cidades é que passam a receber um tratamento especial da parte do poder público. Ganham – e muito – em prestígio, especialmente com a chegada do século XIX, quando a Corte lusitana fugiu para o Rio. Ainda nos termos de Freyre, foi aí que se deu a passagem do patriarcalismo absoluto da casa-grande rural ao semipatriarcalismo dos sobrados citadinos. Freyre, na verdade, diz que a nossa classe dominante, entre os séculos XVI e XIX, teve três tipos de moradia, redutíveis a uma só. "Três tipos distintos de casa e um só verdadeiro: a casa patriarcal brasileira com senzala, oratório, camarinha, cozinha que nem as de conventos como o de Alcobaça, chiqueiro, cocheira, estrebaria, horta, jardim." Tudo bem, mas vamos distingui-las para efeito de leitura sociológica. E é claro que será possível ver como a urbanização, o predomínio das cidades no horizonte brasileiro (à exceção do quadro demográfico), foi afetar a vida feminina, a vida das mulheres dos grupos socialmente privilegiados da população. Pois quem era da rua continuou, como na música de Jorge Ben, "no meio da rua, do mundo, no meio da chuva". Mas quem vivia em regime de clausura passou a contar com outros sons e outras imagens nos seus caminhos (escrevi sobre o assunto em meu livro *Mulher, casa e cidade*). Basta lembrar que, na cidade escravista colonial, os casarões ficavam muito mais próximos entre si do que as casas-grandes nos campos. E assim os contatos entre famílias se fizeram frequentes. No engenho ou na fazenda, cada agrupamento familiar cumpria os ritos religiosos em sua própria capela. Na cidade, as igrejas ficavam próximas de todos, em meio aos sobrados, como em Ouro Preto ou no centro antigo da Cidade da Bahia. Além disso, o grupo social dirigente, que vivia nos casarões citadinos, ia em peso a um mesmo lugar: o teatro. Por fim, os próprios sobrados foram abrindo varandas para a cidade.

12. MORADIAS URBANAS

Vamos olhar para a casa térrea do estrato intermediário da população colonial. Ainda aqui, como no caso do sobrado senhorial, é nítido o influxo lusitano. As pessoas não só reproduziam o urbanismo luso – islâmico-medieval, para ser um pouco mais preciso – em cidades como Salvador, Olinda (a "Lisboa pequena") e Ouro Preto, como queriam casas construídas à maneira da matriz d'além-mar. No caso, o que se impunha era o repertório técnico e estilístico da arquitetura vernacular, repertório redundante e limitado e de soluções simples. Vamos ver a manifestação dessa arquitetura, principalmente, nas casas rurais mais modestas. Mas também em casas térreas dos centros urbanos. Na casa típica dos comerciantes menores e dos funcionários públicos subalternos. Dos artífices de um modo geral, entre boticários, marceneiros, alfaiates e oleiros. Agora, cabe um lembrete, do ponto de vista histórico. A casa térrea tornou-se sinônimo de moradia de quem não tinha posses. Mas não foi sempre assim. O Brasil começou térreo, ao rés do chão. Quando Salvador foi construída, todas as suas casas eram térreas, pouco importando a posição social do morador. Gradualmente é que as edificações foram se alteando e se sofisticando, com construções de caráter mais complexo e o emprego de materiais mais duráveis, como a pedra e o tijolo.

E assim as unidades habitacionais se foram diferenciando, com as pessoas mais ricas e poderosas passando a morar em sobrados – processo que se acentuou a partir da restauração da Coroa portuguesa, que se vê livre do domínio espanhol em 1640, e da expulsão dos holandeses, não muito tempo depois. A caminho do final do século XVII, sobrados se impõem na moldura de Salvador e se espalham por núcleos urbanos do Recôncavo, abrigando os mais abastados. Foi aí que a casa térrea se constituiu na forma básica de unidade residencial daqueles que não pertenciam à classe dirigente, nem eram escravos. E sua planta era esquemática, bem simples: uma sala na frente e outra no fundo, ligadas por um corredor longitudinal, ao longo do qual se distribuíam os quartos de dormir. Carlos Lemos é preciso, a este respeito: "A casa popular urbana dos tempos coloniais praticamente teve a mesma planta pelo Brasil em geral, embora as técnicas construtivas tenham sido diversificadas, e isso por um motivo muito simples: as construções eram geminadas e levantadas em terrenos estreitos e profundos. Assim, todas as moradias possuíam cômodos encarreirados. O da frente, com janela no alinhamento da rua, quase sempre era a sala de recepção, quando não abrigava alguma oficina de artesanato ou mesmo uma loja. Os cômodos intermediários, acessíveis por corredor lateral, eram os dormitórios, naquele tempo chamados de camarinhas, alcovas ou 'casas de dormir'. Nos fundos, fechava a fila a cozinha, a varanda alpendrada que dava acesso ao quintal, onde sempre havia um arremedo de instalação sanitária. Nos locais onde o lençol freático era profundo, havia a possibilidade de 'sumidouros', buracos em cima dos quais era instalada a 'casinha', também chamada de 'secreta' ou sentina. Na cidade de São Paulo houve essas latrinas construídas de taipa de pilão, como atestam documentos do século XVIII. Tais moradias podiam ser de 'porta e janela', mas também de duas ou mais janelas conforme a situação do proprietário e, quando tais fachadas eram mais generosas, o corredor de acesso à sala dos fundos (nesse caso a cozinha estava sempre num puxado lateral) dividia as alcovas em dois blocos simétricos."

Abaixo da casa térrea, estava a cabana. O mocambo da arraia miúda, que se disseminou por todo o nosso espaço territorial, atravessando séculos. Tínhamos, então, os extremos da habitação brasileira. Numa ponta, a mansão senhorial: casa-grande de "engenheiro" (como também era chamado o senhor de engenho), sede de fazenda, palacete de chácara ou alto sobrado urbano. Noutra ponta, o mocambo, a forma mais frágil de moradia (do qual descendem os barracos de favelas e invasões), com seu risco de doenças contrabalançado por sua virtude ecológica. De uma parte, construções de pedra e cal. De outra, arranjos de barro, madeira e palha. Quanto mais vegetal a casa, mais pobre o proprietário. Quanto mais mineral, mais rico. E não vamos passar ao largo de uma coisa: o casebre, choça, palhoça, cabana ou mocambo é o tipo de moradia mais persistente que surgiu na paisagem brasileira – tanto no espaço rural, quanto no urbano. São armações rudes para morar que se filiam às mais toscas cabanas indígenas (e não, é claro, às belas malocas dos grupos tupis) e a casebres africanos. São "tapuias". Começaram a se plantar no espaço brasílico desde os primeiros dias da colonização informal, *caramurua*, tempos de Diogo Álvares Correia e João Ramalho habitando, respectivamente, o litoral hoje baiano e a serrania hoje paulista. E atravessaram todos os períodos de nossa história, para chegar aos dias atuais.

Vamos vê-las nos séculos XVI e XVII, na Bahia. No século XVIII, espalhando-se pelos morros em torno de Vila Rica. Em inícios do século XIX, topamos com Lindley, em sua *Narrativa de uma viagem ao Brasil*, falando de Salvador entre 1802 e 1803: "... a classe mais baixa, constituída de soldados, mulatos e negros, vive em choças cobertas de telhas e sem forros, dotadas de uma única janela de rótula". O atual bairro do Rio Vermelho era então uma aldeia de pescadores. Ainda naquela primeira metade do século XIX, Maria Graham escrevia: "... as cabanas dos pobres são feitas de estacas verticais com galhos de árvores trançados entre elas, cobertos e revestidos seja com folhas de coqueiros, seja com barro. Os tetos são também cobertos de palha". Basicamente, era uma armação de pau (*net-like walls*, na definição de Wetherell, em suas *Stray Notes from Bahia*) que se preenchia com arremessos de barro. Cabanas mínimas que mais sugeriam uma cela do que uma casa. Como os casebres que Rugendas encontrou na periferia pobre do Rio, conforme registrou em sua *Viagem pitoresca através do Brasil*, depois de anotar que a cidade era "inteiramente desprovida de prédios realmente belos". Fotografias em preto e branco mostram-nos casebres de barro das últimas décadas do século XIX. E essas choupanas proliferaram ao longo do século XX. Basta lembrar que, durante a ditadura do Estado Novo, tivemos a demolição dos mocambos da área central do Recife. No episódio "A Invasão do Morro do Mata Gato ou os Amigos do Povo", de *Os pastores da noite*, Jorge Amado nos fala do personagem Pé de Vento, que construiu sua cabana "com palhas de coqueiros dali mesmo, com pedaços de ripas, tábuas de caixão e outros materiais gratuitos". Entre as décadas de 1970-1980, eu mesmo me hospedava num casebre com chão de barro batido para fazer consultas astrais e assistir às festas dos eguns (ancestrais nagôs) em Amoreiras, na ilha de Itaparica. Ainda hoje, na segunda década do século XXI, as casas vegetais populares (às vezes mescladas com materiais novos, do plástico ao zinco) não desapareceram da paisagem brasileira. E há outra dimensão fundamental: a cabana ou mocambo, além de aparecer como a forma habitacional mais persistente da história da moradia no Brasil, mostra-se como exemplo de total sincretismo afro-luso-ameríndio.

* * *

Ao lado do mocambo, os sobrados surgem como as edificações mais características de nossa arquitetura civil de função privada já no século XVII e avançando para o XVIII. No livro *Salvador e a baía de Todos os Santos: guia de arquitetura e paisagem*, coordenado por Eugênio de Ávila Lins, lemos:

"Em geral, as unidades estão implantadas em terrenos estreitos e profundos, ocupando-os em toda a largura a partir do alinhamento da rua, sem qualquer tipo de afastamento, seja frontal ou lateral. Eram, comumente, edificadas em correnteza, aproveitando-se as paredes laterais, uma após a outra. Os volumes, as proporções e o ritmo dos vãos – janelas e portas – eram semelhantes. Por ocuparem toda a testada do lote, as construções possuíam cobertura em duas águas, com cumeeira paralela à fachada, recoberta com telha de barro do tipo capa-canal, com beirais que lançavam as águas das chuvas diretamente sobre o logradouro. Na composição das fachadas, predominavam os cheios (paredes) sobre os vazios (janelas e portas), o tom branco, resultado da caiação [o Pelourinho multicolorido é uma fantasia sem base histórica; um entretenimento "neocolonial"], e os vãos em verga reta, com esquadrias de madeira nas cores verde, azul, ocre e vinho e modenatura simples em arenito." Mais: "Os sobrados são as construções mais encontradas nas cidades baianas e, estruturalmente, tinham os andares térreos destinados a lojas, depósitos, dormitórios de escravos e a usos menos nobres, como as estrebarias. Os pavimentos superiores eram reservados à residência da família. O acesso a estes pavimentos era realizado por escadas internas de madeira ou de pedra, estas, muitas vezes, precedidas por saguão ou vestíbulo de dimensões variadas, de acordo com o porte e a riqueza da família proprietária. A partir do primeiro pavimento se desenvolvia a residência propriamente dita que, resguardando pequenas modificações em decorrência da presença da escada, reproduz em planta a mesma distribuição dos cômodos das casas térreas: uma sala na frente interligada por um extenso corredor a outra, no fundo, com as alcovas localizadas ao centro. Eventualmente, em Salvador, se registrava a presença de pavimentos recuados em relação às fachadas, configurando mirantes ou camarinhas, que conferiam dinamismo à volumetria das edificações". Em *Quadro da arquitetura no Brasil*, aliás, Nestor Goulart Reis Filho já sublinhava a identidade estrutural entre o sobrado e a casa térrea: "Suas diferenças fundamentais consistiam no tipo de piso: assoalhado no sobrado e de 'chão batido' na casa térrea. Definiam-se com isso as relações entre os tipos de habitação e os estratos sociais: habitar um sobrado significava riqueza e habitar casa de 'chão batido' caracterizava a pobreza."

Antes de prosseguir, cabem duas observações. Primeiro, a tradição do uso prático do térreo – em termos produtivos ou comerciais – é uma herança muito antiga. Vem, no mínimo, da Antiguidade greco-romana. E atravessa os séculos medievais. O contraste com a casa térrea pode ter acentuado a visão senhorial daquele espaço, mas certamente não a criou. Em segundo lugar, é preciso atentar para o significado do termo "loja" na vida colonial brasileira e mesmo depois, ao longo do século monárquico. "*Loja* é outra palavra perigosa, pois pode levar a anacronismos. No início do século XIX, ela possuía dois significados distintos, um por assim dizer comercial (loja era a oficina ou casa de vender) e outro arquitetônico e, neste caso, significava simplesmente andar térreo. Assim se compreende que se falasse então em loja de casa nobre, ou seja, 'o pátio coberto, que serve de entrada, onde assistem os lacaios e entram seges', diz Morais Silva [*Dicionário da língua portuguesa*]. Temos assim a loja, a sobreloja, um ou dois sobrados, o sótão, como elementos das construções mais complexas", anota Maria Beatriz Nizza da Silva, em *Cultura e sociedade no Rio de Janeiro (1808-1821)*. Vamos lembrar, também, que "casa" era sinônimo de "cômodo" (casa de dormir, casa de banho etc.). Era assim que se dizia que a família de Gregório de Mattos tinha "casas" (habitação com mais de um andar, com vários aposentos) na vizinhança do Terreiro de Jesus. Ou, como se lê no inventário de Claudio Manoel da Costa, nos *Autos da devassa da Inconfidência Mineira*: o poeta possuía "morada de casas com seu quintal cercado de pedra e dentro do mesmo com suas árvores de espinho". E já que estamos nesse terreno, vejamos o que Carlos Lemos nos diz sobre a própria palavra *sobrado*: "O termo primitivamente designava o *espaço sobrado* ou ganho devido a um *soalho* suspenso. Portanto, o *sobrado* tanto podia estar acima desse piso como embaixo dele, dependendo das circunstâncias. Por exemplo, se numa casa térrea construímos forros assoalhados que permitam espaços para usos variados, temos o sobrado na acepção vulgar da palavra, que vai desde o sótão (cômodo diretamente embaixo do telhado e de pés-direitos variáveis) até o pavimento regular circundado por paredes e que pode ser repetido várias vezes. Dizia-se, mesmo, casa de *um, dois* ou *três sobrados*." Na introdução de uma peça de Gil Vicente, aliás, a moça Lediça, listando suas tarefas do dia, diz: "Muito tenho por fazer/ e não tenho feito nada:/ esta loja por varrer,/ os meninos por erguer/ e minha mãe ensobradada" – onde "ensobradada" remete à parte de cima da casa, isto é: sua mãe ainda não desceu a escada, ou encontra-se confinada ao alto. Mas vamos empregar o vocábulo *sobrado*, aqui, no sentido de casarão senhorial, senso que a palavra assumiu nos tempos coloniais.

Os sobrados de Salvador e do Recife, por sinal, eram altos. Cinco, seis andares. Muitos deles, no Recife, bem esguios. Sobrados altos e estreitos que levaram Lopes Gama a se servir de sua imagem, em *O carapuceiro*, na crítica à "gamenhice" pernambucana do século XIX, falando de noivas que queriam "os penteados como os prédios urbanos, repartidos em três e quatro andares, com seu mirante em cima de tudo". Já sobre uma suposta influência flamenga, conferindo especificidade arquitetural ao Recife, com os chamados "sobrados magros", o ponto de vista é defendido em alguns escritos de Gilberto Freyre, como no *Guia prático, histórico e sentimental da cidade do Recife*. Mas é tese insustentável. Esses sobrados são de origem lusitana, como se pode ver na cidade do Porto. Sobrados "magros", de muitos andares, que, entre nós, funcionavam graças aos escravos – fato que leva alguns estudiosos da história da arquitetura no Brasil a sempre lembrar, a seu respeito, um comentário tão correto quanto pesado de Lúcio Costa, quando ele disse que, nos trópicos brasileiros, o negro escravizado foi elevador, guindaste, esgoto e ventilador. E foi mesmo. Sem ele, o sobrado urbano não teria como ver realizadas suas operações diárias. E este sobrado não só funcionou como seu modelo alcançou êxito indiscutível, atravessando séculos da existência urbana brasileira. Mas é claro que tal espécie de construção não teria como perdurar. Ali estava um tipo de residência que indispensava escravos. E, com o fim do escravismo, o sobrado viu-se convertido em espécime residencial datado. A mudança na ordem social decretou sua superação como "máquina de morar".

Em *Quadro da arquitetura no Brasil*, Nestor Goulart expôs o nexo essencial entre sistema escravista, tecnologia construtiva e uso da casa no país. Ou, por outra, sublinhou um modo de a escravidão se expressar nas técnicas de construção e no uso da cidade e seus prédios. É evidente a relação entre "o primitivismo tecnológico de nossa sociedade colonial" e o regime escravista de trabalho. A escravidão não aperta os botões do aprimoramento e da invenção. Com força de trabalho sobrando e o escravo servindo de pau-pra-toda-obra, não há exigência de avanços tecnológicos. E não apenas com relação à cidade, mas também ao campo, como nos mostrou José Augusto Pádua, em *Um sopro de destruição: pensamento político e crítica ambiental no Brasil (1786-1888)*. Pádua chama a nossa atenção para o fato de que alguns intelectuais desse período – como José Bonifácio e Joaquim Nabuco – sublinharam a relação entre escravismo, atraso técnico e devastação ambiental. Enquanto houvesse escravos, a técnica poderia ser rudimentar. Predatória. E essa mistura de acomodação e primarismo técnicos reinava também nas cidades, marcando ainda o uso das construções. Ou seja: do *modus faciendi* ao *modus operandi*, sentíamos as consequências do escravismo. Goulart: "O uso dos edifícios também estava baseado na presença e mesmo na abundância da mão de obra. Para tudo servia o escravo. É sempre a sua presença que resolve os problemas de bilhas d'água, dos barris de esgoto (os 'tigres') ou do lixo, especialmente nos sobrados mais altos das áreas centrais... Era todo um sistema de uso da casa que, como a construção, estava apoiado sobre o trabalho escravo e, por isso mesmo, ligava-se a nível tecnológico bastante primitivo. Esse mesmo nível tecnológico era apresentado pelas cidades, cujo uso, de modo indireto, estava baseado na escravidão. A ausência de equipamentos adequados nos centros urbanos, quer para o fornecimento de água, quer para o serviço de esgoto e, mesmo, a deficiência do abastecimento, eram situações que pressupunham a existência de escravos no meio doméstico; a permanência dessas falhas até à abolição poderia ser vista, até certo ponto, como uma confirmação dessa relação."

Só não entendo muito bem por que Goulart diz que o uso da cidade se baseava "de modo indireto" na realidade do sistema escravista. Por que "indireto"? Apoiava-se de *modo direto*, objetiva e nitidamente, na existência da massa negro-africana escravizada. Qual era a situação do transporte em nossas cidades seiscentistas, setecentistas e mesmo nos primeiros tempos oitocentistas, por exemplo? Ou o sujeito ou a sujeita andava a cavalo – ou era carregado(a) numa rede ou cadeirinha de arruar, apoiada *diretamente* no ombro de pretos. E não somente pessoas eram transportadas assim. Cargas caseiras e mercadorias também. Fardos os mais diversos eram levados ao seu destino, muitas vezes, por grupos de pretos que subiam cantando pelas empinadas ladeiras de nossas cidades de feitio lusitano, fosse em Ouro Preto ou em Salvador. O fato impressionou quase todos os viajantes estrangeiros que por aqui passaram, ainda no período escravista de nossa história. O médico Avé-Lallemant, falando da cidade da Bahia em sua *Viagem pelo Norte do Brasil no ano de 1859*, anota: "Tudo que corre, grita, trabalha, tudo que transporta e carrega, é negro." Temos notícia até de negros carregando nos ombros pela Chapada Diamantina, até chegar à cidade de Lençóis, pianos de cauda então julgados indispensáveis à melhor educação das sinhazinhas. Era uma loucura: pianos importados da Áustria eram conduzidos àqueles grandes sobrados de adobe. A estação ferroviária mais próxima de Lençóis ficava a cerca de 120 km daquele núcleo citadino. E a doideira era transportar pianos para lá, entre lombos de burros e ombros de pretos, a fim de satisfazer preceitos educacionais dos senhores e caprichos artísticos de donzelas ou semidonzelas regionais. E o que se via na cidade escravista brasileira, reproduzia-se em escala menor, mas não menos intensa, no interior dos sobrados ricos de nossos centros urbanos. Não se movia uma palha, sem o concurso de músculos negros.

Em *Bahia, século XIX: uma província no Império*, Katia Mattoso nos dá informações relevantes sobre a presença dos sobrados na paisagem urbana e a ocupação de seus vários pavimentos, na trama oitocentista de Salvador. De saída, a historiadora sublinha a "promiscuidade social" em que viviam aqueles baianos, em situação citadina bem diversa do segregacionismo socioespacial que vai vigorar adiante em nossos aglomerados modernos. Era na Cidade Alta, diz ela, "que se concentrava o grosso da população baiana, vivendo na mais completa promiscuidade social: artesãos livres, alforriados, escravos, funcionários, burgueses e nobres moravam lado a lado, numa 'babel de casas, igrejas, conventos, um emaranhado de caminhos, praças, becos e travessas que sobem e descem e cujas ligações escapam ao recém-chegado'. Ao lado de modestas casinholas de taipa, muitas das quais exibiam apenas uma porta e uma janela, erguiam-se pretensiosos palacetes nobres, como a Casa dos Sete Candeeiros, o paço do Saldanha e o solar do Ferrão, ou ainda prédios de dois, três ou quatro pavimentos. Alguns eram inteiramente ocupados por famílias burguesas de senhores de engenho, grandes comerciantes e profissionais liberais; outros, divididos em alojamentos, eram partilhados por toda espécie de gente: de escravos 'de ganho' a pequenos funcionários públicos." Ou seja: no século XIX, o alto sobrado já não era habitado exclusivamente pelos mais ricos. As distinções sociais eram dadas, então, pelo modo e pela extensão espacial da ocupação. "A maior parte da classe média habitava prédios de dois, três ou quatro andares. [...]. Nos prédios de vários pavimentos, o segundo e o terceiro eram ocupados por famílias de um mesmo nível socioeconômico; os demais, a que se tinha acesso por escadas abruptas, de degraus altíssimos, se destinavam a famílias mais pobres ou a estudantes. [...]. Já as famílias abastadas, dos grandes comerciantes ou proprietários, ocupavam todos os pavimentos de um sobrado, de preferência nas paróquias da Sé, de São Pedro ou da Vitória."

PRIVACIDADE ZERO

Mesmo nos sobrados inteiramente ocupados por gente rica, em que escravos moravam e escravos não cessavam de entrar e sair, era muito difícil alguém conseguir ficar só – e mais difícil ainda cultivar o estar só. Escravos, parentes e agregados ocupavam muito espaço, com seus movimentos e seu vozerio. Faltava privacidade nos sobrados senhoriais, assim como ocorria nas casas e nos castelos da Europa medieval.

Ainda na Bahia oitocentista – diversamente do que se via no Recife, por exemplo –, os homens brancos circulavam muito pouco pela cidade. Era mesmo sinal de distinção, de fidalguia, sair à rua o menos possível. Quase não ser visto. E se era assim com os homens, com o "sexo dominante", bem podemos imaginar a situação das mulheres. Elas viveram trancadas nas casas-grandes rurais e trancafiadas viveram nos sobrados urbanos, ainda que pitando seus cigarros de palha e até mesmo fumando charutos. E isso ao longo de todo o século XVIII e durante parte razoável do XIX. Guardas e resguardos muçulmanos (orientais, de modo mais amplo) persistiram nos casarões ricos das cidades. Moças e senhoras de sobrados podiam chegar a ser até mais solitárias do que as iaiás dos engenhos de açúcar, mas nunca houve um pingo de privacidade naqueles casarões. O movimento de pessoas e de coisas parecia não se interromper nunca. E o número de escravos domésticos não foi reduzido na passagem da habitação rural à moradia urbana. Escravos sobravam nos sobrados. Um inferno de gente. Excesso de corpos, de gestos, de vozes, de olhos, que asfixiava. A pessoa não tinha mesmo como se recolher, se isolar, ficar realmente só, a sós, consigo e mais ninguém.

Mas observava-se a ausência de privacidade tanto nos sobrados ricos quanto nas casas mais modestas e entre os mais pobres. O historiador Emanuel Araújo tratou da matéria, em *O teatro dos vícios – transgressão e transigência na sociedade urbana colonial*. A população urbana pobre da América Portuguesa morava mal. Eram casas de dimensões reduzidas, construídas quase que umas em cima das outras. Não que a pequenez da unidade habitacional seja necessariamente um pecado – a questão era como a pessoa poderia se arranjar no recinto. E aqui o que se tinha eram casas pequenas demais para as grandes famílias que abrigavam. Casas vulneráveis, que qualquer som atravessava. Casas com parede de permeio, desprotegidas diante da bisbilhotice alheia. Era perfeitamente possível ouvir em uma coisas que eram ditas na outra. Quando a moradia não era rica, mas o imóvel contava mais de um andar, com famílias distintas ocupando o espaço, do andar inferior todos sabiam o que se passava no andar superior – e vice-versa. Mas inexistia privacidade no próprio interior das casas. Em algumas, cômodos eram alugados a pessoas estranhas entre si, caracterizando a pensão. Em outras, embora residências de um só tronco familiar, o número de pessoas era excessivo. Com relação à Salvador seiscentista, Rocha Pita, citado por Emanuel Araújo, fala de "casas que contavam nas suas famílias de portas adentro o número de quarenta ou cinquenta pessoas". E o próprio Araújo informa que, de acordo com um recenseamento realizado em Vila Rica, não era raro viverem sob o mesmo teto quinze, vinte e mais pessoas, incluindo-se aí escravos e agregados, que os tinham mesmo os que não eram ricos.

Mas isso ainda não é tudo. Escreve Araújo, vasculhando papéis do Santo Ofício relativos a Salvador e Olinda: "... o mais surpreendente dos documentos inquisitoriais, nesse âmbito restrito sobre a forma de habitar, são os depoimentos que revelam a existência de comunicação direta entre as residências, isto é, a presença de porta de uma habitação para outra". É evidente que se tratava sempre de alguma casa reformada, bipartida para renda ou aluguel, algo como as casas geminadas que vemos ainda hoje em muitos bairros paulistanos. O estranho, naqueles casos dos séculos XVI e XVII, é que os moradores não se dessem ao pequeno trabalho de substituir a porta por uma parede, mesmo de madeira e taipa. Ou gostavam de bisbilhotar e ser bisbilhotados? Não é improvável que sim – numa época, aliás, em que as pessoas pareciam sentir não pouco prazer em se deixar emprenhar pelos ouvidos. E a conclusão do historiador não poderia ser outra: a falta absoluta de privacidade era a regra na sociedade colonial que aqui se construiu.

13. CASA, FAMÍLIA E SEXO EM SÃO PAULO

É pela mão de Alcântara Machado que vamos conhecer a intimidade do lar paulistano, penetrando num dos "casarões sorumbáticos" da vila adormecida.

"Entremos. À claridade que o crivo das rótulas atenua e tamisa, as paredes brancas se destacam e se desdobra o tabuado largo dos salões. Que desconforto e pouquidade! Se, duzentos anos depois da era que estudamos [século XVI], Lindley assinala a carência quase completa de pratos e talheres, pentes e escovas, copos e tesouras nos solares mais ricos, a contrastar com a abundância de baixelas de prata, e se, volvidos trezentos anos, em 1889, o interior da casa brasileira continua a moldar-se pela nudez e desprimor da casa portuguesa, no dizer de Eduardo Prado, não é de espantar seja isto que estamos vendo a residência dos primeiros povoadores. Salas imensas, em cuja vastidão se encolhem e somem os móveis destinados a guarnecê-las." Deixamos para trás o mundo quinhentista e permanece a precariedade ou pouquidade do mobiliário residencial. Repete-se, aqui, o quadro que se via nas casas-grandes dos engenhos de açúcar: o mobiliário é reduzido, mas baixelas de prata são quase banais. No começo do século XVII, espelhos de vidro estanhado dão o ar de sua graça. Mas ainda "é tão parco o adereço ou guarnimento da casa fidalga na era seiscentista, que a descrição de tudo cabe em meia dúzia de linhas", diz Alcântara. E cita o caso de Lourenço Castanho Taques, paulista de alto prestígio: "... tem apenas isto que estamos vendo, na casa em que mora: dois bufetes, quatro cadeiras, seis tamboretes (três deles quebrados), um catre, cinco colchões, três catres de mão, uma caixa, duas bacias e um castiçal de latão, três tachos de cobre, um pavilhão, um tapete, dez pratos e uma salva e um saleiro de estanho, nove colheres e cinco tamboladeiras de prata".

Só no século XVIII a mobília vai aumentar e se enriquecer um pouco. De qualquer sorte, as coisas, em São Paulo, continuarão tendendo à insuficiência e não à exuberância. Na cozinha e na mesa da classe média, predominam objetos de estanho (pratos, colheres, taças, jarras etc.). Vidro é para quem tem dinheiro. Prata, mais ainda. Mas, de uma ponta a outra da escala social, vê-se a raridade dos talheres. "Talheres, para quê? Ia em meio à idade moderna, e no palácio dos reis e da nobreza, como na casa dos burgueses e na choupana da canalha, era com os dedos que se comia." Ao longo dos inventários que pesquisou, processados de 1578 a 1700, Alcântara fez a soma: encontrou dezenove garfos para 450 famílias. Só não me lembro agora se foi também ele quem deu de cara com um traço típico da ostentação luso-brasílica da época: era raríssimo encontrar uma vela, mas havia castiçais de sobra. E essa penúria do mobiliário entrou pelo século XIX. É conhecido o desenho de Thomas Ender, feito em São Paulo no ano de 1817. Mostra o interior de uma casa paulistana – a sala da frente, sala de visitas, conta somente com uma e solitária cadeira. É de uma escassez que impressiona, porque não se trata exatamente de uma residência humilde. Éramos ainda bem árabes, a esse respeito.

 Sobre a vida familiar que rolava naquelas casas, Alcântara Machado é claríssimo. E o quadro nos é bem conhecido, prolongando a cena da sociedade dos engenhos do Recôncavo e de Pernambuco: os homens, no comando; as mulheres, comandadas. Mas, para efeitos documentais, acompanhemos suas próprias palavras: "Organização defensiva, o agrupamento parental exige um chefe que a conduza e governe à feição romana, militarmente. Daí, a autoridade incontrastável do pai de família sobre a mulher, a prole, os escravos e também os agregados ou *familiares*, proletários livres, que se acolhem ao calor da sua fortuna e à sombra de seu prestígio e que lembram a clientela do patriciado. Compete-lhe em todos os assuntos o voto decisivo. Ele, geralmente, quem dá marido à filha e esposa ao filho, sem lhes consultar as inclinações e preferências, de sorte que casamentos se fazem, às vezes, sem que os nubentes se tenham jamais comunicado ou visto, *por razão da distância dos lugares em que vivem* [...]. Ele, quem manda vir do reino o filho para desposar determinada rapariga, *por haver contratado assim com os pais desta*. Ele, quem lhes traça o destino, escolhendo a profissão que devem seguir ou designando-lhes uma tarefa na direção do domínio rural. Ele, quem os localiza ou *aposenta*, depois de emancipados ou casados, na vizinhança do solar, conservando-os destarte, indefinidamente, ao alcance de suas vistas e dentro da órbita de sua influência." À mulher, filha ou esposa, resta somente ouvir, dobrar-se e acatar o que lhe é dito. "Acostumada à sujeição e à obediência, a mulher, pupila eterna do homem, não muda de condição ao passar do poder do pai para o do marido. Vive enclausurada em meio das mucamas, sentada no seu estrado, a coser e lavrar e fazer renda e rezar as orações, *bons costumes* em que se resume a sua educação. Ainda ao tempo do governador

Pilatos (1802) não costumam ir às lojas. Quando saem é para ir à igreja. Merecem todas o epitáfio da matrona romana: *lanam fecit, domum servavit*. Quantas, hoje em dia, preferem aquele outro, luminoso e leve: *saltavit et placuit...* Excepcionais os atos de rebeldia. Um divórcio [em meio aos inventários que Alcântara examinou]. Uma acusação de uxoricídio. [...]. Dois caminhos únicos se lhe abrem na vida: o convento e o matrimônio." Mas como "se lhe abrem", se ambos os caminhos implicavam clausura?

Embora eu tenha abordado o assunto com mais vagar, em livro anterior a este (*Mulher, casa e cidade*), o tema não poderia ficar sem um registro também aqui: a opressão que pesava sobre as mulheres. Assim no campo como na cidade. Eram severos os constrangimentos e as restrições. Façamos, no entanto, uma ressalva importante. Muito estudioso de temas brasileiros já se viu às voltas com a forte impressão de que mulheres brancas livres tiveram maior autonomia – mais altivez e liberdade de movimentos – no século XVI do que nos dois ou três séculos subsequentes. Naquele período, sentimos que as mulheres tinham realmente vida própria e circulavam com mais desenvoltura pelos núcleos coloniais – algumas delas, inclusive, não se intimidaram diante dos interrogatórios do Santo Ofício, respondendo de cabeça erguida por atos considerados pecaminosos na pauta inquisitorial. É inicialmente com a *ruralização* que sinhás e sinhazinhas se veem praticamente encerradas no espaço da casa-grande. Mas, com o retorno ao mundo urbano, com a passagem do casarão rural ao casarão citadino, aquela primeira autonomia não será reconquistada. As mulheres permanecerão confinadas e mantidas sob vigilância nas raríssimas ocasiões em que lhes é permitido sair à rua, geralmente com destino à missa. É terrível o grau de inferiorização pessoal e social a que foram submetidas na época. São mulheres coagidas e silenciadas. Alijadas da vida pública, política e culturalmente bloqueadas – analfabetas, quase sempre; não podem exercer cargos administrativos etc. E vivendo sob poderosa repressão sexual. Por outro lado, elas nunca deixaram de realizar suas transgressões. No campo sexual, indo do adultério ao lesbianismo, sem esquecer o "sacrilégio", no sentido antigo da palavra: sexo com membros da Igreja. Que o diga Gregório de Mattos, cultor dos chamados "amores freiráticos", que também não perdia de vista garanhões e gays de batina, afirmando, aliás, num de seus poemas, que, na Salvador seiscentista, as lidas todas de um frade eram "freiras, sermões e putas".

Diversos historiadores brasileiros ocuparam-se do tema, a exemplo do já citado Emanuel Araújo, de Luiz Mott (que mais se dedicou à matéria, no âmbito da historiografia brasileira), Ronaldo Vainfas e Lígia Bellini, entre outros. Aliás, Araújo e Vainfas voltaram ao assunto mais recentemente, em capítulos que escreveram para uma coletânea feita por Carla

Bassanezi e Mary del Priore – *História das mulheres no Brasil*. Ambos veem a transgressão sexual – especialmente, no caso de sexo entre fêmeas – como modo afirmativo de prazer e protesto. "Uma das maneiras de violar, agredir e se defender estava justamente em refugiar-se no amor de outra mulher", escreve Araújo, em "A Arte da Sedução: Sexualidade Feminina na Colônia". No tocante ao homoerotismo feminino, o confinamento das mulheres é visto como algo que propicia as relações lésbicas. Também observador da *sodomia foeminarum* nos tempos coloniais, Vainfas concorda, como se pode ver em seu texto "Homoerotismo Feminino e o Santo Ofício". É claro que a escolha de parceiras do mesmo sexo não é coisa que surja necessariamente da solidão ou do enclausuramento, ou que se limite a um período pré-casamenteiro. O homoerotismo pode florescer viçosamente *en plein air*, sob a luz do sol ou das estrelas. Mas é claro que, por uma ironia que o patriarcalismo não previra, houve também, em nosso meio, uma relação evidente entre reclusão e homoerotismo. Ainda segundo Emanuel Araújo, "quando a reclusão feminina era de fato praticada com severidade, aumentavam naturalmente os contatos entre mulheres; o que se efetivava de diversas maneiras: com visitas frequentes, trocas de confidências e experiências, maior afetividade e compreensão no sofrimento comum e assim por diante, numa mistura de cumplicidade, refúgio e solidariedade". A porta ficava então pelo menos entreaberta para o amor e o sexo ou, mais inteiramente, para o envolvimento amoroso-sexual.

Nos braços de uma parceira, a mulher se sentiria mais livre, mais acolhida e mais igual. Ainda Araújo: "Não passou despercebido a um observador holandês, em 1638, que no Brasil 'elas se enfeitam para ser vistas somente pelas suas amigas e comadres'. As grandes amizades femininas seriam inevitáveis, a ponto de parecer a Luiz dos Santos Vilhena, no século XVIII, que as mulheres 'são extremamente amigas das suas amigas, e tão zelosas umas das outras que bem podem competir com os amantes mais impertinentes.'" Era sexo envolvendo a sinhá ou sinhazinha com amigas, primas ou escravas. Mais Araújo, ao falar de mulheres que foram parar no tribunal da Inquisição: "... essas mulheres não tinham interesse em tornar públicas suas ligações amorosas. Tudo se passava em círculos restritos de amigas e vizinhas, e muitas vezes nem era preciso sair de casa, aproveitavam-se a hierarquia e a intimidade em que conviviam cotidianamente senhoras e escravas". Exemplo conhecido é o de Guiomar Piçaro (ou Pisçara), que, por volta dos seus 13 anos, se deleitava sexualmente com Méscia, "negra ladina da Guiné", escrava doméstica, então com 18 anos de idade. Os inquisidores ficavam confusos com tais confissões, tratando de distinguir, sem maiores consequências, entre "agente íncuba" (quem deitava por cima) e "paciente súcuba" (quem ficava por baixo). Mas o fato perturbador, para aquele mundo falocêntrico, fortemente misógino, era que – fosse por cima, por baixo, de lado ou de qualquer outro jeito possível – aquelas mulheres, indo para a cama, a rede ou a esteira, com suas amigas ou amantes, alcançavam a afeição, o carinho, o amor, o orgasmo.

14. TEMPO DE MUDANÇAS

O século XIX é um tempo de muitas mudanças entre nós. Tome-se o caso do Rio de Janeiro, que é o exemplo mais vistoso de todos. A cidade transforma-se extensamente, ainda que não da noite para o dia, desde o plano social até à dimensão arquitetônica. O grande marco é a vinda de dom João VI. A corte portuguesa foge de Lisboa e atravessa o Atlântico para desembarcar numa cidade que, por mais que viesse crescendo, era ainda acanhada, desorganizada e banal. Ao contrário de Salvador e Ouro Preto, com seus esplendores barrocos, o Rio não tinha nada de realmente especial para mostrar, em matéria de arquitetura. Seria, para lembrar o Oliveira Lima de *D. João VI no Brasil*, "uma mesquinha sede de monarquia". Quase uma Lisboa de segunda classe, com "o grosso da população livre... amontoada nas suas casas pequenas, baixas e feias, desprovidas de comodidades, faltas mesmo de asseio escrupuloso". O Passeio Público era uma exceção admirável, naquele mundo urbano medíocre, inexpressivo e até algo tosco – cidade cuja limpeza "estava toda confiada aos urubus". Mas, de modo gradativo (a única explosão foi populacional, com a migração reinol e a chegada de levas de estrangeiros de várias partes do continente europeu: calcula-se uma passagem de 50 mil habitantes, em 1808, para 150 mil, em 1820), as coisas tomariam novo rumo. "A cidade, sufocada de começo entre matas, aos poucos as iria clareando até que, reduzindo-as às que revestiam os morros, lhes incumbiria a única missão de sombrearem o rutilante horizonte. O progresso se traduziria por cem formas: por novas ruas, mais limpeza nas velhas, para onde era costume inveterado atirar todas as imundícies que as chuvas tropicais se encarregavam de dispersar, edifícios condignos, e certa garridice de jardins, e flores enfeitando as varandas, corrigindo as ruins exalações contra as quais anteriormente só o uso do rapé protegia. Não só por isto. Desenvolvendo-se a breve trecho consideravelmente a cidade, crescendo extraordinariamente o movimento do porto, aumentando correlativamente o comércio da praça, sobretudo dando mostras de permanecer acampada na América a corte portuguesa, entrou o Rio não só a tomar com rapidez um notável incremento de culturas como a exercer uma ação social sobre toda a Colônia."

No terreno estético-arquitetônico, tivemos dois acontecimentos de alto relevo: a chegada da missão cultural francesa em 1816, trazendo, entre outras personalidades, o arquiteto Grandjean de Montigny – e a abertura da Imperial Academia de Belas-Artes, dez anos depois. Nas cidades maiores e em meio aos segmentos mais ricos da sociedade, impôs-se então um movimento internacional, o da arquitetura dita "neoclássica" – neoclássica foi, na verdade, a arquitetura renascentista; o que se vê, nos séculos XVIII e XIX, é uma espécie de neoneoclassicismo *Kitsch* – ou, se preferirem, um "neorrenascentismo". No Brasil, a história começa muito curiosa. João VI fugiu de Lisboa para o Rio em consequência do avanço militar *francês* sobre a capital portuguesa. Mas, chegando aos trópicos e com intuito de nos "civilizar", tratou logo de importar uma "missão cultural" *francesa*, que para cá traria a chamada arquitetura napoleônica. Em nosso ambiente, embora nunca ultrapassando o estatuto da imitação e da cópia, o neoclássico alcançava elevado padrão de sistema construtivo e acabamento formal, para marcar o *ottocento* em nossos principais centros urbanos.

Uma arquitetura cara, feita com materiais importados. Arquitetura para prédios públicos, bancados pelo Estado, e palacetes particulares – daí, talvez, que algumas mansões da época tenham cara de enormes repartições burocráticas. Arquitetura de nítida distinção de *status*. Grandjean e seus discípulos operavam num raio rigorosamente seletivo, trabalhando para uma clientela bastante restrita, na realização de obras de alto nível no Rio, a exemplo do Palácio do Itamaraty, concluído em 1855. Nestor Goulart Reis sintetiza: "A arquitetura elaborada sob a influência da Academia era caracterizada pela clareza construtiva e simplicidade de formas. Apenas alguns elementos construtivos como cornijas e platibandas eram explorados como recursos formais. Em geral, as linhas básicas da composição eram marcadas por pilastras, sobre as quais, nas platibandas, dispunham-se objetos de louça do Porto, como compoteiras ou figuras representando as quatro estações do ano, os continentes, as virtudes etc. As paredes, de pedra ou de tijolo, eram revestidas e pintadas de cores suaves, como branco, rosa, amarelo ou azul-pastel e sobre esse fundo se destacavam janelas e portas, enquadradas em pedra aparelhada e arrematadas em arco pleno, em cujas bandeiras dispunham-se rosáceas mais ou menos complicadas, com vidros coloridos. Os corpos de entrada, salientes, compunham-se de escadarias, colunatas e frontões de pedra aparente, formando conjuntos, cujas linhas severas evidenciavam um rigoroso atendimento às normas vitruvianas."

Clareza construtiva, simplicidade formal, cores suaves, linhas severas. E, se o exterior e a superfície mudavam, mudava também a ordenação interior das construções. Podemos mesmo dizer que, a partir de João VI, as cidades mudam – e as casas também. Por fora e por dentro. Mudança na concepção arquitetônica geral, nos usos da segmentação espaçotemporal da edificação, na execução das novas inclinações decorativistas vigentes em esferas sociais ricas de cidades europeias – principalmente, francesas. Nestor Goulart está certíssimo quando nos ensina que o desenvolvimento de nossas principais cidades implicou "alteração das formas de habitar e dos mecanismos de relacionamento da vida familiar com o conjunto da sociedade", tudo sob o influxo então irresistível da burguesia europeia, em processo também irresistível de ascensão e progressiva preeminência econômica, social e cultural. Entre nós, nas casas ricas do país, é o tempo das tapeçarias, dos papéis de parede coloridos, do mobiliário cada vez mais diversificado, ampliando – e/ou retrabalhando – o elenco dos objetos e artefatos caseiros, o repertório dos móveis domésticos. Os brasileiros ricos buscavam então, como nunca o tinham feito antes, viver de forma mais confortável e organizada.

O lance era então deixar para trás a simpleza, a carência ou a rusticidade que caracterizaram tão longamente os ambientes internos das casas patriarcais. E esses interiores, já mais burgueses que qualquer outra coisa, eram para ser vistos e frequentados. As residências se iam abrindo mais, permitindo que visitantes não pertencentes à família pisassem em espaços que o velho patriarcalismo vedava, como as salas de jantar, por exemplo. Ingressava-se também tranquilamente, agora, em saletas de música e capelas caseiras. Ao mesmo tempo, a imposição de limites denunciava o zelo pela intimidade doméstica, com os dormitórios permanecendo inacessíveis a estranhos. De outra parte, acabava-se um antigo tipo de promiscuidade: agora, os escravos eram mantidos à distância, naqueles espaços teatrais em que se converteram as moradias da classe dominante, onde famílias abastadas encenavam diariamente a peça de estar vivendo em residências europeias, onde todos, ao menos em princípio, deveriam falar francês. Não por acaso, Lopes Gama escreveu por essa época um artigo como "O Nosso Gosto por Macaquear". Mas não só a cidade e a casa se modernizavam. A mulher, também. Em princípios do século XIX, a iaiá tradicional começou a ser substituída por um tipo de mulher menos servil e mais mundana. "Muito menos devoção religiosa do que antigamente. Menos confessionário. Menos conversa com as mucamas. Menos história da carochinha contada pela negra velha. E mais romance. O médico de família mais poderoso que o confessor. O teatro seduzindo a mulher elegante mais que a Igreja. O próprio 'baile mascarado' atraindo senhoras de sobrado", escreve Freyre. E Lopes Gama, em "A Mesa de Nossos Avós": "Muitas pessoas, mormente as senhoras do grande tom, trocam a noite pelo dia. Assistem à partida ou baile até uma hora da noite, recolhem-se às suas casas bem fatigadas não menos das danças etc. que do espartilho, lançam-se na cama, dormem até onze horas e meio-dia."

Novas personalidades masculinas e novas situações institucionais foram minando o poder patriarcal do senhor e de sua casa-grande e, por isso mesmo, franqueando perspectivas novas às mulheres ricas. Prossigamos com Freyre, que é o grande estudioso brasileiro do assunto: "O absolutismo do *pater familias* na vida brasileira – *pater familias* que na sua maior pureza de traços foi o senhor de casa-grande de engenho ou de fazenda – foi se dissolvendo à medida que outras figuras de homem criaram prestígio na sociedade escravocrática: o médico, por exemplo; o mestre-régio; o diretor de colégio; o presidente de província; o chefe de polícia; o juiz; o correspondente comercial. À medida que outras instituições cresceram em torno da casa-grande, diminuindo-a, desprestigiando-a, opondo-lhe contrapesos à influência: a Igreja, pela voz mais independente dos bispos, o Governo, o Banco, o Colégio, a Fábrica, a Oficina, a Loja. Com a ascendência dessas figuras e dessas instituições, a figura da mulher foi, por sua vez, libertando-se da excessiva autoridade patriarcal e, com o filho e o escravo, elevando-se jurídica e moralmente."

Outro ponto, nesse processo, foi a superação progressiva da endogamia patriarcal: "Também o casamento de bacharel pobre ou mulato ou de militar plebeu com moça rica, com branca fina de casa-grande, com iaiá de sobrado, às vezes prestigiou a mulher, criando entre nós... uma espécie de descendência matrilinear: os filhos que tomaram os nomes ilustres e bonitos das mães... e não os dos pais. O elemento de decoração social não podia deixar de repercutir moral ou psicologicamente, em tais casos, a favor da mulher." Aspecto, por sinal, que também pode ser lido sob outra luz. Freyre assinala que "foi em grande parte através da mulher branca e fina, sensível ao encanto físico e ao prestígio sexual do mulato... que, durante o declínio do patriarcalismo, se fez, nas próprias áreas aristocráticas e endogâmicas do país, a ascensão do mulato claro e do bacharel ou militar pobre à classe mais alta da sociedade brasileira". Vale dizer, em nome de suas inclinações estéticas e eróticas, as iaiás perturbaram os critérios de casamento até então vigentes, que procuravam bloquear a realização de núpcias interclassistas e interétnicas. Mas é claro que a relação entre os sexos não mudou de vez. Mulheres permaneceram dominadas, oprimidas.

Mas vamos nos aproximar mais da casa institucionalmente pós-escravista e do lar burguês, com sua ideologia de intimidade e conforto domésticos. Na Europa, este lar burguês se manifesta no século XVII – em espaço neerlandês, principalmente – para se consolidar adiante. Mas, ao lado do mundo europeu, cumpre falar do Brasil. Vamos avançar, portanto, seguindo o resumo feito pela equipe de Eugênio de Ávila Lins, no supramencionado guia de arquitetura e paisagem de Salvador, das ilhas e do Recôncavo da Bahia. Avançar no tempo, na dimensão europeia – avançar geograficamente, em direção à Bahia (tratarei da casa burguesa no Rio em seguida). Na dimensão europeia, o século XVIII já exibe a transformação: a partir das últimas décadas daquela centúria, a moradia dos segmentos sociais privilegiados passa a se estruturar sob os conceitos de intimidade, privacidade e conforto. "A absorção destes, intimamente ligados àqueles higienistas, propiciou a criação de um novo modelo de moradia, condicionado aos novos códigos sociais. A ordem da vida privada burguesa passou a ser estabelecida pelos ritos que compartimentam o tempo em espaços apropriados da casa, o que rapidamente se difundiu junto a outros países." Salvador, como outras cidades brasileiras, foi atingida pela maré mudancista. A partir de meados do século XIX, as casas ricas começaram a se concentrar em zonas específicas da cidade e a não mais se erguerem em cima da linha da rua, no limite do lote, mas recuadas em relação à via pública. E procuraram se organizar espacialmente com o propósito de prescindir da mão de obra escrava, então a caminho de ser legalmente extinta. Mas estas mudanças não aconteceram de repente. A moradia burguesa, durante algum tempo, se fez sob o signo da transição, figura contraditória vinculada à modernidade e, ao mesmo, atrelada ao passado colonial.

Interessante notar, neste passo, que a medicina orientou tanto as intervenções realizadas na cidade, quanto as mudanças por que passaram as casas baianas. "A arquitetura passou a ser vista como um instrumento didático do processo de civilização. Neste contexto, a tradicional habitação se prestou a todo tipo de críticas: foi condenada por apresentar limitados e ultrapassados sistemas construtivos, por estar ao rés do chão, em direto contato com os miasmas, por não possuir iluminação e aeração satisfatórias e, principalmente, por falta de espaços exclusivos para o desenvolvimento das diferentes funções. Muitas das recomendações médicas relativas à habitação, feitas no período, podem ser comparadas a verdadeiros manuais de construção, nas quais constam desde os procedimentos para a escolha do sítio, o dimensionamento das fundações e paredes, até os materiais que deveriam ser empregados, engrossando a pressão da aculturação com o modelo europeu." E ainda, sempre com relação à Cidade da Bahia: "Os novos programas, exigidos pelos novos rituais da vida doméstica, desenvolveram um zoneamento da casa, definindo três partes básicas: os espaços de representação, de recepção, que são privilegiados na composição arquitetônica; os espaços de intimidade, que passam a ser isolados daqueles alheios ao núcleo doméstico, geralmente situados em outro pavimento; e os espaços de serviço, que se distanciam da área social, sendo incorporados de forma mais racional à moradia. As residências – acrescidas, por vezes, de sala de bilhar, *fumoir*, gabinetes ou escritórios e outros elementos que tornavam complexo seu programa – passaram a receber várias denominações que informavam o status de seus proprietários no espaço urbano, como vilas, mansões, palacetes ou solares. Todas estas transformações sugerem uma curiosa dialética entre as idealizações burguesas de então e um cotidiano ainda impregnado das práticas herdadas do período colonial." Note-se ainda, de passagem, que, com a ação do arquiteto italiano Rossi Baptista e do engenheiro também italiano Filinto Santoro, que fez na cidade coisas tão diversas quanto a avenida Oceânica e o prédio do Corpo de Bombeiros, a arquitetura na Bahia, durante as primeiras décadas do século XX, não foi exatamente baiana. Mas, em boa parte, italiana. E de cariz eclético.

De todo modo, nenhuma mudança foi radical. Nem poderia ser. Como toda a humanidade come, dorme e faz sexo, as casas permanecem estruturalmente semelhantes. Em nosso século XIX, mudou certamente o programa das atividades cotidianas dos moradores, alterando assim o partido arquitetônico. Mas, afora gabinetes, *fumoir* e outros acréscimos de luxo, o zoneamento da casa, no essencial, permaneceu. A casa bandeirista não era também dividida em três espaços básicos – de recepção (a faixa da frente), de intimidade (alcovas, quartos, varanda de jantar) e de serviço? A diferença maior, até onde vejo, estaria no afastamento dos escravos (que logo não mais existirão) e no cultivo, mais confortável, da privacidade das pessoas dentro do próprio espaço interno das casas. Este é o traço distintivo: privacidade. Assume o centro do palco, assim, o individualismo moderno.

15. A CASA BURGUESA NO RIO DE JANEIRO

Casa nobre ou já casa burguesa – desde que será habitada tanto por baronesas quanto por empresários e membros da alta burocracia estatal. Podemos nos aproximar dela seja através de estudos analíticos ou interpretativos da vida brasileira, seja por meio de nossa criação literária oitocentista. Porque entre nós esta casa ou lar burguês, embora venha se esboçando desde um pouco antes, é principalmente um produto do século XIX. E é interessante notar que, no caso do Rio, a "casa nobre" será sempre bem mais rural do que urbana. Não o sobrado central de muitos andares dos senhores escravistas do século XVIII (frise-se, aliás, que "casa de sobrado", no Rio como em São Paulo, é casa de porte médio, com frente sempre bem estreita, habitada pelo estrato médio da população, não o imponente sobrado senhorial da Bahia, de Pernambuco ou de Minas Gerais), mas a casa ampla e sólida plantada numa chácara distante do centro da cidade.

Em *Populações meridionais do Brasil*, Oliveira Viana observa que a "nata social" do Rio de Janeiro, nos séculos XVIII e XIX, "vive no retiro das belas chácaras afazendadas, nesses recantos umbrosos, por onde se estende atualmente [o texto é de 1918] a casaria de nossos bairros e subúrbios". Um dos locais então mais apreciados para moradia era a praia de Botafogo. Outros arrabaldes estimados pelos ricos e poderosos eram o Catete, as Laranjeiras, o Engenho Velho, a Ponta do Caju, o Catumbi, São Cristóvão. Enfim, lugares que ficavam afastados da cidade, à qual se ia a cavalo ou em carruagens. Diante do quadro, Oliveira Viana pode até tentar defender a sua tese de que, ao alvorecer do século XIX, "o sentimento da vida rural" estava "perfeitamente fixado na psicologia da sociedade brasileira: a vida dos campos, a residência nas fazendas, a fruição do seu bucolismo e da sua tranquilidade se tornam uma predileção dominante da coletividade". Mas a verdade é que Viana carregava consigo uma crença que esbarrava em fatos: a crença de que o ruralismo é "o traço fundamental da nossa psicologia nacional". De que o "instinto urbano" não está na índole do brasileiro. Mas a tese é descartável. Em boa parte, coisa de menino de fazenda, que fecha os olhos à nossa história citadina (o Brasil nasceu urbano!), como se fosse possível apagar Salvador e o Recife do horizonte colonial, ou esquecer que os centros de nossas cidades, naquele século XIX, eram não só espaço de trabalho, burburinho de comerciantes e artesãos, como lugar de moradia para pessoas de média e baixa renda. E que chácara era coisa de gente rica.

No seu *Quadro da arquitetura no Brasil*, Nestor Goulart coloca em seus devidos lugares os termos rural e urbano: "Um outro tipo característico de habitação do período colonial era a chácara. Situando-se na periferia dos centros urbanos, as chácaras conseguiam reunir às vantagens dessa situação as facilidades de abastecimento e dos serviços das casas rurais. Solução preferida pelas famílias abastadas, ainda no Império e mesmo na República, a chácara denunciava, no seu caráter rural, a precariedade das soluções da habitação urbana da época. O principal problema que solucionava era o do abastecimento. Durante todo o período colonial e, em parte, até os dias atuais, as tendências monocultoras de nosso mundo rural contribuíram para a existência de uma permanente crise de abastecimento nas cidades. Assim sendo, as casas urbanas tentavam resolver em parte o problema, por meio de pomares, criação de aves e porcos ou do cultivo da mandioca e de um ou outro legume. Soluções satisfatórias eram porém conseguidas somente nas chácaras, as quais aliavam, a tais vantagens, as da presença de cursos d'água, substitutos eficientes para os equipamentos hidráulicos inexistentes nas moradias urbanas. Por tais razões, tornaram-se as chácaras habitações características de pessoas abastadas, que utilizavam as casas urbanas em ocasiões especiais. Mesmo os funcionários mais importantes e os comerciantes abastados, acostumados ao convívio social estreito e permanente, característico de suas atividades, cuidavam de adquirir, sempre que possível, chácaras ou sítios, um pouco afastados, para onde transferiam suas residências permanentes. Porém, o afastamento espacial em que ficavam os moradores das chácaras em relação às cidades e vilas era considerado como medida de conforto e não como um desligamento daqueles centros. Pelo contrário, o tipo de atividade econômica por eles desenvolvida deveria caracterizá-los como participantes da economia urbana. Além disso, as áreas, às vezes maiores, daquelas propriedades, não correspondiam a atividades econômicas especificamente rurais."

Estávamos então, como se tornou praxe dizer, em pleno processo de *reeuropeização* do Brasil. E esta reeuropeização, obviamente, chegaria às casas das famílias que viviam num mundo de riqueza material. O próprio gosto por mansões cercadas de árvores na periferia da cidade é visto, por diversos estudiosos, no terreno desta reeuropeização, como reflexo tropical dos casarões de subúrbio que se foram erguendo em cidades inglesas, ao longo dos desdobramentos da Revolução Industrial. Exceção, nesse ponto, é Goulart Reis, que via na chácara oitocentista uma continuação de velha prática dos tempos coloniais – e o belo Solar do Unhão, na Bahia, lhe daria um sólido argumento para tal afirmação. De todo modo, se a escolha da casa de chácara acaso vinha agora por influência inglesa, esta casa, internamente, tendia a se afrancesar na decoração. Na verdade, era acirrada na época a concorrência entre móveis ingleses e franceses (por sinal, a palavra então usada para designar móveis era "trastes"; falava-se dos belos trastes de uma casa, por exemplo). Maria Beatriz Nizza da Silva: "É sobretudo a partir de 1816 que as modas europeias começam a impor-se no Rio de Janeiro em matéria de mobiliário e decoração. Freycinet [*Voyage autour du Monde*, 1825] comenta a introdução de móveis elegantes, como consoles, pianos, mesas de jogo, e o uso de lustres e candelabros nas casas opulentas." A iluminação de uma casa era então elemento de distinção social.

As casas ricas do Rio, naquela época, tiveram sua vida inteiramente modificada pela introdução de novas formas de iluminação. De dia, com o emprego relativamente mais generalizado do vidro; portas e janelas envidraçadas. De noite, com a substituição das antigas velas por novos aparelhos de iluminação artificial. Em sua *História da casa brasileira*, Carlos Lemos escreve: "Essa luz noturna mudou os hábitos caseiros, os horários. Propiciou a chamada tertúlia, quando os membros da família permaneciam à volta da mesa, a refeição terminada, jogando, lendo, costurando, ouvindo música. Assim, o próprio programa de necessidades alterou-se porque já se manifestava uma certa 'civilidade' moderna que permitia o acesso de estranhos a essas reuniões já não mais íntimas. A verdade é que a luz abriu as salas de jantar, as 'varandas', às visitas – os jantares 'sociais' tornando-se moda a partir daí." Na verdade, no dia em que fizermos uma sociologia da luz artificial no Brasil, dos candeeiros às lâmpadas elétricas, uma parte substancial do estudo deverá ser dedicada à iluminação doméstica, que transformou radicalmente a vida em nossas casas. Do lado de fora da mansão oitocentista, todavia, já não importavam trastes ou luzes: a conversa era com o mundo natural. Criavam-se animais, plantava-se à vontade, nas chácaras cariocas. Não vou falar de animais agora. Fica para outra oportunidade. Porque o que me interessa, de momento, era a mistura de vegetação que então vigia nas chácaras. Plantas nativas misturavam-se com plantas europeias, asiáticas ou africanas já devidamente aclimatadas. Flores iam-se abrindo ao encontro de frutas e legumes, na convivência de boa vizinhança entre jardim, horta e pomar. Enfim, os jardins das casas brasileiras começaram mais improvisados e irregulares. Mais livres, talvez mais alegres – sem a rigidez do jardim francês, "cartesiano".

E eram jardins imensos, quase parques particulares, como diz o Gilberto Freyre de *Sobrados e mucambos*, "confraternizando com a horta, emendando com a baixa de capim, com o viveiro de peixe, com o vasto proletariado vegetal de jaqueiras, araçazeiros, cajueiros, oitizeiros, mamoeiros, jenipapeiros". Daí que o estudioso vislumbre ali um esboço de paisagismo brasileiro – "verdadeiras criações brasileiras de arquitetura paisagista". Ao que podemos acrescentar: aquele seria o solo do qual brotaria no futuro, em meados do século seguinte, com toda a sua exuberância multicolorida, com sua áspera explosão de cores, a paisagística de Burle Marx. Mas não vamos apressar o passo, lendo a história ao revés. O que triunfou ali primeiramente, nas chácaras ricas do Rio de Janeiro, não foi uma estética vegetal dos trópicos. Foram jardineiros franceses, trazendo plantas exóticas para cá. Como as roseiras, por exemplo. Nestor Goulart: "É nesse processo [de reeuropeização] que têm origem os primeiros jardins, onde se procurava, por todos os meios, reproduzir a paisagem dos países de clima temperado. Entregues em geral aos cuidados de jardineiros franceses, continham apenas árvores e flores europeias. Exceção faziam apenas às palmeiras imperiais, sempre dispostas em alas, copiando as do Jardim Botânico do Rio de Janeiro, por intermédio das quais se criava um verdadeiro símbolo de identificação com a Corte e de participação na chamada nobreza do Império." Impôs-se aí, é claro, a separação hierárquica entre jardim, pomar e horta. Dispuseram-se as flores em canteiros regulares – flores que pareciam ter "medo da polícia", como diria Fernando Pessoa, num de seus versos mais conhecidos.

Mas, como disse no início deste tópico, boa parte das informações e descrições, que encontramos em estudiosos do assunto, haviam já se gravado na ficção literária brasileira do século XIX. Em Machado de Assis, por exemplo, que pode ser visto, sob este aspecto, como o romancista do momento final de consolidação da casa ou do lar burguês no Brasil. É certo que em suas criações, de *Ressurreição* (1872) ao *Memorial de Aires* (1908), não ficamos sabendo muito acerca da casa e da cidade, em sua fisicalidade arquitetônica ou em sua materialidade urbana. Machado é sempre mais psicológico do que arquitetural ou urbanístico. Está sempre voltado, mais do que em direção a qualquer outra coisa, para o relacionamento entre homem e mulher, com seus tesões adúlteros. De um ponto de vista, aliás, muito bem definido, como sublinhou Luciana Stegagno Picchio, em sua *História da literatura brasileira*: "Na dialética homem-mulher, que é a única que interessa a Machado de Assis (mas, diria, mais como fato de condicionamento social do que como choque de paixões: o eu profundo determinado pelo eu social, problema decididamente pós-romântico), quem vence é sempre a mulher: mas só porque detentora de uma quase animalesca amoralidade que motiva todas as suas ações com uma ingenuidade ancestral e perturbadora." De qualquer modo, esses encontros e confrontos ocorrem no espaço da casa. Mas não entre as quatro paredes de um sobradinho ou de uma modesta casa térrea. Machado é o romancista das casas sólidas, espaçosas e ricas das chácaras da periferia do Rio de Janeiro. Casas de muitos e largos cômodos, com decoração afrancesada e escadas de pedra dando para o jardim. Como a de Dona Eusébia e da Vênus Manca, no *Brás Cubas*.

Enfim, Machado sugere um autor campestre que eventualmente vai à cidade. Seus personagens vivem nas Laranjeiras, no Catumbi, na Tijuca, no Andaraí, em Santa Teresa etc., todos espaços então periféricos, afastados do centro. É o Rio onde as pessoas passeavam a cavalo por Santa Teresa e caçavam na Tijuca, como Brás Cubas com a sua espingarda. Já em *Ressurreição*, fala-se da vida "semiurbana, semissilvestre" das Laranjeiras. Em *A mão e a luva*, Luís Alves mora numa chácara na praia de Botafogo. Em *Iaiá Garcia*, a mocinha reside em Santa Teresa. Etc. *Brás Cubas*, obra-prima da criação textual brasileira, representa uma virada literária, mas não traz qualquer mudança na visão machadiana do Rio. Continuamos longe do bulício do centro. O próprio Brás Cubas mora numa chácara no Catumbi. Em *Dom Casmurro*, topamos com uma referência à moda dos jovens de ir namorar a cavalo. O Rio – mesmo – fica distante: é "a cidade". E a praia aparece mais do que o paço. Praia de Botafogo, do Flamengo, da Glória. Em *A mão e a luva*, Botafogo é lugar de marés, casas e chácaras – lugar do mar batendo compassadamente na praia e do sol batendo "de chapa nas águas tranquilas e azuis". E ainda, mas agora no *Quincas Borba*: "A lua estava então brilhante; a enseada, vista pelas janelas, apresentava aquele aspecto sedutor que nenhum carioca pode crer que exista em outra parte do mundo." O mar é prezadíssimo como objeto de contemplação estética. A vista para o mar valoriza ao extremo uma casa.

Às virtudes da rua, Machado preferiu sempre os vícios caseiros. E, dentro da chácara, retrata os ricos. O recorte social é claro. Machado é o romancista da classe dominante. Focaliza invariavelmente pessoas que ocupam "elevado lugar na sociedade". Pessoas ricas de nascimento ou que conheceram o caminho da ascensão social, via herança ou pelo talento para os negócios. Mas, sempre, gente rica. E uma gente que, salvo pouquíssimas exceções, mais sugere um bando de ociosos, passeando dentro das chácaras, entregando-se a jogos de salão como o voltarete ou o xadrez, curtindo bailes e saraus, lendo romances, indo ao teatro. O trabalho é coisa praticamente desconhecida nesse meio, onde a política é vista como uma carreira entre outras, um mandato equivalendo a um título, coisa mais de "coluna social" que de reflexão ideológica. E todos celebrando e brindando em suas chácaras. Machado, de resto, foi criado numa delas. Mas eis o detalhe importante: ele retrata o ambiente físico em que foi criado, não a sua situação real de menino pobre dentro desse ambiente físico. Recalcava o que viveu, desprezava os pobres, nunca achou que a miséria pudesse lhe render mais do que dois dedos (magros) de prosa. Fala de escravos, mas sem o zum-zum-zum dos sobrados de Gilberto Freyre. Nesse caso, os tempos são outros. A casa burguesa oitocentista não é o sobrado setecentista. Exclui-se da intimidade quem não faz parte da família nuclear. Mas não é só. O que vemos no romance machadiano são escravos quase fantasmais, confinados a seus cantos. Salvo raríssimas exceções, como a do escravo Vicente em *Helena*; a do preto de *Iaiá Garcia*, com suas cantilenas ao som da marimba; ou a de Prudêncio, escravo que, alforriado, se torna dono de escravo, em *Brás Cubas*.

Na verdade, na segunda metade do século XIX, o sistema escravista achava-se já condenado. A partir do fim do tráfico negreiro, em 1851, o declínio e o desaparecimento do escravismo estavam decretados. É claro que ainda haveria muita luta pela frente – Joaquim Nabuco, Luiz Gama e a Ordem dos Caifazes que o digam. Mas Machado nunca quis saber disso. É difícil imaginar que ele, descendente de escravos, não sentisse nada quando colocava na boca de um senhor branco a expressão "mandamos lá um preto" fazer isso ou aquilo. Mas, se sentia, nada nos diz. O que vemos no seu romance são as coisas correndo normalmente, com um escravo que já é o escravo do fim do escravismo, escravos que mais parecem empregados domésticos com carteira assinada. Porque o que conta mesmo, nesses textos, é a realidade, a ambiência do lar burguês, com um novo sentido de casa e da intimidade doméstica. Casa idílico-burguesa, como foi dito, espaço mais íntimo e reservado, onde, apesar de normalmente franqueadas, mesmo a visita de pessoas amigas, ao menos em princípio, não deveria ser feita de surpresa, sem convite ou aviso prévio. Veja-se *Helena*, por exemplo, onde a casa é explicitamente lar burguês: "Helena pareceu-lhe naquela ocasião, mais do que antes, o complemento da família. O que ali faltava era justamente o gorjeio, a graça, a travessura, um elemento que temperasse a austeridade da casa e lhe desse todas as feições necessárias ao lar doméstico."

Não é que a cidade não exista para Machado. É que toda cidade é feita de várias e Machado se ocupa somente de uma delas: a cidade dos ricos. É certo que seus personagens se encontram na rua do Ouvidor ou na dos Ourives. Passam pelo largo do Machado e pelo Passeio Público, com seu terraço para o mar. Tomam sorvete no Carceler, comem no Hotel

Pharoux etc. Mas, por assim dizer, essas ruas não falam. Menos ainda o fazem as ruas de áreas residenciais do subúrbio. Aqui, vive-se vida de família, encerrada na concha do lar. É completamente diferente do que se vê no morro do Castelo, onde mora Bárbara, a cabocla vidente de *Esaú e Jacó*. Lembre-se da cena de abertura do livro, nota insólita na ficção machadiana, quando Natividade e Perpétua saem de Botafogo para uma consulta com Bárbara, subindo o morro pelo lado da rua do Carmo. "A manhã trazia certo movimento; mulheres, homens, crianças que desciam ou subiam, lavadeiras e soldados, algum empregado, algum lojista, algum padre, todos olhavam espantados para elas", escreve Machado. E ainda há uma crioula que pergunta a um sargento: "Você quer ver que elas vão à cabocla?". Nem parece que estamos lendo um romance de Machado de Assis. Porque é esta a cidade em direção à qual ele nunca demora o seu olhar. Penso, aliás, que no *Dom Casmurro* a cidade tem talvez uma presença mais forte e mais nítida do que nos demais romances machadianos, com cenas como aquela em que todos os veículos param, os passageiros descem à rua e tiram o chapéu, até que passe o coche imperial, carregando o imperador que vinha da Escola de Medicina.

Sim: Machado é o romancista do Rio. Por sinal, o contraste que ele costuma assinalar, mesmo que não o examine, não é simplesmente entre a cidade e o campo. Vem com uma sobrecarga simbólica: é entre *a corte* e *a roça*. "Romancista do Rio", ok – mas podemos ser mais precisos. Em matéria de geografia urbana, Machado é o romancista da expansão rica do Rio, na segunda metade do século XIX. Concentra-se nos sítios privilegiados de uma cidade que apresenta, pela primeira vez em sua história, um desenho marcado pela segmentação socioespacial. "Só a partir do século XIX é que a cidade do Rio de Janeiro começa a transformar radicalmente a sua forma urbana e a apresentar verdadeiramente uma estrutura espacial estratificada em termos de classes sociais. Até então, o Rio era uma cidade apertada, limitada pelos morros do Castelo, de São Bento, de Santo Antônio e da Conceição. [...]. A falta de meios de transporte coletivo e as necessidades de defesa faziam com que todos morassem relativamente próximos uns aos outros, a elite local diferenciando-se do restante da população mais pela forma-aparência de suas residências do que pela localização das mesmas. No decorrer do século XIX assiste-se, entretanto, a modificações substanciais tanto na aparência como no conteúdo da cidade", informa Maurício de A. Abreu, em *Evolução urbana do Rio de Janeiro*. Por volta de 1850, a cidade era já outra. As classes sociais se separaram no espaço urbano, com os mais ricos deixando o amontoado da zona central e – graças à ação seletiva do poder público na abertura e manutenção de caminhos que atendiam a seus interesses – se instalando em mansões na periferia do núcleo citadino. Esta expansão não para ao longo de toda a segunda metade do século, mantendo sempre a sua característica essencialmente segregadora. E, logo em inícios da década de 1870, vai ver surgir o seu esplêndido romancista: Machado de Assis.

De outra parte, Machado não procura recriar esteticamente pelo menos duas coisas: a cidade nos seus bairros centrais, nos seus segmentos mais populosos – e a pobreza. E uma coisa implica a outra: quem vive então nos bairros centrais do Rio são os remediados e pobres, como a turma de vadios e crianças que segue o delirante Rubião, no *Quincas Borba*. A arraia miúda não era digna do olhar machadiano. Machado não quis recriar sequer a vida que ele mesmo viveu na infância e na juventude, vida de mulato pobre (e sem graça) no Rio de Janeiro. Porque o Rio era já então uma cidade de mulatos eloquentes, sensuais e vívidos, entre os batuques ensolarados ou chuvosos do samba e da macumba. Mas este nunca foi o seu mundo. Sua mulatice era recalcada, sinônimo de amargura e ressentimento. E ele sempre escreveu como se fosse branco de traços finos. Já em *Ressurreição*, fala das "feições corretas" da personagem, que era branca e tinha a pele pálida e lisa. Ou seja: mesmo que não quisesse se olhar no espelho, achava-se, embora fingisse que não, portador de traços grosseiros, recobertos por uma pele horrivelmente escurecida. Ao falar da Guiomar de *A mão e a luva*, diz coisas que adoraria que fossem ditas a propósito dele mesmo: "Ninguém adivinharia, nas maneiras finamente elegantes daquela moça, a origem mediana que ela tivera; a borboleta fazia esquecer a crisálida." No caso dela, a fortuna emendara "o equívoco do nascimento". No dele, a literatura se encarregaria disso, até onde fosse possível. E olha que Guiomar nem mulata era. Ao passo que Machado era amarronzado, ainda que ariando e arianizando o espírito, estudando alemão no chalé do Cosme Velho. Mas ele jamais se olharia de frente. Era o rei da esquiva, do negaceio, da enganação, do drible. Neste sentido, até entendo que possa ter sido nosso capoeirista-mor.

Mas voltemos aos prédios. Em meio ao desfile de casas ricas, habitações menos luxuosas são raras exceções. (Curiosidade: Machado só emprega uma vez, em seus romances, a palavra "arquiteto"; é no *Quincas Borba*, quando o marido de Sofia, comerciante sem caráter, resolve construir um "palacete" em Botafogo.) Uma delas é o sobradinho onde mora a família de Capitu. Outra é "a casinha da Gamboa", que Brás Cubas e Virgília montam para a sua aventura amorosa. Mas a casinha é escolhida justamente para ninguém desconfiar de que pessoas ricas como eles possam frequentá-la. É um disfarce, um esconderijo. Mas para conhecer essas casas – e as pessoas que nelas viviam – Machado jamais seria o guia indicado. Não nos esqueçamos de que Bentinho-Dom Casmurro, olhando de sua casa da Glória para o mar, vai contando a Capitu a história do Rio: "... passávamos as noites à nossa janela da Glória, mirando o mar e o céu, a sombra das montanhas e dos navios, ou a gente que passava na praia. Às vezes, eu contava a Capitu a história da cidade". Mas não seria uma história geral da cidade. Como a própria personagem diz, no começo do livro, um de seus projetos de velhice foi escrever uma "História dos Subúrbios". Claro: história da cidade, para Bentinho, era a história dos subúrbios. A narrativa da periferia rica do Rio de Janeiro oitocentista. Machado nunca se concentrou na narrativa dos espaços centrais da cidade. Não surpreende, por isso mesmo, que, diante das transformações operadas no horizonte citadino do Rio, ele distinga principalmente os meios de transporte que aceleraram a mobilidade para os subúrbios. E menos ainda surpreende que ele tenha passado ao largo da obra do prefeito Pereira Passos, da execução do grande programa de reforma urbana do Rio de Janeiro, que aconteceu entre a publicação de *Esaú e Jacó*, em 1904, e a do *Memorial de Aires*, em 1908.

Para se ter uma ideia do que nosso romancista maior deixou de abordar, encerrado no chalé do Cosme Velho, podemos recorrer a Mary C. Karasch, em *A vida dos escravos no Rio de Janeiro (1808-1850)*, e a Oliveira Lima, em *D. João VI no Brasil*. Mary destaca sempre que os escravos residentes em chácaras eram, apesar de tudo, altamente privilegiados, em matéria habitacional, quando comparados aos que moravam em casas de senhores localizadas na área central da cidade. O problema era o isolamento compulsório. "Os escravos domésticos viam-se então vivendo em meio a jardins e pomares, diante de belas praias. Embora o cenário melhorasse, especialmente ao longo da praia de Botafogo, à sombra do magnífico Corcovado, os escravos perdiam as amenidades urbanas da vida nas ruas, até que cada subúrbio desenvolvesse seu próprio estilo urbano. [...]. A dispersão da população escrava até um ponto distante como a Lagoa tornava a interação social entre os escravos mais difícil, uma vez que quem vivia na Lagoa não podia mais frequentar suas igrejas no centro do Rio", escreve a estudiosa. De qualquer sorte, havia grandes vantagens no isolamento. Entre outras coisas, os escravos podiam construir cabanas independentes, ganhando muito em privacidade. Além de criar galinhas, por exemplo, ou de cultivar um minipomar em torno de sua choça. Mas o que de mais interessante Machado deixa de lado é, para lembrar a expressão de Oliveira Lima, "o espetáculo das ruas". Ruas que exibiam levas de ciganos. Onde circulavam estrangeiros de origens várias, entre ingleses e portugueses, passando por nossos vizinhos do Prata. Mas, principalmente, ruas de pretos e mulatos. Ruas "concorridas, alvoroçadas e barulhentas". Ruas onde se via "o incessante movimento popular de negra algazarra e negra alegria". Ruas onde vicejava "o carnaval perpétuo dessa cidade". Ruas do Rio.

16. A CASA BURGUESA E SEU AVESSO

O *lar burguês* aconteceu na Europa já no século XVII. Era uma nova concepção no modo espaçotemporal de viver a casa, que os estudiosos dizem ter começado a se configurar, de fato, no século XVII, embora o processo viesse já desde a voga do individualismo renascentista, que manifestou preocupações com a questão da privacidade. De qualquer sorte, em termos ocidentais, ao menos, o desenvolvimento pleno da vida privada é característica própria dos tempos modernos. Ensaios nessa direção se avolumaram no *seicento*, em Londres, Kristiania (atual Oslo), Paris. Daí que, em *Home*, Witold Rybczynski diga que é difícil apontar uma só cidade onde a ideia de *family home* tenha aparecido com clareza, pela primeira vez, na consciência social. Mas, se tivesse de nomear um lugar, prossegue o estudioso, seria a Holanda seiscentista, então vivendo seu "século de ouro", sob o signo de Rembrandt e do grande comércio. Distinguira-se já entre local de trabalho e lugar de morar, arquivando a mistura medieval dessas coisas. Mais: os cômodos das casas foram assumindo funções específicas, também longe das superposições residenciais da Idade Média. Em meados do século XVII, diz Rybczynski, começara a subdivisão funcional da casa em atividades diurnas e noturnas – e a subdivisão espacial em áreas formais e informais. Era já uma casa que abrigava poucas pessoas, média de quatro a cinco moradores. E aparecia, rigorosamente, como unidade familiar, acolhendo um casal e suas crianças. Coisa impensável sem a importância que a família e a vida familiar assumiram na sociedade neerlandesa de então. Em *A Holanda no tempo de Rembrandt*, Paul Zumthor observou: "Qualquer que seja a sua condição, o neerlandês nutre por sua casa um verdadeiro amor. Para o homem, tão econômico que beira a avareza, a arrumação da casa é a única ocasião lícita de despesas faustosas. Quanto à mulher, consagra totalmente sua vida à casa. A casa é o lar, o templo da família, que por sua vez constitui o centro da existência social." E esta força da formação familiar não existiria se a mulher não dominasse a vida interna da casa, no âmbito da burguesia neerlandesa.

Não fosse, de fato, a rainha do lar, conferindo-lhe o desenho inicial da domesticidade moderna.

Em nossas latitudes tropicais, as coisas demoraram a acontecer. Claro: o Brasil seiscentista era uma sociedade escravocrata. E assim continuou pelo século XVIII e ainda ao longo de quase todo o século XIX, quando se deu o "aburguesamento" do país. Florestan Fernandes examinou esta emergência da ordem social competitiva entre nós, num livro intitulado justamente *A revolução burguesa no Brasil*. Em nosso meio, não só as coisas aconteceram tardiamente, em comparação com o que se deu nos centros avançados do mundo, como ocorreram de maneira bastante singular, via sucessivas metamorfoses internas na velha sociedade senhorial, que levaram à formação e afirmação da figura do fazendeiro-homem de negócios (o senhor rural que se urbanizou e entrou na roda-viva comercial e financeira das cidades) e dos agentes ativos do chamado "alto comércio". Foram fundamentais, nessa caminhada para a configuração local de uma economia de mercado, a conquista da autonomia política nacional em 1822 e a desintegração final do sistema escravista, algumas décadas depois.

Para Florestan, 1822 significou a primeira grande revolução social brasileira. E ele está certo. Com a decretação da Independência foi que realmente ingressamos, mesmo que de modo subordinado, "dependente", no jogo da economia e da política mundiais, quando, até então, quem falava por nós no mundo era a metrópole lusitana. E, ao liquidar o sistema colonial e nos dar a direção de nossos rumos, a virada autonomista abriu caminho para a consolidação de um novo mundo social, econômico, político e cultural em nossos trópicos. A segunda – e maior – revolução social brasileira foi a Abolição da escravidão em 1888, quando liquidamos um regime que imperava entre nós desde pelo menos meados do século XVI. Nos dois casos, por sinal, poderíamos ter mergulhado em tempos de violência e morticínio. No primeiro, isto só não aconteceu por conta da impotência do poder lisboeta – e não por uma qualquer programação passiva ou pacífica do "partido brasileiro". Mas o que tivemos, em que pese toda a sua importância, foi uma *revolução conservadora*, que preservou a Monarquia, sustentou a casa de Orléans e Bragança no topo do regime e garantiu a continuidade da escravidão. No segundo, quase chegamos às famosas vias de fato. Beiramos a guerra civil.

Em "Geopolítica da Mestiçagem", de Luiz Felipe Alencastro, lemos: "Nem o mais arguto analista conseguiria então prever os desdobramentos do conflito. Tudo poderia ter acabado num enfrentamento generalizado entre fazendeiros, capangas, polícia, brancos pobres e imigrantes aterrorizados, de um lado, contra abolicionistas, negros livres e cativos desesperados, de outro. No final desse 'pega pra capar' em escala nacional, o exército entrava de sola, instaurando a via brasileira para o *apartheid*, teorizada pelos 'racistas científicos' que ensinavam nas academias do pedaço." Também aqui, o pensamento abolicionista mais profundo e radical, tal como formulado por Joaquim Nabuco, por exemplo, foi neutralizado e esquecido. Nova vitória conservadora. Que Florestan atribui, por sinal, à nossa incipiente burguesia urbana, sob o comando do fazendeiro-homem de negócios: "Foi nas cidades de alguma densidade e nas quais os círculos 'burgueses' possuíam alguma vitalidade que surgiram as primeiras tentativas de desaprovação ostensiva e sistemática das 'desumanidades' dos senhores ou de seus prepostos. Também foi aí que a desaprovação à violência se converteu primeiro em defesa da condição humana do escravo ou do liberto e, mais tarde, em repúdio aberto à escravidão e às suas consequências, o que conduziu ao ataque simultâneo dos fundamentos jurídicos e das bases morais da ordem escravista. Por fim, desses núcleos é que partiu o impulso que transformaria o antiescravismo e o abolicionismo numa revolução social dos 'brancos' e para os 'brancos': combatia-se, assim, não a escravidão em si mesma, porém o que ela representava como anomalia, numa sociedade que extinguira o estatuto colonial, pretendia organizar-se como nação e procurava, por todos os meios, expandir internamente a economia de mercado."

Vale a pena ler outra passagem de Florestan sobre este tema – a transformação do abolicionismo em terreno de móveis econômicos buscando definir e consolidar, nacionalmente, uma determinada situação de mercado –, já que a ação de neutralização do discurso nabuquiano, em si mesma, é assunto ainda hoje pouco destacado nos estudos brasileiros. Em síntese, nosso sociólogo enfatiza que, no processo histórico da revolução burguesa no Brasil, a atuação do fazendeiro-homem de negócios apresentou "dois momentos culminantes", dos quais nos interessa, neste passo, apenas o primeiro. A saber: "O primeiro manifesta-se no período em que a desagregação da ordem senhorial ameaçava converter a extinção da escravidão numa convulsão social incontrolável e revolucionária. Esse desenlace foi impedido, no plano político, graças à orientação prática, assumida na conjuntura pelos fazendeiros 'homens de negócio'. Opondo-se à miopia dos donos de escravos que se identificavam, material e moralmente, com o status senhorial, procuraram solapar as bases do movimento abolicionista e extrair dele o seu sentido revolucionário. Em menos de três anos, absorveram a liderança política das medidas que concretizariam os ideais humanitários desse movimento, neutralizando-o social e politicamente, e tiraram do que poderia ter sido uma 'catástrofe para os fazendeiros' todas as vantagens econômicas possíveis. Com isso, esvaziaram a *revolução abolicionista* de significado político e de grandeza humana. O escravo sofreria uma última e final espoliação, sendo posto à margem sem nenhuma consideração pelo seu estado ou por seu destino ulterior. Em compensação, garantiam-se à grande lavoura condições favoráveis para a substituição do trabalho escravo e para salvar, na ordem social competitiva, suas posições dominantes nas estruturas do poder econômico e político." Enfim, uma tremenda astúcia classista – por uma classe que tinha força para transmudar suas astúcias em práticas vitoriosas.

Devemos salientar ainda que a projeção gradual desta nova classe burguesa, destronando os senhores rurais, tem de ser vista em conexão com a realidade também nova do nosso mundo citadino no século XIX. A revolução burguesa foi, de fato, um processo indissociável da expansão das cidades e do crescimento e diversificação da economia urbana brasileira. Como diz o já tão citado Florestan, o aumento quantitativo e a diferenciação interna do núcleo burguês, na "típica cidade brasileira do século XIX", são fenômenos que se vinculam "ao crescimento do comércio e, de modo característico, à formação de uma rede de serviços inicialmente ligada à organização de um Estado nacional mas, em seguida, fortemente condicionada pelo desenvolvimento urbano". Já abordei o tema diversas vezes: a segunda metade do século XIX foi realmente um período digno de nota na história da cidade no Brasil. Período de crescimento populacional, complexificação econômica, maior peso político-administrativo, incremento migratório, expansão da oferta de serviços e modernização urbanística e tecnológica. Aliás, no escrito "Urbanização no Brasil no Século XIX", incluído no volume *Da Monarquia à República: momentos decisivos*, Emília Viotti da Costa registra um forte reflexo da nova realidade citadina em nossa vida política: "Surgem os primeiros comícios urbanos. A propaganda política deixou os teatros e salões de banquetes, onde até então se confinara, para dirigir-se às massas nas ruas e praças públicas, prenunciando novos tempos. Abolicionistas e republicanos, pela primeira vez, dirigem-se ao povo nas praças públicas."

Finalmente, para melhor compreensão do quadro, é importante assinalar que a revolução burguesa, no Brasil, não foi um episódio, um evento histórico espetacular ou estrondoso em nosso horizonte tristetropical, mas um processo relativamente longo e cheio de idas e vindas. Um processo de "absorção de um padrão estrutural e dinâmico de organização da economia, da sociedade e da cultura", quando realmente negritamos nosso pertencimento à chamada "civilização ocidental". Nesse caminho, tivemos a transformação de boa parte dos senhores rurais em homens citadinos e a formação de novos tipos urbanos, sem possuir nem cultivar maiores laços com o campo ou o código ético senhorial, que glorificava a posse fundiária como fonte de nobreza-riqueza e desprezava, por vil, o comércio. Sobre a urbanização progressiva do senhor rural, Florestan comenta: "À medida que se intensifica a expansão da grande lavoura sob as condições econômicas, sociais e políticas possibilitadas pela organização de um Estado nacional, gradualmente uma parcela em aumento crescente de 'senhores rurais' é extraída do isolamento do engenho ou da fazenda e projetada no cenário econômico das cidades e no ambiente político da corte ou dos governos provinciais. Por aí se deu o solapamento progressivo do tradicionalismo, vinculado à dominação patrimonialista, e começou a verdadeira desagregação econômica, social e política do sistema colonial. Essa porção de senhores rurais tendeu a secularizar suas ideias, suas concepções políticas e suas aspirações sociais; e, ao mesmo tempo, tendeu a urbanizar, em termos ou segundo padrões cosmopolitas, seu estilo de vida, revelando-se propensa a aceitar formas de organização da personalidade, das ações ou das relações sociais e das instituições econômicas, jurídicas e políticas que eram mal vistas e proscritas no passado. Em uma palavra, ela 'aburguesou-se', desempenhando uma função análoga à de certos segmentos da nobreza europeia na expansão do capitalismo." De outra parte, como foi dito, firmavam-se na cena novos urbanitas (vale dizer, personagens que se reconfiguraram nessa direção, em resposta ao momento histórico-cultural), entre os quais vigorava de fato a "livre competição". Eram "os representantes mais característicos e modernos do 'espírito burguês' – os negociantes a varejo e por atacado, os funcionários públicos e os profissionais 'de fraque e de cartola', os banqueiros, os vacilantes e oscilantes empresários das indústrias nascentes de bens de consumo, os artesãos que trabalhavam por conta própria e toda uma massa amorfa de pessoas em busca de ocupações assalariadas ou de alguma oportunidade 'para enriquecer'".

O caráter do processo foi tal que a burguesia brasileira se gestou paulatinamente dentro da velha ordem e se moveu dentro de suas balizas, como um novo setor de nossa economia, essencialmente urbano, promovendo gradualmente as mudanças que foram confinando no passado o regime escravocrata-senhorial. Vivemos, portanto, durante um bom tempo, no espaço conturbado de uma sociedade híbrida. E, como não poderia deixar de ser, também a "casa burguesa", entre nós, se foi configurando, obviamente, num contexto em que a antiga ordem senhorial ainda predominava. Assim, em plena segunda metade do século XIX, contávamos com casas igualmente mescladas, nas quais apareciam, ao mesmo tempo, tanto um novo agenciamento espacial interno burguês, quanto as velhas senzalas de séculos transatos.

O TEMPLO LÚMPEN

Assim como escrevi sobre a casa burguesa no Rio de Janeiro, nas chácaras confortáveis e vistosas do século XIX, não quero deixar de dar um toque no avesso, falando rapidamente de outro tipo de casa carioca, desta vez mestiça e pobre. Como lá examinei o assunto a partir do romance de Machado de Assis, aqui recorro também a um romancista, Manuel Antonio de Almeida. Filho de portugueses de poucos recursos monetários, nascido no antigo bairro da Gamboa e morto muito cedo, aos 31 anos de idade, no naufrágio do vapor *Hermes*, acontecido próximo à região de Macaé, no litoral fluminense, Manuel Antonio de Almeida publicou, em 1855, *Memórias de um sargento de milícias*, seu único romance, obra marcante da produção literária brasileira, cuja linhagem pode ser delineada retrospectiva e prospectivamente. No primeiro caso, é o nosso *Lazarillo de Tormes*. No segundo, inaugura a vertente que vai dar no *Macunaíma* de Mário de Andrade – que, de resto, pode ser visto como uma idealização paulista do malandro carioca – e nas obras mais ousadamente inventivas da ficção oswaldiana e da criação textual brasileira de todos os tempos: *Memórias sentimentais de João Miramar* e *Serafim Ponte Grande*.

No que de momento nos interessa, Manuel Antonio de Almeida gostava de descrever casas e roupas. Registrou aspectos do vestuário oitocentista carioca das primeiras décadas daquele século e dos desenhos residenciais e mobiliários do mesmo período, incluindo no rol um casebre que servia a práticas rituais divinatórias. Ficamos sabendo assim da casa rica de D. Maria, da casa confusa da família de Vidinha, a mulatinha namoradeira, tocadora de viola e cantora de modinhas. Etc. E, mesmo com toda a adjetivação pesadamente preconceituosa, da choupana de um caboclo nigromante, que lia a sorte para clientes variados, tanto "gente do povo" quanto "pessoas da alta sociedade" do tempo de João VI e do traslado e implantação da corte lusitana no Rio: "Lá para as bandas do mangue da Cidade Nova havia, ao pé de um charco, uma casa coberta de palha da mais feia aparência, cuja frente suja e testada enlameada bem denotavam que dentro o asseio não era muito grande. Compunha-se ela de uma pequena sala e um quarto; toda a mobília eram dois ou três assentos de paus, algumas esteiras em um canto e uma enorme caixa de pau, que tinha muitos empregos; era mesa de jantar, cama, guarda-roupa e prateleira. Quase sempre estava essa casa fechada, o que a rodeava de um certo mistério. Essa sinistra morada era habitada por uma personagem talhada pelo molde mais detestável; era um caboclo velho, de cara hedionda e imunda, e coberto de farrapos. Entretanto, para a admiração do leitor, fique-se sabendo que esse homem tinha por ofício dar fortuna!".

Junto desse "bruxo" miserável retratado por Manoel Antonio de Almeida, aquele feiticeiro que Di Cavalcanti pintou em 1929, de cartola e blusa azul, já sugeriria um lorde de escola de samba. Mas, como não é este o meu tema aqui, vamos adiante. Por curiosidade antropológica, vejamos aqui as práticas que se viam na casa desse caboclo de "cara hedionda". No enredo das *Memórias*, o meirinho Leonardo Pataca, pai da personagem principal, se apaixona por uma cigana, com a qual outros homens também se deitam. A distinta conta com uma espécie de população flutuante em sua cama. Mas Pataca quer o monopólio de seu "adorado objeto" – e é por conta disso que recorre aos serviços pouco católicos do feiticeiro da Cidade Nova. O caboclo do mangue garantia ser exímio na arte mágica de conquistar e prender amores (é impressionante, por falar nisso, a quantidade de pequenos e toscos cartazes sobre o assunto que vemos colados, atualmente, em postes de ruas e avenidas de São Paulo, o que me faz pensar que a população local anda muito supersticiosa – e atravessando tempos de fortes turbulências, decepções e ânsias amorosas). E o que lemos no romance é que o pobre apaixonado "entregou-se em corpo e alma ao caboclo da casa do mangue, o mais afamado de todos no ofício".

"Tinha-se já sujeitado a uma infinidade de provas, que começavam sempre por uma contribuição pecuniária, e ainda nada havia conseguido; tinha sofrido fumigações de ervas sufocantes, tragado beberagens de muito enjoativo sabor; sabia de cor milhares de orações misteriosas, que era obrigado a repetir muitas vezes por dia; ia depositar quase todas as noites em lugares determinados quantias e objetos com o fim de chamar em auxílio, dizia o caboclo, as suas divindades; e apesar de tudo a cigana resistia ao sortilégio. Decidiu-se finalmente a sujeitar-se à última prova, que foi marcada para a meia-noite em ponto na casa que já conhecemos. À hora aprazada lá se achou o Leonardo; encontrou na porta o nojento nigromante, que não consentiu que ele entrasse do modo em que se achava, e obrigou-o a pôr-se primeiro em hábitos de Adão no paraíso, cobriu-o depois com um manto imundo que trazia, e só então lhe franqueou a entrada. [...]. A sala estava com um aparato ridiculamente sinistro, que não nos cansaremos em descrever; entre outras coisas, cuja significação só conheciam os iniciados nos mistérios do caboclo, havia no meio uma pequena fogueira. [...]. Começando a cerimônia o Leonardo foi obrigado a ajoelhar-se em todos os ângulos da casa, e a recitar as orações que já sabia e mais algumas que lhe foram ensinadas na ocasião, depois foi orar junto da fogueira. Nesse momento saíram do quarto três novas figuras, que vieram tomar parte na cerimônia, e começaram então, acompanhando-os o supremo sacerdote, uma dança sinistra em roda do Leonardo."

Justamente aí, a cerimônia é interrompida pela polícia. Do que pudemos ler, não sei dizer em que medida a ritualística do casebre é coisa da imaginação do romancista, mas a descrição certamente se baseia em reflexos de práticas reais parecidas e em relatos orais que corriam pela cidade, acerca de coisas do gênero. Sabe-se que, nas primeiras décadas do século XIX, o Rio acolhia muitas casas de feitiço e inúmeros feiticeiros e adivinhos de todos os sexos. Cerca de um século depois da publicação de *Memórias de um sargento de milícias*, já sob as primeiras luzes do século XX, a paisagem cultual e mágica do Rio, em vez de ter refluído, parece ainda mais congestionada. É o que constatamos facilmente pela leitura de um livro sobre a diversidade religiosa da cidade: *As religiões do Rio*, de João do Rio, reunindo reportagens etnográficas escritas entre os anos de 1900 e 1903. Já no prefácio do volume, o autor frisa que o Rio era, então, cidade de "todos os cultos, todas as crenças, todas as forças do Susto". Católicos à parte, vamos encontrar ali, no atacado e no varejo do mercado local de bens simbólicos, tudo ou quase tudo que diga respeito à fé e à magia: sacerdotes positivistas, místicos swedenborguianos, evangélicos, "satanistas", pitonisas variadas, espíritas etc. No meio disso tudo, a magia preta (ou já mulata) de origem africana. E, no elenco de seus recursos, "trabalhos" relativos a relacionamentos amorosos – reais, pretensos ou apenas desejados. Como no caso de Leonardo Pataca querendo amarrar o coração da cigana. E aqui, já que a coisa parece complicada (a cigana não se deixa algemar), acabo me lembrando do babalaô Oloô-Tetê (em que a grafia "oloô" deve estar por "oluô", "vidente", do iorubá *olúwo*), citado por João do Rio: "Não há corpo fechado. Só o que tem é que uns custam mais. Feitiço para pegar em preto é um instante, para mulato já custa, e então para cair em cima de branco a gente sua até não poder mais." São graus da "eficácia simbólica", para lembrar a expressão do mestre do estruturalismo francês, aqui distribuída em espectro de cor.

Mas também não é este o nosso tema aqui. O que quis ressaltar foi a cabana mágica do caboclo, anos-luz distante de um templo católico ou de uma mansão pousada luxuosamente numa chácara. O que não quer dizer, obviamente, que brancos e burgueses não frequentassem pontos, quitandas e casas de feitiço. Sempre frequentaram. Gregório de Mattos já falava da mistura de classes e cores no calundu seiscentista da Bahia. E é também assim que, no *Esaú e Jacó* de Machado de Assis, vamos ver Natividade e Perpétua, algo atrapalhadas, indo em busca da cabocla Bárbara, famosa adivinha do morro do Castelo.

CASAS HÍBRIDAS

Quando nos referimos ao uso misto de prédios, não estamos apontando para nenhuma novidade histórica, nenhuma característica pertencente a tempos mais novéis da vida urbana. Pelo contrário: recente foi a especialização espacial de usos, separando prédios e áreas em residenciais e comerciais. Historicamente, ao contrário, o que predominou foi o uso misto ou múltiplo das unidades e segmentos do ambiente construído. Tanto na cidade medieval europeia quanto na cidade colonial brasileira, por exemplo, não encontramos edifícios ou zonas citadinas exclusivamente residenciais ou comerciais. Sobrados tinham suas lojas no térreo. Exemplo extremo de fusão de casa de comércio e casa de morar era encontrável, aqui e ali, nos bordéis. Mas o que vamos abordar brevemente aqui é uma unidade de uso misto à maneira de um sobrado em escala reduzida: a mescla de venda (ou quitanda) e lar em casas populares, térreas, ainda hoje tão comuns em nossas cidades.

No caso da venda-lar, o que a distingue, em determinado trecho do conjunto urbano, não é o risco, o desenho, a técnica construtiva, enfim, a arquitetura. Mas o uso. E a função social e econômica que tal uso pode assumir nesta ou naquela conjuntura, neste ou naquele contexto, na história de nossas ordenações citadinas. Regra geral, a venda ocupa uma parte (frontal ou lateral) do corpo da casa. E esta parte, ao se converter em espaço de escambo ou comércio, deixa de ter uma característica estritamente familiar, para assumir um estatuto comunitário. É o lugar onde as pessoas compram os tais dos "secos & molhados", curiosa denominação que reparte o conjunto dos produtos ali comercializáveis: "secos" (coisitas de armarinho, ferramentas de trabalho, instrumentos de ofícios domésticos etc.; ou seja, objetos que podem ir de um dedal a uma tesoura, passando por uma chave de fenda) – "molhados" (bebíveis e comestíveis, de um modo geral). Lugar onde os moradores da vizinhança trocam as mais diversas informações. Lugar de convívio conversável, centro de boatos e fuxicos, discussões políticas ou futebolísticas, acertos de negócio e trabalho etc. A diferença principal entre a venda-lar e o boteco-lar está em que, na venda, podemos comprar tanto cadeados e pinças quanto gêneros alimentares *in natura*, enquanto o boteco se limita a bebidas e tira-gostos ou pratos feitos. A venda é, por isso, uma espécie de mercadinho da vizinhança. Mas tanto a venda quanto o boteco podem difundir informações, assim como influenciar a mentalidade vicinal – do plano dos juízos acerca de condutas existenciais ao plano das ideias e dos comportamentos políticos, entre outras coisas. Para não ficar somente nesse horizonte de observações genéricas, porém, vamos falar um pouco de um tipo de venda, num local específico e numa época determinada. A venda no Brasil Colônia, nas vilas e arraiais setecentistas das Minas Gerais. E vamos fazer isso recorrendo basicamente ao livro *O avesso da memória: cotidiano e trabalho da mulher em Minas Gerais no século XVIII*, do historiador Luciano Figueiredo.

Já Laura de Mello e Souza, no seu *Desclassificados do ouro: a pobreza mineira no século XVIII*, chegou a tocar de passagem no tema, anotando resumidamente: "Pontos de ligação entre o comércio e os quilombos, esconderijo de negros fugidos, locais alegres de batuques e amores, as vendas foram também pontos privilegiados de contrabando." É um bom começo de conversa. O destaque, naquela sociedade escravocrata, corre evidentemente por conta da função subversiva das vendas, em sua conexão quilombola e enquanto lugar que abrigava negros fugidos. Impressionam também os papéis de que o local se via investido, na esfera da cultura e dos envolvimentos interpessoais, chegando à intimidade do namoro e aos prazeres do sexo. A nota do contrabando toca numa tecla que atormentava e irritava a classe dominante, o estamento senhorial, como capítulo especialmente importante da prática escrava do furto. Enfim, são muitas e variadas coisas. Temos, além disso, até mesmo a notícia surpreendente de batuques que eram capazes de reunir, numa mesma venda, figuras adversárias "clássicas" no sistema escravista, como o capitão do mato e o negro cativo. A dimensão lúdica alcançava agrupar e misturar, assim, inimigos sistêmicos, na entrega relaxada de ambos à diversão, aos jogos de festa e dança.

Mas vamos avançar com mais vagar, no trato desse atrativo elenco de itens, a começar pela trama do comércio, que era a base, o elemento que permitia que as coisas acontecessem. Neste passo, é preciso dar ressalte a pelo menos dois aspectos da vida comercial brasileira naquela época. Em primeiro lugar, realçando a presença feminina no comércio que então se desenrolava em vários pontos do Brasil Colônia, fosse na Bahia, em Minas, no Maranhão, em Pernambuco ou no Rio de Janeiro. Entre nós, o pequeno comércio era atividade praticamente monopolizada pelas mulheres. Quando elas mesmas estavam à frente do negócio, comandando as transações comerciais, eram mulheres invariavelmente pobres, embora não necessariamente pretas. Distribuíam-se pelos ramos dos comércios fixo e infixo. No primeiro caso, dirigindo pequenas lojas, estabelecimentos comerciais relativamente humildes e miúdos. Eram as vendeiras. No segundo, tocando o barco do comércio ambulante, circulando com suas mercadorias pelas cidades, vilas ou póvoas. Eram as negras de tabuleiro, como a bela preta mina Manuela, celebrizada por Charles Expilly em *Mulheres e costumes do Brasil*. Em segundo lugar, sublinhando a pulverização desses pequenos focos comerciais pelas diversas direções nas quais avançava o processo colonizador. Eles não só irrigavam todas as regiões da então chamada América Portuguesa, como também apareciam em todos os cantos e recantos dos aglomerados urbanos existentes nessas regiões, independentemente do seu porte ou do volume de sua população. Em suma: tínhamos mulheres controlando vendas fixas e vendas ambulantes por todo o país que então se configurava. Vendas presas ao solo, ao terreno ou entre as paredes de unidades também residenciais – e vendas atreladas ao corpo, movendo-se conforme o impulso ou a vontade de suas donas.

Havia, portanto, uma divisão sexual do trabalho no setor do comércio, fundada na dimensão do negócio envolvido. Os homens monopolizavam o que se passava em escala maior. Mesmo as lojas, desde que tivessem um porte considerável, eram administradas por eles. Enfim, os homens ficavam com baleias e tubarões; às mulheres, cabiam as piabas. Assim, de suas rodas de tabuleiros em lugares públicos ou de suas casas, casinhas e casinholas térreas, expressões típicas da arquitetura popular lusitana em nossos trópicos, a mulher dominava a comercialização de miudezas, também uma realidade portuguesa transplantada para nossas latitudes tropicais. E o aparelho estatal cuidava de garantir a divisão, como igualmente passou a acontecer aqui. Aliás, o historiador-antropólogo Luís Mott, ao fazer um inventário de produtos que circulavam nos tabuleiros, em "Subsídios à História do Pequeno Comércio no Brasil", escreveu: "... sem as negras vendedeiras das ruas, seria praticamente inviável viver no Rio de Janeiro, Salvador e Recife, especialmente durante os séculos XVIII e XIX". Mas é claro que nenhuma transplantação se dá por inteiro e aqui a paisagem humana e social do comércio feminino adquiriu traços distintivos. Com a entrada em cena de escravas, ocupando postos de trabalho ao lado de brancas e mestiças um pouco mais claras. Com a algazarra promovida por negras e mulatas libertas. No caso mineiro, com mulheres comerciantes funcionando, voluntariamente ou não, como agentes subversoras da ordem escravista colonial. As vendas firmam-se então como locais de encontro, convívio, congraçamento e desenvolvimento de laços afetivos e de princípios de solidariedade entre os dominados e oprimidos, entre os "desclassificados" sociais. Como ocorreu no meio dos excluídos da riqueza, dos escravos, da massa pobre e marginalizada da Idade do Ouro nas regiões centrais do país. Naquela contextura, escreve Luciano Figueiredo, negras de tabuleiro e vendeiras se fizeram agentes ativas na promoção e no aprofundamento da "trama da desordem social": "Temidas, assim como o contrabando de ouro e diamantes, os quilombolas e os quilombos, os becos e vielas escuras, e as armas e a aguardente em mãos e bocas de negros e mulatos, [elas] despertariam incessantes medidas punitivas da administração colonial e metropolitana, legitimadas sempre na suposta imoralidade decorrente da presença feminina nessas tarefas, assim como nos danos causados à propriedade particular e ao Estado."

Havia, como se vê, o aspecto moralista. Mais ainda porque, ligadas ou vinculadas a essas mulheres que comerciavam seus produtos em vendas e tabuleiros, apareciam, não raro, mulheres que mercadejavam a si mesmas. Assim, no elenco dessas trabalhadoras femininas, compareciam também as putas. Ou seja: mulheres eram donas de vendas e de prostíbulos – entidades que, eventualmente, se combinavam no espaço da mesma casa. Contávamos, então, com meretrizes em ação nos litorais, nos primeiros avanços amazônicos, em meio às montanhas da mineração. E elas eram, em sua maioria, pretas e mulatas, escravas ou não. Veja-se o caso do Rio de Janeiro, mesmo depois do fim da ordem social escravista: "A zona do meretrício do Rio era na época dominada por ex-escravos negros que tinham conquistado a liberdade há pouco tempo (1888) com a Abolição da escravidão no país. Após a Abolição, muitas jovens negras desesperadas se voltaram para a prostituição, embora já houvesse dezenas de suas colegas que tinham passado anos labutando como escravas sexuais nos prostíbulos da região do porto. Ana Valentina da Silva, uma negra na casa dos 50 anos conhecida no submundo como Barbuda, controlava os chamados prostíbulos de escravas. Matrona gorducha que ostentava barba e bigode, Barbuda tinha se especializado em explorar 'belas e jovens escravas negras' que ela tinha comprado nos anos anteriores à Abolição. Tinha fama terrível entre suas pupilas, impondo 'punições bárbaras' às mulheres que se recusavam a cooperar. Embora fosse ilegal forçar escravas ou quaisquer outras mulheres a se prostituir, a prática era bastante comum no Rio de Janeiro", relata Isabel Vincent em *Bertha, Sophia e Rachel: a sociedade da verdade e o tráfico das polacas nas Américas.*

Linhas atrás, ao observar que, quando aparecem claramente à frente das atividades comerciais, nossas comerciantes eram mulheres pobres, eu não queria eclipsar o fato de que também outras mulheres, de outra extração social, exerciam ocultamente o ofício. Regra geral, eram ricas ou, no mínimo, remediadas. E senhoras de escravos de um e outro sexo. O professor de grego Luiz Vilhena fala de senhoras ricas despachando de suas casas escravos e escravas para vender coisas na rua, na Cidade da Bahia, ao longo do século XVIII – e o faz para protestar, dizendo que tal comércio deveria ser privativo dos pobres, que dele necessitavam para escapar do açoite da fome. Algumas dessas senhoras colocavam à venda, também, outro tipo de comestível, diria algum cafajeste, lembrando o duplo sentido do verbo "comer" na língua portuguesa. O que significa dizer que a elite senhorial também gerenciava suas prostitutas. Vilhena chegou mesmo a propor uma espécie de *apartheid* das putas no espaço urbano de Salvador. Mas não teve êxito algum em seus propósitos de confinar espacial ou temporalmente as fêmeas que se entregavam profissionalmente ao sexo na sociedade colonial (isso só aconteceria tempos depois, em nossos dias já republicanos, como se verá). Nem na Bahia, nem em outro lugar, que se saiba. Em Minas, por exemplo, putas faziam pontos nas vendas – e vendas existiam por toda parte.

Numa visada geral sobre as vendas das Minas Gerais, Figueiredo escreve: "Espaços preferidos para o consumo de mercadorias básicas, as vendas, um misto de bar e armazém, atraíam diversos segmentos da população pobre que compunham a sociedade mineira. Em busca de gêneros alimentícios, instrumentos de trabalho, vestimentas e outros objetos necessários para a reprodução da vida material, mineiros, escravos, forros, oficiais mecânicos (carpinteiros, pedreiros, alfaiates, ferreiros etc.) formavam o público frequentador destes estabelecimentos. Além de comprar, esses elementos, regados pela 'aguardente da terra' inevitavelmente servida, envolviam-se em brigas, ferimentos e mortes em seu interior. Escravos aí organizavam fugas, além de comercializarem ouro ou diamante furtados de seus proprietários. Para as vendas dirigiam-se também negros refugiados em quilombos, em busca de pólvora e chumbo para a resistência. Nesse ambiente, no entanto, nem tudo lembrava violência: bailes, batuques e folguedos atraíam ao local camadas populares pobres em busca de um lazer coletivo. Essas ocorrências, confrontando-se com a moral vigente, eram caracterizadas como manifestações de 'ociosidade' pelas camadas dominantes, aspecto agravado ainda mais pela constante presença de prostitutas, que faziam das vendas locais de trabalho." As vendas se constituíam, portanto, em microespaços de contravenções, tecendo nexos em meio à população pobre ou escravizada, agasalhando pretos fugidos, acobertando operações de contrabando, integrando a rede de relações do quilombo. Pode-se falar, por isso mesmo, de uma função histórico-política das vendas e das vendeiras. De pretas e mulatas do balcão e do tabuleiro. Daí a exigência, em Minas, de que passassem a colocar o balcão da venda do lado de fora do espaço da casa. "Nas Minas Gerais [em tudo quanto é canto, na verdade], os balcões das vendas localizavam-se dentro do estabelecimento, tornando-os semelhantes às tavernas e possibilitando que em seu espaço interno, longe de qualquer vigilância, negros fugidos se escondessem e quilombolas suprissem suas necessidades. Temendo a continuidade dessas ocorrências, os vendeiros foram obrigados a colocar seus balcões na parte exterior do estabelecimento", escreve, ainda, Figueiredo. Mas as vendas se constituíam também e simultaneamente, como foi dito, em microespaços de diversões e encantamentos, instância em que podemos falar de sua função lúdico-erótica na vida brasileira.

Bem. Hoje, quando vejo uma venda num ponto qualquer de uma cidade brasileira, pouco importando seu porte ou importância, esse filme passa inteiro ou fragmentado na minha cabeça. Vejo ainda a venda-lar (agora, à sua frente, quase nunca uma mulher, quase sempre o chefe da família, o "homem da casa") e confesso: não posso deixar de olhar com toda a simpatia para esta pequenina instituição comunitária de nossa vida social. Muitas vezes, não resisto e entro. Para comprar uma coisita qualquer, perguntar sobre o movimento, saber da loteria ou do futebol.

17. BOLINANDO BORDÉIS

> *Mesmo que seu coração pertença ao amante e seu sexo aos clientes, a prostituta só pertence a si mesma.*
> | Laure Adler, *Os bordéis franceses.*

> *... o bordel do passado era um espaço totalmente teatralizado, com seus muitos espelhos e tapetes vermelhos, onde se reuniam homens de todas as idades e mulheres vistosas para o prazer sexual, mas também para uma intensa sociabilidade da festa, da música, da fruição etílica e gastronômica, invertendo e negando o espaço dessexualizado e higiênico do lar, transparente e silencioso.*
> | Margareth Rago, "Inventar Outros Espaços, Criar Subjetividades Libertárias".

Para começo de conversa, uma nota linguística. Regra geral, os menos letrados acham que o vocábulo "bolinar" pertence ao campo semântico erótico-sexual, com o sentido de "apalpar ou encostar-se a uma outra pessoa com fins libidinosos", como se lê no *Houaiss*. Não está errado. Mas, antes disso, "bolinar" tem outros significados igualmente dicionarizados, todos pertencentes ao léxico náutico. Na verdade, trata-se de uma terminologia primeiramente marinheira – e só depois transportada para o vocabulário erótico, sensual.

O verbo vem do substantivo *bolina* (oriundo, ao que parece, do inglês medieval), sobre o qual lemos no mesmo *Houaiss*: "1 MAR cada um dos cabos de sustentação das velas, destinado a orientá-las, de modo a receberem o vento obliquamente 2 *p.met.* MAR navegação com o vento de viés 3 MAR posição do navio cingido ao vento 4 MAR chapa resistente e plana que se adapta verticalmente por baixo da quilha das embarcações a vela para conter a sua inclinação e o seu abatimento ao navegar." O mesmo dicionário registra ainda um referencial especificamente brasileiro, nordestino, do termo: "nas jangadas, quilha móvel de madeira que se introduz verticalmente no centro da embarcação, para dar equilíbrio". Quanto ao verbo, significa, obviamente, navegar à bolina. E "bolineiro" é o barco que navega bem à bolina. O bolinar sexual é, portanto, uma bela e rica analogia, trazendo imagens e brisas marinhas para os jogos do erotismo "perverso e polimorfo", como se diria nos termos da psicanálise clássica. Mais até do que apalpar, significa navegar no corpo de outra pessoa, tocando-a aqui e ali, com gestos oblíquos – ou de viés... No caso presente, como não nos dispomos a fazer nenhum estudo sistemático do assunto, vamos nos limitar a bolinar, a bordejar bordéis – as "casas de tolerância", puteiros ou "castelos", que conheceram seus tempos de maior sucesso, no Brasil, entre as últimas décadas do século XIX e meados do século XX, até aí por volta dos anos 1960, quando declinaram, embora a prostituição tenha continuado vistosa e se expandindo no país inteiro.

* * *

Coisa bem diversa das "casas híbridas", de que acabamos de falar a propósito das vendas coloniais, será encontrada no Rio de Janeiro muitos anos mais tarde, com o Mangue, zona bem definida de prostituição e boemia daquela cidade, nas primeiras décadas do século XX. O Rio conseguiu então realizar o projeto setecentista de Luiz Vilhena, ao confinar as putas (as mulheres da tarifa), pelo menos durante algum tempo, num espaço específico da cidade. Na verdade, a ideia e as iniciativas de circunscrever espacialmente o "pecado", de determinar com precisão o sítio onde se tolera a sua prática, são coisas que sempre existiram. Tais projetos se configuram e/ou se materializam da Roma Antiga à Paris novecentista, para não falar de cidades extraeuropeias. E é uma paisagem assim, a da zona carioca, que também não devemos deixar de conhecer, mesmo que muito superficialmente. Aliás, em sua autobiografia *Filha, mãe, avó e puta*, a prostituta e ativista Gabriela Leite, que foi a maior líder da categoria no Brasil, faz uma reclamação de caráter geral, ao falar daquela "comunidade de putas, homossexuais, malandros, sambistas e clientes": "... até hoje a história do Mangue, referência da cidade em termos de prostituição, ainda não foi devidamente compilada e escrita". Fiquemos, então, com o pouco que há. Prefaciando o álbum *Mangue*, de Lasar Segall, o poeta Manuel Bandeira nos deixou uma visão panorâmica desse aspecto da história social e urbana do Rio, em texto que encontro citado em "O Mangue – Imagem de Libertinagem e Pobreza no Rio de Janeiro Modernista", de Virgílio Costa. Vale a pena ler:

"A princípio mangue mesmo, onde, em 1820, se abriu uma vala para a navegação de pequenos barcos e balsas. Depois veio a estrada do aterrado ou rua de São Pedro da Cidade Nova, atual Senador Eusébio, caminho da casa imperial entre o paço da Boa Vista, em São Cristóvão, e o paço da cidade.

O mangue continuava mangue mesmo, foco de mosquitos e mau cheiro. Várias tentativas se fizeram para sanear a zona insalubre pela construção de um canal que deveria ir do Rocio Pequeno até o mar. Todas falharam. Até que em 1855 apareceu Mauá e dois anos depois era lançada a primeira pedra. No dia 7 de setembro de 1860 inauguravam-se seiscentos braças de canal, e inaugurava-se ainda o grande gasômetro, também iniciativa de Mauá.

Parecia que o Mangue ia entrar no destino de segunda Veneza Americana: plantaram-se quatro renques de palmeiras imperiais, abriram-se ruas largas nos pantanais aterrados de um lado e outro do canal, embelezou-se o Rocio Pequeno.

Qual segunda Veneza Americana! O novo bairro ficou fiel à inércia da lama original. O canal encheu-se de piche, onde encalhavam as barcaças que o deveriam limpar; as ruas largas ladearam-se de casinhas baixas de porta e janela; residência de gente pobre, que vive porque é teimosa. Debalde as grandes palmeiras imperiais espalmavam-se imperialmente...

Um dia, na República, um chefe de polícia preocupado com a localização do meretrício lembrou-se de fazer do Mangue a Suburra carioca. As pobres marafonas da cidade viviam em becos e ruas estreitas do centro – São Jorge, Conceição, Regente, Morais e Vale, Joaquim Silva, Carmelitas. Era uma prostituição de miserável aspecto, acanhada e triste.

O Mangue teve então a sua grande época. Os primeiros anos da prostituição ali foram uma festa de todas as noites. Aquilo era uma cidade dentro da cidade, com muita luz, muito movimento, muita alegria, e quem quisesse conhecer a música popular brasileira encontrava-a da melhor nos numerosos cafés da rua Laura de Araújo, a grande artéria! Que grupinhos de choro apareciam por lá, que flautas, que cavaquinhos, que pandeiros! Ovalle que o diga. As mulheres tinham toda a liberdade: mostravam-se em camisas de fralda alta e cabeção baixo nas portas escancaradas.

[...]

Mas a alegria do desafogo não durou muito. Vieram as restrições policiais. Os choros desapareceram. A tristeza infiltrou-se com o bandolim dos cegos. E afinal o golpe de misericórdia: o fechamento dos prostíbulos, a dispersão das mulheres, com alguns suicídios patéticos a veneno ou a fogo..."

Menos poético – porém mais amplo e preciso – que Bandeira, em seu *Prostituição. Uma visão global*, o policial Armando Pereira, também citado por Costa, registrou:

"O Mangue havia sido um esplendor de vícios. Umas duzentas *pensões* nas terras baixas do Engenho Velho. Vetustas casas acachapadas, de portas e janelas munidas de roídas venezianas, engalanadas com cortinas cor de rosa, de alegres fazendas transparentes, para que as carnes desnudas, recortadas ao vivo, fornecessem a necessária exaltação erótica à clientela a vaguear na *rua quente*.

Duzentas casas, talvez, com três mil mulheres de todos os tipos e todas as raças, brasileiras retintas, brasileiras brancas, francesas autênticas e francesas falsificadas, polonesas, russas, argentinas, paraguaias, bolivianas e até umas portuguesas, ganhando o pão com o suor de seu corpo traumatizado.

Ao longo das ruas-eixo [...] e suas transversais [...], feericamente iluminadas, havia um mundo fantástico, uma feira de línguas e dialetos, um entrecruzar de serviços, farmácia, restaurante, botequins, vendedores ambulantes, caftens à espreita, malandros na tocaia, policiais cavalarianos e a pé, sonolentos e aborrecidos, marinheiros em aventura, fregueses que entram e saem, aliviados ou não, gritos de fêmeas, insultos e convites obscenos, corpos seminus assomando à porta, invertidos que agarravam indecisos, mulheres levando-os quase arrastados para a alcova... No ar impregnado de odores de desinfetantes, de comida rançosa, de éter e álcool, de esperma nas toalhinhas, algo assim como uma atmosfera de pré-temporal, elétrica e desconfortante, mas sumamente excitante e diferente.

Esse o Mangue caudaloso de 1930, o Mangue onde a tarifa eram cinco mil réis. Em qualquer casa, o mesmo preço. As francesas equiparavam-se democraticamente às escurinhas nacionais. Diferençavam-se apenas nas variações do serviço. As aberrações mais indeclináveis eram apregoadas à porta, para esclarecer a freguesia."

* * *

Casa de (ou da) Mãe Joana é expressão que usamos para designar um lugar onde todo mundo manda, fazendo o que quer e bem entende. Muitas vezes, empregamos a palavra "puteiro" com este mesmo sentido – não com referência a bordel ou a "casa de tolerância" (outro sintagma tão curioso quanto revelador), mas a um lugar em que, mais do que a mera desordem, vige a esculhambação. É o espaço por excelência da bagunça. Num livro intitulado justamente *A casa da mãe Joana – curiosidades nas origens das palavras, frases e marcas*, o pesquisador Reinaldo Pimenta lembra que esta expressão remete a Joana I, rainha de Nápoles (depois exilada em terras da Occitânia), na primeira metade do século XIV. Eis a história, segundo Pimenta:

"Linda e inteligente, Joana era mecenas de poetas e intelectuais. Ela se casou com o primo, Andrew, irmão de Luís I, da Hungria. Andrew foi assassinado numa conspiração que, dizem as más línguas, teve a participação da própria esposa.

Furibundo, Luís I invadiu Nápoles em 1348, obrigando Joana a se refugiar em Avignon. No mesmo ano, ela vendeu a cidade a [o papa] Clemente V, com a condição de ser declarada inocente de sua participação na morte do ex-marido. Joana foi assassinada por seu sobrinho e herdeiro, Carlos de Anjou, em 1382.

Enquanto ainda mandava e desmandava em Avignon, Joana resolveu regulamentar os bordéis da cidade. Uma de suas medidas foi estabelecer que todo bordel deveria ter uma porta por onde todos entrariam. Assim, cada prostíbulo ficou conhecido como 'o paço da mãe (a dona da cidade) Joana', com o sentido de uma casa que está aberta a qualquer um.

A expressão viajou até Portugal e veio para o Brasil, onde a palavra paço, de uso pouco popular, foi logo substituída por casa."

É claro que, em princípio, qualquer um poderia entrar para foder ali. Mas essas casas tinham suas regras, seus códigos. O cliente que infringisse seriamente tal "regulamento", poderia ser expulso daquele recinto e até proibido terminantemente de voltar a frequentá-lo. Não raro, a casa-de-mãe-joana era realmente casa da "Mãe Joana", da matrona que reunia e comandava as putas, com autoridade absoluta sobre o lugar. Algumas dessas personagens eram inclusive bem conhecidas e mesmo respeitadas na cidade, entre homens das classes populares e membros da elite, como as baianas China e Maria da Vovó. Certa vez, por sinal, encontrei uma declaração ótima de Maria da Vovó na imprensa local, quando um repórter lhe perguntou sobre a causa principal da decadência dos velhos "castelos" ou prostíbulos da Bahia: "É que as amadoras começaram a dar, meu filho", disse a então já venerável senhora. E senhoras como ela faziam com que regras fossem obedecidas nos bordéis. Curiosa, irônica e sintomaticamente, aliás, o puteiro principal da cidade de Santo Amaro da Purificação, na Bahia, se chamava "O Respeito".

* * *

Não é um erro falar da prostituição (pública ou privada) como de uma manifestação de insubmissão, assim como também não será errado defini-la em termos opostos à rebeldia, como exemplo de aceitação submissa e resignada de um destino qualquer. No caso da prostituição pública, todavia, identificamos um ponto comum, tanto na submissão quanto na insubmissão. É a marginalidade. A prostituta é marginalizada e se automarginaliza, social e sexualmente. E este lugar de ser à margem vai se expressar em seus gestos e suas roupas. Traduzir-se em semiótica gestual e vestual. É coisa comum: cada grupo social enverga uma fantasia, que é a expressão visível de sua ideologia, do modo como ele é visto, ou como se vê e se imagina. Fantasia que, de resto, o distingue como tal no campo visual das relações humanas. É assim que temos a fantasia do juiz, a fantasia da freira, a fantasia do "homem de bem", a fantasia do cangaceiro, a fantasia do militar, a fantasia da mulher de família, a fantasia do militante "afrodescendente" etc. etc. E, claro, a fantasia, a *Gestalt* das putas, das mulheres que se "casam com a humanidade", para lembrar a definição registrada por Edison Carneiro em seu *A linguagem popular da Bahia*.

A presença e a livre circulação das putas, em nossos núcleos urbanos, sempre foram um constrangimento para as famílias. Elas carregavam o anátema do pecado e da depravação. Eram evitadas pelas senhoras e moças "de respeito", que não se dignavam a olhar para elas ou, quando o faziam, as olhavam com desprezo. As mais jovens eram simplesmente proibidas de ter qualquer contato com elas. E as putas, não raro, se encolhiam e se recolhiam. Muitas vezes, baixavam a cabeça. Não tinham orgulho do que faziam. E ainda hoje não têm, apesar da propaganda otimista dos defensores públicos da legalização da profissão. Ao mesmo tempo, elas também podiam ter olhares desafiadores e ferinos para as mulheres de família. Sabiam que seduziam há séculos seus pais, seus maridos, seus irmãos, seus filhos e netos e mesmo seus amantes. E que não deixavam de exercer algum fascínio até em fantasias de moças "sérias". Na correspondência de Monteiro Lobato, por exemplo, o então jovem escritor (que depois se revelaria um moralista intratável) dá o seguinte argumento em favor do seu desejo de se mudar para Ribeirão Preto: lá haveria "oitocentas mulheres da vida, todas estrangeiras e lindas" – champanhe e putas importadas "diretamente da França" ... era tudo o que ele queria. De outra parte, a figura da puta também provoca e mesmo atiça, como disse, a imaginação feminina: o cineasta espanhol Luís Buñuel jogou justamente com isso em seu filme *Belle de Jour*, estrelado por Catherine Deneuve.

A propósito, Gabriela Leite fala de sua própria experiência, nos dias de sua juventude paulistana, quando ainda era moça universitária, aluna dos cursos de filosofia e sociologia da Universidade de São Paulo (USP): "Entre o bar Redondo e o luxuoso hotel Hilton havia uma boate de prostituição extremamente chique: La Licorne. Ela teve seu auge nos anos 1970 e 1980, quando reunia homens riquíssimos e as prostitutas mais bonitas do Brasil. A movimentação das mulheres começou a me chamar a atenção. Elas chegavam nos melhores carros, com vestidos longos muito sensuais, bem maquiadas e perfumadas, com a aura das divas do cinema de Hollywood. Entravam na boate e eu ficava imaginando o que acontecia lá dentro. [...]. Eu estava me achando muito bonita pela primeira vez na vida. Tinha perdido o complexo de patinho feio e comecei a me imaginar como elas, saindo de um carro, elegante e perfumada, dando tchauzinho para os meus amigos do Redondo [entre os quais, o ator e dramaturgo Plínio Marcos] e entrando maravilhosa na boate para atender meus homens. [...]. Percebi que, se eu quisesse, poderia mudar radicalmente de vida." Adiante, Gabriela generaliza: "Como fantasia, o desejo de ser puta acompanha todas as mulheres, na cama ou na imaginação."

Mas vamos retomar o passo. As putas eram e são reconhecíveis em qualquer canto da cidade, colorindo as suas ruas. "De botinhas altas e espartilho cavado, boca vermelha e olhos esfumados, descem até à rua e conquistam, com o passo lascivo e ao mesmo tempo alegre, o coração das cidades", como escreve Laure Adler em *Os bordéis franceses*, falando sobre a prostituição naquele país entre o século XIX e começos do XX. Mais: "As moças não têm medo de nada. Profissionalmente treinadas para a lubricidade, atacam o cliente que surge como uma presa fácil, extenuado diante de tantos avanços, literalmente circundado por essa carga explosiva de obscenidades. Elas querem o cliente, o seu dinheiro e percorrem fervorosamente as ruas." E ainda: "Elas se apropriaram da rua. Conhecem todos os seus recantos. A rua torna-se seu território, seu instrumento de trabalho, que elas respeitam e dominam. O corpo se exaure nesse jogo."

Impressionava-me vê-las no inverno paulistano (no tempo em que São Paulo de fato tinha inverno e garoa), desfilando com roupas curtíssimas pelos espaços centrais da cidade, no meio da noite. A rua era uma pista; a esquina, um palco – e elas, de pernas à mostra, pareciam completamente imunes ao frio, como se possuíssem algum hipocausto humano, alguma forma especial de aquecimento interno fluindo por suas veias. Mas é claro que nem todas eram prostitutas avulsas, jogando soltas, exercendo a profissão livremente, por conta própria. Nem todas batalhavam nas ruas centrais da cidade, fodendo em hotéis, motéis, quartos alugados ou casas de clientes. Existiam, também, as suas ruas específicas, em lugares fixados ou tolerados pelo poder público; ruas mais ou menos definidas e ocupadas para fins do exercício profissional do sexo. Por isso mesmo, reformas urbanísticas (principalmente, as mais amplas e radicais) sempre afetaram seus guetos ou feudos urbanos. É um dado histórico até pouco estudado, que eu saiba, esta relação entre o urbanismo e o mercado do sexo, com respeito à situação física, à delimitação espacial do alojamento e da prática dos empresários e funcionários do comércio sexual. Com a remodelação haussmanniana de Paris, por exemplo, as putas tiveram de fazer suas malas e trouxas, deslocando-se no espaço urbano. "O movimento [de declínio dos puteiros] afeta Paris, onde os trabalhos de

Hausmann, ao destruir os alojamentos insalubres do centro, modificaram e dissociaram espacialmente a oferta e a demanda de prostitutas." Não foi muito diferente o que aconteceu no Rio, a partir da reforma de Pereira Passos, processo que foi levando muitas prostitutas pobres a morar fora do centro da cidade. Mais recentemente, a recuperação do Pelourinho, em Salvador, fechou os bordéis locais e expeliu as putas para outros pontos, embora algumas casas ainda hoje resistam por ali, perto da catedral e dos altares de ouro da venerável igreja de São Francisco de Assis.

Deixando de lado ruas e putas rueiras, há outro aspecto a ser devidamente sublinhado: o puteiro como pouso. Como abrigo de jovens "perdidas" e coroas já "decadentes", nos termos dessa profissão nada duradoura, tão meteórica quanto as de atletas e modelos de estilistas e grifes. Como moradia de pensionistas que vendem o próprio corpo para o prazer e o gozo alheios. Puteiro que, para a prostituta, significa casa e comida. Ou: foda profissional = abrigo + ganha-pão. Em resumo, este bordel é uma casa dirigida pela proprietária (ou gerente) do estabelecimento, apresentando um inegável grau de domesticidade em seu funcionamento interno cotidiano, fora dos horários de pico das picas pagantes. Ouçamos Gabriela falando do puteiro de Cecília, onde morou, num "prédio de prostituição" no centro de São Paulo: "Por mais estranho que possa parecer, a vida ali era calma, bem pacata. Eu acordava de manhã e lia meu jornal." Não poucas cafetinas, por sinal, manifestaram sua preferência em ser chamadas "donas de casa". E reinaram com autoridade total em seu espaço ("é preciso saber se comportar como uma mulher de pulso para dirigir uma casa com ordem e decência", observa a citada Laure Adler, acrescentando: "O hábito de comandar e algum traço masculino e imponente são desejáveis numa dona de bordel"). Além disso, e ainda que assessorada por um marido ou gigolô, a dona de puteiro deve ter tino comercial, vale dizer, perícia para recrutar suas moças, selecionando com astúcia e rigor a mercadoria que vai oferecer à clientela. A propósito do aspecto doméstico (da realidade e da atmosfera de pensionato) do puteiro, aliás, há uma narrativa típica, cristalizada, ouvida em incontáveis bordéis brasileiros. É a da moça interiorana deflorada (vale dizer, "desonrada") por algum homem do seu meio (e até de sua parentela) que, por esta razão, é expulsa de casa. Sem outra alternativa, acaba se alojando num puteiro. É o seu novo "lar". Claro que há mulheres que vão parar ali por diversos outros motivos, mas essa narrativa do cabaço perdido acompanhado pela rejeição familiar, além de frequente, é verídica.

Não nos esqueçamos também de que, em perspectiva histórica, socialmente, as moças que ingressavam na prostituição vinham, na sua quase totalidade, dos estratos mais pobres da população. Moças de famílias camponesas, jovens proletárias, filhas da baixa classe média. Raríssimas seriam rebentos dos meios ricos, raras as que conseguiam viver com luxo, de forma algo glamorosa, como certas *cocottes* francesas que frequentavam com seus amantes a velha Confeitaria Colombo, no centro do Rio. A origem social na pobreza era a regra e é assim ainda hoje, nos puteiros proletários (e muitas vezes periféricos) das capitais e em cidades interioranas de tamanhos diversos. Nas capitais, vemos hoje cafetões que são donos de pequenos e pobres hotéis, onde as putas se hospedam; onde moram e atendem seus clientes. São as mesmas moças pobres que povoam bordéis nas franjas de cidades em expansão, a exemplo de Feira de Santana. As mesmíssimas moças pobres do brega, a zona ou o mangue que resiste nas cidades de porte médio ou menor. Retomando o fio, esse puteiro como casa permanece visível hoje em cidades como Brumado, Rio das Contas, Cachoeira etc. etc., para falar em termos baianos. Mas vamos encontrá-lo igualmente em Minas, nos cerrados de Goiás, na Amazônia, em Santa Catarina, nos espaços interioranos do Rio Grande do Sul. Mas também, como ficou dito, nas periferias de nossas metrópoles tropicais. Nesse sentido, temos imóveis de uso misto, como as casas romanas e medievais: lugar de moradia e local de trabalho, simultaneamente. Com uma superposição ainda mais extrema, já que a cama aparece aqui, ao mesmo tempo, como leito de dormir e espaço de trabalho, como ponto de repouso e de malhação profissional. De qualquer modo, uma coisa é certa: na base do fenômeno social da prostituição pública está a pobreza. Não raro, a miséria.

Se os puteiros eram pontos de um ofício específico, eles, por outro lado, não se distinguiam arquitetonicamente na paisagem urbana. Tivemos o bordel-cortiço nos sobrados do centro antigo de Salvador e do Recife. Em velhos casarões do Rio de Janeiro. Há diversos exemplos oitocentistas desses agenciamentos internos dos imóveis para fins de putaria. Externamente, nada: as casas preservavam sua aparência. Não por acaso, no Brasil, ao lado de expressões como casa das mulheres, casa das primas e casa das vadias, o bordel é também tratado como casa das tábuas, referência clara às divisórias de madeira dos cortiços. "Da rua, os prostíbulos cheiravam a lavanda ou água de rosas, embora a maioria fosse de negócios miseráveis em decadentes casas de tábuas perto do porto. Do lado de dentro, as casas, um dia moradias respeitáveis de uma só família, tinham sido transformadas em um labirinto de quartos, feitos de madeira fina e barata", resume Isabel Vincent. Mas, na verdade, o bordel organizado espacialmente como cortiço não foi coisa especificamente brasileira. Para dar apenas dois exemplos citados no livro de Isabel, eram encontráveis, naquele mesmo século XIX, tanto em Nova York quanto em Buenos Aires. Escreve Isabel (citando, aliás, o Michael Gold de *Jews Without Money*): "... prostitutas esperando com cigarros acesos nos degraus dos cortiços, 'nuas sob os quimonos floridos, ocasionalmente exibindo partes de seios e barriga, os chinelos pendurados nos pés', sempre prontas para o trabalho". Falando, ainda, de prostitutas judias que se "amontoavam em apartamentos em todos os cortiços". Já em Buenos Aires, cortiços imundos e superlotados, onde funcionavam prostíbulos, eram chamados ironicamente de *conventillos* – "conventinhos", pelos seus clientes. Curiosamente, nessa mesma pauta "sacrílega", houve um tempo em que donas de puteiro, na França como no Brasil (que copiou Paris, aqui como em inúmeras outras coisas), recebiam o tratamento de "abadessas", que chegou, aliás, a ser assim dicionarizado.

Hoje, nos ex-bordéis ou *points* de luxo, o lance é outro. A começar pela origem social: cresceu espetacularmente, nas últimas décadas, o número de putas originárias da classe média. E elas já não necessitam do amparo do puteiro como abrigo. Vemos putas morando em apart-hotel, assim como dividindo apartamentos maiores em edifícios de classe média, por exemplo. O antigo bordel dança. Conheci prostitutas morando em hotéis caros de Brasília e São Paulo. Enfim, puteiros não são mais puteiros, mas pontos de encontro. Casas de *rendez-vous*, no sentido mais preciso ou limitado da expressão. Temos também puteiros promovendo o *swing*, a troca de casais, reino de diversões e perversões de calibre variado. De qualquer sorte, já não é o bordel de antigamente. É parada rápida, pouso essencialmente efêmero, lugar de passagem. Tudo tem outra cara. Só resiste, incontornável, ao contrário da previsão otimista de Gabriela sobre o "ocaso do gigolô", a figura clássica do cafetão. Talvez Laure Adler tenha razão, quando afirma que as prostitutas são, no fundo, grandes apaixonadas. "Amam com um amor louco o proxeneta, o gigolô, o cáften ou o amante. O cliente não. Nunca o cliente, que para elas encarna o vício." Prosseguindo: "Uma prostituta sem cáften não é uma prostituta. Para poder usufruir de sua calçada, de seu quarto, de seu apartamento mobiliado ela tem de passar pela proteção de seu provedor, seu cáften, seu *alter ego*, seu amante, seu senhor, seu tirano. O cáften é aquele que vive à custa da moça em troca de uma proteção e de uma vigilância contínuas. [...]. Ele é, ao mesmo tempo, o violentador e o amante, o sedutor e o empregador, o patrão, o inimigo e o confidente. [...]. A moça pertence ao seu cáften, de corpo e alma. É com ele que dorme, é com ele que faz amor, é com ele que deve ter prazer. A moça não se permite ter prazer com os clientes [um exagero: não há puta que, aqui ou ali, não goze com algum cliente, segundo relatos delas mesmas]; nesse caso, ela seria considerada uma pervertida: seria chamada de 'mau-caráter' ou de 'capacho'. Uma moça que tem prazer se desgasta e perde seu valor. Apenas o cáften deve beneficiar-se desse direito ao prazer. Ele também é o único pai que ela poderá dar aos filhos. Alguma relação entre amor, prazer, maternidade? Com certeza. Os filhos que elas esperam são os filhos do amor."

Afora o cáften, a prostituta podia alimentar outro amor. Que, quando acontecia, se dava com outra prostituta. Sim: para além da relação sadomasoquista cafetão/prostituta, o território era decididamente extra-masculino – e o lesbianismo reinava soberano no mundo sentimental dos bordéis. Mesmo algumas donas de puteiro eram lésbicas, distribuindo ordens entre sapatos e sandálias. Gabriela: "Quando uma mulher ia para o casarão da Irene [bordel-cassino em Belo Horizonte, 'a capital nacional do papai-mamãe'], podia alugar um quarto individual ou um quarto duplo. E havia uma particularidade: todas as meninas eram lésbicas. Nunca vi tanta prostituta lésbica na minha vida. Eu era uma figura totalmente fora do padrão dali. A própria Irene tinha sua namorada. Mas eu não me sentia nem um pouco diferente ou constrangida. Me dava muito bem com elas. [...]. Dentro dessa casa havia casais apaixonadíssimos. E um acordo muito legal entre elas: amor com mulher, sexo com homem. E não havia ciúmes no que dizia respeito ao exercício da profissão. Amor é amor, trabalho é trabalho. Não podia era ter traição lá dentro, entre elas. Se acontecesse de uma ficar com a namorada da outra, aí sim, era problema na certa. Mas na hora de receber os homens, elas dividiam as namoradas com total facilidade. Eles não sabiam de nada. Esse era um segredo da casa e todas eram muito discretas. Mas é claro que quando um homem queria um *ménage*, era uma beleza para elas, que podiam namorar enquanto trabalhavam. E faziam, claro, especialmente bem. [...]. Quando não tinha jogatina, íamos todas para uma boate só de lésbicas. O único homem da boate era o garçom, e eu ficava paquerando ele a noite inteira. Elas protestavam: 'Gabriela, você nunca para com essa onda de gostar de homem?!'. Nunca parei. Adorava dançar com as minhas amigas, era muito interessante uma mulher me conduzindo. Eu jamais saberia fazer isso. Na dança de corpo colado o barato é a mulher ser levada pelo homem, então era legal aquela inversão. Mas nunca me apaixonei. Nem nunca uma delas se apaixonou por mim."

Até hoje, por coincidência ou não, nunca cheguei a conhecer uma prostituta que não gostasse de trocar carícias e fazer sexo com outras mulheres. Certa vez, durante uma edição da Bienal do Livro em meados da década de 1990, no bar de um hotel no Rio de Janeiro, uma linda putinha me provocou, sensualíssima, quase sussurrando: "Você não quer comer minha mulher?". E as mudanças contemporâneas no comportamento social das mulheres, com as vitórias do feminismo, me levaram algumas vezes a ver uma cena para mim sempre surpreendente, num *point* de putas de luxo em Brasília: uma mulher morena, bonita, de alta classe média, que estacionava o carro, saltava e pegava uma garota para levar consigo para um hotel ou para a sua casa. O que antes era coisa praticamente clandestina passava agora a acontecer abertamente à luz da noite: uma jovem "respeitável" contratando uma profissional do sexo para satisfazê-la. E as putas achavam o máximo quando eram escolhidas por ela. Entendo: a moça, por volta dos seus 30 anos de idade, tinha olhos e coxas inesquecíveis.

* * *

Para finalizar, duas notas. De uma parte, não devemos nos esquecer de que, em cidades maiores e mais importantes, quase nunca deixou de existir o puteiro masculino, voltado para responder ao desejo homossexual de sodomitas ativos e passivos. Volto a Laure Adler e seu estudo sobre os bordéis franceses: "Nos bordéis para homens, ao todo cinco ou seis em Paris, os garotinhos são muito requisitados. São levados a usar roupas chamativas, a colocar guirlandas nos cabelos e são instalados em quartos decorados com desenhos licenciosos." Mas é certo que nem toda a clientela aparecia ali com desejos de comer garotinhos. Boa parte, andava à procura de um macho, de alguém que se assenhoreasse de seus quadris. "Nas casas para pederastas, o gerente – pois trata-se geralmente de um homem – tem uma rede de fornecedores preferidos, cada um deles com uma especialidade: militares, domésticos, criados particulares, jovens virgens. Mas toda dona de bordel chique que se respeite tem um sortimento completo de 'pequenos jejuses' à disposição dessa clientela." Além disso, a compra de pessoas do mesmo sexo, em Paris, era feita em locais nada suspeitos. Em lojas de antiguidades, por exemplo.

Na Cidade da Bahia, houve mais de um puteiro para homens. Dizem que frequentados por personalidades bem situadas na hierarquia da sociedade local, inclusive por um sacerdote sofisticado, autoridade em assuntos de patrimônio histórico e cultural. Conheci alguns desses frequentadores, contando entre eles um artista plástico e um antropólogo estrangeiros. Intelectuais e pesquisadores também estrangeiros, de passagem pela Bahia, não deixavam de fazer escala no bordel, tanto por curiosidade quanto por interesse, atrás de fortes e potentes garanhões mestiços para saciar seus desejos. Foi relativamente célebre ali, nesse quesito, um certo puteiro *temático* para homens, localizado na proximidade da Baixa dos Sapateiros. A decoração de seus cômodos homenageava orixás, com um caralho gigantesco rebrilhando no quarto dedicado a Exu. Conta-se que o dono do bordel era um homossexual que atendia pelo apelido de Madame Récamier. E a história é divertida: alguns intelectuais locais (todos veados) tinham convencido o sujeito de que ele era a reencarnação da francesa Juliette Récamier, aristocrata culta, amiga de Germaine de Staël, cujo salão era badaladíssimo na Paris de inícios do século XIX. A boneca baiana adorou e assumiu.

    De outra parte, a prostituição, no Brasil, não pode ser tratada como a mais antiga das profissões. Quando o Brasil começou, a partir do grande encontro antropológico na passagem do século XV para o XVI, não havia mulheres brancas, moças europeias por aqui. As índias adoravam sexo e o praticavam com uma liberdade invejável – mas não em troca de dinheiro. Davam – mas não vendiam – seus corpos. A prostituição só vai acontecer mais tarde, com a implantação dos primeiros embriões urbanos. Qual foi então a primeira das profissões exercidas aqui? Não posso afirmar com absoluta certeza. Mas uma forte candidata ao trono é a profissão de ladrão, que ainda hoje se manifesta com pujança espetacular – em especial e suprapartidariamente, no meio de nossos políticos profissionais.

18. SOBRE SENZALAS

Rarissimamente, os trabalhadores conheceram boas condições de habitação nas principais cidades do Brasil. Os mais pobres moraram e ainda moram em casinholas, casebres e cubículos totalmente carentes, às vezes agarrando-se em encostas até que uma chuvarada mais grossa arraste seus abrigos morro abaixo. Viemos das senzalas aos barracos e cortiços, onde descendentes de escravos se misturaram aos imigrantes que, a partir do século XIX, aqui chegavam sem um tostão no bolso. E a dureza continuou na vida das vilas, justificando plenamente o verso de Caetano Veloso em "Sampa", quando o poeta se refere ao povo oprimido "nas filas, nas vilas, favelas". Vamos abordar o tema gradativamente, desde ângulos variados – e sem pretensão de esgotar o assunto.

FAMÍLIA ESCRAVA

Por incrível que pareça, escravos formaram unidades familiares estáveis e duradouras em nosso país. Foram capazes de estabelecer tanto a família nuclear quanto de articular a chamada "família extensa". Filhos e filhas de negros escravizados chegaram muitas vezes a nascer e crescer sob o olhar e os cuidados conjuntos do pai e da mãe. Não era bem isso o que pensava a historiografia brasileira ainda em época relativamente recente. Até à década de 1970, pelo menos. Ao contrário: durante muito tempo, vigorou entre os estudiosos de temas brasileiros a ideia de que o próprio sistema escravista, com a propriedade senhorial dos corpos cativos, como que trazia, à maneira de corolário, a impossibilidade prática da configuração efetiva de uma família conjugal.

Predominava, em nossa mentalidade, um quadro como o que foi vivido pelo baiano Luiz Gama, poeta, advogado e líder abolicionista. Gama, autor de "A Bodarrada", contava uma história triste. Dizia que sua mãe era Luíza Mahin, negra tida como rebelde e supostamente envolvida em conspirações escravas de natureza subversiva e mesmo rebelionária, como as dos pretos malês, escravos islamizados que lançaram aqui a sua *jihad*, sonhando com a implantação de um califado da Bahia, nas primeiras décadas do século XIX. Mas a verdade é que nem sequer sabemos se tal história é verdadeira – ou se se trata de um mito particular fantasiado pelo próprio poeta, em função da construção de sua imagem subversora. Gama afirmava que seu pai era branco. Um comerciante português. Não temos relato ou detalhe algum de sua suposta aventura sexual com a preta desinquieta. Não sabemos em que condições ele foi para a cama (ou para o chão de um quintal, a beira da praia, o assoalho de uma casa etc.) com Luíza (se é que foi mesmo com ela e não com outra) e a engravidou. Não sabemos se houve sedução, namoro, compra de favor sexual ou agressão. Luíza teria se atirado nos braços do português, enlaçando-o com as pernas, alargando gostosamente suas coxas luzidias? O branco a teria conquistado de galanteio em galanteio? Ou a coagiu e violentou, penetrando-a como um dominador viril protegido por sua classificação social? Não se sabe. "No país animal foram as senzalas que mandaram as primeiras embaixatrizes aos leitos brancos", escreveu Oswald de Andrade em seu *Serafim Ponte Grande*, numa afirmação histórica e sociologicamente inaceitável, desde que, regra geral, antes que embaixatrizes enviadas a camas senhoriais, as negras foram arrastadas como escravas para saciar fantasias e perversões de seus donos brancos. Mas, enfim, o certo é que a mãe do poeta (seja lá quem tenha sido) escolheu não abortar. Talvez quisesse, como tantas negras ainda hoje (fora dos círculos politizados dos movimentos negros), ter filho de um branco, uma descendência clareada. Já o pai – se é verdadeira, repito, a narrativa de Luiz Gama – não parece ter se entusiasmado com o rebento. Vendeu o menino como escravo, quando ele contava com apenas 10 anos de idade. E assim Gama foi parar em São Paulo, onde se construiria como um dos adversários mais vibrantes e visíveis do sistema escravista.

Na narrativa de Gama, encontramos pelo menos um dos dois principais obstáculos à formação da família conjugal ou nuclear entre pretos escravizados: escravos podiam ser vendidos a qualquer momento, desfazendo-se então o laço genético-simbólico, o ambiente familiar. O outro grande obstáculo estava no direito do senhor sobre o corpo alheio. Direito sexual, inclusive, como já acontecia na servidão feudal, com a "pernada". Escravos eram propriedade do senhor. Eram bens semoventes, como um cavalo ou uma cadela. E o senhor, como dono do corpo e da vida do cativo, podia sujeitá-lo a tudo. A usos e abusos sexuais, por exemplo. De repente, um sinhozinho poderia arrebatar a esposa gostosa de um escravo, comendo-a pela frente e por trás, sempre que lhe desse na telha. Se o escravo fizesse cara feia, corria o risco de ser chicoteado ou vendido. A casa-grande era um antro de práticas sexuais perversas, desregradas, quase sempre compulsórias, para os objetos da luxúria senhorial. E as coisas não foram muito diferentes nos sobrados urbanos. Com base nessa carência de normas e no caráter patológico da escravidão, analistas de questões brasileiras concluíram então pela ausência de formas de organização familiar no ambiente opressivo das senzalas. Esta foi a visão dominante sobre o assunto, de meados do século XIX à segunda metade do século XX. Vem de cronistas anteriores ao 13 de maio de 1888 à historiografia de coloração marxista da centúria seguinte. Irmana inclusive, numa só voz, Gilberto Freyre e Caio Prado Júnior, para abarcar Florestan Fernandes. Fala-se sempre, em todos os casos, na dissolução ou na esbórnia moral promovida pelo escravismo. Na degradação compulsória do negro. Na impossibilidade de constituição de família entre seres escravizados. Os cativos estariam condenados, em princípio, a fazer sexo sob tortura – ou por esporte. A foder por foder. No entanto, como a história tantas vezes nos ensina, impossível é desfritar um ovo.

Sobre a visão de Florestan Fernandes, por sinal, Stuart B. Schwartz fez a seguinte apreciação: "A escravidão é vista como uma força destrutiva que impediu ou desorganizou a vida familiar dos cativos e contribuiu para uma série de desordens na era pós-escravidão. Podemos citar aqui como principal expoente dessa posição o ilustre sociólogo paulista Florestan Fernandes, que escreveu: '[...] a família [...] não se constituiu e não fez sentir seu influxo psicossocial e sociocultural na modelação da personalidade básica, no controle de comportamentos egoísticos ou antissociais e na criação de laços de solidariedade moral. Comprova-se isso, historicamente, por uma simples referência à política central da sociedade senhorial e escravocrata brasileira, que sempre procurou impedir o florescimento da vida social organizada e da família como instituição integrada no seio da população escrava'. Essa é basicamente uma visão da família escrava em termos de patologia social que relaciona o comportamento dos cativos diretamente ao poder dos senhores e não deixa nenhum espaço para os escravos como agentes [de seus próprios processos histórico-culturais]." E, como foi dito, esta foi, com pequenas alterações aqui e ali, não só a leitura dominante do assunto, durante muito tempo – como se manifestou recorrentemente, pouco importando a postura político-ideológica de quem a enunciava. E ainda sobrevive, hoje, embora raquítica e confinada ao discurso racista do racialismo neonegro.

A conversa sobre o assunto só conheceu outro rumo nas últimas décadas do século XX, com historiadores, sociólogos e antropólogos introduzindo novos dados e noções que desmontaram a concepção até ali dominante. Foi fundamental, nesse processo de releitura, o texto "A Família Escrava no Brasil Colonial", de Richard Graham, depois incluído no livro *Escravidão, reforma e imperialismo*. Em seguida, tivemos estudos importantíssimos que tocaram no – ou focalizaram o – tema, de Stuart B. Schwartz (*Segredos internos: engenhos e escravos na sociedade colonial*) a Robert W. Slenes (*Na senzala, uma flor: esperanças e recordações na formação da família escrava, Brasil Sudeste, século XIX*). Reconheceu-se então não só a realidade da existência da ordem familiar dos cativos na sociedade escravista (família conjugal; família extensa), como se apontou para uma dupla função da instituição na história de nosso escravismo. De uma parte, a formação familiar estável refrearia, em boa medida, ânsias e ímpetos mais rebeldes na vida das senzalas. De outra, ajudaria a manter acesa a chama de tradições africanas, convergindo assim para preservar, de forma relativamente íntegra, a personalidade moral e cultural do ser humano escravizado. Na família, assim como nas irmandades religiosas da "gente de cor", operariam, simultaneamente, mecanismos de aculturação e resistência. E em ambos os casos, o da aculturação e o da resistência, aparece a família como instituição essencialmente conservadora. Num caso, seria conservadora politicamente, no sentido de que esmaecia ou atenuava a recusa à escravidão: um homem casado pensaria duas vezes antes de largar a família e se embrenhar nas matas, fugindo para um quilombo, ou de se imiscuir em conspirações e rebeliões urbanas. Teria muito mais a perder do que um jovem solteiro, que, na verdade, tinha mais a ganhar. No outro caso, a família seria conservadora culturalmente, em sentido preservacionista, contribuindo para a salvaguarda e a transmissão intergeracional de algumas tradições africanas – em especial, aquelas relativas ao sagrado, à vida litúrgica, às crenças e condutas de caráter religioso. Aqui, a família teria o seu papel na moldura memorial, na formação identitária e mesmo na configuração de projetos.

Se a família escrava não deixava de funcionar como sustentáculo do regime escravista, entende-se que alguns senhores facilitassem e até incentivassem a sua formação e persistência no tempo. Além disso, a Igreja Católica fazia a defesa da nupcialidade, pregando a necessidade do matrimônio no meio escravo. Mas nem todos concordam com a tese. Slenes, por exemplo, faz perguntas fundamentais a este respeito: "É correto argumentar, como alguns autores, notadamente Florentino e Góes (*A paz das senzalas*), que a família cativa deve ser considerada um pilar do próprio escravismo: isto é, que refletia um pacto de 'paz' entre escravos e senhores, satisfazendo os anseios daqueles de 'viver como gente' e os desígnios de domínio destes, ao mesmo tempo que reiterava, na endogamia dos casamentos, as tensões étnicas, introduzidas pelo tráfico? Alternativamente, devemos concordar com Hebe Maria Matos ["Parentesco, Estabilidade Familiar e Ocupação entre os Escravos: o Caso do Meio Rural Fluminense entre 1790 e 1830"], para quem a família cativa, dadas certas peculiaridades do escravismo brasileiro, incentivava a competição por recursos e a estratégia de aproximação ao mundo dos livres, enfraquecendo, dessa forma, os laços de comunidade dentro da senzala e a resistência coordenada ao sistema, pelo menos na primeira metade do século XIX? Ou será que no interior dessa família 'ambígua', nas experiências e memórias que engendrava e transmitia, se esboçava uma 'consciência' cativa, no fundo *desestabilizadora* do sistema escravista?". E Slenes discorda da ideia de que a família escrava deva ser encarada como "um fator estrutural na manutenção e reprodução do escravismo". Argumentando: "Segundo Florentino e Góes, as 'relações parentais' introduziram a 'paz' na senzala; isto é, criaram uma nova sociabilidade entre pessoas de procedências diversas, retirando-as de um estado de guerra 'hobbesiano', de 'todos contra todos', e dando-lhes certo interesse em 'tocar' adiante suas vidas, sem arriscar confrontos com a casa-grande. De fato, ao formarem tais laços, os escravos aumentaram ainda mais sua vulnerabilidade, transformando-se em 'reféns', tanto de seus proprietários quanto de seus próprios anseios e projetos de vida familiar. Isto não quer dizer, no entanto, que foram necessariamente impedidos de criar uma comunidade de interesses e sentimentos e virar um *perigo* para os senhores. Ao contrário, o refém normalmente tem motivos para identificar-se com outros na sua situação; e não faltam casos, na história, de outros grupos subalternos – também, em certa medida, 'reféns' dos poderosos – que encontraram o caminho da solidariedade."

A CASA DO CASAL

Os escravos, assim como os senhores, se casavam pelos mais variados motivos – principalmente, de natureza biopsicológica, envolvendo desde a disposição humana para a "formação de par", como nos ensina a sociobiologia, até à busca de consolo, amparo, proteção, cumplicidade ou solidariedade, diante das mais do que difíceis circunstâncias da vida numa sociedade escravista. Mas havia também, para o escravo, certas vantagens práticas, materiais, em termos de privacidade, conforto e alimentação, por exemplo.

O escravo que contraía matrimônio, sob as bênçãos da Igreja Católica, passava a viver em outra situação espacial. Não ficaria mais amontoado num cubículo unissexual como os solteiros. Regra geral, casados tinham um canto só para eles, marido e mulher, depois acompanhados somente pelos filhos, no crescimento da família conjugal. Podia acontecer até mesmo de o senhor dar permissão para o novo casal construir uma casinha. Vale dizer, o canto do casal tanto podia ser um cômodo próprio, isolado, numa senzala-pavilhão coletiva, quanto uma palhoça separada, individual. Era a conquista do domicílio independente – a vida em cubículos de casados ou em cabanas conjugais apartadas da habitação coletiva dos solteiros. O que significava algumas coisas importantes. Acima de tudo, ao ganhar um espaço próprio, os casados escapavam da vigilância invasiva e permanente da repressão senhorial. Podiam entregar-se aos prazeres do sexo sem a chatice de estarem sendo observados por outros escravos, por trabalhadores livres, feitores ou mesmo mucamas e sinhazinhas excitáveis. Podiam realizar ritos em particular, sem correr riscos de intromissão ou repressão. Etc. Esse lance de não ser vigiado o tempo todo já introduzia um relaxamento mais que bem-vindo naquela vida desgraçada. Além disso, a alimentação passava a ter outra qualidade. Os casados não precisavam de fogões nem cochos coletivos. Tinham fogo dentro de seu espaço reservado – fogo que tanto era investido de significados mágicos e religiosos, quanto permitia que um cardápio conjugal tomasse o lugar da eterna gororoba destinada ao grosso da escravaria. Era possível caprichar na feitura das coisas, "cozinhar por amor", aplicar princípios culinários africanos em materiais alimentares nativos, dos vegetais à caça e à pesca. Por aí, conferia-se qualidade à alimentação, cujo consumo, de resto, já não ficava subordinado a horários excessivamente rígidos. Enfim, ter o seu próprio fogo mudava tudo. Fundamental, ainda, lembrar que o escravo casado dividia a unidade residencial com uma pessoa que tinha escolhido para viver junto – e não, meramente, com um colega de eito, servidão e trabalho.

SENZALA & CASA AFRICANA

Ainda hoje, pessoas costumam falar com indignação – e até com horror e repulsa – da arquitetura da senzala. Mas, no mais das vezes, por motivos que, muito provavelmente, não incomodariam tanto assim os negros escravizados. Como no caso da dimensão física da senzala, alojamentos de metragem mínima – cubículos ou casinhas apertadas, muito rústicas e muito baixas, onde nem sempre as pessoas podiam ficar de pé, a não ser sob a cumeeira. Mas também no caso do desenho das edificações, com sua falta de janelas, a luz entrando apenas pela porta. Mas isso foi coisa tradicional e comum em muitos cantos da África, ao longo da história dos povos daquele continente. O tamanho reduzido da casa e de seus cômodos, assim como a ausência de janelas, em diversos pontos do território africano, nunca deixaram de impressionar observadores europeus que por ali passaram ou ali viveram.

Slenes: "As casas tradicionais dessa região [África Central] também [como as senzalas brasílicas] são normalmente baixas, têm o teto coberto de colmo (isto é, de palha, 'sapê' ou outro material vegetal entrelaçado), e não têm janelas. Essas características, em seu conjunto, muitas vezes foram vistas com estranheza pelos europeus. Um religioso francês, por exemplo, descreveu as habitações no reino do Kongo no início do século XVIII em termos que lembram muito os dos viajantes no Brasil, quando retratavam as choupanas dos escravos: 'As casas, no que diz respeito a suas dimensões, podem ser comparadas a uma pequena cela de capuchinho. Sua altura é tal, que a cabeça de uma pessoa em pé alcança o teto, por assim dizer. As portas são muito baixas. As casas não recebem outra luz além daquela que entra pela porta. Não há janelas.' No século XIX há um depoimento semelhante a respeito de janelas, só que às avessas: o relato de um africano, descrevendo seu primeiro contato com a arquitetura europeia. Mahommah G. Baquaqua, um escravo da África Ocidental que foi capturado e enviado como escravo ao Brasil depois de 1831, registra o impacto que sentiu num povoado perto da costa africana ao avistar pela primeira vez um homem branco – e, em seguida, com quase o mesmo grau de assombro, relata que 'as janelas das casas também pareciam estranhas, pois era a primeira vez em minha vida que via casas com janelas.'" Ou seja: havia um parentesco óbvio entre a cabana africana e a senzala brasileira – convergência de gramática arquitetônica, se assim se pode falar. De linguagem espacial.

A falta de janelas pode ter sido determinada, pelos senhores luso-brasileiros, como obstáculo; algo para impedir que escravos fugissem pelo meio da noite. Mas esta imposição senhorial, assim como a da dimensão física algo liliputiana dos casebres e cubículos, coincidia plenamente com a arquitetura vernacular de pelo menos boa parte da África Negra. O que havia de muito diferente, distinguindo as choças africanas das palhoças brasileiras, era que estas, geralmente, eram trancadas à noite para evitar fugas. Quando não, possuíam uma janelinha nos fundos, atravessada por uma barra de madeira, de modo a não deixar espaço para que corpo de gente passasse por ali. E dormir trancafiado, "sob chave", sempre foi coisa humilhante, lembrando noturnamente ao escravo qual o seu lugar naquela sociedade. Afora o detalhe insultuoso, cruelmente repressivo, predomina a correspondência. No caso do minimalismo africano, decorre de uma determinada concepção da habitação. A propósito, Slenes cita

Julius F. Glück afirmando que o conceito negro-africano dominante é o da casa como espaço de dormir – e não de morar/estar, como até aqui tem sido a concepção predominante entre nós: "Do ponto de vista de uma história do desenvolvimento, a choça não é um espaço para morar, porém um espaço para dormir e, quando necessário, um abrigo contra efeitos climáticos. Depois que o homem se tornou sedentário, o fogo, os fornos e os pequenos animais também teriam sido levados para dentro do abrigo. O fato de que não havia verdadeiros lugares de moradia já é confirmado pela completa ausência de janelas. A luz penetra apenas através da abertura da entrada. A choça primeva é projetada para o dormir deitado, ou, no máximo, para um ser humano sentado; não é feita para um homem em pé. Portanto, podemos nos aproximar do dimensionamento espacial desta arquitetura primeva apenas através de nosso conceito de 'quarto de dormir.'"

Este modelo de "choça primeva" veio atravessando séculos, para chegar à África envolvida no tráfico transatlântico de escravos. E bem além – porque isto não se prende ao passado africano. É uma concepção que ainda se expressa na arquitetura popular de grande parte do continente. A casa mínima sem janela é encontrável também hoje, neste exato momento em que estamos, década segunda do século XXI. No livro *Hereros*, ensaio de antropologia visual do fotógrafo Sérgio Guerra, vemos a casa minúscula de uma moça solteira, numa aldeia no deserto de Namibe, no Extremo-Sul de Angola. Baixíssima minicasa ovalada de madeira e barro, sem janelas, quase uma "cápsula nipônica" de eras passadas, com a luz e o ar entrando pelo buraco-porta e onde a pessoa pode permanecer sentada, mas nunca ficar de pé. Casas bem pequenas aparecem também entre outros grupos e em outras regiões angolanas. Como as casas sem janelas ou com janelas mínimas que vemos no videoclipe da composição "A Casa", de Arnaldo Antunes, direção do mesmo Sérgio Guerra, gravado na província do Bié. É também este modelo de casa baixa o que se viu nos casebres que descendentes de escravos africanos construíram em Canudos (alguns, sem janelas) e nas primeiras favelas cariocas do final do século XIX.

O LANCE URBANO

Slenes anota que os "estudos sobre a família escrava urbana têm sido frustrados pelos índices muito baixos de casamento escravo nas cidades". Mas a observação deve ser tomada *cum grano salis*. Antes de mais nada, avivando as diferenças entre escravidão rural e escravidão urbana. Já escrevi algumas vezes sobre o assunto (no livro *A utopia brasileira e os movimentos negros*, por exemplo), acentuando sempre o maior grau de autonomia do escravo urbano em comparação com o rural. Na verdade, foram bem diferentes as vidas dos negros escravizados no Brasil, a depender do lugar que eles habitavam e dos trabalhos a que eram destinados. Uma era a vida do escravo das minas, outra a dos escravos nas plantações, outra a do escravo doméstico e ainda outra a do escravo urbano, relativamente solto no espaço da cidade.

"No Brasil, o enquadramento dos escravos urbanos não se parece ao dos escravos do campo. A obediência não é praticada de maneira idêntica no campo, na cidade, na mina. As servidões de um escravo tropeiro não são as mesmas de um doméstico, um artesão, um lavrador", ensina Katia Mattoso, em *Ser escravo no Brasil*. Não se pode confundir a escravidão urbana com a mineradora ou a camponesa. É nítido e significativo o contraste entre o cotidiano acanhado do engenho ou do cafezal e o rebuliço do mundo urbano. Eram escalas completamente diferentes, em termos de percepção e experiência humana e social. Eram negros menos livres (em todos os sentidos: físicos e mentais) aqueles que viviam em plantações, pisando o chão de terra batida da senzala, isolados "do mundo". A cidade propiciava um leque de movimentos impensáveis em furnas e eitos. É assim que podemos, em princípio, estabelecer uma gradação. Num extremo, ficaria a escravidão mineira. Não há estação propícia para uma pepita brilhar numa jazida. O ouro não é sazonal. Logo, a faina é ininterrupta. Engajado nas tarefas contínuas da mineração, o escravo dificilmente teria um tempo maior para si mesmo, onde pudesse construir com vagar e esmero um espaço de refúgio, voltando-se para crenças e valores ancestrais. O escravo agrícola, ao que tudo indica, teve mais liberdade que o escravo das minas. No tempo entre o plantio e a colheita, via-se relativamente livre para se dedicar a seus projetos e sonhos. Mas seu mundo era mais controlado e estava longe de ter a variedade da vida citadina.

Na cidade, a conversa era outra. Em termos esquemáticos, escravos urbanos eram empregados em tarefas domésticas ou trabalhavam no *ganho*, fazendo "serviços" nas ruas. Ainda aqui, havia graus distintivos. O escravo direcionado para o ganho, empenhando-se em ocupações manuais qualificadas ou não, sob diversos tipos de relações de trabalho, tinha um nível de autonomia pessoal que é quase impossível encontrar entre escravos domésticos (a exemplo de mucamas e pajens), na exploração das minas de pedraria preciosa ou nas atividades desenvolvidas no campo. Trabalhar em obras públicas, realizar coisas de carpintaria em imóveis diversos ou vender produtos ao ar livre, com oportunidades de estabelecer laços de namoro e amizade, trocando palavras e ideias com outros pretos, não era o mesmo que passar o dia aos pés da senhora, atravessá-lo com a bateia na mão ou despendê-lo no eito, entre a queimada e a mondadura. E o aluguel de escravos para serviços diversos, que sempre existiu, se tornou prática corrente nas cidades brasileiras, em especial, ao longo do século XIX. Com relação a isso, em *O liberto: o seu mundo e os outros*, Maria Inês Côrtes de Oliveira chama a nossa atenção para a "contradição que começava a se operar na relação de trabalho escravista: de um lado o locador, mantendo com o escravo uma relação escravista calcada na propriedade de outra pessoa, e de outro lado o locatário, que se utilizava da força de trabalho não mais realizando uma inversão [um investimento] e sim preferindo alugá-la ao modo de um 'capitalismo embrionário'. A generalização do costume de alugar a mão de obra, em vez de comprá-la, pode ser um fator elucidativo das primeiras manifestações de dissolução do sistema escravista e de transição para formas de trabalho assalariado, aceleradas especialmente a partir da perda de sua principal fonte de renovação, com o fim do tráfico." De fato, o negro-do-ganho aparece como um interessante misto de escravo e trabalhador assalariado, movimentando-se de um lado para o outro pelas ruas das cidades.

Em *O escravismo colonial*, Jacob Gorender fala, a propósito, de duas concessões restritas: a da locomoção relativamente livre e a da propriedade individual do escravo. "Numerosos escravos urbanos desfrutavam de liberdade de locomoção de certa latitude, negada aos escravos rurais. Podiam até, mediante ajuste com o senhor, residir em domicílio separado." Maria Inês toca na mesma tecla: "... os ganhadores gozavam de uma liberdade de movimento muito mais ampla do que os escravos domésticos [...] podiam criar instrumentos de solidariedade grupal, dentre os quais as 'juntas' para alforria foram os mais conhecidos e, ao mesmo tempo, preservar a tradição cultural africana". Como fica evidente, o escravo que vivia no meio urbano, trabalhando nas ruas de uma cidade, estava bem mais à vontade do que o escravo preso ao campo. Possuía maior autonomia – física e psíquica.

É preciso situar nesse horizonte o fraco índice de casamentos católicos entre escravos citadinos, em comparação com o que ocorria no mundo rural. Os ganhos não eram os mesmos. Quando o escravo de uma plantação de cana-de-açúcar ou dos cafezais se casava, podia até ganhar permissão do senhor para construir sua própria casinha. Era uma concessão e tanto. O casamento importava não só em termos afetivos e emocionais, mas também em termos práticos, significando sempre alguma vantagem material. Além disso, como foi dito, a submissão – física e simbólica – era maior no campo. Na cidade, encontrando-se sempre com outros escravos, trocando informações e experiências, em contato constante com a terra africana de origem, o negro relativizava com mais facilidade a instituição casamenteira segundo os preceitos e ritos da Igreja Católica. Era um escravo mais livre e menos dominado ideologicamente, alimentando tradições africanas sob o manto das irmandades católicas, mantendo amplamente suas práticas cultuais. E se um escravo nagô-iorubá, "filho" de Oxalaguiã ou Ibualama, poderia não ter maior interesse em se casar no altar de uma igreja, menos ainda um haussá islamizado, leitor do Corão. Penso que essas coisas ajudam a explicar o fato de os escravos, em termos proporcionais, se casarem catolicamente menos na cidade do que no campo. O escravo urbano batalhava era para conseguir permissão para morar fora da casa do senhor, em cortiços ou casas de cômodos. Ao sair do casarão senhorial, o escravo não esperava melhorar de vida, em termos materiais. Continuaria pagando ao senhor parte do que obtinha em seu ofício de ganhador. E teria agora de desembolsar o valor do aluguel. Mas procurava-se isso porque nada parece realmente mais atrativo e valioso do que um simples gosto de liberdade. Nos cortiços, ademais, os escravos e libertos podiam desenvolver à vontade suas relações amorosas. Tinham suas amásias e suas amantes. Além disso, o fato de não ser casado na igreja não era impedimento algum para que o sujeito constituísse família. Nem em meio à população branca livre, nem em meio à população negra escravizada.

19. CORTIÇOS E VILAS

Quem morava pior, na sociedade escravista, era o escravo. Em especial, na estação das chuvas no Brasil Atlântico Central, quando permaneciam dormindo em lugares escuros e sem ventilação, sobre um chão invariavelmente úmido, ou nos invernos sudestinos e sulinos.

Examinando a situação habitacional dos escravos no Rio de Janeiro, Mary C. Karasch escreveu: "À noite, eram trancados para dormir amontoados no chão, às vezes acorrentados. As paredes eram barreiras visíveis que os separavam dos escravos de fora. [...]. Se nascesse numa família carioca, uma escrava 'decente' jamais deixava a casa, exceto para ir à missa com sua senhora, e sua visão do Rio era a de salas e quartos escuros, quintais reclusos e sacadas no segundo andar que davam para a vida excitante das ruas abaixo. Ao acompanhar sua senhora à missa através de ruas estreitas e sujas, ela passaria por casas caiadas e oficinas ou lojas abertas, de imigrantes portugueses. Se seu dono fosse rico, poderia 'gozar' do serviço em uma mansão elegante e espaçosa nos subúrbios de Botafogo ou Engenho Novo, mas seu quarto de dormir podia ser tão acanhado como no centro da cidade e sua liberdade de movimentos igualmente restrita. [...]. Outras moradias de escravos no Rio eram simples cabanas de taipa com tetos de palha, e escravos achavam áreas do Rio onde construir ou alugar suas malocas por conta própria. Alguns se refugiavam em morros como o do Castelo, ou nos pântanos da Cidade Nova, ou nos subúrbios distantes do centro; viam então a cidade da perspectiva do pobre urbano que nunca esteve no interior de uma mansão."

Ainda em *A vida dos escravos no Rio de Janeiro (1808-1850)*, Mary Karasch coloca a precariedade habitacional entre os principais fatores de sofrimento e morte dos escravos, flagrando inclusive uma desatenção do movimento abolicionista (tão lucidamente antecipatório, sob vários aspectos) para a questão da moradia popular, ainda hoje irresolvida e tratada em termos meramente quantitativos: "Moradia, roupas, alimentação e cuidados médicos inadequados contribuíam muito mais para mortes prematuras do que o assassinato. O problema da sobrevivência diante de doenças epidêmicas ou endêmicas era aumentado pela falta de proteção. Sem roupas, alojamentos ou moradia apropriados para o frio úmido da estação chuvosa, os escravos contraíam problemas respiratórios. Sem cuidados médicos apropriados e descanso quando tinham gripe ou bronquite, desenvolviam pneumonia e acabavam morrendo. Em outras palavras, era mais provável que fossem mortos por uma doença contagiosa, devido às más condições de vida e trabalho, do que por seus donos. [...]. Em muitos casos, as mansões de subúrbio tinham uma varanda com uma escada que levava aos aposentos dos senhores. Sob a varanda, os escravos ocupavam um quarto escuro e úmido, com barras de ferro nas janelas... dormiam em esteiras estendidas sobre o chão úmido onde quer que houvesse espaço entre mercadorias armazenadas e animais como cabras, cães, gatos, porcos, patos e galinhas. Na cidade, o mesmo arranjo prevalecia entre os moradores de renda média: o porão de uma casa de dois andares era ocupado por escravos, animais e coisas armazenadas."

Mas nem todo mundo era escravo. E aqui podemos nos aproximar de outro modelo de moradia e de prática habitacional, definindo-se nos cortiços de nossas principais cidades. A origem do cortiço talvez seja mais antiga do que costumamos imaginar. Estudiosos falam de sobrados senhoriais nordestinos que, em sua decadência, se viram convertidos em bordéis ou cortiços. São as figuras citadinas do sobrado-bordel e do sobrado-cortiço, datando talvez já do século XVIII. Mas não vamos fazer aqui uma excursão histórica mais sistemática e detalhada. Importa-nos concentrar o foco nos cortiços oitocentistas. A palavra, de origem latina, designava originalmente, nos termos do *Houaiss*, "peça feita de cortiça ou de qualquer outra casca de árvore, para alojar colônias de abelhas". Era a colmeia. Por analogia, o vocábulo passou a designar também casas que serviam de habitação coletiva para a população pobre. Maurício de A. Abreu contextualiza seu surgimento e florescimento no Rio de Janeiro oitocentista. Naquela época, a área central da cidade começou a experimentar diversas mudanças, com ruas calçadas com paralelepípedos, iluminação a gás, serviço de esgotos sanitários. "Sede agora de modernidades urbanísticas, o centro, contraditoriamente, mantinha também a sua condição de local de residência das populações mais miseráveis da cidade. Estas, sem nenhum poder de mobilidade, dependiam de uma localização central, ou periférica ao centro, para sobreviver. Com efeito, para muitos, livres ou escravos, a procura de trabalho era diária, e este era apenas encontrado na área central." Com as novidades urbanísticas, foi ficando cada vez mais caro morar por ali. Uma alternativa encontrada, para permanecer perto das fontes de renda e sobrevivência, foi as pessoas se amontoarem em casas de cômodos. Em casarões repartidos em cubículos. Ou, no dizer de Abreu, "a solução era então o cortiço, habitação coletiva e insalubre e palco de atuação preferencial das epidemias de febre amarela, que passam a grassar quase que anualmente na cidade a partir de 1850". Morar de qualquer jeito para não ficar fora do centro e longe das oportunidades de trabalho seria a mesma lógica a presidir, em seguida, à formação e ao crescimento inicial das favelas. E o negócio cresceu espantosamente. Em 1870, 11% dos habitantes do Rio moravam em cortiços.

Falando especificamente sobre a praça Onze na passagem do século XIX para o XX, em "A Era das Demolições", Oswaldo Porto Rocha escreve: "O final do século XIX assistiu à chegada de correntes migratórias ao Distrito Federal, destacando-se a corrente baiana e a corrente fluminense... vieram e se localizaram em sua maioria na freguesia de Santana, no largo do Rocio Pequeno, hoje chamado de praça Onze... A praça Onze [espaço de baianos, mas também da comunidade judaica no Rio] é um ponto de convergência das principais artérias que partem da Saúde, da Cidade Nova, do morro da Providência e do Campo de Santana. Sua história remonta a 1846, quando foi urbanizada. Em princípio, tratava-se de uma região aristocrática, consequência do processo de ocupação do espaço urbano desencadeado com a atuação do ônibus... Com a aparição do bonde, outras áreas da cidade vão despertar o interesse da aristocracia, que abandona então seus casarões do largo do Rocio Pequeno, por outros ainda maiores e mais arejados, situados na Zona Sul e na Tijuca. É na década de [18]70, também, que surgem as primeiras casas de cômodos, as primeiras habitações coletivas no citado largo, e, devido à sua proximidade do centro da cidade, somada à superocupação das habitações coletivas nas demais freguesias centrais, a praça Onze torna-se um bairro eminentemente popular. Os baianos que chegaram ao Rio de Janeiro, nas últimas décadas do século passado [XIX], aí vão fixar residência empregando-se, por exemplo, na estiva, que não ficava muito distante da saudosa praça. Surgem casas de chope e um boliche na rua de Santana. Surgem também, nos casarões, os batuques, e a praça Onze passa a ser um grande centro de lazer... Everardo Backheuser, num artigo na revista *Renascença*, de março de 1905, assim retrata a transformação desses palacetes: 'Palacetes de feição afidalgada, por certo residências nobres nos tempos da Colônia ou do Império... encobrem com o seu aspecto agigantado a negra miséria de uma população enorme. Ali se cozinha em comum, em corredores escuros, com ameaças permanentes de incêndio que lamberiam rapidamente aqueles andares cheios de infortúnio: mesmo nos vãos de escadas, escondem-se fogareiros, luzindo com as suas brasas vermelhas como as faiscantes pupilas de gatos, a se aquecerem nos borralhos. As alcovas escuras ficam pesadas de camas."'

E aqui, em meio às camadas mais pobres da população, na escolha entre o cortiço e o mocambo, intervinha não só a situação financeira do indivíduo, como alguma hierarquização cultural. Sim: essas coisas também vigoram na pobreza – e até na miséria. Os portugueses, os italianos e outros imigrantes, assim como os pobres brasileiros mais europeizados que dispunham de seus tostões, não queriam saber de palhoças. Prefeririam morar partilhando sobrados decadentes ou ocupando cômodos independentes, "casinhas" minúsculas de pedra e cal, como no cortiço de João Romão, no romance de Aluízio Azevedo. A população mais miserável não tinha como recusar a palhoça e pagar aluguel, a fim de se instalar com seus panos de bunda no cubículo de um cortiço, "casinha de porta e janela", que, de resto, podia ser bem menos sadia e mais desagradável do que a cabana plantada no mato. Além disso, sua faixa culturalmente mais negro-ameríndia não rejeitava a palhoça. Esta era a distinção básica: telha, para os menos pobres; palha, para os mais fodidos.

A propósito dessa vida em pequenos cômodos cobertos de telha, podemos passear pelas páginas do já lembrado romance de Aluízio Azevedo, *O cortiço*, publicado em 1890. Embora o foco esteja no Rio, o cortiço de João Romão, diversamente do padrão original de localização urbana indicado por Maurício Abreu, ficava longe do centro. Nos "refolhos" da praia de Botafogo (e não seria coisa inusitada, já que o escritor naturalista fala da "miuçalha de cortiços" que alastravam por ali), onde, aliás, havia trabalho numa pedreira e surgiam uma fábrica de massas italianas e outra de velas. No final do século XIX, a bem da verdade, Botafogo não era só recanto de mansões de pessoas socialmente privilegiadas. Contava com seu comércio, atividades ligadas à construção civil etc., abrigando, assim, habitantes da classe trabalhadora. Mas o que importa é que o modo de vida aí encontrável, antes de a estalagem encarecer suas "cem casinhas", expelindo a pobreza mais rasteira, não diferia do que se passava nos cortiços centrais. Via-se ali a mesma existência promíscua e barulhenta, numa habitação grupal, com seu "espírito de coletividade", suas fileiras de latrinas e tanques comunitários, suas surumbambas e seu medo da polícia, sua gente na batalha diária pela sobrevivência. Dinheiro, diversão e sexo (hetero e homo, com a bicha velha do Botelho e o enlace lésbico de Léonnie e Pombinha) no centro de tudo. O samba ao lado do fado, a capoeiragem ao lado do trabalho duro, a pretalhada ao lado da italianada, a mulatice enfeitiçando lusos. Azevedo fala de "exuberância brutal de vida", "aglomeração tumultuosa de machos e fêmeas", "fermentação sanguínea", "fosforescência afrodisíaca", brigas "por causa de entrepernas de mulher". Lugar onde não faltava sequer uma cabocla velha rezadeira, nem o veadinho que "não arredava os pezinhos do cortiço, a não ser nos dias de Carnaval, em que ia, vestido de dançarina, passear à tarde pelas ruas e à noite dançar nos bailes dos teatros".

Em São Paulo, diferentemente do que se via no Rio, a questão não era somente ficar perto ou longe do trabalho. A relação que logo se evidenciava era com a migração. Estrangeira, em primeiro lugar, com muita gente chegando de outros países – da Itália, principalmente. Mas, também, migração interregional e migração do campo para a cidade, trazendo ex-escravos, pretos pobres etc., como assinalou Florestan Fernandes, em *A integração do negro na sociedade de classes*. São Paulo atraía gente em demasia, sem estar preparada para receber tantos imigrantes. O crescimento demográfico da cidade era rápido – o ritmo da construção de moradias, não. Mas as pessoas precisavam ter onde se abrigar. E assim, no final do século XIX, a saída encontrada foi o cortiço. A população de Santa Ifigênia passou de 14 mil habitantes em 1890 para mais de 42 mil em 1893. Um relatório oficial, datado de 1894, informa existirem então, naquele bairro, nada menos de sessenta cortiços de todos os tamanhos e feitios. E o modelo construtivo do cortiço foi a senzala. Cortiço = senzala para trabalhadores livres; moradia operária transposta do padrão escravista.

Carlos Lemos analisou o tema. Construíam-se às pencas cômodos enfileirados, iguaizinhos uns aos outros, destinados cada um a uma família, pouco importando o número de filhos ou agregados. Cada conjunto de cômodos iguais, com suas latrinas coletivas imundas, definia um cortiço. Do ponto de vista urbanístico, a solução "era proveitosa porque, além de providenciar um adensamento populacional apropriado à cidade sem transportes, ocupava áreas ociosas nos miolos dos quarteirões. Certamente, morar nesses promíscuos e insalubres cortiços, quase sempre edificados em terrenos baixos, se não era aviltante à dignidade humana, era perigoso, com riscos os mais diversos, ligados à saúde e à segurança física. Esses cortiços, onde predominava o proletariado de origem italiana, foram levantados quase que às escondidas, nas proximidades das linhas férreas inauguradas a partir dos fins da década de 1860. Os cortiços eram sempre localizados em terrenos muito baratos, ocupando os interiores das quadras, ou em loteamentos clandestinos, cujas áreas haviam sido desprezadas pelos industriais somente interessados em estabelecimentos fabris ao pé da ferrovia". Antes de Lemos, Richard M. Morse, em *Formação histórica de São Paulo*, já sublinhava que os cortiços estavam muito longe de ser saudáveis. Num conjunto típico, "a moradia média abrigava de quatro a seis pessoas, embora suas dimensões raramente excedessem 3 metros por 5 ou 6, com altura de 3 a 3,5 metros. Os móveis existentes ocupavam um terço do espaço. O cubículo de dormir não tinha luz nem ventilação; superlotado, à noite era 'hermeticamente fechado'". E isto para não falar da sujeira, paredes e forros enegrecidos de cocô de mosca e fumaça de fogão. Lemos refere-se ainda, com relação a São Paulo, a cortiços de subúrbio, um pouco menos miseráveis, como os conjuntos da região do Pari, cortiços quase rurais. "Ainda deve ser chamado de cortiço porque tinha áreas de uso comunitário, como as instalações sanitárias, os tanques, os poços d'água e os fornos de pão ou pizza."

Mas o cortiço semirrural foi exceção. O que contava era o padrão paulistano essencialmente urbano. Como o célebre quarteto de cortiços de um dos "bairros italianos" de São Paulo, ao lado do Brás e da Barrafunda: o Bexiga (é uma idiotice ver paulistas hoje escrevendo "Bixiga" com "i", como se português errado pudesse ser coisa charmosa), antiga Chácara das Jabuticabeiras, tema do já chamado "samba *al sugo*" de Adoniran Barbosa. Em *Origens da habitação social no Brasil*, Nabil Bonduki escreve: "Devido à sua visibilidade, o conjunto de cortiços do sr. Francisco Barros, situado no Bexiga e quase todo construído na primeira metade da década de 1920, tornou-se o símbolo desse tipo de assentamento. Formado por prédios independentes, denominados 'Navio Parado', 'Vaticano', 'Geladeira' e 'Pombal', cada qual com características próprias, o conjunto tinha um desenho único, com acessos controlados, formando uma espécie de cidadela onde acabaria surgindo um modo de morar coletivo. Condenado pelos higienistas, pela elite e pela imprensa como território da promiscuidade e da falta de higiene, seus moradores desenvolveram uma forte coesão interna, cuja maior expressão era o fato de a polícia não conseguir entrar no local ou, quando entrava, nunca encontrava ninguém, nem mesmo o famoso bandido Meneghetti, espécie de Robin Hood do local." O quarteto reunia os diversos tipos de cortiço de que se tem notícia. O "Vaticano" era um casarão, antiga residência oitocentista de três andares, transformada em casa de cômodos. "Principal edifício do conjunto, o 'Navio Parado' ocupava o antigo vale do rio Bexiga. De grandes dimensões, tinha dois pavimentos e era ladeado por varandas que serviam simultaneamente de área de circulação, de sociabilidade e cozinha. Cada unidade do cortiço, segundo relato de antigos moradores, era constituída de dois cômodos com dimensões razoáveis. Isolado no terreno, o 'Navio Parado' foi de certo modo o primeiro bloco habitacional da cidade, rompendo com a lógica do lote." Não por acaso, o IAPI ergueu em seu lugar, na década de 1950, o Conjunto Residencial Japurá, na linguagem do racionalismo arquitetônico modernista. O "Pombal", por sua vez, apresentava um desenho curioso, com uma espécie de ponte interligando as varandas dos vários blocos e criando "uma rede de circulação labiríntica". Havia ainda um bloco chamado "Geladeira", por causa de sua umidade. Era um núcleo habitacional de dimensões consideráveis, apresentando a mais alta taxa de densidade de ocupação que se via em São Paulo. E tinha mais uma coisa: "Um pátio utilizado para a lavagem de roupa e recreação era o espaço onde se realizavam as famosas festas juninas promovidas pelos moradores."

Coesão comunitária. Festa. Esta dimensão da vida dos cortiços não deve ser eclipsada. É o aspecto da sociabilidade e a importância daqueles conjuntos residenciais na formação e afirmação de nossa cultura popular. Aqui, de um modo geral, Rio e São Paulo não divergiram, a não ser em traços diferenciais internos. Comentando uma pesquisa realizada na capital paulista, em 1940, Morse assinalou que a inquirição encontrou proprietários de cortiços que, apesar de terem dinheiro para morar em outro lugar, escolhiam viver nas mesmas condições que seus inquilinos. E concluiu: "... o cortiço não é apenas um fenômeno a ser abolido por meio de certas novas disposições físicas. Ele envolve uma atitude mental: um desinteresse tradicional pelo conforto e pela higiene e, muitas vezes, uma irresistível compulsão a viver, seja em que condições forem, perto da excitação, do movimento e das luzes do centro urbano e suas principais artérias". Mais: o cortiço exibia um grau considerável de espírito comunitário, de solidariedade social. "A despeito das brigas e intrigas, as pessoas que nasceram e cresceram num cortiço de, digamos, duzentos moradores, desenvolvem a sociabilidade e os hábitos de auxílio mútuo e experiência compartilhada. [...]. O cortiço retém, conquanto em forma degenerada, certos aspectos da 'vizinhança' pré-industrial e suas relações face a face." E penso que Morse está certo quando diz que isso precisa ser preservado. Além disso, a vida interna do cortiço tinha a sua agitação própria. Cultivava práticas populares de cultura. Foi de "chinfrinadas ao relento", de rodas de samba à Rita Baiana, que a música popular brasileira levantou voo. Reino do gregarismo e não da formalidade e da solidão, o cortiço era uma festa.

Mas, ao dizer isto, é preciso imediatamente acrescentar: festas não abolem a miséria, nem eliminam as doenças. Jamais será o caso de fazer o elogio do cômodo do cortiço, nem do sapé da casa de barro coberta de palha. São espaços infra-humanos para morar. Não vamos confundir alhos com bagulhos: uma coisa é uma aldeia de pescadores ao sol e à sombra de litorais tranquilos; outra coisa é um amontoado de choças numa favela urbana. Ou crianças adoecendo no chão úmido de um cortiço feio, febril e fétido.

O CORTIÇO NO ROMANCE SOCIAL DE LIMA BARRETO

"Quando, em 1908, mansamente, se extinguia Machado de Assis, cercado pela vegetação perfumada desse Cosme Velho que tanto amou e ainda escutando a queixa cristalina das águas do Carioca, descendo do Corcovado – no outro extremo da cidade, em um desses longos subúrbios de árvores ralas e chalés coloridos, cortados pelos silvos da Central, vinha nascendo uma obra que ia prolongar a tradição, interrompida com a morte do grande humorista. Nesse ano, escrevia Lima Barreto as *Recordações do escrivão Isaías Caminha*", observou Alceu Amoroso Lima, em seus *Estudos literários*.

Está bem. É possível divisar uma linha de continuidade entre Machado de Assis e Lima Barreto. Mas o próprio Alceu já divisava, naquele mesmo texto, uma diferença a separá-los: "Machado de Assis, em sua maneira final e definitiva, foi um cultivador exclusivo dessa lógica do absurdo que há no *humour*. Em Lima Barreto – menos interior, menos frio, possuindo, como esses russos remotos e iluminados de estranho fulgor, o sentido da escravidão social da alma humana – havia uma compreensão mais vasta da vida em sua miséria ou em sua monotonia." Por isso mesmo, melhor falar dele como "estranho continuador" de Machado. Ok. Mas penso que é preciso ir mais longe, para dizer que Lima era o avesso mesmo de Machado – em dois pontos fundamentais, além de divergirem radicalmente na vida. Ambos conheceram a epilepsia. Mas Machado era um homem sóbrio, enquanto Lima, o leitor de Kropótkin e Bakúnin, que passou por internamentos no hospício e se mostrava desligado de conveniências sociais, era um alcoólatra público e notório, caindo de bêbado pelas ruas do Rio. Outra coisa é que, ao contrário da existência confortável e segura de Machado, Lima nasceu e morreu pobre, chegando a experimentar momentos difíceis, sem ter uma roupa decente para sair de casa. Mas os dois pontos a que me referi são os seguintes. Primeiro, Machado foi romancista da classe dirigente e dos subúrbios ricos do Rio – Lima, ao contrário, abria o foco sobre várias classes e grupos sociais (com a luz concentrada na dor profunda dos mais humildes), contemplando o conjunto do mundo urbano carioca. Segundo, Machado sempre silenciou sobre sua situação racial e sempre fez pose de branco – ao passo que Lima Barreto acendeu a luz sobre a questão racial brasileira, denunciou seguidamente o racismo, o preconceito contra pretos e mulatos ("É triste não ser branco"), nunca renegou nem quis disfarçar a sua cor e falava normalmente de seus antepassados negros que foram escravos. "Nasci sem dinheiro, mulato e livre", escreveu. Numa passagem de seu *Diário íntimo*, anotou: "No futuro, escreverei a história da escravidão negra no

Brasil e sua influência na nossa nacionalidade" – passagem que Gilberto Freyre recordava, para dizer que tinha realizado, à sua maneira, o sonho textual de Lima Barreto.

Nesse caminho, vejamos um trecho do *Diário íntimo* que o "branco" Machado de Assis jamais poderia ter escrito (o pai do romancista era bastardo, filho natural de um português e de uma escrava): "Tomei o *tramway*. Fui vendo o caminho. Em breve, deixamos toda a atmosfera urbana, para ver a rural. Há casas novas, os *chalets*, mas há também as velhas casas de colunas heterodoxas e varanda de parapeito, a lembrar a escravatura e o sistema da antiga lavoura. Eu, olhando aquelas casas e aqueles caminhos, lembrei-me da minha vida, dos meus avós escravos [...]. Lembrando-me disso, eu olhei as árvores da estrada com mais simpatia. Eram muito novas; nenhuma delas teria visto minha avó passar, caminho da corte, quando os seus senhores vieram estabelecer-se na cidade. Isso devia ter sido por 1840, ou antes, e nenhuma delas tinha a venerável idade de setenta anos. Entretanto, eu não pude deixar de procurar nos traços de um molequinho que me cortou o caminho, algumas vagas semelhanças com os meus. Quem sabe se eu não tinha parentes, quem sabe se não havia gente do meu sangue naqueles párias que passavam cheios de melancolia, passivos e indiferentes, como fragmentos de uma poderosa nau que as grandes forças da natureza desfizeram e cujos pedaços vão pelo oceano afora, sem consciência do seu destino e de sua força interior." Ou ainda, mais sinteticamente: "eu, mulato ou negro, como queiram, estou condenado a ser sempre tomado por contínuo. Entretanto, não me agasto, minha vida será sempre cheia desse desgosto, e ele far-me-á grande".

Lima, que não gostava que o comparassem a Machado, sentiu na pele o açoite do preconceito racial. Assis Barbosa, em "Lima Barreto, Precursor do Romance Moderno", faz sua leitura: "Na Escola Politécnica [que abandonou sem concluir o curso, trocando o diploma sonhado por um modesto posto burocrático, pela necessidade inadiável de um emprego], Lima Barreto defrontou-se, talvez pela primeira vez, com a barreira do preconceito racial, numa época em que as chamadas classes superiores atribuíam à Abolição a má situação econômica dos primeiros anos da República. 'Olha que ninguém quer ser negro no Brasil!' – advertirá um dos personagens do futuro romancista. A nova ordem mostrava-se bem mais exigente que a monárquica, pelo menos em matéria de pigmentação, ao contrário do regime anterior, quer sob d. Pedro I, quer sob d. Pedro II, que deram dignidade nobiliárquica a indivíduos sem linhagem conhecida. Bastardos e mestiços, e alguns de cor bastante escura, foram feitos barões e viscondes, conselheiros e senadores do Império." A propósito, Assis Barbosa compara Lima Barreto não a Machado de Assis, mas ao

Aleijadinho: "O grande romancista da Primeira República, pobre, preto, desarmado e só, nada mais fez do que repetir, nas duas primeiras décadas do nosso século [XX], o escultor de gênio do barroco brasileiro, mulato e pobre como Lima Barreto, numa explosão de revolta contra os poderosos, os mandarins das letras e os senhores da política. Há muito de comum entre os dois, a começar pelo grotesco no retrato dos vilões, a terminar no trágico destino: a doença repelente de um e o alcoolismo crônico do outro, conduzindo-os ao abismo, a fazê-los viver segregados da sociedade como réprobos."

Embora Lima Barreto não revele interesse por tradições africanas e suas vicissitudes e influências no Brasil (sua preocupação é com o mulato carioca em busca de integração e ascensão sociais), um assunto que atravessa *Recordações do escrivão Isaías Caminha* é o problema racial brasileiro, que também será o tema de *Clara dos Anjos*. "Ah! Seria doutor! Resgataria o pecado original do meu nascimento humilde, amaciaria o suplício premente, cruciante e onímodo de minha cor", sonha a personagem principal das *Recordações*. É interessante notar, aliás, que Lima assinala sempre a cor das personagens, mesmo secundaríssimas, que vão aflorando em seus romances. Lembrem-se o preto Anastácio; o jornalista Adelermo, nascido no Maranhão, com "uma boa dose de sangue negro nas veias"; o poeta Félix da Costa, louro de olhos azuis; Sinhá Chica, a rezadeira cafuza; o narrador mulato de *Vida e morte de M. J. Gonzaga de Sá*; a "misteriosa pele parda" de Dona Gabriela; aqui "uma velha mulata", ali "aquela rapariga clara"; na rua, "um bando multicor de moleques" etc. Mas o que aqui mais me importa é a questão residencial. Machado foi criado em casa de gente rica. Morou num chalé no Cosme Velho. Já Lima vem do subúrbio – mas não do subúrbio machadiano, entre o fidalgo e o burguês, e sim do subúrbio proletário do Rio. Morou tempos numa casa simples na Ilha do Governador. Mais tarde, alugou uma casa suburbana térrea e modesta, no alto de uma ladeira de Todos os Santos – casa que se tornou conhecida na vizinhança como "a casa do louco". Lima Barreto conhecia muito bem os espaços da pobreza, pisando com desenvoltura num solo onde Machado nunca pôs os pés. Conhecia os cortiços. E, além disso, tinha noções mais precisas de arquitetura e uma compreensão urbanística mais geral (às vezes, até antecipatória) do que a regra dos literatos brasileiros, Machado de Assis e Mário de Andrade incluídos (para não falar de Jorge Amado, que foi capaz de ver "castelos feudais" no Recôncavo Baiano). Como na visão das relações entre cidade e meio ambiente, por exemplo.

Veja-se a leitura que ele faz da periferia empobrecida do Rio de Janeiro, no *Triste fim de Policarpo Quaresma*. "Nada mais irregular, mais caprichoso, mais sem plano qualquer, pode ser imaginado. As casas surgiram como se fossem semeadas ao vento e, conforme as casas, as ruas se fizeram." Eis o panorama: "Há casas de todos os gostos e construídas de todas as formas. Vai-se por uma rua a ver um correr de *chalets*, de porta e janela, parede frontal, humildes e acanhados, de repente se nos depara uma casa burguesa, dessas de compoteiras na cimalha rendilhada, a se erguer sobre um porão alto com mezaninos gradeados. Passada essa surpresa, olha-se acolá e dá-se com uma choupana de pau a pique, coberta de zinco ou mesmo de palha em torno da qual formiga uma população; adiante, é uma velha casa de roça, com varanda e colunas de estilo pouco classificável, que parece vexada e querer ocultar-se, diante daquela onda de edifícios disparatados e novos. [...]. Não há nos nossos subúrbios coisa alguma que nos lembre os famosos das grandes cidades europeias, com as suas vilas de ar repousado e satisfeito, as suas estradas e responsabilidades e ruas macadamizadas e cuidadas, nem mesmo se encontram jardins cuidadinhos, aparadinhos e penteados, porque os nossos, se os há, são em geral pobres, feios e desleixados." Declínio: o subúrbio carioca já nada tem a ver com o subúrbio machadiano, com suas chácaras ricas, seus pomares, seus grandes e coloridos jardins. Mesmo sem citar Machado, o próprio Lima Barreto, num de seus escritos, explicitaria o contraste: "Excessivamente urbana, a nossa gente abastada não povoa os arredores do Rio de Janeiro de vivendas de campo, com pomares, jardins, que os figurem graciosos como a linda paisagem da maioria deles está pedindo. Os nossos arrabaldes e subúrbios são uma desolação. As casas de gente abastada têm, quando muito, um jardinzito liliputiano de polegada e meia e as da gente pobre não têm coisa alguma. [...]. Antigamente, pelas vistas que ainda se encontram, parece que não era assim. Os ricos gostavam de possuir vastas chácaras, povoadas de laranjeiras, de mangueiras soberbas, de jaqueiras, dessa esquisita fruta-pão que não vejo mais e não sei há quantos anos não a como assada e untada de manteiga."

Mas vamos aos cortiços. Isaías Caminha morou num deles. Num cortiço suburbano, na altura do Rio Comprido. E aqui já deparamos com o declínio que atingiu certas áreas antes ricas do Rio de Janeiro. No passado, o cortiço de Caminha e outros mestiços tinha sido um palacete de brancos privilegiados. Os dois andares do antigo casarão foram subdivididos em vinte ou trinta quartos, onde moravam mais de cinquenta pessoas. Tudo fala desse contraste entre o esplendor passado e a pobreza presente. "O jardim, de que ainda restavam alguns gramados amarelecidos, servia de coradouro. Da chácara toda, só ficaram as altas árvores, testemunhas da grandeza passada e que davam, sem fadiga nem simpatia, sombra às lavadeiras, cocheiros e criados, como antes o fizeram aos ricaços que ali tinham habitado. Guardavam o portão duas esguias palmeiras que marcavam o ritmo do canto de saudades que a velha casa suspirava; e era de ver, pelo estio, a resignação de uma velha e nodosa mangueira, furiosamente atacada pela variegada pequenada a disputar-lhe os grandes frutos, que alguns anos atrás bastavam de sobra para os antigos proprietários. [...]. Houve noites em que como que ouvi aquelas paredes falarem, recordando o fausto sossegado que tinham presenciado, os cuidados que tinham merecido e os quadros e retratos veneráveis que tinham suportado por tantos anos. Lembrar-se-iam certamente dos lindos dias de festa, dos casamentos, dos aniversários, dos batizados, em que pares bem-postos dançavam entre elas os lanceiros e uma veloz valsa à francesa. [...]. À noite, quando entravam aqueles cocheiros de grandes pés, aqueles carregadores suados, o soalho gemia, gemia particularmente, dolorosamente, angustiadamente... Que saudades não havia nesses gemidos dos breves pés das meninas quebradiças que o tinham palmilhado tanto tempo!".

Por outro lado, Lima/Isaías Caminha desloca o ângulo de abordagem e nos fala da realidade da miséria e da teimosia quase inacreditável dos mais pobres em viver naquelas condições cruéis. O palacete dos ricos aparece então como casarão de penúria e sofrimento, embora também dos laços de solidariedade que a pobreza cria. Observador agudo, Lima aponta tanto a mescla de pessoas, quanto a emergência de insultos ao se instaurar qualquer conflito. "Num cômodo (em alguns) moravam às vezes famílias inteiras e eu tive ali ocasião de observar de que maneira forte a miséria prende solidamente os homens. De longe, parece que toda essa gente pobre, que vemos por aí, vive separada, afastada pelas nacionalidades ou pela cor; no palacete, todos se misturavam e se confundiam. Talvez não se amassem, mas viviam juntos, trocando presentes, protegendo-se, prestando-se mútuos serviços. Bastava, entretanto, que surgisse uma desinteligência para que os tratamentos desprezíveis estalassem de parte a parte. [...]. Admirava-me que essa gente pudesse viver, lutando contra a fome, contra a moléstia e contra a civilização; que tivesse energia para viver cercada de tantos males, de tantas privações e dificuldades. Não sei que estranha tenacidade a leva a viver e por que essa tenacidade é tanto mais forte quanto mais humilde e miserável. Vivia na casa uma rapariga preta que suportava dias inteiros de fome, mal vivendo do que lhe dava uma miserável prostituição; entretanto à menor dor de dentes chorava, temendo que a morte estivesse próxima."

Também num cortiço mora Ricardo Coração dos Outros, o violonista, cantor e compositor de modinhas, no *Triste fim de Policarpo Quaresma*. E aqui Lima prossegue com sua leitura geral, situando o cortiço no contexto do subúrbio. E observando: "Aí, nesses caixotins humanos, é que se encontra a fauna menos observada da nossa vida, sobre a qual a miséria paira com um rigor londrino. [...]. Não se podem imaginar profissões mais tristes e mais inopinadas da gente que habita tais caixinhas. Além dos serventes de repartições, contínuos de escritórios, podemos deparar velhas fabricantes de rendas de bilros, compradores de garrafas vazias, castradores de gatos, cães e galos, mandingueiros, catadores de ervas medicinais, enfim, uma variedade de profissões miseráveis que a nossa pequena e grande burguesia não podem adivinhar. Às vezes num cubículo desses se amontoa uma família, e há ocasiões em que os seus chefes vão a pé para a cidade por falta do níquel do trem."

VILAS OPERÁRIAS

Conversas e iniciativas a propósito da questão da habitação social ou popular chegaram com atraso ao Brasil. Na França, Claude-Nicolas Ledoux projetou casas para trabalhadores ainda no século XVIII; Henry Roberts se dedicava ao assunto, na Inglaterra, desde a primeira metade do século XIX – e, em 1850, publicou seu célebre *As moradias das classes trabalhadoras*; na Alemanha, a siderúrgica Krupp começou a construir, na década de 1860, unidades habitacionais para seus empregados etc. De qualquer sorte, quando examina a produção arquitetural brasileira dos primeiros anos da década de 1920, Nestor Goulart sinaliza que, mesmo recorrendo a coisas e características passadas, "os edifícios comerciais, as casas com jardins e as vilas operárias constituíam inovações". Está certo. Em comparação com o que se via antes, nos casarões que dominavam o espaço das chácaras, talvez fosse mais correto falar de casas com minijardins, ou "jardinzitos liliputianos". Mas tudo bem: elas, como as vilas operárias, eram de fato lances novos na paisagem das maiores cidades do país.

Duas dessas vilas, ao menos, deixaram seu nome na história de nossas iniciativas habitacionais. Uma delas foi a vila construída por Luiz Tarquínio em Salvador, que ainda hoje podemos visitar, entre o largo de Roma e a colina do Bonfim. A outra foi a Vila Maria Zélia – nome da esposa do empresário Jorge Street, que a fez erguer em São Paulo, em 1919, junto à Companhia Nacional de Tecidos de Juta. Essas vilas são consideradas exemplos do que deveria ser a habitação operária digna. Como escreveu Francisco de Oliveira, analisando "a emergência de um processo burguês" no Brasil, em *O elo perdido – classe e identidade de classe*, "Salvador ou mais precisamente o Recôncavo será o primeiro polo da indústria têxtil brasileira", quando conhecerá a notável experiência de Luiz Tarquínio, fundada em nova concepção trabalhista, que o levará a construir casas para seus operários. No caso da Maria Zélia, vamos encontrar moradas unifamiliares servidas por equipamentos coletivos como teatro, biblioteca, creche, escola, ambulatório médico etc. "Formava enorme conjunto destacado em relação ao entorno urbano", escreve o urbanista Cândido Malta Campos em *Os rumos da cidade: urbanismo e modernização em São Paulo*, fazendo uma leitura crítica cerrada daquela obra: "... a Vila Maria Zélia partia do princípio da incompatibilidade entre o espaço industrial e as condições vigentes no restante da cidade. A rígida disciplina construída nos espaços regulares da vila, autossuficiente e autocentrada, impunha o isolamento em relação às forças urbanas desagregadoras e contraditórias que a envolviam. Seus moradores operários deveriam formar uma comunidade à parte, a salvo das agitações anarquistas, tentações, doenças, vícios e apelos da cidade. [...]. Por mais irrealizável que fosse, essa utopia isolacionista era a contrapartida às aspirações de uma cidade que negava a presença de seu contingente popular e operário. Na medida em que as necessidades da produção industrial e reprodução da força de trabalho permanecessem contidas no espaço fechado das vilas, a cidade não precisaria se preocupar com questões tão incômodas – podendo se concentrar na ilusão de construir uma 'capital do café', aprazível e civilizada, para usufruto das classes dominantes."

As vilas operárias destinavam-se, na verdade, a uma espécie de elite do proletariado. Trabalhadores mais pobres não tinham como pagar o aluguel de uma residência unifamiliar e acabavam se aposentando em cortiços ou casas de cômodos. Bonduki lembra, por sinal, que, para o empresário que a edificava, a vila operária representava um investimento quase sempre muito seguro: "Excetuados os casos em que era essencial a proximidade constante [do lugar de trabalho] e o controle dos trabalhadores, as outras vilas em São Paulo, mesmo algumas de empresas, eram edificadas por serem uma alternativa segura de investimento. Muitas vezes, o empresário que a construía destinava as casas aos seus operários com a intenção de conseguir vantagens adicionais, negociando uma redução nos aluguéis em troca de salários menores, exigindo que outros membros da família se empregassem na empresa e contando com a relutância do operário em buscar outro emprego melhor remunerado, pois a demissão implicaria perda da casa. A identidade patrão-senhorio trazia ainda a vantagem de a casa nunca permanecer vazia e de o aluguel jamais deixar de ser pago, pois o desconto era feito na própria folha de pagamento."

Além das vilas que empresas erguiam para a moradia de seus funcionários, São Paulo apresentava ainda o chamado "correr de casas" ou de sobradinhos geralmente geminados e vilas construídas com vistas ao aluguel de moradias para a classe média. Note-se, aliás, que, em 1929, o modernista Warchavchik projetou um "correr de sobrados" na Mooca, bairro de imigrantes italianos e da Companhia Antarctica Paulista. E que era possível encontrar no Brás e em outros bairros igualmente modestos, correr de casas que contavam com uma loja no térreo e a moradia no pavimento superior. As vilas para o público de classe média, por sua vez, costumavam ser construídas no miolo do quarteirão, com uma viela franqueando o acesso à rua. É numa delas que moram personagens de Antonio de Alcântara Machado (filho do velho Alcântara Machado de *Vida e morte do bandeirante*), como Bianca e Carmela, em *Brás, Bexiga e Barra Funda*, livro em que também o carcamano Salvatore Melli trata da construção de uma vila operária. Ainda hoje é bastante comum encontrar essas vilas classemedianas em São Paulo – e nos lugares mais variados, da Vila Mariana aos Jardins, passando pelo Itaim Bibi, mas também localizadas em bairros modestos, onde sempre são mais esperadas. Resistem ao avanço da verticalização, mas dificilmente irão se manter por muito tempo. Afinal, grana é grana. E as pessoas parecem cada vez mais preferir morar em prédios de apartamentos do que em casas, por uma questão simbólica de *status*, além de esgrimirem argumentos relativos à segurança, não muito convincentes numa cidade onde, com frequência, edifícios de muitos andares são objetos de assaltos gerais chamados "arrastões".

CORTIÇOS HOJE

Em termos históricos, situamos os cortiços como antecessores das favelas. Cronologicamente, isto parece certo: imigrantes, trabalhadores pobres, malandros, libertos e até escravos tinham ali seus cômodos, pontos de pouso ou locais de moradia. Estudiosos indicam que as favelas são desdobramentos dos cortiços; são suas sucessoras. O que não significa que estes tenham simplesmente desaparecido com o surgimento daquelas. Não. O que aconteceu foi que, com a entrada do século XX, as pessoas preocupadas com as nossas realidades urbanas foram a pouco e pouco deixando os cortiços de lado, como coisa secundária, para se concentrar no novo fenômeno das favelas. Mas a verdade é que, apesar das campanhas para a sua destruição definitiva no espaço de nossas cidades (no Rio de Janeiro, tivemos uma implacável "guerra" para varrê-los do mapa citadino), os cortiços persistiram. Atravessaram o século XIX, entraram pelo século XX e ainda hoje estão aí, espalhados por diversos cantos e recantos das principais cidades brasileiras.

Nesse aspecto, o caso de São Paulo é exemplar. O centro da cidade, ao perder a primazia social e econômica para a região da avenida Paulista entre as décadas de 1960-1970 (primazia que não retornaria, afastando-se, antes, para a Faria Lima e a Marginal Pinheiros), passou a concentrar cortiços recentes. Em São Paulo, é o caminho para quem ganha pouco, mas quer ficar "perto de tudo", já que as favelas da cidade são quase todas periféricas. E os cortiços parecem apresentar inegáveis vantagens aos olhos tanto de seus empresários quanto de seus moradores. Em "O Centro e seus Cortiços: Dinâmicas Socioeconômicas, Pobreza e Política" (no volume *São Paulo: novos percursos e atores*), Lúcio Kowarick fala de ambos os pontos de vista. "Negócio imobiliário que apresenta larga margem de lucro, o cortiço constitui investimento bastante atrativo, fenômeno que vem desde os tempos do Segundo Império, época em que o conde d'Eu possuía vários deles e, por isso, era chamado 'Conde Cortiço'. Trata-se de portentoso negócio, posto que, a preços de 1993, o somatório dos alugueis atingia o não desprezível montante de 5,5 milhões de dólares mensais. Não é por outra razão que muitos são remodelados ou construídos para essa finalidade, colocando seus moradores em uma situação de promiscuidade que só pode ser danosa à saúde física e mental. Vou insistir neste fenômeno extorsivo: 52% dos rendimentos mensais são gastos com moradia, enquanto o metro quadrado dos cubículos é em média 34% mais alto do que o aluguel residencial em São Paulo", assinala o estudioso.

Já da perspectiva dos inquilinos, é mil vezes preferível morar num cortiço do centro do que numa favela ou num bairro popular da periferia. E não só em cortiços como em quartinhos múltiplos ou giratórios, minúsculos cômodos rotativos. Aqui, uma questão central é a distância, palavra que deve ser entendida em sentido tanto físico quanto, digamos, cultural. "Distâncias do quê? São várias e a principal é a proximidade da oferta de emprego assalariado, com ou sem registro, e a possibilidade de desempenho de múltiplas tarefas através da venda de inúmeros produtos nas centenas de ruas e esquinas de São Paulo. Há também o trabalho em domicílio nos serviços domésticos e de higiene. As zonas atacadistas que circundam o Mercado Municipal congregam as assim chamadas 'camas quentes', nas quais se dorme por turno de oito ou doze horas. Pelas ruas, praças e viadutos, milhares de ambulantes legalizados ou não pelos órgãos da prefeitura, autônomos ou conectados a lojas de pequeno ou médio porte, em constantes conflitos com os fiscais, a quem precisam frequentemente corromper, vendendo também produtos contrabandeados, disputando pontos e pagamento por eles a verdadeiras máfias. Vendem de tudo um pouco: óculos, relógios, rádios, cassetes e cds, camisetas, sapatos e tênis, frutas, espetinhos de carne, raízes ou ervas para emagrecer, para insônia, cansaço, contra mau-olhado, para arrancar o capeta, para reumatismo, gota, tosse, alergias e dores de todos os matizes e, obviamente, para o apetite sexual, o infalível pó de cobra em várias doses semanais ou diárias", escreve Kowarick. Acrescentando que o centro "é vaivém alucinado, local com vasto leque de empregos, das pessoas-placares ofertando serviços baratos e tomadores de conta de automóveis até as dezenas de milhares de balconistas, as inúmeras oportunidades do trabalho autônomo permanente ou ocasional".

Outras vantagens apontadas dizem respeito à infraestrutura, à oferta de serviços e à segurança. Para quem mora na periferia, há o problema do transporte e do trânsito. São horas perdidas em veículos lotados. O emprego fica longe, a escola também. Faltam equipamentos públicos de saúde. Etc. Em suma, a periferia, do ponto de vista de inquilinos de cortiços da zona central, é lugar de pobreza e carência, tanto de emprego quanto de serviços. E isso para não falar da violência. De assaltos, da presença poderosa da bandidagem, de tiroteios, tráfico de drogas, homicídios. Mas há também, como foi dito, a distância cultural ou simbólica. Na favela, num bairro popular periférico, enfatizam os moradores do centro, a pessoa fica longe das coisas, imersa em quietude e solidão. O centro é o contrário disso. É o lugar por excelência do agito, da efervescência, da roda-viva noturna de tudo e todos, girando entre bares e espetáculos de *striptease*. Aqui, é como se o centro fosse a encarnação mesma da cidade – e a periferia aparecesse como uma espécie de roça, tipificando uma vida interiorana, mesmo que sem nada do caráter pacato do cotidiano das pequenas cidades. Além disso, atualmente, os cortiços se estruturam no plano das movimentações políticas, organizando seus moradores em entidades como o Fórum dos Cortiços, por exemplo. Vale dizer, ingressaram na arena dos debates e das lutas urbanas, defendendo sua permanência no centro.

É certo que em algumas outras cidades brasileiras, como o Rio de Janeiro, não vamos encontrar a particularidade paulistana da favelização historicamente periférica. Mas também elas contam, ainda hoje, com seus cortiços. No Rio, de resto, um cortiço do final do século XIX, no centro da cidade (o número 34 da rua Senador Pompeu), foi reformado e tombado, incluído entre os bens do patrimônio cultural da cidade.

MAIS UM TOQUE

Uma observação consensual: todo mundo concorda que todos devem ter um lugar onde morar. Que cada pessoa deve ter o seu abrigo, por mais singelo que seja. No entanto, não é assim que a banda toca – ou vem tocando –, em nossos séculos de existência histórica. Pelo contrário. Os brasileiros, em grande parte, vivem entulhados em alojamentos precários e mesmo miseráveis. E os tempos do cortiço não ficaram para trás.

Malocas indígenas à parte, sempre foi no quesito da habitação que os nossos desequilíbrios sociais se apresentaram da forma mais ostensivamente visível e cruel. O povo, quando tinha onde morar, sempre morou mal. A classe dominante ou dirigente, ao contrário, sempre teve seus palácios, mansões e apartamentos "de cobertura". Mas não seria difícil haver casas razoáveis para todos. A carência habitacional brasileira poderia ser reduzida ao extremo e até superada, se os donos do poder e do dinheiro conjuntamente o quisessem. Mais: temos de ampliar o sentido da expressão "reforma agrária", para que ela não traga às nossas mentes, com exclusividade, a realidade do campo. Temos de apontar também para a cidade, para o espaço mais específico e essencialmente urbano. Reforma fundiária. É a reforma da distribuição do solo, da terra, do chão da cidade. Não é que as cidades brasileiras não tenham uma política territorial. Têm. O problema é que, mesmo em governos supostamente "de esquerda", esta política para o solo da cidade aparece em estado prático, sem se apresentar explicitamente no plano da formulação sistemática – e é ditada pela especulação imobiliária, por sindicatos de construtores de prédios e bairros. Não temos um equacionamento da realidade fundiária que coloque em destaque as necessidades sociais da maioria da população. E é isto o que precisa ser feito.

20. UM SOLAR ATRAVÉS DOS SÉCULOS

Século XVIII. O alto monte em que se ergue a Cidade da Bahia, estendendo-se de Santo Antônio da Barra ao Terreiro de Jesus, apresenta uma primeira baixa na Gamboa, onde está o Forte de São Paulo, destinado a impedir desembarques inimigos. "Pouco adiante quebra a montanha no sítio chamado Unhão, onde à beira-mar tem o secretário do Estado José Pires de Carvalho e Albuquerque uma grande propriedade da sua assistência, deliciosíssima pelas muitas águas, que para aí fez encanar de um olho dela, de que o povo se servia. Os dois morros que lhe ficam ao lado, e eminentes, são coroados; o do sul com a capela do Senhor Jesus dos Aflitos e diversas propriedades de casas; e o do norte com o hospício dos Leigos da Terra Santa, o qual tem uma dilatadíssima e agradável vista eminente ao grande golfo da Bahia." A descrição-comentário é de Luiz Vilhena, numa das missivas socioliterárias que escreveu sobre a Bahia setecentista. Sintomaticamente, Vilhena fala de delícia aquática justamente numa carta em que denuncia a baixa qualidade das águas das fontes públicas baianas, naquele período. Águas sujas e grossas como as da Fonte Nova, da Fonte dos Padres, da Fonte das Pedras ou da Fonte do Gravatá – "a mais imunda, e pior de todas". Raras eram as exceções. Duas, na opinião de Vilhena. Detrás do Convento da Soledade, a da Fonte do Queimado, excelente para beber. E a da Fonte de São Pedro, "de todas a melhor quanto à qualidade".

Naquela época, inexistia na cidade um serviço geral de fornecimento da água dita "encanada". Nem havia equipamento hidráulico nas casas. Era preciso buscar o "precioso líquido" em algum poço, alguma lagoa, algum olho-d'água. Num rio, numa fonte, numa bica. Quem hoje toma uma ducha, em suíte de vidros e espelhos, não imagina o que seja isso. Daí o caráter referencial das fontes e dos chafarizes no espaço urbano colonial. A sua importância na vida da cidade, gerando inclusive uma profissão, a do carregador de água ou aguadeiro. Hoje signos do passado, essas fontes e chafarizes eram lugares concorridos, agitados, humanamente coloridos, onde não escasseavam paqueras, fuxicos, intrigas, disputas e brigas. Motivo principal da desordem pública da arraia-miúda, ainda segundo Vilhena: "a míngua d'água que nesta cidade há para o uso da população, onde é raro o que não toma mais de um banho por dia, e muito principalmente as mulheres". Fosse o grosso da população formado, naquele tempo, por europeus proverbialmente pouco higiênicos, o problema da falta de água teria sido menos complicado – mas os brasileiros, que diabo!, herdaram a estranha prática indígena do banho diário. E até de tomar banho mais de uma vez por dia. Além disso, as águas citadinas, àquela altura, já andavam poluídas. Como a do rio das Tripas, fluente receptáculo das vísceras do gado abatido à sua margem. Em contraste, a Quinta do Unhão. O solar e suas águas. A sua fonte. O seu chafariz barroco. O quadro, aqui, era bem outro. Falava de riqueza, abundância, poder. Residência de fidalgos, a quinta ganhara, naquele século XVIII, a sua capela, dedicada a Nossa Senhora da Conceição. Ganhara, também, as barras claro-azuis de azulejos lusitanos conduzindo à entrada do pavimento nobre da casa-grande. É bem verdade que Vilhena não se pronuncia sobre a qualidade das águas do Unhão. Fala apenas do frescor e da beleza que elas ofertam ao lugar. Mas devem ter sido águas boas, a julgar por outros juízos.

De qualquer modo, muitas águas rolaram sob as pontes – e pelas fontes – entre o tempo das cartas de Vilhena e os dias atuais. Para a nossa sorte, o Solar, a Quinta do Unhão, não rolou com elas. Mas isso quase aconteceu. A quinta chegou realmente a correr perigo, em decorrência da ignorância, do desleixo, do utilitarismo vulgar e, mais ainda, da insanidade urbanística que volta e meia nos faz alguma *razzia* predatória. Felizmente, o belo conjunto arquitetônico do Unhão, construído sobre um aterro conquistado ao mar, permanece de pé – vivo e sólido –, em nossa paisagem presente, abrigando hoje o Museu de Arte Moderna da Bahia, bem maltratado, de resto, nesses últimos anos de "política cultural" sindical-populista.

* * *

Falamos já da classe dominante brasileira, nos períodos colonial e imperial, escolhendo morar em chácaras afastadas do centro da cidade – e das vantagens que esse tipo de moradia apresentava, em matéria de abastecimento de gêneros alimentares, com seus pomares, suas hortas e seus animais. Como se não bastasse, a presença de um curso d'água responderia satisfatoriamente às deficiências hidráulicas do período. E o que temos no Unhão é uma chácara. Uma quinta. E uma quinta não só admirável, como, desde o século XVII, desejada.

Mas o Unhão era uma quinta singular. Não somente por ser uma residência deslumbrante, com o mar lambendo seus pés. Nem apenas porque não estivesse voltada principalmente para a criação de animais ou o cultivo de pomares. Mas por sua configuração arquitetônica. Afinal, os limites de uma quinta podem abrigar, no seu interior, os mais variados tipos de casa ou elencos de prédios. É o que se constrói objetivamente no seu espaço que vai definir o seu caráter e a sua fisionomia. Que vai situá-la culturalmente. E o que foi mesmo que se ergueu no lugar que, a partir do século XVII, passamos a chamar Unhão? "Embora situado praticamente dentro da cidade, esse conjunto era um complexo agroindustrial do mesmo gênero dos engenhos de açúcar, com casa-grande, capela e senzala. Seu extenso cais e armazéns fazem supor que sua função fosse a de recolher e exportar a produção de engenhos do Recôncavo" – informa o *Inventário de proteção do acervo cultural da Bahia*, organizado por Paulo Ormindo de Azevedo e Vivian Correia de Lima. Verdade que Cid Teixeira, no seu "Histórico do Solar do Unhão", não considera muito exato falar de "senzala", a propósito do Unhão. Ele chama a nossa atenção para esse aspecto do conjunto arquitetônico, afirmando que o que se via ali não era uma senzala, mas barracões. De resto, barracões instalados no século XIX, quando a quinta foi transformada em fábrica de rapé por um empresário suíço. De qualquer modo, o conjunto contava com dependências para escravos. E certamente integra esse universo histórico-cultural da Bahia açucareira. Arquitetonicamente, inclusive. Não é por outro motivo que, no supracitado *Inventário*, aparece classificada no campo da arquitetura industrial ou agrícola.

À primeira vista, essas definições podem soar estranhas. O observador leigo atual – que vai até ali para apreciar umas obras de Rubem Valentim, assistir a um recital de poesia ou simplesmente para ver o sol se pôr – parece não relacionar Unhão e engenho. Mas a aproximação é óbvia. Sua aparente estranheza vem talvez do fato de a quinta se achar engastada na tessitura da Cidade da Bahia – no âmbito urbano de uma das metrópoles da América do Sul –, à beira de uma avenida de trânsito relativamente intenso. Mas basta reparar. O que está ali, naquela margem de mar, logo abaixo dos arcos que sustentam a avenida de Contorno, é um produto onde se expressa típica e perfeitamente, ainda que urbanamente redimensionada, a espécie de arquitetura que o Brasil desenvolveu em sua Idade do Açúcar. Implantada entre praia e encosta, de rosto para a ilha de Itaparica, a Quinta do Unhão pertence àquele ramo da produção arquitetônica brasileira que se cristalizou no conjunto agrocultural do engenho, experimentando seu apogeu, tempos atrás, em terras da Bahia e de Pernambuco. Erguendo-se na vizinhança de estaleiros e trapiches, próxima ao bairro da Praia, a quinta pode ser encarada, em sua materialidade arquitetônica, como um fruto semiurbano da monocultura latifundiária do Recôncavo Baiano. Como um quase engenho extraído de seu contexto usual. Porque o que chamamos "engenho" não foi apenas uma unidade econômica produtiva. Nunca se resumiu ao estatuto de fábrica. O engenho foi uma unidade cultural assentada no mencionado tripé formado por casa-grande, capela e senzala. Espaços para morar, orar e produzir. É claro que o Unhão não estava cercado de canaviais, nem produzia açúcar. Não é disso que estamos falando. Mas de um modelo construtivo. De um tipo de complexo arquitetural.

Vamos à descrição sintética de Vivian e Paulo Ormindo: "Conjunto de notável mérito arquitetônico, constituído pelo solar, igreja de N. S. da Conceição, cais de desembarque, fonte, aqueduto, chafariz, armazéns e o velho alambique com seus tanques. O solar se desenvolve em três pavimentos: térreo e pavimento nobre, cujo acesso se faz por uma ponte de quatro arcos, e 2º andar, criado no final do século passado [XIX]. Na ponte de acesso ao solar existem barras de azulejos policromos de ornamentação barroca, produção de Lisboa de 1770/80." Com referência específica ao solar, banhado pelas ondas amplas e calmas do golfo azul da Bahia, os arquitetos são precisos: "Sua distribuição funcional segue o esquema vigente em todo o período colonial: térreo, utilizado como serviço; 1º andar, ocupado pela família; água-furtada, utilizada como dormitório de criados." Atravessando de volta a ponte de quatro arcos, elegantizada por seus azulejos barrocos, vamos encontrar a capela, o chafariz e um pequeno oratório em lugar da velha fonte. Ainda Ormindo e Vivian: "O chafariz, que era originalmente alimentado pelo aqueduto, é uma bela peça barroca em arenito escuro, formado por uma carranca de onde jorra a água, e duas conchas superpostas. Na fonte, situada à esquerda da capela, existia até há alguns anos bela carranca de pedra." Ainda hoje, podemos admirar a carranca – aquela cara ou carantonha em cantaria, com suas três minicarrancas, gárgulas nas bocas circulares, tão características dos chafarizes da Era Barroca – que orna ou que dá vida ao chafariz da Quinta do Unhão. Mas o que terá acontecido com a carranca da fonte? Estará enfeitando o jardim de alguma casa particular? É provável. A fonte, por sua vez, existiu pelo menos até à década de 1970. Depois deve ter sido igualmente furtada por alguma autoridade ou potentado local.

Mas não adianta chorar o fim da fonte ou o sumiço da carranca. O que importa é sentir e pensar aquela altiva quinta. Pisar no calçamento escuro e irregular da Quinta do Unhão é pisar no chão da história. Respirar aquele ar é se deixar imantar pelo passado. Porque é antiga a história do lugar. Vem do tempo em que aquele sítio nem tinha nome, mais não sendo que mato frondoso, sombreado e arisco.

* * *

"Tem esta cidade [da Bahia] grandes desembarcadouros, com três fontes na praia ao pé dela, nas quais os mareantes fazem sua aguada, bem à borda do mar, das quais se serve também muita parte da cidade, por serem estas fontes de muito boa água. No principal desembarcadouro está uma fraca ermida de Nossa Senhora da Conceição, que foi a primeira casa de oração e obra em que se Thomé de Sousa ocupou", lemos no *Tratado descritivo do Brasil em 1587* de Gabriel Soares. Pela referência à praia nas redondezas da Senhora da Conceição (anterior à capela solarenga, obviamente), sabemos que estamos ao menos nas imediações onde um dia se ergueria a Quinta do Unhão. Nem é improvável que aquele sítio estivesse situado dentro do raio de visão de Gabriel Soares. Afinal, naquela área também havia uma fonte. E Gabriel já seria, na época em que escreveu o texto, proprietário das terras onde hoje sobrevive a quinta. Sim: o Unhão foi construído em terras que, no século XVI, pertenciam a ele, uma das personalidades mais fascinantes de nossa primeira história colonial: político, senhor de engenho, bandeirante, escritor.

Chegou ele à Cidade da Bahia no ano de 1570. Viajava com destino à África, mas seu navio *arribou*, vindo parar na praia baiana. No vocabulário marítimo da época, um navio "arribava" quando o mar, em vez de conduzi-lo ao seu objetivo, o devolvia a seu lugar de origem ou o empurrava para outro porto, ancoradouro imprevisto, distinto tanto de seu ponto de partida quanto de seu projetado ponto de chegada. Pois bem: com a arribada, o desvio de rota para a Bahia de Todos os Santos, Gabriel simplesmente desistiu de retomar a viagem para a África, escolhendo assim a vida em nossos trópicos. Na Bahia, ele se tornou homem rico e poderoso. Dono de muitas terras na capital da América Portuguesa. Proprietário de roças. Senhor de engenho na região da futura Vila de Nossa Senhora da Ajuda de Jaguaripe, no Recôncavo. Conta ele que possuía até mesmo uma povoação em terras suas, no esteiro do Caípe, chamada Graciosa. E o interessante é que chegou aqui pobre. Ao falar em seu testamento, declara: "não herdei de meus pais nem de meus avós, e [tudo] adquiri por minha indústria e trabalho". Vereador, ele chegou a fazer parte da Junta Governativa que reconheceu o domínio espanhol sobre Portugal e proclamou aqui a autoridade suprema de Felipe II, que passara então a deter o controle das coroas ibéricas. Escritor, deu-nos, com a sua inteligência vívida e pragmática, obra indispensável ao conhecimento do Brasil quinhentista, impressionando por sua agudíssima capacidade de observação e pelo espectro de temas tratados, envolvendo saberes tão variados quanto a antropologia, a geografia, a zoologia e a botânica.

Mas não foi só. Bandeirante, Gabriel aventurou-se pelos sertões da Bahia à procura da pedraria rara. É curioso, por sinal: quando o assunto são bandeiras e bandeirantes, as pessoas pensam imediatamente em São Paulo. Mas bandeiras e bandeirantes marcaram, desde o século XVI, a vida baiana. Bandeirismo de apresamento, centrado na caça ao índio – e bandeirismo mineralógico, voltado para a procura de pedras preciosas. "De tantas entradas [bandeiras] ao sertão se foi formando no ânimo público, através dos sucessos e relatos, a lenda do maravilhoso. Corriam então entre o povo da cidade [da Bahia] as versões mais fabulosas. Os sertanistas, a aumentarem o brilho das suas façanhas nas terras longínquas, falavam de animais monstruosos dos rios e lagos do sertão, de cidades encantadas, de gente que andava de pés para trás, de árvores do vidro, do poder misterioso de que gozavam certos pajés, do tacape maravilhoso que, suspenso a uma forca, partia pelos ares, brandido por mãos invisíveis, a desbaratar os inimigos distantes, e tornando ao ponto de partida todo tinto do sangue das vítimas que na luta derrubara", conta Theodoro Sampaio, em sua *História da fundação da Cidade do Salvador*. E foi nessa ambiência lendária que Gabriel organizou sua bandeira, buscando o Eldorado – ou a lagoa Dourada, como se dizia, na versão luso-brasileira do mito muísca, que ali situava a nascente do Rio de São Francisco. Gabriel teria recebido de seu irmão um roteiro que conduziria a minas de ouro e esmeraldas na região do Velho Chico. Foi então expor o seu projeto a Felipe II, em Madri, de lá regressando com a patente de capitão-mor da conquista do grande rio. Com apoio do governador, que lhe forneceu duzentos índios para a viagem, Gabriel assumiu então o comando da maior expedição bandeirante que se formou no Brasil naquele tempo. E se atirou terra adentro. Mas para morrer a caminho da serra do Cocal, na Chapada Diamantina, onde nasce o Paraguaçu.

* * *

Ribeira do Gabriel – parece ter sido este, em referência ao dono do lugar, o primeiro nome dado às terras em cujo perímetro brotou a atual Quinta do Unhão. O acesso àquele pedaço de mar, para quem se encontrava na Cidade Alta, era pelo Gabriel, pela ladeira ou pela Baixa do Gabriel, onde ficava a Fonte do Gabriel, uma das nossas primeiras fontes públicas – e ainda hoje existente, apesar do estado ruinoso em que se encontra. Em 1584, nosso personagem doou aquela área aos monges do Mosteiro de São Bento. Mas não sem antes se fixar na primeira toponímia soteropolitana – e projetar-se no tempo. Temos ainda hoje, em Salvador, a ladeira do Gabriel, que passa atrás do Clube Carnavalesco

Fantoches da Euterpe. A Fonte do Gabriel, na esquina da rua Augusto França com a travessa (ou beco) do Gabriel. E o beco do Gabriel, que faz esquina, também, com a rua da Faísca. Todos logradouros sitos entre o largo 2 de Julho, a ladeira dos Aflitos e o Solar do Unhão. Foi assim que o nome do escritor bandeirante se gravou na memória popular baiana.

A doação de terras à Igreja merece algum comentário. Gabriel, como seu contemporâneo Garcia d'Ávila, senhor da Casa da Torre de Tatuapara, foi um adversário implacável dos jesuítas. E dificilmente poderia ter sido outra coisa. No Brasil, colonos e jesuítas entretiveram, por séculos, um duelo sem descanso. No centro da disputa, o índio. Ou melhor: a disputa se dava em função da existência de dois projetos antagônicos para os índios do Brasil – o projeto jesuítico e o dos colonos. Para o jesuíta, o índio era uma alma à espera da iluminação cristã. Para o colono, mão de obra à espera de trabalho. O jesuíta esforçava-se para atrair e converter o gentio. O colono, para escravizá-lo ou afastá-lo do caminho da colonização. Mais: os missionários da Companhia de Jesus criavam obstáculos objetivos à escravização da massa indígena. Não raro, conseguiam transformar suas teses em decretos governamentais. Lutavam para impedir a condução, ao cativeiro, de índios cristianizados. Colocavam a salvo do jugo os que moravam em aldeamentos catequéticos. Para os colonos, tudo isso não passava de desperdício. Era indispensável, portanto, combater a política indianista dos inacianos. Sabotar o trabalho missionário. Impedir a aproximação entre o padre e o indígena. Sequestrar índios. Assaltar os próprios aldeamentos jesuíticos. E foi justamente isso o que fizeram os senhores de engenhos e de terras da Bahia quinhentista, a exemplo dos já citados Gabriel Soares e Garcia d'Ávila. Mas Gabriel, como Garcia, cultivava a fé católica. E era ligado aos beneditinos, vínculo que faria com que suas terras passassem para as mãos do Mosteiro de São Bento – instituição que se tornou uma espécie de latifundiário urbano entre nós, graças às doações que lhe fizeram, entre outros, Catarina Paraguaçu e Garcia d'Ávila. Gabriel fez o mesmo, premiando o mosteiro com os "chãos" que ele tinha na cidade.

Adiante, o sítio passou a ser propriedade do desembargador Pedro de Unhão Castelo Branco, professo na Ordem de Cristo, que morou na quinta até ao final do século XVII – e assim passamos dos tempos da ribeira do Gabriel para os tempos da Fazenda do Unhão. Interessante assinalar que o desembargador e o poeta Gregório de Mattos estabeleceram alguma relação de amizade. Encontramos, na obra gregoriana, um poema que é uma louvação desmedida à figura do então senhor da quinta. Didascália: "Ao provedor dos ausentes e da Santa Casa o desembargador Pedro de Unhão Castelbranco, achando-se com o poeta no seu retiro da

Praia Grande." Mas a amizade durou pouco. Em outro poema ("À cidade e alguns pícaros, que haviam nela"), Gregório aplica uma ferroada no desembargador. O texto é uma receita para quem quer se dar bem na Bahia, na base do uso privado do poder, do moralismo de fachada, da transgressão acobertada pela Justiça que deveria puni-la, da arrogância e da ladroagem. Como exemplo de quem fez tudo isso, afivelando a máscara do "homem de bem", Gregório cita o desembargador.

* * *

Entre o final do século XVII e início do século XVIII, a Quinta do Unhão se tornou propriedade de José Pires de Carvalho. De uma família de comerciantes, senhores de engenho, doutores em cânones. De escritores, subliteratos do "movimento academicista". De sacerdotes e sacerdotisas, mulheres exiladas no Convento de Santa Clara do Desterro.

Filho de um dos homens ricos que ajudaram a construir a igreja da Ordem Terceira de São Francisco (com a sua estupenda fachada barroca, uma superescultura delirante, única em seu gênero no Brasil), José Pires de Carvalho foi vereador, provedor da Alfândega, irmão da Santa Casa de Misericórdia, procurador da rainha, familiar do Tribunal do Santo Ofício, fidalgo da Casa Real e presidente da Academia Brasílica dos Esquecidos. Bem, nos meios letrados do século XVIII, o vocábulo "academia" designava tanto reuniões realizadas para louvar alguma personalidade quanto uma entidade organizada, que se pretendia estético-intelectual, com seu quadro de associados e seus estatutos. Na Cidade da Bahia, as academias foram de natureza histórico-literária. Historiograficamente, produziram coisas que, embora pouco interessantes em si mesmas, acabaram se transformando em fontes de algum valor para o conhecimento do nosso passado. Literariamente, nem isso. Nossos acadêmicos se limitaram a redigir discursos para chaleirar autoridades e a compor versinhos decorativos. Tempos depois, um dos descendentes do nosso "acadêmico", o sexto José Pires de Carvalho e Albuquerque, casou com a herdeira da Casa da Torre. E deixou três filhos. Um deles, ironicamente cognominado "o Santinho", empenhou-se totalmente na guerra da independência da Bahia e ganhou de Pedro I um crachá de nobre, tornando-se visconde de Pirajá, título sob o qual viraria nome de rua no Rio de Janeiro.

Ao longo do século XVIII, nas mãos da família Pires de Carvalho e Albuquerque, a Quinta do Unhão ganhou novos requintes senhoriais. Enriqueceu-se notavelmente na dimensão social e arquitetônica, com o chafariz, a capela e os painéis de azulejo do passadiço. E passou a ser chamada de Solar do Unhão. Mas isso sem perder de vista seu aspecto produtivo, comercial. Em sua *Notícia geral desta capitania da Bahia*, José Antônio Caldas conta que, em 1750, funcionava ali um alambique, além de um engenho d'água para descascar arroz. Já falamos dos azulejos, do chafariz carrancudo trazendo a alegria da água e da capela. Quanto a esta, sabe-se que foi construída na primeira metade do século XVIII e "reedificada" no final do mesmo século. Ormindo e Vivian dizem que "sua fachada rococó tardio deve ser do século XIX". Falam ainda das "terminações das torres inspiradas nas coberturas à Mansart, semelhantes às das igrejas de Nossa Senhora do Pilar e Convento do Carmo". De fato, na Matriz do Pilar, progressivamente afastada do mar pelos sucessivos aterros que foram feitos na Cidade Baixa, a terminação da torre remete à cobertura em mansarda. E esse parentesco arquitetônico entre a Capela do Unhão e a igreja do Pilar (ou de Santa Luzia, a virgem-mártir da Sicília), nos leva a outra conexão. É que a devoção a Santa Luzia teve o seu início, entre nós, no Unhão, só mais tarde deslocando-se para o Pilar. Mas essa transferência devocional não passou sem protestos. Alguns devotos da santa milagreira da visão, inconformados com o ocorrido, organizaram-se e voltaram a instituir a veneração no antigo local, comprando para isso uma nova efígie da virgem siciliana, que se conserva ainda ali, dentro de um nicho envidraçado.

O ano seguinte ao da reforma da capela do Unhão foi, para a Bahia, o ano da Revolução dos Alfaiates. Viveu-se então uma conjuntura político-intelectual em que o ideário da Revolução Francesa e as teses da nova economia europeia repercutiram fortemente na Bahia. Tempo das influências de Rousseau e Adam Smith. No caso do influxo ideológico francês, as ideias subversivas, de natureza democrática e anticolonialista, espalharam-se não apenas no meio da elite, como em Minas Gerais, mas por todo o conjunto da sociedade, chegando a penetrar na senzala e a mobilizar escravos. Daí que o movimento baiano, em sua face mais radical, tenha-se voltado contra a escravidão e o racismo. A justiça local foi socialmente seletiva no episódio. Passou ao largo da elite subversiva, para investir com violência contra mulatos pobres, quatro dos quais terminaram na forca, a exemplo de Lucas Dantas e Manuel Faustino. Parentes dos donos da Quinta do Unhão estavam envolvidos na teia subversiva, a exemplo de Siqueira Bulcão, senhor de engenhos no Recôncavo – e não houve processo contra ele. Em todo caso, a Quinta do Unhão "ofereceu homizio a implicados na conjuração". Quando a repressão militar se desencadeou, Dantas e Faustino foram se esconder à noite no Unhão. Dali fugiram de canoa, seguindo para o Recôncavo. Mas foram presos – e condenados à morte.

* * *

    Do período áureo à degradação. Resume-se assim o que aconteceu com a quinta ao longo do século XIX. A família que vivera no solar desde o final do século XVII não tinha mais interesse em continuar ali. E arrendou o lugar ao empresário Auguste Frédéric de Meuron, suíço de Neuchâtel, que transferiu então para o prédio a sua fábrica de rapé.
    Meuron desembarcara na Cidade da Bahia na década de 1810. E logo montou um estabelecimento para a fabricação industrial de rapé. Ficava na praia da Areia Preta, atual Ondina. Daí, aliás, a marca do rapé que fez a fortuna do adventício, levando-o a abrir filiais de sua fábrica em Pernambuco e no Rio de Janeiro – e a construir mais tarde na Suíça, com dinheiro ganho na Bahia, "um hospital psiquiátrico muito importante". Era o rapé Areia Preta, bastante consumido entre nós. Nas palavras de Afrânio Peixoto, em seu *Breviário da Bahia*, o rapé era um "pó de tabaco que se tomava pelo nariz, fungando e assoando esse apêndice, fragorosamente, nos vastos lenços chitados, portugueses, que se chamam ainda hoje 'lenços de Alcobaça'". Os consumidores mais abastados guardavam o seu rapé em tabaqueiras. Em bocetas de rapé. Eram bocetas dos mais variados tipos e qualidades. Bocetas de ouro, de esmalte, de tartaruga – de cujo rapé o consumidor ou a consumidora tomava a sua "pitada" ou a sua *prise* (na expressão francesa, como em *prise de tabac*, que posteriormente passou a ser usada com referência ao consumo de lança-perfume). Mais Afrânio: "O povo usava o *torrado*, folhas de tabaco secas e tostadas ao fogo, reduzidas a pó, e conservando este em *cornimboque*, ponta de chifre de boi fechada por tampa de cabaça." Pois bem: na década de 1820, Meuron se instalou no Unhão e sua fábrica funcionou ali até 1926 – o que totaliza um século de produção industrial e comercialização de rapé, cigarros e tabaco para fumar, na velha quinta. E é evidente que esta centúria de atividade fabril não poderia deixar de afetar as estruturas e a *Gestalt* daquele conjunto arquitetônico.
    Não entenderemos a Meuron & Cia. – e o que ela fez na Quinta do Unhão – se não levarmos em conta a formação protestante de seu fundador. Ele formou-se num ramo radical do protestantismo, o de Zwingli, contemporâneo de Lutero. Enquanto este deflagrou a Reforma alemã, aquele reformava a Igreja em Zurique. E era mais extremista que Lutero. Com Meuron, a Quinta do Unhão se converteu numa colônia de estrangeiros, organizada sob o signo de Zwingli. Eram suíços (franceses, a maioria, mas também alemães) levando vida monástica, devotada ao trabalho. Trabalho duro, sinônimo de virtude. É difícil não lembrar, diante da nova realidade antropológica da quinta, do Max Weber de *A ética protestante e*

o espírito do capitalismo. E, assim, encarar a Meuron & Cia. com olhos weberianos: a religião dando "qualificação moral" às atividades práticas da vida terrena; o elogio puritano do trabalho; o trabalho árduo *ad majorem Dei gloriam* – e tudo conduzindo a uma ética ascético-ocupacional.

A ideologia da empresa estabelecia que era necessário canalizar, para o trabalho, o tempo e a energia dos funcionários. Desviar os fluxos eróticos para as atividades produtivas. Por isso mesmo, eles estavam, em princípio, proibidos de casar. O que aqueles patrões puritanos queriam era o engajamento integral nas operações produtivas da fábrica. A empresa zwingliana desconsiderava as festas e os feriados católicos que pontuavam o calendário baiano. E sua postura puritana atingiu, obviamente, a capela do Unhão. Meuron a desativou e, aqui, a arquitetura do conjunto do Unhão começou a ser seriamente afetada. A igreja virou residência de funcionários graduados da empresa. Seu interior foi praticamente destruído, e seu exterior, modificado. Numa foto do final do século XIX, vemos que uma varanda e um terraço foram acrescentados ao corpo do prédio, deformando-o. Também o interior do solar foi desfigurado. Meuron não tinha ideia do que significava uma casa-grande como aquela. Um solar aristocrático baiano. Nem estava interessado nisso. Arrendara a quinta para instalar uma fábrica e seus prédios deveriam se ajustar ao novo uso. Surgiu, assim, o Unhão dos pavilhões industriais, dos trilhos que conduziam os veículos do processamento do fumo, da chaminé dando baforadas no ar limpo. Podemos tomar, como símbolo dessa transformação, a refuncionalização dos sinos da antiga capela. Nos séculos XVII e XVIII, aqueles sinos soavam para convidar os fiéis para as suas práticas devocionais. Eram sinos que soavam para o espírito. Com a Meuron, os sinos passaram a tocar para coordenar e controlar ações manufatureiras. Sinalizavam o início do turno de trabalho, o início e o fim das refeições, a volta às máquinas. Já não soavam para o sagrado, mas para a regulamentação da rotina produtiva. Sinos convertidos em relógios mecânicos.

* * *

A obra destrutiva prosseguiu até ao início da década de 1960. Em 1927, os herdeiros do visconde da Torre de Garcia d'Ávila se desfizeram da quinta, que então se converteu no Trapiche Santa Luzia. De nada adiantaram a sua aquisição pelo Estado e o seu tombamento pelo IPHAN, em 1943. A degradação continuou. A velha quinta passou a funcionar como depósito de inflamáveis. Durante a Segunda Guerra Mundial, serviu de quartel para fuzileiros navais. Adiante, tornou-se fábrica de derivados do cacau. Numa foto de 1959, temos o retrato inteiro dessa decadência. O aristocrático solar não passa, então, de um cortiço, com a ex-capela utilizada como serraria. De certa forma, as décadas de 1930/1940 representaram uma grande mudança na história da Quinta do Unhão. Porque a Meuron & Cia. ressemantizou e desfigurou o lugar, mas não o abandonou à sua sorte. O que temos, depois disso, é a decadência. Este é também o tempo da demolição da Sé da Bahia e do arruinamento da Casa da Torre de Tatuapara. Estamos no contexto predatório da "ideologia do progresso", quando os signos da cidade centenária, os elementos que conferiam densidade histórica à nossa trama urbana, passaram a ser olhados como marcas da rudeza e do atraso.

A chegada ao nosso meio do novo pensamento urbanístico-arquitetônico internacional não o alterou. O urbanismo moderno nasceu de costas para o passado, buscando um novo marco zero, um novo e incontaminado ponto de partida. Pensava-se não em preservação da memória, mas na criação do novo. É nesse horizonte que devemos situar o trabalho de Mário Leal Ferreira na Bahia. Contratado pela administração municipal, Mário criou o Escritório do Plano de Urbanismo da Cidade do Salvador – EPUCS, em 1943, formulando projetos que, se realizados, detonariam o centro antigo da cidade e seu admirável patrimônio. Teríamos de esperar por outros arquitetos, também ligados à vanguarda internacional, mas com uma leitura diversa da cidade e da história, para que a arquitetura e o urbanismo coloniais da Cidade da Bahia fossem vistos em sua densidade e significância como fatos de cultura. E eles intervieram na hora certa, impedindo, entre outras coisas, que a Quinta do Unhão desaparecesse. Em 1958, no governo de Antônio Balbino, tiveram início as obras da avenida de Contorno. E, assim como Mário Leal não hesitaria em destruir o centro histórico de Salvador, também a equipe da Contorno não ficou nada preocupada com o fato de que seu plano viário desmantelaria o complexo arquitetônico do Unhão. O traçado original da avenida previa uma pista entre o solar e a capela e outra destruindo o aqueduto e a fonte. Houve reações. E a polêmica chegou à imprensa. Foi então que o arquiteto Diógenes Rebouças apareceu com um traçado alternativo para a avenida: em vez de atropelar a quinta, subir, ladeando, o alto morro. Felizmente, a proposta foi aceita. Graças a isso, hoje vemos a avenida de Contorno subir ao longo da falha geológica de Salvador, em direção ao Campo Grande. A solução proposta por Diógenes não só deu elegância à avenida, que agora sobe sobre arcos, acompanhando a encosta, como preservou a beleza natural proporcionada pela falha geológica, abrindo-se em visão ampla da extensão azul da baía – e evitou que o Solar do Unhão fosse destruído.

Mas a quinta, embora salva do estupro urbanístico, permaneceu abandonada, servindo, inclusive, de depósito de ferros-velhos. No entanto, a discussão pública em torno da avenida de Contorno serviu para que a cidade começasse a abrir os olhos para o velho solar e sua capela, deixando-se encantar por aquela beleza e aprendendo a reverenciar seu significado histórico e cultural. Naquele momento, uma pequena parcela das elites baianas, ao menos, principiara a pensar na preservação de nossa memória. Por uma feliz coincidência, também desembarcou na Bahia, por essa época, a arquiteta Lina Bo Bardi. Vinha em resposta a um convite do governador Juracy Magalhães, que a convocara para implantar o Museu de Arte Moderna da Bahia (MAMB). E Lina acabaria se envolvendo com o velho e belo Solar do Unhão.

* * *

Lina ficou encantada com o solar desde a primeira vez que o viu. Resolvida a implantar ali o Museu de Arte Popular, vinculado ao MAMB, ela conseguiu de Juracy dinheiro para restaurar o prédio. E meteu as mãos na massa, restaurando pessoalmente, inclusive, os azulejos lusitanos da casa.

O conjunto arquitetônico do Unhão se achava em estado deplorável. Basta lembrar o caso da capela de Nossa Senhora da Conceição. Numa reportagem estampada no *Jornal da Bahia,* em 1963, lemos que, do templo primitivo, nada restara. "Quando Lina Bardi começou o seu trabalho, não havia nem um santo. A capela estava culturalmente oca e cumpria apenas uma finalidade melancólica: era garagem de carros de uma transportadora e também depósito de madeiras e ferros cobertos de ferrugem." E Lina iniciou o seu trabalho. Ao encontrar aquela capela "culturalmente oca", resolveu utilizá-la como unidade de ensino e auditório para conferências. Fez uma praça, onde um velho guindaste permaneceu como "monumento". Assim como permaneceram os trilhos sobre pedras. Os pavilhões da Meuron, carentes de valor arquitetônico, não foram restaurados em gênero *Kitsch*-colonial, mas reconcebidos. Num flerte com o chamado "brutalismo", *en vogue* na época, Lina, aqui e ali, substituiu o reboco liso pelo chapiscado. Mas sobretudo, para o corpo mesmo do solar, desenhou uma esplêndida escada helicoidal. *Gestalt* decididamente contemporânea, mas realizada com o sistema de encaixes dos carros de bois, pilar central em pau-d'arco e piso em ipê – amarelo – uma joia, engastada em antiga estrutura de madeira de lei. (Escada cuja volumetria foi aleijada, há uns anos, em consequência de uma reforma para implantar, no térreo do solar, a cretinice de uma "galeria de arte".) "A restauração incorporou as intervenções significativas que o conjunto sofreu durante a sua história. Todos os aspectos dramáticos do ambiente foram respeitados", disse Lina, em declarações dadas então à imprensa.

Esta sua postura restauradora tinha como fundamento "o respeito absoluto por tudo aquilo que o monumento representava como poética, dentro da interpretação moderna da continuidade histórica, procurando não embalsamar o monumento, mas integrá-lo ao máximo na vida moderna". Em vez de "recompor" um prédio, enquadrando-o a vácuo num passado em suspensão, como se a história não tivesse prosseguido em seu curso dialético, Lina escolhia encará-lo do ponto de vista do presente. Isto é: não como peça decorativa, desfuncionalizada, imune ao espaço urbano atual. Mas como algo realmente existente, presente na paisagem urbana contemporânea, em diálogo com a cidade e, por isso mesmo, capaz de desempenhar novas funções. De se imiscuir no movimento do real histórico. De participar do jogo da vida. Como aconteceu no caso da Quinta da Unhão, ganhando função urbana e cultural nova, em comemoração talvez aos seus alguns séculos de existência.

21. A CASA NEOCOLONIAL

Ao longo de nossa história, tivemos tipos e estilos distintos de casa. Nunca um determinado modelo residencial dominou de modo absoluto a paisagem urbana brasileira. Quando falamos do neoclássico, por exemplo, não devemos nos esquecer de que a maioria das casas brasileiras, no período, não tinha a ver com aquilo. Continuava reproduzindo velhos perfis e padrões coloniais. Além disso, não seria impossível encontrar inovações totalmente surpreendentes para a época. Por exemplo: em *Rio de Janeiro: a vida da cidade refletida nos jornais*, Delso Renault transcreve um anúncio de jornal da década de 1850, falando do leilão de uma *casa pré-fabricada* que se podia montar e desmontar – "toda de madeira, com suas portas, janelas, venezianas da dita e cobertura de zinco, a qual pode ser transportada para qualquer lugar por se armar e desarmar à vontade". Não conheço nenhuma documentação visual sobre a distinta, mas já me parece ser, em princípio, uma das construções brasileiras mais interessantes daquele tempo.

Mesmo dentro do próprio espaço do neoclássico, Nestor Goulart Reis faz uma distinção. Existiu o neoclássico da corte e o das províncias. Nas províncias, os edifícios eram cópias parciais e malfeitas da arquitetura das cidades maiores do litoral. "As construções, aproveitando a mão de obra escrava, eram rudimentares. Os elementos estruturais, sempre grosseiros, construídos de taipa de pilão, adobe ou pau a pique – portanto, de terra – não permitiam o uso de colunatas, escadarias, frontões ou quaisquer tipos de soluções mais complexas." Do neoclássico mesmo, o que restava, quase sempre, eram enfeites de gesso e papéis decorativos aplicados sobre paredes de barro. Goulart aponta ainda, como inovação importante do período, o aparecimento das casas térreas com porão alto, deixando de lado a antiquíssima tradição da loja ou oficina na frente térrea da morada. "Definido como de fins exclusivamente residenciais, esse novo modelo vinha evidenciar uma diferenciação clara entre os edifícios destinados para domicílio e os locais de trabalho. Dentro do novo esquema, as casas, cujas fachadas [como as dos velhos sobrados coloniais] continuavam a ser erigidas sobre o alinhamento das ruas, tinham o primeiro pavimento elevado em relação às vias públicas e, portanto, não podiam ser ocupadas por lojas, mas apenas por residências, indicando nas vilas e cidades a moradia dos grandes proprietários rurais ou de pessoas que viviam de rendas, pelo contraste que faziam com as casas de comerciantes e oficinas mecânicas, que abriam suas portas para a rua." São casas que ainda hoje podem nos encantar, com suas entradas exibindo o "clássico piso em xadrez de mármore preto e branco".

Mas o fato foi que vivemos um tempo principalmente de cópias e contrafações na produção arquitetural brasileira do século XIX. O chalé pode ser visto como exemplo disso. Não por acaso Machado de Assis, que queria ser branco e europeu, vivia em um deles. Era como se nevasse no Cosme Velho, no Flamengo, em Santa Teresa, na Glória. Fingia-se que estávamos na Europa (um século mais tarde, os bangalôs de Copacabana não deixarão de repetir esses deslocamentos: casas em "estilo normando" na beira da praia tropical). O ecletismo não foi muito mais que isso. Tínhamos até arquitetos "neogóticos". O que aconteceu foi que o neoclassicismo "puro" de Grandjean de Montigny (ou mesmo anterior a ele, como no caso do prédio da Associação Comercial da Bahia, projetado pelo arquiteto português Cosme Damião da Cunha Fidié) se foi mesclando com outros estilos "históricos". Se o neoclássico copiava a arquitetura grecoromana (e nossa classe dirigente, no rastro de suas matrizes estrangeiras, chegaria ainda ao ridículo de considerar o chamado "neogrego" como a roupagem obrigatória de seus palácios públicos, assembleias e tribunais), o ecletismo tinha estômago de avestruz, aceitando o que vinha nas bandejas do passado. E, no fim das contas, tudo foi caber e se misturar sob o rótulo de "ecletismo histórico" (hoje, pelo menos em parte, a arquitetura dita "pós-moderna" não deixa de ser um neoecletismo) –, conjunto heteróclito de estilos e elementos arquitetônicos originários de épocas e lugares diversos; colagem tantas vezes disparatada de coisas e conceitos heterogêneos.

Um registro empafiado e até acintoso do sucesso do ecletismo e de seu correspondente decorativismo, em meio à elite brasileira, pode ser encontrado no romance chato, ridículo e racista de Júlio Ribeiro, *A carne*, num discurso de Lenita, a personagem principal, tentando compensar, com a descrição da casa de seus sonhos, o que sente como uma humilhação amorosa, no tempo em que se torna amante do herdeiro da fazenda onde se acha hospedada. É a cara do imbróglio *Kitsch* da época. Naquela conjuntura, o Brasil não criava nada de próprio, nada de seu. Penso mesmo que, em matéria de mesmice e mediocridade arquitetônicas, esse período só pode ser talvez superado pelo que vem acontecendo entre nós do final do século XX para cá, quando, para lembrar uma palavra-montagem do *Catatau* de Paulo Leminski, o Brasil virou um país de prédios *repepetitivos*, tão caros quanto arquitetonicamente irrelevantes – e prejudiciais à dimensão estética de nossas paisagens urbanas.

* * *

O "neocolonial" foi uma reação nacionalista contra esse ecletismo que importamos da Europa durante o século XIX. Uma reação que acendia a luz sobre antigas casas de fazendas e chácaras, ou de lugares como o Pátio do Colégio, o Pelourinho e Ouro Preto. E que pretendia trazer de volta à cena princípios e elementos de nossa primeira arquitetura civil e religiosa, de extração mais claramente lusitana: arquitetura de igrejas, conventos, casas-grandes, sobrados urbanos senhoriais. Mas o interessante é que tal reação até mesmo xenófoba contra o cosmopolitismo arquitetônico também deve ser vista, logicamente, como um ramo ou subvariante do próprio ecletismo historicista.

E é curioso que a reação nacionalista, entre nós, tenha partido de Ricardo Severo, um engenheiro *português*. Seu objetivo, pelo menos à primeira vista, não seria exatamente autonomista ou independentista. Afinal, os nacionalistas tomavam, como fonte de orientação e inspiração, a estética trazida para cá pelos colonizadores lusos. No Brasil, ao contrário do que seria possível fazer no México ou no Peru, ninguém teria como se apoiar solidamente numa rica tradição urbanística ou arquitetônica pré-cabralina. Não tínhamos nada de comparável às obras astecas, maias e incas. Em abril de 1500, nenhuma Tenochititlán existia na "Índia Brasílica", para lembrar a expressão do jesuíta José de Anchieta. Nossa linha do tempo, nesse caso, não teria como recuar para além do século XVI. E, bem vistas as coisas, todo nacionalismo cultural está fadado a ser confuso, complicado e contraditório em nosso meio: falamos uma língua que nos veio do Império romano, via Península Ibérica; os coqueiros que tomam conta de nossos litorais vieram do Oriente; cultuamos deuses nascidos na África etc. A saída, então, seria partir da releitura tropical a que os modelos lusitanos foram aqui submetidos durante os séculos XVII e XVIII. Partir da antiga arquitetura civil da Bahia e de Pernambuco – e da antiga arquitetura religiosa de Minas Gerais, sob o signo do Aleijadinho. E, com elas, tentar destronar a corrente central do ecletismo afrancesado que as estigmatizara. Àquela altura, entre nós, o passado luso-brasileiro era coisa desprezada pelas elites. Portugal era a parte da Europa que não contava no caminho do avanço civilizatório. Da modernidade. Dos novos rumos culturais do mundo. Para os segmentos sociais mais ricos e mesmo para o estrato intermediário da população (nossa classe média letrada e envernizada), todos variavelmente franco-anglicizados, tudo que tivesse cheiro de Portugal e dos tempos da colonização, cheirava também a atraso, ignorância e mau gosto. O que interessava era a França, Paris, "a capital do século XIX". Daí a pergunta-comentário de Carlos Lemos, no escrito "*El Estilo que Nunca Existió*" (na coletânea *Arquitectura Neocolonial: América Latina, Caribe, Estados Unidos*, coordenada por Aracy Amaral). Com a ojeriza elitista pelo mundo colonial, a passagem do século e a chegada de nossa *belle époque*, na soleira da Primeira Guerra Mundial, "seria possível a existência de um movimento nacionalista em prol da arquitetura antiga? Tudo indica que não; não obstante, este movimento surgiu precisamente no campo da arquitetura residencial [vale dizer, como resultado do convencimento de pessoas e não de uma forçada intervenção estatal] e a ideia de uma volta às velhas práticas chegou e venceu – não por amor às antigas soluções estilísticas, mas pela necessidade de um gesto de afirmação nacionalista por parte do dono da casa que se opunha ao imigrante cheio de novidades, o qual, se não fosse vigiado, a qualquer momento passaria a controlar tudo".

Este é o ponto: a necessidade de uma afirmação local diante da proliferação de signos e produtos imigrantistas. Não por acaso o movimento veio à luz em São Paulo, cidade que tinha recebido grossas enxurradas de estrangeiros, multidão de imigrantes que alterara sua paisagem genética, linguística, ideológica, culinária etc. – e até mesmo a semiótica gestual de seus moradores. E que ocupava a cada dia mais espaço e poder na sua disposição urbana e modificava à vontade sua estética citadina. Lembro-me, a propósito, do que Carlos Lemos escreve em outro texto seu, incluído em *Da taipa ao concreto: crônicas sobre a memória da arquitetura e do urbanismo*, ao explicar sua posição contra o tombamento de um bem na avenida Paulista, marcado pela mediocridade arquitetônica – a mansão em estilo neoclássico fascista (projetada pelo arquiteto Marcello Piacentini) da família Matarazzo: "O arquiteto era italiano, a planta italiana da linhagem classicizante de Vignola, os materiais referentes aos acabamentos todos importados, inclusive o mármore travertino de revestimento das fachadas. Tudo de fora. Inclusive o dono." Concluindo: "... por isso tudo, aquela casa era um bem importado e teria para nós o mesmo significado cultural que um Mercedes-Benz ou uma lata de caviar". E aquele não era um único imóvel "estrangeiro", italiano, plantado na avenida Paulista. Havia outros. Casarões inteiramente venezianos, por exemplo.

O certo é que, à época da reação neocolonial, diversos membros das elites brasileiras começavam já a se sentir escanteados dentro de sua própria casa. A mencionada avenida Paulista era exemplo claro de como os "nativos" iam, literalmente, perdendo terreno: "Na famosa avenida se mesclavam aleatoriamente estilos florentinos, de influência árabe, neorrenascentistas franceses, barrocos de Baviera ou estilos inspirados na estética dos luíses, especialmente de Luís XVI, junto a uma infinidade de construções concebidas dentro de todas as licenças poéticas possíveis, de acordo com o sonho ou a nostalgia de cada um. Só faltava o estilo brasileiro", escreve Lemos, resumindo o quadro. E foi justamente contra isso que o português Ricardo Severo levantou a voz, mobilizando pessoas ricas e poderosas de São Paulo, persuadindo-as de que o paulistano "autêntico" deveria recorrer à tradição arquitetural do país para contrapor construções também imponentes aos palacetes que imigrantes ricos vinham erguendo. Mobilização que se deu então em torno da revalorização e da retomada da antiga arquitetura colonial (que, de resto, nada tinha de especialmente rica ou excepcional em terras paulistas), num leque de ações que se estendeu da pesquisa de campo para conhecer melhor aquela criação arquitetural à construção de casarões neocoloniais nas principais cidades do país. No Rio, José Mariano Filho – que, embora fosse médico, tornou-se um dos fundadores (e presidente) do Instituto Brasileiro dos Arquitetos (IAB) – assumiu a liderança da onda tradicional-nacionalista. Foi ele, inclusive, quem batizou a jogada, ao dizer que o estilo "colonial" tinha desaparecido juntamente com sua época e que, ao movimento então triunfante, dever-se-ia denominar "neocolonial". Como aquele não era muito bem conhecido pelos praticantes deste, diversos disparates foram então cometidos em seu nome – casarões supostamente coloniais com tijolos à vista, por exemplo.

Claro que muitas críticas podem ser feitas ao movimento. Por mais que seus arautos proclamassem o contrário, enfatizando vínculos com o presente e perspectivas de futuro, a quintessência do movimento era saudosista. Não vou dizer reacionária, mas saudosista. Ricardo Severo e José Mariano Filho eram personalidades nostálgicas. Severo amava o Portugal pré-romano e foi editor de *Portugália*, publicação destinada a celebrar a cultura lusitana mais tradicional. Mariano, por sua vez, nunca se libertou de saudades pessoais e ideológicas dos engenhos de açúcar de Pernambuco, onde nasceu (o nome que ele deu à sua casa próxima ao Jardim Botânico, no Rio, foi Solar Monjope, denominação de engenho do clã Carneiro da Cunha, seus antepassados pernambucanos). E quase todos os participantes daquela movimentação se deixaram aprisionar no espaço de um ecletismo histórico e de um "decorativismo superficial". Yves Bruand (*Arquitetura contemporânea no Brasil*) sublinha o espírito "arqueológico" ou arquivológico do movimento. Daí sua incapacidade para estudar – e encontrar soluções para – os problemas colocados pelas realidades emergentes da nova sociedade urbano-industrial: "... é claro que se podia construir em estilo neocolonial igrejas, casas e palácios (e até mesmo pavilhões de exposição que se assemelhavam a este último gênero), mas nunca (a menos que se caísse na arbitrariedade total) prédios de escritórios ou de apartamentos, fábricas e outros edifícios típicos da civilização industrial. Por conseguinte, tudo não passava de simples capricho estético de natureza erudita e não de uma solução para o futuro". Já Carlos Lemos ressalta a ignorância dos arquitetos que buscavam avidamente o neocolonial, a "falta de uma convivência disciplinada com a antiga arquitetura erudita", que resultaram em "casas supostamente tradicionais", coisas completamente despropositadas (frontões de igrejas barrocas sobrepostos a bangalôs, por exemplo), invencionices a granel. Tudo muito mais para o decorativo do que para o estrutural. Por outro lado, os tradicional-nacionalistas queriam mapear todos os elementos da antiga composição arquitetônica colonial, com o propósito de, como disse Lemos, "organizar uma gramática norteadora que estabelecesse as regras do novo estilo 'brasileiro'". Mas aí eles caíram na armadilha de sempre. Cometeram o pecado central das tentativas de fixar uma "identidade nacional", elegendo em cânone um conjunto de traços que definiria o que seria e o que não seria "autenticamente" nosso. Por tal gramática, o designer Santos Dumont nunca teria sido brasileiro, com a visualidade "neoplasticista" do 14-Bis. E Niemeyer jamais chegaria a sê-lo. Mariano, aliás, atacava a arquitetura modernista internacional como comunista e judia.

Ao mesmo tempo, quando fazem seus balanços críticos gerais, os estudiosos não deixam de atribuir um saldo positivo ao gesto e à movimentação neocoloniais. Para Bruand, o movimento contribuiu para a formação de um orgulho com respeito ao passado brasileiro, o conhecimento de nossa arquitetura antiga e a conservação de um patrimônio artístico-cultural que estava esquecido e, o que é pior, caindo aos pedaços. Produziu, também, algumas obras de alto valor arquitetônico, como o prédio hoje ocupado pelo Museu Nacional, no Rio de Janeiro, projeto dos arquitetos Arquimedes Memória (não poderia haver sobrenome melhor para um arquiteto eclético-neocolonial) e Francisque Cuchet – "... o fato de ser um exemplo perfeito de arquitetura completamente voltada para o passado, em nada diminui suas qualidades intrínsecas". Mas o mais importante, ainda segundo Bruand, foi que pioneiros da nova arquitetura brasileira, como Lúcio Costa e Attilio Corrêa Lima, passaram por um "estágio" neocolonial, antes de se deixar empolgar pelas teses de Corbusier e Mies van der Rohe. Mesmo Niemeyer se deixou influenciar por essa atmosfera.

"Por conseguinte, por mais estranho que possa parecer, a priori, o estilo neocolonial constituiu-se numa transição necessária entre o ecletismo de caráter histórico, do qual era parte intrínseca, e o advento de um racionalismo moderno, cuja origem foi a doutrina de Le Corbusier, mas cuja originalidade local não pode ser questionada." Hugo Segawa, por seu turno, ressalta o fato de que, apesar de todos os deslizes e equívocos, tanto Severo quanto Mariano afirmavam, sempre, que não queriam uma arquitetura presa ao passado, mas que trouxesse o arsenal antigo para o presente. Severo falava mesmo de "tradicionalismo revolucionário". Daí que não se deva negar "ao episódio neocolonial na arquitetura brasileira um papel significativo no debate das ideias sobre novos conceitos arquitetônicos".

Enfim, é isso. Não sei que obra-prima o neocolonial nos legou (talvez o prédio do Museu Nacional esteja para o movimento como o da Associação Comercial da Bahia esteve para o neoclássico). Contento-me então com reproduzir uma visão surpreendente – desmistificadora e corretíssima – de Segawa, em seu livro *Arquiteturas no Brasil 1900-1990*. No Brasil, diz ele, "a mais extensa concentração de arquitetura neocolonial, a cidade de Ouro Preto, teve a maior parte das construções que caracterizam o atual cenário 'colonial' erguida após a década de 1920" – seguindo a lição, acrescento que também a recuperação do Pelourinho, na Bahia, resultou numa obra neocolonial, e ainda mais confusa e desfiguradora, com relação à matriz setecentista, do que a feita na velha Vila Rica dos mineiros. Enfim, tendo partido de uma leitura da antiga arquitetura praticada ao longo do processo colonial, o neocolonial terminou por fazer de Ouro Preto a sua obra maior.

* * *

O grande sucesso do movimento neocolonial foi no Rio, não em São Paulo. Se Carlos Lemos diz que o movimento nasceu em São Paulo como resposta às marés migratórias, quando diversas línguas estrangeiras eram faladas cotidianamente nas ruas da cidade, com muita gente se entendendo mais em italiano do que em português, também me parece claro que o êxito do neocolonial dificilmente seria alcançado em circunscrição paulistana. Não por acaso o movimento foi deflagrado em São Paulo por um português – mas suas operações no Rio de Janeiro foram comandadas por um pernambucano rico, filho de casa-grande nordestina. Ricardo Severo falava de raízes lusitanas. José Mariano, de criações brasileiras. E se dirigiam a plateias distintas. Severo discursava numa região que não tivera desempenho expressivo no terreno da arquitetura colonial. E numa cidade que, tomada por imigrantes, não teria como se entusiasmar com uma pregação nacionalista brasileira, ainda mais no campo estrito da arquitetura. Mariano, diversamente, apresentava o novo ideário num lugar que tivera conhecimento e prática bem mais consideráveis daquela mesma arquitetura e era a capital do país, num momento de afirmação nacionalista, quando a cidade se organizava para comemorar o centenário da Independência nacional. (Salvador, naquele momento, só pensava em se "modernizar", jogando no lixo tudo o que soasse "colonial"). E foi do Rio, então o grande centro brasileiro de irradiações simbólicas e generalização de novidades e modas, que a coisa se espalhou para todo o país, com o patrocínio do poder público. O sucesso foi tanto que o repertório neocolonial se vulgarizou, com elementos seus sendo largamente apropriados pelo conjunto da população. E "em edificações tão distintas quanto habitações populares ou postos de gasolina", como bem lembrou Segawa.

Mas o grande sucesso mesmo, de todos os pontos de vista, da aceitação estética ao anseio mercadológico, foi o das casas neocoloniais. Por uma razão que me parece fácil de entender. Imigrantes e seus desejos à parte, a forma das casas neocoloniais se revelou imediatamente legível e inteligível por todos. Era coisa familiar e, como a sua beleza, logo reconhecível – e logo reconhecida como amistosa, trazendo à luz claridades e harmonias às vezes remotas e recônditas. Como se um esconderijo de infância fosse redescoberto ou desencoberto e iluminado numa idade já adulta, digamos assim. Ali estavam soluções antigas de há muito aprovadas entre nós, como a varanda, por exemplo, ou o emprego saudável dos azulejos. Ali estavam garantias (reais ou não) de bem-estar e conforto, que sobreviveriam, levando vantagens, em comparação com os produtos da arquitetura modernista que em seguida se afirmaria no país. Em suma: casas vistas como habitações bonitas, claras, confortáveis e ventiladas, onde as pessoas se sentiam (ou fantasiavam se sentir, o que vem a dar praticamente no mesmo) num pedaço autêntico, verdadeiro e genuíno do Brasil. E o fato é que ainda hoje aquela maré nacionalista, neocolonial, está presente em nossos ambientes urbanos, periféricos e rurais. Quero dizer, em habitações citadinas, em moradias de praia ou de chácaras mais interioranas, em casas de fazendas e fazendolas. Seja ainda pela cópia, seja por soluções inspiradas no movimento e cada vez mais mescladas com (ou filtradas por) outras concepções. Arquitetos brasileiros continuam recebendo, já no século XXI, encomendas para projetar habitações neocoloniais. E é claro que isso impressiona. Mostra que, apesar de todos os apesares, o movimento lançado em princípios do século passado conseguiu tocar em pontos profundamente significativos da imaginação e da sensibilidade brasileiras. Daí que se deva dizer que o sucesso das casas neocoloniais pode ser visto em termos de moda, mas a persistência do estilo, em todas as suas variações e metamorfoses, indica que o fenômeno requer análise psicoantropológica mais densa.

Fizemos já referência ao centenário da Independência nacional. Não foi por mera coincidência que o nacionalismo arquitetônico, materializando-se no movimento neocolonial, atingiu seu ponto máximo ali. 1922 foi o ápice. Mas a verdade é que o nacionalismo ocupou o centro do palco durante toda a década de 1920. Um nacionalismo que queria encarar com orgulho nosso passado, mas com os pés na modernidade e o olhar aberto para o futuro. Nacionalismo modernizante que se manifestava na política com o movimento tenentista, a partir da revolta do Forte de Copacabana. Na arte, com a célebre Semana de Arte Moderna, realizada no Teatro Municipal, em São Paulo. Na religião, com a manifestação da umbanda, a primeira forma religiosa brasileira a se projetar no horizonte, misturando coisas de extração negro-africana e espiritismo. Etc. Aquele foi o momento nacional-modernista de nossa história cultural. E o que encarnou isso, no terreno da arquitetura, foi a onda neocolonial. Uma onda que não só recebeu patrocínio oficial do governo, como foi muito bem recebida entre os ricos que erguiam casarões e os que ao menos podiam levar adiante suas construções hoje classificadas como "neocoloniais simplificadas". O movimento arquitetônico inscreveu-se assim no horizonte da tomada de consciência de uma grandeza nacional passada, mas voltando-se para a construção do presente, trajetória de uma nação contemporânea que desejava acreditar no seu futuro. Apenas para este, o neocolonial não soube o que dizer.

22. DE HOLLYWOOD PARA O BRASIL

Se o neoclássico intentou destruir o barroco, o neocolonial tratou de trazê-lo de volta – ainda que em pauta *Kitsch*, à base de muitos pastiches. E não só no Brasil. Viu-se o mesmo no México, no Caribe e nos países hispânicos da América do Sul. E se assinalamos a persistência da arquitetura neocolonial no Brasil, observando que ela pôde se prolongar no tempo, alcançando o século XXI, por ter tocado teclas profundas da alma brasileira, não devemos nos esquecer de que a mesma coisa se diz do neocolonial mexicano.

Também lá a estética barroca recebeu chumbo grosso. "Desde o estabelecimento da arquitetura neoclássica no México, em finais do século XVIII, o estilo barroco (que ainda não tinha esse nome) foi julgado negativamente; e, com o barroco, o maneirismo e o anterior estilo 'indo-hispânico' ou 'tequitqui'. Tanto a denominação de barroco como as outras se devem à crítica e à história da arte deste século [XX], evidentemente: para os neoclássicos, tudo aquilo era considerado, sem mais, estilo 'bárbaro'", escreve Jorge Alberto Manrique, em "México se Quiere Otra Vez Barroco", também na coletânea *Architectura Neocolonial: América Latina, Caribe, Estados Unidos*. E mais: "É importante assinalar a identificação entre modernidade (Ilustração) e arte clássica, no terreno artístico, e modernidade e independência, no terreno político. O país desejava ser moderno, e sê-lo significava ser independente, como sê-lo também significava abandonar em arquitetura os estilos tradicionais (o barroco) e assumir o estilo universal do classicismo como o único válido. Um escritor brilhante e ilustrado como José Joaquín Fernández de Lizardi, o primeiro escritor de novelas do continente, por exemplo, era partidário da Independência da Espanha e simultaneamente opinava que o *Retablo de los Reyes* da Catedral Metropolitana (uma das maiores obras barrocas) não era senão 'lenha boa para ser queimada.'" A maré só virou em inícios do século XX, quando se formou um interesse renovado pela cultura mexicana, entre jovens artistas, escritores e intelectuais – e a arquitetura barroca passou a ser vista "como um passado glorioso e como programa de uma arquitetura futura". Mesmo assim, no Brasil do século XX, a condenação do crítico Antonio Candido aos momentos de "mau gosto" de Euclydes da Cunha em *Os sertões*, ainda é um reflexo desse antibarroquismo, que seria brilhantemente superado pelas vanguardas estéticas brasileiras, de Lúcio Costa a Haroldo de Campos.

O elogio e a recuperação prática da arquitetura colonial aconteceram, como foi dito, em diversos espaços da massa continental das Américas. Nos países da Bacia do Prata (Argentina, Paraguai, Uruguai), por exemplo. Ou na Guatemala, na Venezuela, na Costa Rica, no Panamá, em Cuba etc. Mas, numa de suas manifestações, assumiu caráter particularíssimo, insólito até. Falo da revalorização anglo-americana de um passado arquitetônico que não era inglês nem estadunidense, mas de extração espanhola. Um passado que não era deles, mas de outros. E que foi retomado para uma afirmação identitária própria da Califórnia. O que bem mostra a que tipos de desvios e apropriações surpreendentes estamos sujeitos, ao lidar com a questão da "identidade cultural" em plano histórico. Vicejam aqui, como diria Gruzinski, as dialéticas do mal-entendido. E este é um caso que merece ser observado, mesmo porque o que se gerou aí, uma espécie de neocolonial californiano, chamado *estilo misionero* ou *mission style,* chegou a fazer grande sucesso no Brasil entre as décadas de 1930 e 1950, tanto no âmbito das produções ricas, com casas de dois pavimentos, quanto no de casas mais modestas, térreas, com suas varandas se abrindo diretamente para um gramado ou jardim.

Vejamos mais de perto. O século XIX foi tempo de uma transformação espetacular da Califórnia. Até ao final da primeira metade daquela centúria, a Califórnia nem sequer pertencia aos Estados Unidos. Em 1846, não havia mais do que uns quinhentos anglo-americanos morando ali, praticamente isolados em meio a uma população de mais ou menos 10 mil mexicanos e 20 mil índios. Com a guerra mexicano-estadunidense de 1846-1848, posterior às declarações independentistas do Texas e do Yucatã, cerca de metade do território do México passou a fazer parte dos EUA, ao longo de um processo durante o qual o poeta Walt Whitman pedia mais estrelas para a bandeira norte-americana. A Califórnia foi na onda. E já na década de 1850 vemos poderosas correntes migratórias para lá, na célebre "corrida do ouro". Nas décadas seguintes, dois processos se casaram para promover ainda mais o *boom* regional: a expansão da estrutura ferroviária e o extermínio dos índios. O crescimento populacional (e urbano) deu um salto formidável. Antes do final do século XIX, haviam surgido já 29 assentamentos populacionais entre Los Angeles e San Bernardino. A nova sociedade californiana procurou então se expressar como realidade específica no conjunto do país. Foi buscar no passado regional, no âmbito da colonização espanhola, uma arquitetura que pudesse contrapor a estilos e formas de extração europeia ou já firmadas no mundo estadunidense. E assim principiou a ganhar corpo o neocolonial hispano da Califórnia, que vai se projetar fortemente entre as décadas de 1880 e 1930 nos EUA. Vale dizer: aqueles anglo-americanos tomaram, como se tivesse sido sua, a arquietura espanhola da região. Partiram para sublinhar sua diferença regional pela via da incorporação de um passado arquitetural hispânico.

Ou seja: os vencedores, para dizer a que tinham vindo, copiaram os vencidos – numa jogada inesquecível até no anedotário da história cultural das Américas. Ou, como disse Susana Torre ("En Busca de uma Identidade Regional: Evolución de los Estilos Misionero y Neocolonial Hispano en California entre 1880 y 1930"), "o estilo missioneiro é uma apropriação pelos vencedores das formas urbanísticas e arquitetônicas dos vencidos, mas esvaziadas dos significados sociais que lhes deram origem. Deixaram de ser a expressão material de um modo de viver, para ser meros símbolos de uma identidade regional inventada". Daí, também, a observação de Manrique: "As décadas de 1920 e 1930 no México, em um desses movimentos contraditórios que são próprios dos fenômenos culturais, foram um período de renovado nacionalismo, mas também de uma abertura à influência dos Estados Unidos. E, dentro disso, à importação desse colonial californiano, que parecia convir bem à situação mexicana. Criou-se assim uma espécie de curioso jogo de espelhos, em que os Estados Unidos copiavam virtualmente o México e este, por sua vez, copiava dos Estados Unidos o que aquele tinha copiado do México."

Bem. Os anglo-americanos lidaram de forma bem livre com aquela arquitetura de origem espanhola. Atuaram a partir do que viram e do que quiseram ver nas missões franciscanas erguidas no Texas, na Califórnia e no Novo México. E tocaram o barco. No final do século XIX, tivemos a construção da Stanford University – na qual se envolveu Frederick Law Olmsted –, prédio que se tornaria exemplo influente do *mission style* californiano. Quem também atuou nesse novo ramo estético-arquitetônico foi Julia Morgan, fazendo inclusive o prédio do jornal de William Randolph Hearst, modelo inspirador do *Citizen Kane* de Orson Welles (veja-se o verbete "Julia Morgan", em *The First American Women Architects*, de Sarah Allaback). E a criação literária local deu forte contribuição ao processo, com a publicação de *Ramona*, novela de Helen Hunt Jackson, que apareceu como uma recriação literária idealizada da vida nas velhas missões espanholas californianas, ao narrar a trajetória de uma mestiça euro-ameríndia nos tempos difíceis da guerra. Estetizavam-se ou sublimavam-se o passado recente, o real histórico, com extraordinário sucesso. Depois da arquitetura e da literatura – e com duas mulheres, por sinal: Julia Morgan e Helen Hunt Jackson –, será a vez do cinema, com filmes hollywoodianos projetando planetariamente os então chamados bangalôs californianos.

* * *

O dito "colonial californiano" ("que de californiano não tem nada", emenda prontamente Manrique) foi utilizado tanto na arquitetura de função pública, quanto na de função particular, assim como em criações de arquitetura religiosa. No caso da arquitetura de função privada, teve a sua voga (considerável) no campo da arquitetura residencial. E, aqui, tanto gerou casas enormes e ricas, como algumas mansões hollywoodianas, quanto habitações mais modestas, adequadas à realidade financeira classemediana – e mesmo moradias para trabalhadores. Susana fala de casas para milhares de trabalhadores. E podemos ver isso não só na Califórnia, mas também na Cidade do México e em cidades brasileiras.

Consta que a voga do neocolonial californiano foi trazida para o Brasil, no início da década de 1920, pelo arquiteto carioca Edgar Vianna que projetou uma casa na rua Jardim Botânico, no Rio de Janeiro, mesclando elementos lusos e espanhóis. E logo, na década seguinte, a onda tomou conta do país. Seus principais meios de difusão: o cinema, livros e revistas especializadas. Não nos esqueçamos de que Hollywood foi construída na Califórnia e de que a região se povoou de casas em *estilo misionero*. Fala-se que, em 1939, havia mais de um milhão de moradias do tipo "missão espanhola" naquelas terras. Impossível que elas não dessem o ar de sua graça em filmes cuja ação se passava por ali, num momento em que Hollywood tomava conta da imaginação das massas no mundo inteiro. Mesmo porque era o estilo favorito de estrelas do cinema, modelos "olímpicos" imitados por multidões de terráqueos que se ajoelhavam a seus pés. No caso brasileiro, não era nada difícil para arquitetos, engenheiros e mestres de obras construírem habitações no estilo californiano, já que circulavam fartamente, entre nós, livros, manuais e revistas que tratavam do assunto. Como o volume *Spanish House for America*, de Rexford Newcomb, por exemplo, que foi bastante popular no Brasil durante as décadas de 1920-1930. Entre as revistas, são sempre citadas a *Architectural Digest*, *Architetura no Brasil* e *A Casa*, além da publicação argentina *Mi Casita*, almanaque de plantas, elevações e perspectivas que passava de mão em mão em meio aos construtores da época. E o que aconteceu foi que o *mission style* cobriu o país, marcando em extensão notável a paisagem urbana brasileira. Principalmente – mas não só, muito pelo contrário –, no campo da arquitetura residencial. Aqui, os anos 1930 foram a sua *âge d'or*. De mansões a conjuntos habitacionais de classe média. No Rio de Janeiro, por exemplo, surgiram assim casas ricas e casas suburbanas, moradias em bairros da Zona Norte. A minha memória infantil e juvenil tinha registrado inúmeras casas desse feitio, construídas em diversos logradouros da Cidade da Bahia, mas também na ilha de Itaparica e em cidades do interior. Em Belo Horizonte, não poucas unidades habitacionais no estilo missões foram erguidas. Em João Pessoa e outras capitais nordestinas, também. Em Volta Redonda, a Companhia Siderúrgica Nacional empregou o estilo para edificar conjunto de casas para funcionários da empresa. Em São Paulo (capital), brotaram casas em todos os bairros e para todas as classes sociais. Lindas casas em Botucatu. Casas no centro de São Miguel Paulista. No Rio Grande do Sul, o neocolonial californiano se espalhou por todo o estado, com exemplares vistosos em Porto Alegre, onde bairros inteiros experimentaram o influxo do *mission style*.

Entre os conjuntos habitacionais então construídos no estilo missões, aparecem as "vilas" de oficiais menores da Aeronáutica. Como a hoje desfigurada Vila dos Sargentos, na praia de Itapoã, em Salvador (e casas avulsas da Aeronáutica, no mesmíssimo estilo, no bairro da Barra, também na capital baiana). Ou o conjunto de casas para suboficiais na região do Aeroporto da Pampulha, em Belo Horizonte. Conjuntos perfeitamente idênticos, aliás. O que se explica facilmente, já que a Aeronáutica tinha um departamento de engenharia que abraçou o *mission style*, inclusive na construção de aeroportos, como o de Ipitanga, com varandas em arcos e torre de controle cilíndrica. Esse departamento de engenharia não só gerou aeroportos "californianos" (extremamente agradáveis), como deu um pequeno passo a mais e chegou à arquitetura militar propriamente dita. Exemplo disso é a Base Aérea de São Paulo, em Guarulhos. É impressionante como o Aeroporto de Ipitanga, situado entre Itapoã e Santo Amaro do Ipitanga (atual Lauro de Freitas) e a Base Aérea paulista são praticamente iguais, ambos nos remetendo a diversas obras norte-americanas em *mission style*, como o Gilman Hall, um dos edifícios que o arquiteto Irving Gill (discípulo de Louis Sullivan e Frank Lloyd Wright) desenhou para a escola da arquidiocese de San Diego, na Califórnia.

Quando falamos de aeroportos, entramos já no terreno da arquitetura civil de função pública. Não se trata mais de arquitetura residencial, obviamente, uma coisa como a sede do clube Botafogo de Futebol e Regatas, em General Severiano, no Rio de Janeiro, que é citada aqui e ali como exemplo de *mission style*. Temos também uma obra imensa realizada em Minas Gerais, de caráter claramente *misionero*: o Grande Hotel de Araxá. Ainda nesta cidade mineira, encontramos o prédio "californiano" do Colégio Dom Bosco. E a bonita e interessante Fonte de Dona Beja, além de muitas casas no estilo. Enquanto que em São Paulo, por exemplo, em matéria do neocolonial californiano, houve um predomínio absoluto da arquitetura residencial, em outras cidades a diversidade foi bem maior, chegando aos domínios da arquitetura comercial e religiosa. No aspecto comercial, aliás, São Paulo ainda diz presente. O *mission style* se firmou vitoriosamente, no Brasil, na década de 1930, mesma época em que o uso de caminhões e automóveis particulares começou a se difundir no país. E assim veremos o surgimento de postos de gasolina em pauta *misionera* na produção da arquitetura comercial paulistana. Na dimensão religiosa, o estilo missões não rendeu tanto quanto nos EUA. Como se sabe, há diversos exemplares de igrejas construídas em *mission style* na Califórnia. No Brasil, são bem poucos. Raros. Como a igreja Nossa Senhora das Graças, em Araxá. E a igreja de Nossa Senhora da Assunção, em Porto Alegre, com seu arranjo assimétrico, a torre (no caso, sineira), as janelas que lembram tanto coisas góticas quanto mouriscas, a arcada com pedras engastadas casualmente.

    E aqui podemos dar ressalte a alguns traços arquitetônicos do *mission style* entre nós. Como a implantação no terreno. O que se via era diverso do que acontecia com a arquitetura de nossas cidades coloniais, quando a edificação e o lote urbano pareciam feitos sob medida um para o outro – isto é, a casa ou o casarão era construído sobre o alinhamento da rua e os limites laterais do terreno. Ali, no dizer de Nestor Goulart Reis Filho, o sobrado e o lote eram uma só realidade. Somente entre a segunda metade do século XIX e os primeiros decênios do XX foi que as casas de nossas cidades passaram a apresentar novos modos de implantação, afastando-se das ruas e das construções vizinhas e adotando jardins laterais. As casas do estilo missões seguem o mesmo esquema: erguem-se relativamente longe da rua e dos limites do lote. E, graças ao tamanho e à distribuição das janelas, eram casas claras e ventiladas. No plano dos traços propriamente arquiteturais, uma coisa logo se impunha. O traço diferencial do *mission style* ficava circunscrito à plástica da casa, ao seu aspecto exterior, à fachada, ainda que não de modo estreito ou simplista. Mas não havia diferença ou novidade alguma – e muito menos invenção – em termos de planta, de partido, de agenciamento estrutural do espaço interior da habitação. Ao caracterizar essas casas, Bruand se detém do lado de fora delas: "... maciças arcadas em arco pleno, colunas torsas, reboco grosso em relevo com desenhos informais lembrando vagamente a decoração árabe". Um estilo que se materializou, também entre nós, em habitações para estratos mais favorecidos da sociedade e moradias mais modestas, numa época em que ainda não haviam chegado por aqui os modelos modernistas. Note-se, aliás, que os torreões cilíndricos das casas mais burguesas eram algo tipicamente *mission style*, já que tais torres nunca existiram na arquitetura colonial brasileira. Além disso, devemos chamar a atenção para o caráter goticizante que podiam assumir arcos e janelas, sempre com um ar algo árabe, algo mourisco. E para o jogo aleatório de pedras ou tijolos emoldurando esses arcos. O resultado final era um conjunto assimétrico, com seu jogo livre de volumes, gerando unidades habitacionais de fisionomia grácil, delicada, chegando a sugerir, às vezes, casas de contos de fadas. Casas que podiam se mostrar quase como se fossem graciosos produtos de confeitaria.

Mas a concepção não era simplista – e antecipou coisas que o modernismo enfatizaria. No texto "Um Pouco do Estilo Missões", Stocker Jr. menciona aspectos de *design*, paisagismo e "arquitetura de interiores", decoração: "O estilo, como toda 'tendência', foi acompanhado de todo um esforço industrial para a produção de peças compatíveis com sua linguagem. A edificação era pensada em conjunto com a mureta, portão, luminárias, garagens como corpos separados, jardins, mobiliário e esquadrias específicas. O papel do arquiteto deixava de ser apenas o de projeto da edificação em si, para se estender à arquitetura de interiores e ao paisagismo – esse aspecto 'moderno' dos estilos difundidos nos anos 1930 é frequentemente ignorado e atribuído apenas ao modernismo." Em "O Estilo Missões na Cidade de João Pessoa", Emanoel Victor de Lucena e Ivan Cavalcanti Filho completam o quadro: "Entre os materiais que deram suporte à nova linguagem, podem-se destacar o uso da pedra e do reboco trabalhado grosseiramente em espessas camadas, assim como a utilização de telhas de barro do tipo capa-canal ou estilo francês. A madeira também se faz bastante presente, de forma aparente, principalmente na estrutura de vigamento dos pavimentos superiores. Também é igualmente importante atentar para o uso do ferro fundido nos balcões e gradis das janelas, e nas luminárias penduradas na fachada, assim como da cerâmica esmaltada – os azulejos – com sugestivas estampas adornando poços, fontes e painéis de paredes."

Mas, se houve um influxo decorrente de relações militares no âmbito da Segunda Guerra Mundial, existiu um outro aspecto, genérico, que pesou no sentido da difusão ainda mais ampla do estilo "missões espanholas". Foi o novo patamar que assumiram as relações Brasil-EUA, em cujo horizonte se inscreve a produção cinematográfica hollywoodiana centrada em Beverly Hills. Stocker Jr. também tocou nesse ponto: "O estilo missões e suas tendências representam um capítulo importante na história da arquitetura brasileira e na própria história cultural do país. Juntamente com o *art déco* e com outros *revivals*, ele marca o cenário que envolve o durante e o pós Segunda Guerra Mundial, e a adoção da cultura norte-americana como parâmetro, em detrimento dos modelos europeus típicos Beaux-Arts seguidos fielmente até então. A ampla penetração que o '*bungalow* californiano' teve, pode de fato não se relacionar com a história da arquitetura pretérita local, mas foi representativa de uma nova 'realidade cultural' do pós-guerra onde, bem ou mal, o predomínio da indústria automobilística, do cinema hollywoodiano e dos usos e costumes norte-americanos passaram a ser referência". De fato, desde as últimas décadas do século XIX, Brasil e Estados Unidos passaram a se olhar com outros olhos. Se quisermos um marco cronológico para a mudança, podemos datá-la de 1876, ano da realização da feira internacional comemorativa do centenário da Independência dos EUA. Daí em diante, os países foram criando mais e mais nexos entre si. O papel e a força (política, econômica, cultural) dos EUA no Brasil cresceram na medida mesma em que refluíram as projeções da Inglaterra e da França. No Estado Novo, Vargas ensaiou pular a cerca, fazendo um jogo de aproximações pragmáticas com a Alemanha, mas teve de voltar atrás. Com a Segunda Guerra e o processo de redemocratização do país, os EUA consolidaram sua hegemonia. O influxo hollywoodiano e a importação do *mission style* devem ser vistos nesse contexto.

Mas ainda hoje o neocolonial californiano quase não é estudado entre nós. Penso que por três motivos principais. O primeiro deles me foi apontado com sagacidade pela arquiteta Eneida Ferraz: "Esse estilo faz tanta parte da paisagem de nossas cidades que passa despercebido." Perfeito. Parece brincadeira, mas é verdade: a gente já nasce em meio àquelas casas, vê exemplares do estilo em tudo quanto é canto, que a percepção acaba automatizada – isto é, não distinguimos essas casas enquanto tipo arquitetural; tudo se passa como se elas fossem produtos da natureza, cogumelos brotando nas ruas da cidade, e não rebentos do artifício humano. Outro motivo para explicar a desatenção diante do *mission style* está no fato de a onda *misionera* ter ficado imprensada entre dois movimentos poderosos e barulhentos: o neocolonial luso-brasileiro e o modernista. Em terceiro lugar, o estilo missões foi combatido pelos arquitetos modernistas, que passaram a fazer o discurso hegemônico sobre a criação-produção urbanístico-arquitetônica no Brasil. Sabe-se do embate entre Lúcio Costa e o neocolonial brasileiro, mas houve também o embate de arquitetos modernistas e o neocolonial californiano. Jorge Rubies, em texto que colhi na internet, toca na mesma tecla: "O estilo missões era particularmente odiado pelos arquitetos modernistas, que o consideravam uma extravagância, uma aberração. Até hoje, o assunto parece que é tabu, não existe nenhum livro a respeito. E infelizmente os órgãos de preservação [do patrimônio] até agora não reconheceram a importância do estilo na formação de nossas paisagens urbanas." Está certo: é da ojeriza modernista que descende a atual ignorância dos arquitetos brasileiros sobre o estilo missões. Aquela foi mesmo uma disputa que marcou o período. Com a diferença de que, ao contrário do que se pode dizer do neocolonial pregado por Severo e Mariano, as casas em *mission style* deixaram subitamente de ser produzidas em nosso meio.

Mas vamos finalizar. Juntando tudo numa visada panorâmica sobre arquitetura residencial neocolonial, Salvador Veríssimo e Mallmann Bittar deixam-nos a seguinte anotação: "A família de classe média, comprometida com os valores de estabilidade, ganha a vida nos serviços profissionais liberais cujo contingente cresce constantemente tanto no Rio de Janeiro como em São Paulo, ligado aos setores cafeeiros. São burocratas e funcionários. Este contingente sente-se inquieto ao escolher a plástica da sua casa. Que escolherão? O radicalismo do movimento 'moderno', dito racional, causa-lhe apreensão. Porém, o neocolonial, surgido em meio a ardorosas declarações de nacionalismo, os estilos hispano-americanos, como o californiano e o estilo 'missões espanholas' aparecem associados a tendências conservadoras que permitem, em meio à crise ideológica e de identificação cultural, um porto seguro para a casa." Já Lucena e Cavalcanti Filho consideram que o neocolonial californiano fez mais sucesso naquela época do que o neocolonial brasileiro "talvez por ser... menos ambicioso em termos de grandeza e mais aconchegante em termos de diversidade, espaços e volumes, atendendo ao padrão de habitabilidade do brasileiro do segundo quartel do século XX". E Jorge Rubies, indo do geral ao pessoal: "Uma das explicações para a extrema popularidade do estilo missões é a influência de Hollywood... Mas na verdade é porque, na minha opinião, o missões é colorido, alegre e bonito." E isto tem alta importância, sim. Todos os moradores de casas *mission style* que conheci adoravam aquelas casas. Era como se elas fossem casas de sonho, aconchegantes, gostosas e bonitas. É preciso mais?

23. VANGUARDA EM CENA

Quando estava no comando da Sociedade Brasileira de Belas-Artes, José Mariano despachava jovens arquitetos, que por ali davam o ar de sua graça, em direções bem definidas. Enviava-os para conhecer *in situ* a arquitetura colonial brasileira. Foi assim que endereçou seu discípulo favorito, Lúcio Costa, para Diamantina. Lúcio: "Lá chegando, caí em cheio no passado no seu sentido mais despojado, mais puro; um passado de verdade, que eu ignorava, um passado que era novo em folha para mim." Mas o mais interessante foi que, em vez de decidir se aperfeiçoar e especializar naquele ramo arquitetônico, Lúcio acabou concluindo que o caminho não era aquele e rompeu com o movimento neocolonial, embora sem atirar no lixo o que tinha aprendido. Em 1930, numa entrevista, declarava: "Acho indispensável que os nossos arquitetos deixem a escola conhecendo perfeitamente a nossa arquitetura da época colonial – não com o intuito da transposição ridícula dos seus motivos, não de mandar fazer falsos móveis de jacarandá – os verdadeiros são lindos –, mas de aprender as boas lições que ela nos dá de simplicidade, perfeita adaptação ao meio e à função, e consequente beleza." Adiante, em 1934, publicou "Razões da Nova Arquitetura", texto fundamental para os novos caminhos da criação arquitetônica em nosso país, agora em sintonia com a linguagem internacional, o pensamento e a prática da Bauhaus, de Mies van der Rohe, da ação corbusieriana. Mas sem abandonar sua leitura lúcida de nosso passado colonial. Pelo contrário, anos depois, Lúcio vai citar Diamantina como uma das fontes de inspiração de Brasília. Esta relação com a arquitetura antiga contribui, também, para explicar uma especificidade da vanguarda arquitetônica brasileira, igualmente explicitada pelo arquiteto: "Ao contrário do que ocorreu na maioria dos países, no Brasil foram justamente aqueles poucos que lutaram pela abertura para o mundo moderno, os que mergulharam no país à procura das suas raízes, da sua tradição [...], propugnando pela defesa e preservação do nosso passado válido."

Quando Lúcio publicou "Razões da Nova Arquitetura", as primeiras casas modernistas já tinham aparecido no país. A primeira delas em São Paulo, assinada por Warchavchik. E vejam como são as coisas: a arquitetura modernista começa a ser praticada, no Brasil, graças ao casamento de um arquiteto ucraniano com uma judia da elite industrial paulista. Sim – é o casamento com Mina Klabin que vai franquear a Warchavchik o ingresso nos círculos da classe dominante paulistana e permitir que ele avance em suas viagens arquiteturais, inclusive construindo sua própria casa, no então subúrbio de Vila Mariana. Questiona-se hoje o caráter realmente modernista da casa de Vila Mariana, que não recorria ao cimento armado (era ainda de tijolo revestido) e apresentava cobertura de telhas tradicionais, em vez de terraço ou teto-jardim, como faziam os funcionalistas europeus. Segawa observa que havia um descompasso entre a prática do arquiteto e sua pregação. E que só mais tarde, em outras casas paulistanas como a do Pacaembu, ele chegaria de fato a procedimentos e elementos que correspondiam ao receituário do racionalismo arquitetônico internacional. De qualquer modo, o ucraniano foi sem dúvida um pioneiro em nosso meio. Mereceu elogios de Le Corbusier, que se deixou inclusive encantar pelo seu uso da cor, convidando-o ainda para ser delegado dos Ciam (Congressos Internacionais de Arquitetura Moderna) para a América do Sul. E, como o próprio Segawa reconhece, foi um tremendo agitador cultural, ocupando considerável espaço nos meios de comunicação para divulgar e discutir os novos rumos e as novas soluções da arquitetura no mundo. E é óbvio que esta sua ação "midiática" foi de alta importância para fazer avançar os processos arquiteturais no ambiente brasileiro.

Além disso, outros artistas e arquitetos foram entrando em cena, como o performático Flávio de Carvalho – autor de uma interessante série de casas na alameda Lorena, nos Jardins, em São Paulo, onde é visível o vínculo com a chamada *art déco*. Sem falar de imigrantes e filhos de imigrantes, entre os quais, um, ao menos, foi brilhante: Alexander Büddeus, arquiteto belga que projetou duas obras excepcionais na Bahia, os prédios do Instituto do Cacau e do Instituto de Educação (rigorosamente, bauhausiano), que poderiam integrar qualquer catálogo ou exposição das melhores coisas do vanguardismo alemão na década de 1930. Ainda no campo da arquitetura civil de função pública, teríamos, naquele mesmo decênio, uma investida nacional dos Correios e Telégrafos, na construção de um ousado elenco de sedes regionais do órgão. Mas também é certo que, apesar de tudo, a guerra não seria ganha da noite para o dia. Basta lembrar que Lúcio Costa conheceria um período de ostracismo (mesmo que breve) até fins de 1935, quando foi chamado para fazer o projeto da sede do recém-criado Ministério da Educação e Saúde, que viria a ser, em alto estilo, o marco inicial da nova arquitetura brasileira. Naqueles anos em que ficou sem ter o que fazer, o arquiteto passou o tempo estudando, pensando, projetando suas "casas sem dono", assim batizadas porque não encontrara clientes para elas. E enquanto projetava casas para ninguém, os barracos das favelas continuavam a ser as nossas verdadeiras casas para todos.

Mas meu objetivo aqui não é fazer uma leitura da vanguarda arquitetônica brasileira, coisa que já ensaiei em outros textos. O que me importa observar é que, na sua produção de moradias, a arquitetura modernista não se restringiu a uma faixa social, como aconteceu no caso de Grandjean de Montigny e seus discípulos neoclássicos projetando somente casarões para ricos. Nossos "racionalistas" criaram casas para eles mesmos e casas para a classe dirigente, mas também moradias classemedianas e conjuntos residenciais mais populares. Em primeiro lugar, no âmbito das construções para eles mesmos, fizeram obras interessantes, como, por exemplo, a casa de Vital Brazil (1940), cubo de concreto e vidro engastado na encosta de um morro, no Rio de Janeiro; ou as residências de Vilanova Artigas (tanto a "casinha" de 1942, composta sob a influência de Frank Lloyd Wright, quanto a casa rica de 1949, filiada já à linguagem racionalista, a um Le Corbusier relido pelas lentes cariocas de Niemeyer) e Affonso Reidy. E obras até muito interessantes, como a chamada Casa de Vidro (1951) de Lina Bo Bardi, construída no Morumbi, num pedaço de Mata Atlântica, em São Paulo. Além das casas que construíram para si mesmos, esses arquitetos projetaram mansões para uma clientela endinheirada de personagens das elites brasileiras. Aqui, projetos de vanguarda e sonhos de futuro foram abrigados pela burguesia mais esclarecida ou *up to date*. É um aspecto que a arquitetura partilha com algumas artes visuais: construir uma casa projetada por Artigas ou ter um quadro de Volpi na sala de estar são coisas para quem tem dinheiro – o arquiteto e o pintor podem, no máximo, torcer para que o consumidor de seu produto não seja uma dondoca *nouveau riche* exalando ignorância por onde passa. E nossa arquitetura chegou a resultados admiráveis também aqui. A exemplo da Casa Paranhos (1943) de Artigas, de clara ascendência wrightiana. Ou das casas que Rino Levi projetou entre meados das décadas de 1940-1950, escapando à ortodoxia funcionalista que sempre presidiu aos seus trabalhos. Implantadas em espaços elegantes de São Paulo, são casas claras, voltadas para si mesmas, com seus pátios e jardins, sua ligação íntima com a vegetação. Bem vistas as coisas, temos uma convergência relevante entre essas casas de Vital Brazil, Artigas, Rino Levi e Lina Bo Bardi: a relação aberta com a natureza. A Casa de Vidro se implantou num espaço então cheio de bichos (selvagens, inclusive, como a jaguatirica) e aves, em meio a uma paisagem exuberante de árvores e flores. No caso das obras de Rino Levi, a circunstância não é florestal. Trata-se de diálogos íntimos entre arquitetura e paisagismo, presença da plástica floral de Burle Marx. Mas, tanto num caso como em outro, privilegiam-se a natureza e o contato humano com o mundo natural. Na verdade, a preocupação com a preservação da paisagem, com o meio ambiente, é coisa que vem marcando boa parte do nosso melhor fazer arquitetural modernista e contemporâneo.

Por fim, temos a preocupação social da arquitetura e do urbanismo modernistas, como já se via, de modo enfático, no ideário bauhausiano. A projetação de unidades residenciais mais simples, dirigidas a um público amplo, foi um campo para o qual o movimento modernista se voltou com intensidade, em todo o mundo. Gropius passou boa parte de sua vida concentrado na dimensão social de sua práxis e no problema da moradia proletária. É o que podemos ver, por exemplo, em textos enfeixados no *Bauhaus: Novarquitetura* (um deles, por sinal, intitulado "As Bases Sociológicas da Habitação Mínima para a População das Cidades Industriais"), versão brasileira de *Architektur*. Entre outras coisas, o mestre modernista diz: "Nas camadas mais baixas da população, o homem foi degradado a uma ferramenta industrial. Eis a verdadeira razão da luta entre capitalismo e classe operária e da decadência das relações comunitárias. Agora enfrentamos a difícil tarefa de equilibrar novamente a vida da comunidade e humanizar a influência da máquina. Lentamente começamos a descobrir que o componente social pesa mais que os problemas técnicos, econômicos e estéticos que se relacionam com eles. A chave para a reconstrução efetiva de nosso mundo-ambiente – eis a grande tarefa do arquiteto – reside na nossa decisão de reconhecer de novo o elemento humano como fator dominante." Ainda: "O problema da habitação mínima é questão de um mínimo elementar de espaço, ar, luz, calor, de que o homem precisa para não sofrer, por causa da moradia, inibição no pleno desenvolvimento de suas funções vitais, portanto um mínimo de *modus vivendi* em vez de um *modus non moriendi*." E Gropius foi contratado pela Siemens para construir o conjunto habitacional de seus trabalhadores, na periferia de Berlim. Outro exemplo é o de Ernst May, que projetou casas populares em Frankfurt e desenhou moradias padronizadas em Kampala (Uganda), baseadas na arquitetura vernacular daquela região. Arquitetos brasileiros também mergulharam nessas questões, produzindo projetos habitacionais para as classes trabalhadoras.

Aqui, há que lembrar que os conjuntos residenciais modernistas foram ações estatais, empreendimentos bancados com dinheiro público. A

Era Vargas trouxe propostas novas para o modo de vida dos trabalhadores. A política habitacional do governo ocupou o centro da cena, a partir de 1937, com a ditadura estado-novista. Naqueles anos, a questão da habitação, no Brasil, se tornou uma questão social. Um espaço no qual a máquina estatal se dispôs a intervir diretamente, considerando que a moradia não podia ser tratada como uma mercadoria qualquer. Não podia ser confiada à lógica do mercado, ao setor privado, rentista, cuja *trade mark* era o cortiço. "O clima político, econômico e cultural durante a ditadura Vargas colocou em cena o tema da habitação social com uma força jamais vista anteriormente. Num quadro em que todas as questões econômicas tornaram-se preocupação do poder público e das entidades empresariais envolvidas na estratégia de desenvolvimento nacional, o problema da moradia emergiu como aspecto crucial das condições de vida do operariado, pois absorvia porcentagem significativa dos salários e influía no modo de vida e na formação ideológica dos trabalhadores. Embora continuasse presente, a questão sanitária [higienista] passou para o segundo plano nos debates sobre a habitação social e surgiram novos temas, condizentes com o projeto nacional-desenvolvimentista da Era Vargas: primeiro, a habitação vista como condição básica de reprodução da força de trabalho e, portanto, como fator econômico na estratégia de industrialização do país; segundo, a habitação como elemento na formação ideológica, política e moral do trabalhador, e, portanto, decisiva na criação do 'homem novo' e do trabalhador-padrão que o regime queria forjar, como sua principal base de sustentação política", panoramiza Nabil Bonduki, em *Origens da habitação social no Brasil*.

Embora também admitisse a construção de casas individuais, viabilizando a moradia unifamiliar, o governo privilegiaria o prédio de apartamentos com equipamentos coletivos, como que passando o cortiço a limpo. E foi justamente a partir daí que o tema da casa própria, que até então não tivera maior relevo nas conversas e nos sonhos da população, começou a brotar na imaginação da classe média (que também morava, predominantemente, em casas alugadas) e mesmo das camadas de renda mais baixa. Até então, quem não tinha dinheiro, não pensava nisso. O que é perfeitamente explicável. Classe média e classe trabalhadora eram figuras recentes na paisagem sociológica brasileira. De inícios do século XVI a finais do século XIX, vivemos numa sociedade escravista. A grande maioria da população não podia pensar em ser proprietária de nada, já que ela mesma era propriedade de outros. Com o declínio da ordem escravocrata e a corrente ou torrente imigratória que veio cada vez maior, abria-se uma perspectiva de mudança, mas a situação não mudaria de imediato. Ex-escravos não teriam dinheiro para adquirir imóveis – e o mesmo se diga de imigrantes que chegavam aqui na pindaíba. Casas eram objetos caros. Trabalhadores ganhavam mal. E ninguém tinha tido tempo para acumular moedas. Mais: os primeiros governos republicanos, sucedendo-se sob a regência invariável do liberalismo econômico, não se intrometiam na seara imobiliária, consagrada como negócio privado. Foi Vargas quem rompeu com isso, contando com o apoio tanto dos comunistas quanto de empresários como Roberto Simonsen, engajados no processo da industrialização brasileira. Disposto a tocar o barco, seu governo teve então a coragem de congelar o preço dos aluguéis e acionar o aparelho estatal no campo da produção de moradias. Não para vendê-las, é bom lembrar, mas para alugá-las. De qualquer modo, os estratos economicamente menos privilegiados da população puderam escapar ou ter a perspectiva de escapar dos antigos rentistas que os escorchavam. E, pela primeira vez, esboçou-se o desenho inicial de um "sonho da casa própria" – desejo que ainda hoje perdura.

24. A QUESTÃO HABITACIONAL

Durante o período imperial, assim como nas primeiras décadas republicanas, o Estado brasileiro nunca demonstrou qualquer preocupação com o problema da habitação popular em nosso país. Sucessivos governantes, num arco temporal que vem da declaração da Independência nacional, em 1822, aos primeiros desdobramentos da Revolução de 1930, agiram como se a questão não dissesse respeito a eles, cabendo aos pobres se abrigar como e onde fosse possível, sem encher a paciência dos administradores públicos. Sabemos de combates governamentais aos cortiços, por exemplo, como no tempo de Floriano Peixoto, mas não temos notícia de iniciativas oficiais relevantes em resposta à necessidade de produção de casas populares, mesmo que fossem feitas promessas nessa direção. Ocorriam ações do empresariado privado, como se viu com Luiz Tarquínio na Bahia e Jorge Street em São Paulo. Mas o próprio poder público não se empenhava nesse campo.

O caso do Rio de Janeiro é exemplar. Foi o descaso de Pereira Passos, designado por Rodrigues Alves para coordenar a "regeneração" urbanística da então capital do país, que conduziu ao incremento das favelas da cidade. Nem poderia ter sido diferente. Disposto a racionalizar, modernizar e higienizar o Rio, Pereira Passos, ao comandar uma vasta onda de demolições na zona central da cidade, conseguiu afastar os moradores pobres dali, sem oferecer, em troca, alternativas de moradia. E muitos pobres foram se plantar nos morros. Passos queria dar imponência e requinte ao centro, além de embelezar a cidade no sentido de sua nascente Zona Sul, como fez entre Botafogo e Copacabana. Mas a população sem moradia não passava, a seus olhos, de um estorvo. Outro episódio altamente significativo, nessa história de desatenção e desprezo, veio com o desbastamento do morro do Castelo. Moravam no lugar, à época da investida demolidora, cerca de cinco mil pessoas, distribuídas por mais de quatrocentos casas. E aquela não era uma colina qualquer. Tinha nascido ali a cidade de São Sebastião do Rio de Janeiro. A história é conhecida.

Em 1567, dois anos depois de sua fundação graças à vitória de Mem de Sá sobre os franceses, a cidade foi transferida para o alto daquele morro, onde, no mesmo século XVI, foram construídos o colégio dos jesuítas e o Castelo de São Sebastião, que deu nome ao lugar. Foi dessa colina que a cidade se expandiu, descendo para a várzea e a orla. O Castelo estava na origem mesma do Rio, berço histórico da cidade, onde se plantou o marco de sua fundação, padrão quinhentista de pedra com as célebres quinas lusitanas.

Mas vejam a contradição. Brandindo ruidosamente o seu projeto de organizar a celebração de um evento *histórico*, o centenário da Independência do país (1822-1922), a prefeitura simplesmente se preparava para extirpar do mapa um pedaço importantíssimo da *história* carioca. E o lugar era ainda, no período em tela, forte referência na vida cotidiana da população carioca. Frente à polêmica que se formou em torno da destruição planejada do morro, o então prefeito da cidade, um tal de Carlos Sampaio, promotor-mor da demolição, argumentava que o aspecto "inestético e asqueroso" daquele espaço causava "má impressão ao viajante" que entrava na "esplêndida baía" de Guanabara. Era como ver "uma linda boca com o dente da frente cariado". O espertalhão estava preocupado com a sensibilidade visual dos turistas, não com o drama social dos moradores do lugar. E embora se entrincheirasse atrás de uma data histórica, voltava as costas grosseiramente à história. Seria de uma incoerência atordoante se, por baixo do verniz historicista do discurso oficial, não se movessem outras e comprometidas tramas. Não houvesse outros interesses e propósitos na mesa, bem mais fortes, para aquela gente, do que a pose da preocupação com os festejos do centenário. De fato, duas coisas logo saltam à frente aqui. Primeiro, a movimentação para executar o arrasamento do morro tinha já uma trajetória antiga, secular mesmo, na história da cidade e das reflexões em torno de sua realidade fisiográfica, com os mesmos argumentos sendo acionados aqui e ali, em nome de objetivos que podiam variar. Segundo, havia sempre, ao começo e ao cabo, elementos e aspectos econômicos em jogo, da cobiça fundiária à financeira. Como no caso de indivíduos e empresas que se ofereciam para demolir o morro, em troca de terrenos na esplanada resultante do arrasamento e no aterro que se deveria fazer no litoral, entre a Santa Casa de Misericórdia e a Glória. Por isso mesmo, melhor conferir o lance mais de perto.

O principal objetivo *explícito* do prefeito Sampaio era preparar a cidade para comemorar o centenário da Independência nacional. Mas podemos examinar isso de outro ângulo. Sampaio representava a continuação do reformismo modernizante, higienizador e discriminatório de Pereira Passos. E investido de comparável fúria demolidora contra os redutos mais tradicionais, pobres e negromestiços da cidade. Pereira Passos realizou obra que implicava a segregação sociorracial do espaço urbano. Mas não teve tempo de fazer todo o trabalho que pretendia. Sampaio veio para completar a obra, detonando o morro do Castelo e o bairro da Misericórdia. Para demolir o Castelo, o prefeito adotou um discurso novo, conjunturalmente adequado: a celebração dos cem anos do Brasil independente, culminando com uma "exposição internacional" direcionada exatamente para devastar o Castelo e, em seguida, a Misericórdia. Mas o desejo destrutivo de Sampaio vinha já de tempos. Em *Tesouros do morro do Castelo: mistério e história nos subterrâneos do Rio de Janeiro*, Carlos Kessel traçou a linhagem dos candidatos a exterminador do lugar, situando-se todos no âmbito de um discurso urbanístico-estético-higienista. E a lista recua no tempo. O nome que encabeça o rol é o do bispo Azeredo Coutinho, que, no seu *Ensaio econômico*, publicado em 1794, defendia a tese de que o Castelo era um obstáculo à expansão da cidade e impedia o arejamento de suas ruas. Daí em diante, não faltou quem defendesse o arrasamento do morro. No final do século XVIII e por todo o século XIX. Kessel cita, a propósito, o médico Manoel Joaquim Moreira observando, em 1813, que os morros eram "causa das moléstias da cidade por concorrerem para o calor do clima; destes, porém, o mais nocivo é o do Castelo, porque é o que obsta a viração do mar, vento o mais constante, o mais forte e o mais saudável". E principiaram a chegar, ao poder público, pedidos de concessão para demolir o morro, a começar pelo de Conrado Niemeyer. Enfim, políticos, médicos e engenheiros queriam que o Castelo fosse eliminado da paisagem da cidade. Contava-se apenas com uma notável exceção nesse quadro: o velho Varnhagen, que, em sua *História geral do Brasil*, trazida à luz na década de 1850, defendia a transformação do Castelo em passeio público, com o plantio de árvores em suas encostas.

 E é justamente aqui que entra em cena o futuro prefeito Sampaio, antigo inimigo do morro. Kessel: "Com o final do Império, veio a mais séria investida para arrasá-lo: a concessão obtida pelo engenheiro Carlos Sampaio em 1890, logo transferida à Companhia de Melhoramentos do Brasil, presidida por Paulo de Frontin, que chegou a contar com planos minuciosos para levar a cabo uma empreitada que terminou frustrada na crise que se seguiu ao Encilhamento." O Castelo permaneceu de pé, portanto, graças à crise econômica que infernizou o governo de Deodoro da Fonseca, paralisando diversas iniciativas em nossos primeiros dias republicanos. Mas a postura diante do morro não se diluiu nem mudou de figura com a chegada do século XX. Pelo contrário, a disposição destrutiva continuava acesa. Era esperável que Pereira Passos desse fim ao morro – e a construção da atual avenida Rio Branco passou raspando por ele. Mas não houve tempo de fazê-lo durante sua gestão. Naquela época, por sinal, o Castelo havia já se convertido num espaço habitado por muitos imigrantes italianos. O reformismo urbano de Passos, no entanto, provocou uma reviravolta na fisionomia demográfica do morro: lá foram buscar guarita os desabrigados do "bota-abaixo" do prefeito. Mais Kessel: "... a população do morro aumentou depois das demolições de Pereira Passos, com a chegada da gente pobre que tomou o rumo das habitações coletivas [cortiços]. A maior delas, denominada Chácara da Floresta, ficava na encosta fronteira à avenida Rio Branco, com entrada por onde hoje é a Biblioteca Nacional, tinha 164 casas e abrigava quase mil pessoas. Construída em terreno acidentado, pelos seus gramados pastavam as cabras e se espalhava a roupa estendida pela lavadeiras, a dois passos – e ao alcance da vista – do Rio *chic* da nova avenida. [...]. O contraste manifesto entre o Castelo e a avenida Rio Branco, que simbolizava a convivência espacial de duas realidades urbanas contraditórias – o Rio europeu e elitizado e a urbe colonial e popular –, tornou-se um dos argumentos mais repetidos por aqueles que insistiam no arrasamento da colina".

Em 1912, foram apresentados mais três projetos para demolir o Castelo. E quando Frontin assumiu a prefeitura, logo anunciou sua intenção destruidora. Mas também não teve tempo de empregar o seu furor, já que passou somente um semestre no cargo. A obra destrutiva ficou então para seu sucessor, o novo prefeito nomeado: Sampaio. Com ele no comando da máquina municipal, a sentença de morte do morro estava automaticamente decretada. Sampaio, que trinta anos antes não conseguira destruir o Castelo, partiria agora para arrasá-lo. Somava então, a seus velhos argumentos do início da década de 1890, o vistoso pretexto de preparar a cidade para a realização da Exposição Internacional de 1922. Dizia ele que a festa atrairia muitos visitantes ao Rio – e que não era possível deixar que eles topassem com aquela mancha medonha de atraso e pobreza no coração da cidade. E não estava sozinho em sua viagem. Tinha muita gente socialmente bem-posta que pensava o mesmo. E até um escritor, subliterato integral muitíssimo lido naqueles anos – um gaiato tirado a sujeito culto e informado, mas tipicamente superficial –, o cronista e romancista Benjamin Costallat, afirmando que detonar o morro era promover o "parto monstruoso" do qual nasceria uma nova cidade: a "cidade branca", a "brasileira cidade branca" da Guanabara, como se lê em seu livro *Mistérios do Rio*. Vale dizer, ninguém, naquele meio de gente poderosa e rica, tinha a menor preocupação com o possível sofrimento de quem fosse expulso do Castelo, ficando sem ter onde morar. Nem tomava conhecimento da questão habitacional brasileira, muito mais séria do que a montagem de uma exposição comemorativa do primeiro centenário da Independência do país, que poderia muito bem ser realizada em outro lugar. No caso do burguesinho Costallat, divisamos ainda o extremo do racismo. Ele sonhava com o surgimento de uma "cidade branca" brotando das ruínas do morro, que até então era ocupado por uma massa humana predominantemente preta e mulata. Assim, depois do embelezamento-branqueamento de Pereira Passos, ainda havia muita ânsia de brancura. E gente disposta a recorrer à coação e à violência para completar a "limpeza" social e racial do centro do Rio, retirando dali os mestiços pobres.

Desafinando esse coro dos contentes, vamos encontrar Monteiro Lobato, defendendo o Castelo e atacando a ganância: o Castelo, visto como ancião de cócoras à beira-mar, "desconfia que seu fim está próximo. Os homens de hoje são negocistas sem alma. Querem dinheiro. Para obtê-lo venderão tudo, venderiam até a alma se a tivessem. Como pode ele, pois, resistir à maré, se suas credenciais – velhice, beleza, pitoresco, historicidade – não são valores de cotação na bolsa?". Ao lado de Lobato, vemos justamente um escritor e intelectual de origem humilde, que sempre se assumiu mulato: Lima Barreto. Autor de palpites urbanísticos nem sempre felizes, Lima Barreto, nesse caso, foi uma voz lúcida, fazendo uma crítica certeira e sarcástica aos governos da cidade do Rio. Mas é que nosso romancista pode ser contestado por várias coisas, mas nunca acusado de desprovido de sensibilidade social. E ele foi ao grão da questão – aos tópicos da habitação social e do direito à cidade, com a administração pública não se importando com a necessidade de produzir abrigo para quem necessitava e favorecendo o automóvel particular, sem cuidar do problema da locomoção das classes populares –, em texto publicado na revista *Careta*: "Municipalidades de todo o mundo constroem casas populares; a nossa, construindo hotéis *chics* [referência ao Copacabana Palace], espera que, à vista do exemplo, os habitantes da favela e do salgueiro modifiquem o estilo das suas barracas. Pode ser... O senhor Sampaio também tem se preocupado muito com o plano de viação geral da cidade. Quem quiser, pode ir comodamente de automóvel da avenida a Angra dos Reis, passando por Botafogo e Copacabana; mas ninguém será capaz de ir a cavalo do Jacaré a Irajá. Todos os seus esforços tendem para a educação do povo nas coisas do luxo e do gozo. A cidade e seus habitantes, ele os quer catitas." Mas de nada adiantaram os argumentos em defesa do morro. Sampaio avançou sobre o Castelo. Kessel: "Tudo foi abaixo. Igrejas, ruínas de fortalezas e baluartes. Casas, ladeiras, tudo." Mais de quatro mil pessoas ficaram desabrigadas e Sampaio não deu a mínima bola para o fato. Desse ponto de vista, o prefeito, assim como seu antecessor e mestre Pereira Passos, bem merece ser tratado como um malfeitor.

Referindo-se ao texto supracitado de Lima Barreto, Julia O'Donnell comenta, em seu livro sobre Copacabana: "A crítica do escritor às intervenções urbanas de Carlos Sampaio estende-se, como é visível, a um projeto político mais amplo no qual a cisão da malha urbana correspondia, sem qualquer traço de timidez, a uma cisão social. A menção à construção de 'hotéis *chics*' e à fluidez do sistema viário nos caminhos que levavam à Zona Sul da cidade não era, portanto, fortuita. Ciente da nova cartografia simbólica que as reformas em curso imprimiam à capital, o autor aludia às muitas obras que, desde a gestão do prefeito Paulo de Frontin (janeiro a julho de 1919), vinham fazendo da região atlântica polo privilegiado dos investimentos municipais." Basta lembrar que, quando Frontin abriu a avenida Meridional (atual Delfim Moreira), o Leblon era uma região praticamente deserta. Com a obra, o lugar passou a ser um areal com uma avenida – e avenida moderna, bem iluminada. Não satisfeito, Frontin construiu o cais da Urca, quando o bairro mal começava a ser esboçado por uma companhia imobiliária. Ora, tudo bem que se façam obras antecipatórias, mas sem esquecer a realidade presente, pouco importando a classificação social de cada bairro. Não era isso o que se via no Rio. Investimentos públicos eram feitos não em lugares que precisavam deles, e sim em logradouros que ainda nem bem existiam, mas que faziam parte do projeto de construção futura (e já em andamento) de uma "cidade atlântica" (João do Rio), mais rica e mais limpa, a fim de preencher vazios cartográficos do novo espaço de expansão da capital. Sobre o Leblon, ainda Julia O'Donnell: "... o caminho construído pelo prefeito destinava-se a consolidar aquele movimento iniciado ainda no final do século anterior, fazendo com que o crescimento da capital acompanhasse a orla oceânica rumo ao sul. O cenário desértico do Leblon poucos meses antes da construção da avenida Meridional explicita ainda que, mais que a resposta a uma demanda concreta, as ações de Frontin naquela região obedeciam a um projeto ligado a um modelo de ocupação urbana".

Para encerrar, vamos a uma visão geral de Maurício de Abreu, que, em seu livro *Evolução urbana do Rio de Janeiro*, resume a história nos termos seguintes. Argumentando com os festejos independentistas, quando o Brasil deveria receber visitantes estrangeiros poderosos e mesmo ilustres, "o prefeito, logo após tomar posse e realizando um desejo antigo, mandou retirar do centro da cidade, 'em nome da aeração e da higiene', o local que dera origem à urbe no século XVI – o morro do Castelo. Embora fosse um sítio histórico, o morro havia se transformado em local de residência de inúmeras famílias pobres, que se beneficiavam dos aluguéis baratos das antigas construções aí existentes. Situava-se, entretanto, na área de maior valorização do solo da cidade, a dois passos da avenida

Rio Branco, daí porque era preciso eliminá-lo não apenas em nome da higiene e da estética, mas também da reprodução do capital". Acontece que o desmonte do morro, feito com rapidez impressionante para o Brasil da época, deu grande, repentino e indesejado destaque à Misericórdia, um dos bairros mais antigos e mais pobres do Rio, ali deitado no sopé do morro, quase ao alcance do mar. O prefeito não contou duas vezes: determinou que sua "exposição internacional" fosse montada exatamente ali – e ordenou a destruição da Misericórdia. "Com o desaparecimento dos bairros do Castelo e da Misericórdia, desapareceram também, da área central da cidade, mais duas áreas residenciais proletárias, que haviam sobrevivido à Reforma Passos", finaliza Abreu. Proletárias e predominantemente mulatas, devemos acrescentar.

Se me demorei nessa história foi para mostrar a insensibilidade de nossos governantes com relação ao tema da habitação popular. Passos deixara já vinte mil desabrigados em 1905. Apenas quinze anos depois, Sampaio acrescentou mais quase cinco mil à lista. E o que fizeram para que toda essa gente tivesse um lugar na cidade onde se abrigar? Nada. Não moveram uma palha. Limitaram-se a derrubar as casas das pessoas e então dar as costas a elas, com a expressão satisfeita pelo dever cumprido. E o irônico, cruelmente irônico, é que, ao cometer tal barbaridade, falavam que estavam a "civilizar o Rio". Um absurdo, se tomarmos a palavra "civilização" como antônimo de "barbárie". Mas não posso deixar de fazer ainda uma última observação. Tenho para mim que foi justamente a longa história carioca de crítica e rejeição das elevações topográficas, vistas como adversárias da brisa marinha e inimigas da vida saudável, que, ao lado de uns poucos outros fatores, acabou levando os segmentos sociais privilegiados do Rio de Janeiro a preferir morar no plano, permitindo assim que os pobres ocupassem os belos morros da cidade.

BREVE PANORAMA DAS FAVELAS

Demolir as unidades habitacionais, transplantar a população. As coisas sempre avançaram nessa direção: remover/aniquilar os cortiços e as favelas da cidade. Esta era a postura de médicos e engenheiros, tão poderosos, do final dos tempos imperiais às primeiras décadas republicanas, no espaço político de suas cidades. Do ponto de vista deles, moradias e assentamentos precários contrariavam a boa ordem urbana. Cortiços e favelas eram exemplos de patologia urbanística, social e moral. Vale dizer, as condições de vida e moradia (tanto naturais quanto artificiais) eram responsáveis pelos males físicos e morais dos habitantes da cidade – males que, como os de qualquer quadro doentio, deveriam ser combatidos e extirpados. Seus diagnósticos e propostas técnicas para melhorar a existência citadina nasciam desta visão das coisas.

Claro que é estranho que políticos e cientistas falassem da necessidade de abolir as favelas, mas não da necessidade de providenciar moradias populares, obviamente destinadas a abrigar seus habitantes. Tal atestado de insensibilidade social e desprezo pelos pobres parecia nem ser percebido por médicos, engenheiros e autoridades governamentais. E essa visão só vai mudar aos poucos, com o tempo. Ainda no final da década de 1920, fala-se contra a "lepra estética" das favelas infestando e deformando as "lindas montanhas" do Rio de Janeiro. Mas também aí principia a se insinuar o tema da habitação popular: "casas baratas ao alcance da bolsa da gente pobre", como pregava um publicista da época. Em todo caso, num Rio então dirigido por um prefeito paulista, o industrial Antonio Prado Júnior, a década se encerrou com barracos sendo derrubados pelo poder público, sem a menor preocupação com a construção de casas populares para acolher os favelados feridos pela fúria demolidora. A guinada só virá a partir de Getúlio Vargas, com a Revolução de 1930 e o Estado Novo. Morar e comer eram "aspirações legítimas" dos trabalhadores – dizia Vargas. E ele e seus aliados agiram nessa direção. Como os prefeitos cariocas Pedro Ernesto e Henrique Dodsworth, de inícios da década de 1930 a meados do decênio seguinte. Lícia do Prado Valladares (*A invenção da favela: do mito de origem à favela.com*): "Pedro Ernesto manteve inúmeros contatos com os habitantes das favelas entre 1932 e 1934, intervindo como mediador nos conflitos sobre a propriedade do solo, distribuindo as primeiras subvenções públicas às escolas de samba para o Carnaval [o populismo getulista implantou uma nova visão oficial das culturas populares, no rastro do movimento modernista e em sincronia com obras como *Casa-grande & senzala* de Gilberto Freyre] e, em alguns casos, decidindo sobre a instalação de serviços públicos. [...]. Apesar de Pedro Ernesto ter sido afastado em 1936 – por temor de Vargas à crescente popularidade do prefeito –, a sua ação estava perfeitamente enquadrada na política populista do regime e continuou a ser desenvolvida depois dele. A perspectiva higienista que havia acompanhado os discursos anteriores permanece, mas com uma nova inflexão: o reconhecimento, de fato, da existência das favelas e da necessidade de melhorar as condições de vida dos favelados, contrariando a solução única de sua destruição anteriormente proposta." O Código de Obras de 1937 reconheceu oficialmente a existência de favelas. E muitos passaram a olhá-las com outros olhos, até mesmo no caminho sugerido pelo "Manifesto da Poesia Pau-Brasil" de Oswald de Andrade ("Os casebres de açafrão e ocre nos verdes da favela, sob o azul cabralino, são fatos estéticos") e cultivado pela pintura de Tarsila.

Com seus "parques proletários", Dodsworth realizou a primeira empreitada séria, em âmbito governamental, no campo da construção de casas populares para favelados. Lícia: "Dentro da ótica populista de Vargas, já não era mais aceitável intervir nos espaços urbanos considerados problemáticos sem considerar a sua população. Dentro da nova política, não seria mais sustentável incendiar as zonas urbanas ocupadas irregularmente ou simplesmente expulsar os pobres, conforme foi feito na época da guerra aos cortiços, durante o mandato municipal de Pereira Passos. [...]. Com Henrique Dodsworth, já sob a égide do populismo, a perspectiva é outra: a luta contra a favela tinha como primeiro objetivo melhorar a sorte de seus habitantes, com a finalidade de obter o apoio popular indispensável à manutenção do regime. Aliás, o nome 'parques proletários' era bastante significativo, ressaltando a valorização do trabalhador, do proletário. [...]. Não se tratava apenas de retirar as famílias dos espaços insalubres das favelas, fornecendo-lhes novas moradias de acordo com as regras sanitárias. O objetivo era também dar assistência e educar os habitantes para que eles próprios modificassem as suas práticas, adequando-se a um novo modo de vida capaz de garantir sua saúde física e moral. As moradias dos parques proletários eram concebidas como moradias provisórias, um hábitat de transição, para assegurar a integração posterior dos habitantes à vida urbana. Esses parques também compreendiam dispensários, escolas, centros sociais, equipamentos esportivos, creches e um posto de polícia."

Entre as décadas de 1940-1950, comunistas e católicos entraram mais decididamente em campo, lidando à sua maneira com o fenômeno e os processos das favelas. Os comunistas colocaram médicos e professores em campo e se lançaram a iniciativas organizacionais que desembocariam na criação da União dos Trabalhadores Favelados. Já a Igreja Católica adentrou o gramado com a Fundação Leão XIII, voltada para trabalhos de assistência material, moral e espiritual à população favelada. Poucos anos depois, em 1955, a ala socialmente mais avançada da Igreja Católica, com dom Helder Câmara à frente, lança, sob o influxo de sacerdotes progressistas franceses, a Cruzada São Sebastião. Ainda Lícia do Prado Valladares: "Dom Helder conseguiu que a Fundação Leão XIII colaborasse em duas ações da Cruzada São Sebastião: água canalizada e redes de iluminação, além de telefones públicos em algumas favelas, com a participação e o auxílio dos residentes; e uma gestão coletiva do Conjunto São Sebastião, composto de sete imóveis, 790 moradias no total, em plena Zona Sul, no bairro do Leblon, construído para um número importante de habitantes removidos da favela da Praia do Pinto, situada nas proximidades. [...]. O princípio do desenvolvimento comunitário, que inspirava a ação de dom Helder, fundamentava-se na certeza de que, sem a participação dos principais interessados, nada poderia dar certo. [...]. Lembremos que a Cruzada São Sebastião constituiu uma virada na representação política da favela. O reconhecimento e a promoção dos moradores das favelas ao estatuto de comunidade e, por conseguinte, a sujeito político potencialmente autônomo, tanto rompiam com uma visão puramente negativa do mal a ser erradicado quanto com a política de assistência caritativa e clientelista do período anterior. A Cruzada foi também a primeira intervenção a produzir uma ação quantitativamente significativa de produção de moradias permanentes, em um terreno bem próximo, para favelados removidos, ao contrário dos parques proletários concebidos como transitórios."

Apesar dessas mudanças, o afã de erradicar as favelas, sem a mínima preocupação com a sorte de seus habitantes, não desapareceu. A queda de Vargas significou também a reemergência da postura antifavela. Em 1948, Carlos Lacerda deflagrou, na imprensa carioca, a "Batalha do Rio": uma campanha cerrada contra os assentamentos populares que haviam já se espalhado por diversos morros da cidade. Eleito governador, Lacerda passaria do discurso à ofensiva prática. Como na remoção da Favela do Pasmado: tratores passando por cima de barracos, famílias atafulhadas de qualquer jeito em caminhões. E Lacerda promovia remoções para lugares novos e distantes como Vila Kennedy e Vila Aliança – assim denominadas porque a grana para fazer o *dirty work* veio dos EUA, através da Aliança para o Progresso. Na sua gestão, mais de 42 mil pessoas foram retiradas de 32 "comunidades", erradicadas parcial ou totalmente. "De modo compulsório, esses grupos acabaram conduzidos a conjuntos, como Vila Aliança, em Bangu, e Vila Esperança, em Vigário Geral. Em Vila Kennedy, na Zona Oeste, foram recebidos, a partir de 1964, milhares de moradores de comunidades como Pasmado, Esqueleto e Maria Angu. [...]. A Cidade de Deus, erguida também na década de 1960, insere-se nesse contexto de desterritorialização das comunidades. Aqueles transferidos para o bairro provinham de 63 favelas, 70% deles anteriormente residentes nos núcleos Catacumba, Rocinha, Praia do Pinto, Parque da Gávea, Ilha das Dragas e Parque do Leblon", recordam Renato Meireles e Celso Athayde, em *Um país chamado favela*.

Mas vejamos de uma perspectiva mais ampla. A ditadura militar, rompendo com a herança varguista-populista, retomou a política de remoção de favelas. Com a derrubada de Jango, a prática de destruir favelas se federalizou. O BNH (Banco Nacional de Habitação) financiava as ações predatórias. Foi uma volta à política de Pereira Passos-Paulo de Frontin-Carlos Sampaio, em contexto pesado. E isso se refletiu em (quando não orientou) políticas estaduais. Lacerda sempre fora inimigo declarado e acintoso das favelas, fazendo de tudo para bani-las da paisagem carioca socialmente privilegiada – e assim continuou. Seu sucessor, Negrão de Lima, foi na mesma batida: o projeto era eliminar as favelas da Zona Sul do Rio. Na Bahia, Antonio Carlos Magalhães escorraçou assentamentos populares da linha do litoral, como o chamado Bico de Ferro, para em seu lugar construir um "jardim dos namorados", espécie de estacionamento-motel aberto e ao ar livre na beira da praia. O quadro só viria a se alterar na década de 1980, com o retorno do país ao regime democrático. As favelas passaram a ser tratadas em outros termos e a merecer outra atenção, embora nada de significativo ou substancial tenha sido feito no sentido de sua urbanização efetiva. Processo que só mais recentemente teve início, sob o escudo da implantação das já célebres UPPs (Unidades de Polícia Pacificadora), mas cujas obras construtivas, de ações infraestruturais à abertura de espaços de cultura e lazer, em plano oficial, parecem agora paralisadas em todo o país, com um governo que, apesar de toda a maquiagem social, anda mais preocupado em cortar benefícios de trabalhadores e aposentados do que em enfrentar a corrupção e os desmandos dos poderosos, agindo sempre e exclusivamente em função de suas próprias demandas.

25. VARGAS E A VANGUARDA

Os tempos varguistas foram inaugurais no campo da habitação social no Brasil. Sim: tudo mudou nesse horizonte, com a chegada de Getúlio Vargas ao poder. Para isso, Vargas criou ou fortaleceu órgãos governamentais estratégicos. Criou as "carteiras prediais" dos IAPs, institutos de aposentadoria e pensões, como o IAPI, por exemplo. A questão era dar qualidade à moradia popular, reduzindo ou controlando o custo do aluguel. Mas foi só a partir de 1937 que os IAPs, então liberados a destinar até metade de suas reservas para financiar construções, entraram firme na área da habitação, direcionando recursos previdenciários para a produção de conjuntos residenciais. Lembre-se de que, só na década de 1940, o Rio assistiu à construção de 618 condomínios financiados pelo IAPI. E a obra não parou com o fim da ditadura estado-novista. Avançou pelo período da redemocratização pós-1945, quando Vargas ainda retornaria ao poder.

Nessa caminhada, duas discussões pedem atenção. Na primeira, um time mais conservador defendeu a opção pela residência unifamiliar, a casa individual de cada família nuclear, isolada em seu quintal. Eram analistas que pregavam a incompatibilidade entre vida familiar e habitação coletiva. Bonduki resume o raciocínio: "... a família não poderia desempenhar seu papel edificante da nova ordem se não constituísse um lar – associação simbólica de espaço físico e ambiente doméstico –, só possível numa casa individual. No cortiço e em outras habitações coletivas seria inviável a vida familiar plena e normal, devido às tentações, à infidelidade, à delinquência, aos maus hábitos. Por essa concepção, o meio corrompia e anulava os esforços empreendidos pelo Estado e pela Igreja – pela sociedade, enfim – para difundir as normas do bom comportamento e da moral cristã. Nas habitações coletivas, a família estaria ameaçada de contaminação pelo corpo social e todos os seus membros seriam prejudicados. Recorrendo às teorias sociológicas americanas, sobretudo da ecologia urbana divulgada por sociólogos como Pierson, a argumentação dos ideólogos da casa própria unifamiliar vinculava todas as patologias sociais à habitação coletiva". Uma adaptação de antigo dito popular circularia então: dize-me onde moras e te direi quem és. É tudo muito preconceituoso, com os moralistas sempre explicitando sua desconfiança fundamental com relação à mulher, criatura especialmente vadia e sensual, acendendo o fogo dos machos e, ao mesmo tempo, incapaz de resistir a uma beliscada no bico do peito ou a uma passada de mão na bunda, como era já a opinião dos inquisidores do Santo Ofício: num ambiente coletivo, principalmente, a mulher estaria condenada a desejar e a se deixar desejar – irresistivelmente.

Se tivessem lido o romance de Aluízio Azevedo, tais analistas teriam visto o adultério e a monogamia presentes tanto no cortiço quanto na casa individual unifamiliar: Leocádia e Estela habitariam simultaneamente seus pesadelos. Contra esse discurso da casa individual com seu jardim de flores incorruptíveis, viriam os defensores e praticantes da modernidade arquitetônica, da vanguarda racionalista, falando das virtudes socializadoras do prédio de apartamentos e de seus equipamentos coletivos, a exemplo das áreas de lazer e dos tanques de lavar, como que passando a limpo a organização espacial dos cortiços. A outra discussão, a que aludi, disse respeito ao regime de propriedade. Uma ala defendia a realização do projeto da casa própria, com as pessoas passando a ser donas das unidades habitacionais construídas. Outra ala, mais à esquerda, simpatizante do socialismo, defendia que as moradias produzidas pelo poder público permanecessem propriedade estatal, sendo somente alugadas. E vingou a tese da propriedade estatal. Do desempenho do Estado no papel de locador dos imóveis que viesse a erguer.

Mas o que importa é que o governo subtraiu a moradia do circuito rotineiro do mercado. Construiu conjuntos de casas individuais, como o que o IAPI fez em Osasco; conjuntos mistos de casas individuais e prédios de apartamentos, como o de Passo d'Areia, em Porto Alegre; e grandes prédios de apartamentos, a partir do conjunto carioca do Realengo, que se converteram na marca mais visível e característica da produção habitacional do Estado, naquela época. E as coisas se articularam de tal modo que essas obras habitacionais se deixaram orientar, mesmo que em graus variáveis, por princípios e práticas do urbanismo e da arquitetura modernistas – ou, de modo mais amplo, pelo pensamento urbanístico-arquitetônico da modernidade, que não se apresenta de forma inteiramente homogênea, vindo, antes, da *garden city* aos Ciam, título geral dos congressos modernistas. É bom lembrar, aliás, o tema do segundo Ciam, acontecido em Frankfurt: "*Wohnung für das Existenzminimum*" ("Moradia para o Mínimo Existencial"). E que, de qualquer sorte, princípios funcionalistas se impuseram entre nós – racionalização, industrialização da construção, verticalização. Bonduki fala, a propósito, de um discurso em que o próprio Vargas "revela claro empenho em racionalizar a construção e reduzir seus custos, edificando-se grandes conjuntos em oposição às casas isoladas, a fim de se implementar a produção de moradias em larga escala", repetindo assim princípios formulados por May e Gropius, com os quais Corbusier concordaria. Pode parecer até fantasia, em comparação com a mediocridade atual – mas o fato é que, naquele momento, o governo brasileiro convocou a vanguarda, a visão-versão tropical brasileira do *international modern style*, para construir moradias para nosso povo. A mesma coisa que fez, na mesma época, a social-democracia sueca, com o sociólogo Gunnar Myrdal orientando seus passos.

Os IAPs aplicaram a arquitetura moderna no primeiro (e, até hoje, mais justo e refinado) enfrentamento oficial do problema residencial brasileiro. Requeria-se produção habitacional em grande escala para responder às demandas de uma sociedade que se industrializava e se urbanizava com relativa rapidez. Mas também aparecia ali a ideia do bairro-jardim, filha de Ebenezer Howard. Numa ponta como na outra, tivemos a escolha de profissionais do time principal da arquitetura brasileira, como Attilio Corrêa Lima e Affonso Reidy. Arquitetos que projetaram obras de relevo, situando assim, também no setor habitacional público, realizações excepcionais de um período igualmente excepcional na história da arquitetura brasileira. E o surpreendente é que não faltaram reações disparatadas à investida habitacional de Vargas, mesmo no meio vanguardista. Como a de Vilanova Artigas, ao atacar a preocupação arquitetônica moderna com a casa popular, no texto "Os Caminhos da Arquitetura Moderna" (1952): "Que são os movimentos artísticos do primeiro pós-guerra, com o seu barulho escandaloso, se não um índice do afã com que a burguesia lançava na luta suas últimas reservas a fim de sobreviver mais alguns anos? Nesse coro barulhento, os arquitetos também entraram arrastando a casa popular, que proclamaram 'verdadeiro monumento do século XX.'" Cegueira. O que se fez no Brasil, em horizonte nacional-populista, foi coisa rara. É por isso que ainda hoje, e até por comparação com umas porcarias coloridas que os atuais governos vêm produzindo, os estudiosos ressaltam a qualidade dos conjuntos de moradias classemedianas e populares que foram então projetados e executados. "Do ponto de vista qualitativo, a produção de conjuntos habitacionais pelos IAPs merece destaque tanto pelo nível dos projetos como pelo impacto que tiveram, definindo novas tipologias de ocupação do espaço e introduzindo tendências urbanísticas inovadoras", opina Bonduki. É o contrário do que vemos hoje, quando temos uma "presidenta" (e Machado de Assis, por sinal, empregou a expressão no *Dom Casmurro*) que, em matéria de estética (arquitetônica e outras), não sabe distinguir entre uma roseira e um extintor de incêndio. E seu programa "Minha Casa, Minha Vida" é bem um atestado do desprezo com que uma suposta vanguarda política esquerdista lida com as massas.

O ponto de partida dessas obras inovadoras, que trataram a questão habitacional em pauta modernista, foi o conjunto do Realengo, implantado no Rio entre 1939 e 1943. Projetado por Carlos Frederico Ferreira, foi o nosso primeiro bloco residencial moderno. Um conjunto misto, com casas geminadas e edifícios de apartamentos. Infraestrutura completa: redes de água, luz e esgoto, pavimentação, galerias de águas pluviais. Equipamentos comunitários: creche, escola, ambulatório médico, gabinete dentário, quadras esportivas, horto florestal. E o conjunto serviu de modelo para outras realizações do IAPI, sacramentando a inclusão de equipamentos e serviços coletivos nos projetos (ao contrário do que veio a acontecer da ditadura militar aos governos do PT, não haveria um grande conjunto sem escola, serviço de saúde e espaços para a prática de esportes). Para a equipe de Attilio Corrêa Lima, por exemplo, que projetou o Conjunto Residencial Várzea do Carmo (1942), em São Paulo. Infelizmente, só um pedaço do projeto foi construído. Mas, para que se tenha uma ideia do que se pretendia edificar ali, deixo a palavra com Bonduki, que, depois de destacar sua rigorosa composição racionalista, observa: "Trata-se de um dos mais significativos conjuntos projetados no período, em que se expressam alguns dos conceitos mais importantes do movimento moderno, articulando de forma integrada a arquitetura e o urbanismo. [...]. Para garantir o máximo aproveitamento da gleba, os arquitetos optaram por várias tipologias, predominando os prédios de doze pavimentos, que dominam o centro da área, e os blocos de quatro pavimentos, ambos concebidos como lâminas e voltados para a melhor orientação. Em função do elevado preço do terreno, Attilio defende a utilização de prédios altos, apesar do elevador, que ele propõe com paradas a cada três pavimentos, de modo a garantir uma densidade de 1.250 hab/ha, sem um impacto significativo no custo final. Esta densidade obtida com prédios altos e possibilitando a criação de um verdadeiro parque público e a proposta de uma gama variada de equipamentos coletivos – escola, creche, clube, restaurante, cinema, posto de gasolina, edifício de escritório, hotel etc. – dispostos ao longo de um eixo, representa uma aplicação concreta dos princípios corbusierianos. Com a solução adotada, viabilizava-se o assentamento de 22 mil pessoas, em duas etapas de construção, sendo, portanto, uma verdadeira cidade no coração de São Paulo", no campo da proposta varguista de construir cidades-modelo da ditadura dentro das cidades reais existentes.

Com Reidy e Carmen Portinho, no Departamento de Habitação Popular da Prefeitura do Rio, pisamos decididamente no terreno da transformação social. Reidy projetou o mais famoso e celebrado dos conjuntos habitacionais do período, elogiado por Max Bill e Corbusier, a vanguarda internacional fascinada pelo prédio serpenteante do arquiteto brasileiro: o Pedregulho (1947), exemplo esplendidamente realizado do racionalismo arquitetônico modernista e da assimilação criativa do que Niemeyer acabara de fazer na Pampulha, em Minas Gerais. É de fato uma obra extraordinária, em matéria de visão social, funcionalidade arquitetônica e realização estética. "Pedregulho oferece uma síntese brilhante e cuidadosamente elaborada, em que se fundem intimamente três elementos de origem distinta: as preocupações funcionais, já presentes nas primeiras obras de Reidy (exposição favorável, controle da luz, ventilação contínua, circulação fácil), conservam seu papel essencial, mas a solução desses problemas agora está ligada à adoção dos princípios e da estética de Le Corbusier, corrigida pelo toque brasileiro que lhe souberam dar Lúcio Costa e Niemeyer", escreve Yves Bruand. Reidy tratou com delicadeza áreas voltadas para o convívio e atividades lúdicas, mas se voltou especialmente para o espaço fundamental da escola com seu ginásio esportivo, que vem diretamente do vocabulário plástico de Niemeyer na Pampulha. Em primeiríssimo lugar, a educação. Como se o Darcy Ribeiro discípulo de Anísio Teixeira, o Darcy dos CIEPs, fosse antecipado ali.

Quase no avesso do racionalismo (sempre digo que a concepção de Ebenezer Howard foi o melhor dos pesadelos de Le Corbusier, que sonhava com a cidade-jardim radicalmente verticalizada), vamos ter o exemplo de aplicação reduzida do modelo howardiano no Conjunto Residencial IAPI Passo d'Areia (1946), em Porto Alegre, projetado por Marcos Kruter e Edmundo Gardolinski. Aqui, um aspecto merece realce. De um modo geral, a historiografia das produções urbanístico-arquitetônicas no Brasil confina a feitura do bairro-jardim ao âmbito da elite. É a São Paulo do Jardim América e do Jardim Europa, loteamentos que não fariam logo a cabeça da elite paulista, vingando somente na década de 1940. Mas é neste mesmo decênio que a ideia do bairro-jardim comparece no planejamento público. E de maneira notável, como no conjunto rio-grandense supracitado. Diante desse espectro, que ia de Corbusier-Bauhaus a discípulos de Howard, escreveu Hugo Segawa: "Pedregulho e Passo d'Areia parecem constituir os extremos da experiência brasileira no âmbito dos conjuntos habitacionais do pós-Segunda Guerra: no Rio de Janeiro, o conjunto impregnado dos preceitos urbanísticos do Ciam, as áreas livres de caráter genérico, a coletivização dos espaços, dos equipamentos (como a lavanderia), o refinamento da geometrização formal à Le Corbusier, à 'escola carioca'; em Porto Alegre, a suavidade do padrão urbanístico cidade-jardim, a mistura de códigos simbólicos novos (blocos coletivos) e tradicionais (casas com quintais) com a predominância de formas arquitetônicas vernaculares, estabelecendo entornos familiares ou de fácil assimilação." E uma coisa importantíssima, que encontramos nesses e em outros conjuntos habitacionais da época: qualidade. Não dá para comparar o que o poder público e os IAPs realizaram, na década de 1940, com o que veio depois.

A qualidade das edificações seria mais do que suficiente para consagrar a ação governamental no campo da moradia, entre a ditadura estado-novista e o golpe militar que derrubou Jango. Afinal, qualidade é coisa rara nessa área – e expressa respeito pelo povo. Mas tivemos ali, ainda, uma produção quantitativamente significativa, coisa que sempre se procurou negar. Continuo com Bonduki: "Antes de tudo, devemos levar em conta a população total do Brasil na época. No momento de maior intensidade da produção habitacional do período populista, em 1950, o país contava com 44,9 milhões de habitantes, dos quais apenas 16,2 milhões em zonas urbanas [bem menos que a população atual da região metropolitana de São Paulo] – e somente 8,7 milhões em cidades com mais de 50 mil habitantes, onde o problema habitacional era mais dramático. Sendo de aproximadamente seis o número médio de pessoas por família em 1950, é razoável concluir que a atividade dos IAPs e da FCP [Fundação Casa Popular] beneficiou cerca de 10% da população que então vivia nas cidades com mais de 50 mil habitantes. [...]. O número não é, portanto, tão inexpressivo assim, considerando que boa parte do estoque existente era constituído de moradias precárias (cômodos de cortiço e barracos de favela) e que os institutos também financiaram parte da produção imobiliária privada destinada para a classe média. Ademais, um número ainda não identificado de unidades habitacionais foi produzido no país, neste período, por outras entidades estatais ou paraestatais: órgãos estaduais e municipais de habitação, caixas ou fundos de pensões e previdência de empresas, alojamentos estudantis e militares, áreas habitacionais em cidades novas, vilas ou cidades industriais produzidas por empresas estatais etc."

Além disso, o que foi feito no período populista não deve ser comparado com a produção posterior do BNH (em mais de um sentido, aliás, rasteira e caricatural, buscando reduzir custos a qualquer preço), mas com a realidade que a antecedeu. Vale dizer, com a total inação dos governos anteriores a Vargas, contando o período imperial e a República Velha, que chegou apenas a uma teoria médica da cidade, da qual derivou sua atuação sanitária nos cortiços, a fim de tentar evitar que epidemias atingissem as classes sociais de renda mais alta. Quando não vimos governantes destruindo áreas residenciais mais pobres e atirando milhares de famílias de trabalhadores no olho da rua. Enfim, para não cometermos injustiças ou disparates históricos, a produção habitacional dos tempos de Vargas só deve ser comparada ao que veio depois num único terreno – o da qualidade. E aqui o período populista permanece ainda hoje insuperado, apesar da passagem do século.

26. A QUESTÃO DA TERRA E A AUTOCONSTRUÇÃO

Desde que os nossos primeiros assentamentos urbanos surgiram, a história habitacional brasileira corre por duas calhas. De uma parte, desenhou-se a cidade dos senhores e de seu *entourage*. Era a cidade legal, com proprietários oficiais de terrenos e casas. De outra parte, foi-se construindo a cidade ilegal ou extralegal dos mais pobres, feita na base da ocupação de espaços vazios para a construção de mocambos e barracos. A cidade da propriedade – e a cidade da posse. E esta bipartição de nossa realidade citadina vem se prolongando até aos dias atuais. Em termos construtivos, a dualidade se mantém: na cidade legal, casas erguidas por equipes profissionais (engenheiro, mestre de obras, pedreiros, carpinteiros etc.) contratadas e remuneradas pelo proprietário do lote; na cidade extralegal, o invasor do terreno construindo sua casa com suas próprias mãos, ou com a ajuda de amigos, em investidas de trabalho grupal não remunerado, mobilização gratuita de companheiros para a execução de um determinado serviço, gesto coletivo a que demos o nome de "mutirão", vocábulo de origem talvez indígena.

É evidente que não vou recontar aqui a história fundiária do Brasil. Mas não será demais providenciar uns lembretes. Tome-se o caso de Salvador, à época de sua construção. Quem participou da empreitada, ganhou terras por ali. O governo português servia-se então do mecanismo de doação de sesmarias, de largos tratos de terra, como forma de recompensa ou pagamento por serviços a ele prestados. Em princípio, a sesmaria era um instrumento de tripla função. Doando terras a particulares, a Coroa lusitana pagava serviços, constrangia-os à ocupação territorial e incrementava a produção. Foi assim que Thomé de Sousa, autorizado pelo rei, deu início à trajetória do futuro megalatifundiário Garcia d'Ávila. Por uma carta de sesmaria datada de 1552, doou a Garcia, "pessoa de sua particular estima", uma légua ao longo do mar, a partir do Rio Vermelho, onde findava uma propriedade do conde da Castanheira. As terras avançavam, portanto, do Rio Vermelho em direção a Itapoã. Daí em diante, até à foz do rio Joanes, ficava a sesmaria da Câmara do Salvador, usada em comum pelos moradores da cidade. Ao mesmo tempo, a Igreja Católica foi expandindo seu patrimônio fundiário. Entre outras coisas, porque pessoas ricas, ao morrer, deixavam terras para instituições religiosas, ou por fé ou gratidão, ou até como forma de atenuar pecados para ter acesso ao paraíso cristão. Catarina Paraguaçu, índia canibal que abraçou o cristianismo e chegou a ser premiada com uma aparição de Nossa Senhora, foi uma delas. Assim como o senhor de engenho, vereador, bandeirante e escritor Gabriel Soares de Sousa, que deixou consideráveis filés fundiários, no espaço urbano da primeira capital brasileira, para o Mosteiro de São Bento. Aos pobres – fossem escravos, libertos ou livres – pouco mais restava do que, mesmo sem qualquer amparo legal, construir seus casebres em trechos ociosos (e de acesso não muito fácil) desses terrenos partilhados em meio à classe dominante.

É claro que isso não aconteceu somente na Bahia. Já vemos o sistema sesmarial funcionando em São Vicente quase vinte anos antes da construção de Salvador, desde que o rei João III deu a Martim Afonso de Sousa poderes para doar tratos de terras. Mas é claro, também, como foi dito, que o sistema era drasticamente seletivo, em termos sociais. Mesmo entre os brancos, mesmo entre os cristãos. No caso de São Vicente, os colonizadores de condição nobre e, adiante, aqueles que ocupavam cargos políticos e administrativos, nunca encontraram dificuldade para serem premiados com a doação de terras. Tudo rolava fácil para os membros da classe-etnia dominante e dirigente e para aqueles que ela apadrinhava. Na Bahia, o curso das coisas não foi diferente. Nem no Rio de Janeiro, onde a Coroa portuguesa, ainda no *cinquecento*, considerou ter havido infrações na distribuição de sesmarias, desde que foram contemplados, com terras "à roda da cidade", indivíduos que nem sequer moravam naquela capitania. O poder lusitano bloqueou o abuso, já que buscava a fixação de colonizadores no solo. Mas é óbvio que o caráter discriminatório do sistema, premiando a elite e seus agregados, permaneceu intocado. E isto ao longo de séculos. "Ainda com sua gente na paliçada no sopé do morro Cara de Cão [hoje, a Urca], sem conseguir dominar o território guanabarino, ocupado pelos franceses e tupinambás, Estácio de Sá já inicia a distribuição das terras entre seus companheiros", informa Nireu Cavalcanti, em *O Rio de Janeiro setecentista: a vida e a construção da cidade da invasão francesa até à chegada da Corte*. Com o tempo, veremos que moradores que ocupavam cargos importantes na administração pública, no Rio, recebiam sempre belas porções de terra. O grupinho da Câmara Municipal, por exemplo. E não só eles como aqueles que gravitavam no seu entorno. "Pessoas que gozavam de prestígio junto aos vereadores, em virtude dos laços de parentesco e compadrio que com eles mantinham, ou de qualquer outro tipo de tráfico de influência, conseguiram receber avantajadas sesmarias pelas quais pagavam foros irrisórios", escreve o mesmo Nireu.

Mas o que desejo sublinhar é que os segmentos sociais que não faziam parte do círculo do poder político-econômico – brancos pobres, índios, pretos escravizados ou os primeiros libertos –, viam-se excluídos do reino das vantagens da propriedade fundiária. Adiante, vamos encontrar o tópico da propriedade da terra não mais restrito ao rol das prerrogativas régias, com suas licenças de doação, ou ao plano do nepotismo e do clientelismo dos políticos, com as câmaras municipais franqueando o acesso também oficial de seus favoritos ao solo urbano. É quando a propriedade fundiária passa a circular, principalmente, no jogo do comércio. Aqui, torna-se dono de terras urbanas quem tem dinheiro para comprá-las. E mais uma vez, salvo raras exceções, pobres e pretos estarão excluídos das transações. (Digo "raras exceções" porque também acontecia de negros conseguirem comprar não apenas a sua alforria, mas também algum bem de consumo durável, algum imóvel, alguma casa ou terreno na cidade ou no interior da zona semirrural à volta.) Ao longo do século XIX, o país assiste a um forte processo de ascensão social de mulatos, o que dá nova coloração à elite proprietária de terrenos citadinos. Mas os pobres, brancos ou pretos, ficam sempre de fora. No século XX, com o advento local de uma ordem social competitiva mais atualizada, a propriedade urbana da terra passa a ser tratada, mais claramente, como capital (longe estão os tempos da ideologia de que a terra enobrecia: agora, a terra enriquece – e isto é o bastante). Diante do avanço sempre maior de favelas e invasões, demarca-se com a clareza possível a propriedade desta ou daquela fatia do solo citadino. Passamos a ter um grupo social definido por suas operações nesta esfera, entre especuladores e construtores. É o grande empresariado imobiliário, indo dos donos de terrenos aos burgueses do setor da construção civil. Do outro lado da cerca, ocupando terrenos com relação aos quais o regime de propriedade privada não vigora ou parece estar temporariamente suspenso (terras públicas, trechos bloqueados em inventários, glebas ociosas etc.), é que vamos encontrar os assentamentos precários, as favelas, a urbanização pirata produzindo bairros, abrindo e vendendo loteamentos "clandestinos", extralegais. É o mercado imobiliário paralelo funcionando ao largo e ao lado das operações mercadológicas legais. Nesses loteamentos, a autoconstrução é a regra, dominando as iniciativas, seja na base do voluntarismo individual, seja na base do mutirão.

Vejamos um pouco mais de perto. A primeira coisa a chamar a atenção é o fato de a terra assumir hoje, como nunca antes em nossa história, seu caráter venal. Ou mais precisamente: além de circular feito mercadoria, a propriedade privada do solo urbano aparece como capital. Outro aspecto importante é o da fragmentação da propriedade privada das terras citadinas. Ainda no século XIX, não eram muitos os donos do solo urbano. Hoje, ao lado do patrimônio público, com sua dimensão sempre mais reduzida de terra, os proprietários particulares somam um número razoável de pessoas. Houve um parcelamento crescente do solo urbano, uma privatização cada vez maior dos chãos da cidade e, em consequência, uma participação também mais intensa de títulos de propriedade fundiária nas operações do mercado. Com o tempo, todavia, as extensões edificáveis do solo citadino, além de rarearem, acabaram de novo praticamente monopolizadas – desta vez, nas mãos do empresariado da construção civil. Aqui, de um modo geral, podemos dizer o seguinte. A terra é valorizada porque só através dela podemos usar o solo da cidade para construir casas, prédios de apartamentos, galpões, unidades fabris, empresas de saúde ou de educação, centros comerciais etc. A propriedade fundiária urbana me dá o monopólio do uso de um determinado espaço – e posso negociá-lo por um preço que varia conforme o também variável desenho mercadológico da cidade (proprietários podem, inclusive, pressionar o poder público a favorecê-los com investimentos e obras numa determinada zona urbana, o que, de resto, é coisa corriqueira em nosso meio notoriamente promíscuo e corrupto). O que um sujeito vende, quando vende um segmento de terra urbana, um pedaço da cidade, é o acesso ao chão para que ele seja usado em função deste ou daquele fim. Por isso, da perspectiva da burguesia imobiliária, antes que entidade em relação à qual se tece uma identidade cívica ou organismo a que cabe realizar ideais de bem-estar coletivo, a cidade é mero mosaico de áreas edificáveis.

 Quando este é o jogo que predomina sem pudor, como no caso brasileiro, os mais pobres se ferram. A eles resta, no máximo, ter a oportunidade de decidir entre o conjunto habitacional e o caminho da autoconstrução. As camadas médias e populares da população poderiam encontrar modos melhores de habitar, mesmo hoje, mesmo na sociedade em que vivemos, quando os ricos não só trabalham para si como conseguem colocar a máquina estatal a seu serviço, do âmbito municipal ao federal. Entre tais possibilidades classemediano-populares, estaria a decisão de residir em áreas citadinas deixadas para trás pelos mais ricos. Mas isso nunca chegou realmente a acontecer, até aqui, nas cidades brasileiras. O abandono das áreas centrais de nossas cidades maiores exibe um aspecto que intriga. Não é difícil entender que a especulação e o jogo mercadológico arrastem escritórios, centros comerciais, bancos etc., da praça da República para a avenida Paulista e daí para a Berrini e cercanias, por exemplo, se fizermos uma sociologia dos deslocamentos físicos das empresas paulistanas. O que é complicado é decodificar a lógica última que – diante do movimento de segmentos sociais privilegiados relegando ao abandono uma área residencial consolidada, com oferta abundante de infraestrutura e serviços – não conduz à substituição automática do grupo social que bateu em revoada por uma nova leva demográfica de cidadãos pertencentes a estratos socialmente menos favorecidos.

Pessoas ricas abandonam uma área "x" da cidade, onde existe serviço de água e esgoto, rede de energia elétrica e de transporte etc. – e vão para outro canto desta mesma cidade, quase num movimento de manada. A área que ficou para trás, nesta migração interna no espaço urbano, em vez de ser imediatamente repovoada por grupos de renda menor que o contingente retirante, tende a ficar mais ainda às moscas e a começar a se deteriorar. Algumas explanações do mundo dos negócios são parcialmente aceitáveis a este respeito, mas ficam longe de explicar o conjunto processual em jogo. Donos de imóveis nas zonas que foram abandonadas se recusam a passar adiante seus bens? A nostalgia bloqueia o fluxo dos negócios? Entregam-se à espera de uma ressurreição gloriosa do bairro do esplendor perdido? Não sei. Na prática, o que vemos é que também o mercado imobiliário não tem pressa para (ou vontade alguma de) facilitar o acesso de outros grupos sociais ao antigo bairro aristocrático, burguês ou de alta classe média. Os casarões começam a apodrecer. Quando principiam a ser alugados, numa área agora já vítima de uma espantosa desvalorização, acabam se abrindo para virar pensões, cortiços ou mesmo casas de putas, bordéis pobres, que puteiros de luxo não se instalam em áreas degringoladas. Somando-se à deterioração física e à depreciação econômica, vêm então a "degradação" social, o "rebaixamento" educacional e a "indignidade" moral. Com tais qualidades de inquilinos, os velhos proprietários não sentem a menor inclinação para cuidar de seus imóveis, de modo que a decadência só faz se acentuar.

Mas, se é difícil compreender a resistência dos mais ricos em mercadejar de imediato o patrimônio de que se afastaram sem maiores hesitações, também não se consegue entender facilmente a relutância e mesmo a recusa de setores intermediários da sociedade ou até da baixa classe média em tomar conta do local agora relegado às traças. Ou às ratazanas, seria mais verdadeiro dizer. A classe média e as classes populares invejavam aquelas praças gramadas e bem mobiliadas, aquelas ruas largas e aquelas casas elegantes – e agora já não as quer? Mudou de ideia, no momento mesmo em que teve um ligeiro vislumbre da possibilidade de habitá-las? Se as pessoas se mostram historicamente carentes de casas sólidas, bem construídas, e de serviços que de fato funcionem direito, como entender que, deparando com a oportunidade objetiva de usufruir esses bens, elas voltem de repente as costas a uma paisagem urbana antes tão desejada? Será que as classes médias e populares se plantam em comunidades assim tão profundamente enraizadas e coesas, a ponto de as impedirem de encarar/utilizar formas melhores de moradia e serviços públicos mais adequados ao viver citadino, em outro lugar? Mais que uma análise sociológica, às vezes penso que o conjunto de tais atitudes, para ser pelo menos tenuemente esclarecido, pede uma espécie bem aparelhada de prospecção psicológica. Um esforço de psicologia urbana que saiba lidar com essa tripla recusa: a dos ricos que relutam em leiloar seu passado residencial, a do mercado imobiliário que não queima logo aqueles móveis em moedas (ainda que parcas) e a da população apenas remediada que se sente subitamente paralisada em seu movimento desejante. O resultado é que, em vez de uma vitalização classemediana ou popular do logradouro abandonado, o que temos é a sua proletarização ou até lumpemproletarização (gradual, mas inexorável), em pauta pontual, suja e desleixada. E assim desperdiçamos tudo o que foi feito, durante décadas, naquele lugar. Jogamos fora os investimentos que foram exigidos para a sua realização. Desse ponto de vista, a conclusão só pode ser uma: não, não vivemos em cidades racionais.

Voltemos, então, ao mundo da autoconstrução. Em vez de se plantar num casarão sólido do centro, a pessoa vai acabar recorrendo à sua turma para construir um abrigo mais ou menos precário. O mutirão chegou, inclusive, à esfera oficial. Foi em São Paulo. Naquela cidade, ao longo das últimas décadas, a administração municipal, passando de um a outro prefeito, adotou políticas habitacionais bem distintas entre si. O prefeito Paulo Maluf investiu na visibilidade quantitativa de conjuntos populares de baixa qualidade. "Paulo Maluf, nos anos [19]90, criou o Cingapura – um plano de substituição de favelas por edifícios residenciais, mantendo a população no mesmo local. Com uma solução arquitetônica chinfrim, adotava um programa mínimo nos apartamentos dos pequenos edifícios de cinco andares, em que a pintura colorida e algum enfeite no coroamento buscavam, sem sucesso, amenizar a pobreza da edificação. Esses conjuntos passaram a fazer parte da paisagem paulistana, muito visíveis nas marginais e em outras vias expressas, substituindo o provisório da favela pelo definitivo precário", no juízo de Maria Alice Junqueira Bastos, em estudo incluído na coletânea *A (des)construção do caos*. Em outro extremo, Marta Suplicy desprezou a quantidade para privilegiar a qualidade, tanto na construção dos CEUs (Centros Educacionais Unificados), inspirados em projetos de Anísio Teixeira e Darcy Ribeiro, quanto em sua intervenção isolada na Favela do Gato, no bairro do Bom Retiro. Aqui, buscou se aproximar do modelo varguista-populista, da concepção geral do espaço de vivência-convivência à convocação da linguagem arquitetônica modernista, sob o signo de seus famosos cubos brancos. A boa intenção teve, no entanto, algum problema em sua inserção na realidade da vida cotidiana popular em São Paulo, coisa que já havia acontecido em conjuntos projetados por Reidy no Rio de Janeiro. Maria Alice: "O projeto do parque do Gato [mais uma vez, o preconceito com a palavra *favela*], parcialmente implantado, procurou suprir não só habitação, mas toda uma estrutura para lazer e convívio no conjunto: parque, campo de futebol de areia, seis quadras poliesportivas, ciclovias, pistas de cooper e de skate, centro de educação infantil para 220 crianças, telecentro com acesso à internet e centro cultural. As linhas modernas do conjunto, o espaçamento regular dos blocos, o desenho limpo que delimitou áreas específicas para pequenos estabelecimentos comerciais de natureza comunitária (farmácia, padaria, banca de jornal) e a qualidade plástica, sem dúvida muito superior à dos conjuntos Cingapura, contrastam com a maneira como a população ocupou o conjunto: as roupas para secar nas sacadas, obstrução das portas-janelas e os pequenos negócios que começam a ser improvisados em barracos no térreo." Repetia-se, em São Paulo, o que acontecera no Pedregulho carioca, onde a piscina semiolímpica foi usada como tanque para lavar roupas que depois eram penduradas nas sacadas.

Distante do populismo malufista e da iniciativa mais sofisticada de Marta, outra prefeita de São Paulo, a nordestina Luíza Erundina, talvez até por sua própria origem e formação, teve a atenção chamada para a prática popular comunitária do mutirão. Em sua administração, a prefeitura passou a trabalhar junto com as comunidades que se organizassem na base do mutirão para construir suas casas. Deu resultado, sim. Mas também não devemos nos esquecer de que a adoção do mutirão foi uma iniciativa prática criticada dentro do próprio partido político da prefeita, que então integrava os quadros do PT. Argumentava-se que cabia ao Estado e aos patrões providenciar o abrigo para a reposição da força de trabalho – em vez de sobrecarregar o trabalhador, ocupando-o ao longo do fim de semana, vale dizer, empatando a sua folga, impedindo o seu descanso e diversão. Os trabalhadores, eles mesmos, nunca reclamaram – mas o raciocínio é compreensível. De qualquer sorte, Marta Suplicy, ao assumir a prefeitura paulistana, retomou a proposta de Erundina. O próprio secretário de Habitação de Marta, Paulo Teixeira, em capítulo do livro *Espaço urbano e inclusão social: a gestão pública na cidade de São Paulo (2001-2004)*, ao resumir sua atuação à frente do órgão, referiu-se ao "programa de Mutirões Autogeridos, que representou a retomada de uma política iniciada na primeira gestão do PT na capital e contou com o financiamento do Fundo Municipal de Habitação. Assim, dando continuidade a obras paralisadas e começando outras, produzimos 14,6 mil novas moradias". Não é pouco. Por outro lado, contrabalançando os críticos do "mutirão estatal", tivemos também os que louvaram aquele método popular de trabalho.

Na verdade, muitos políticos e analistas "progressistas" idealizam o mutirão, a investida popular na autoconstrução. Elogiam, um pouco além do razoável, o que o mutirão tem de "espontâneo" e sua lição de "solidariedade". Mas estas posturas mais celebratórias do que analíticas merecem desconfiança. Principalmente, quando o solo de que brotam é o populismo esquerdista. No caso do mutirão, umas observações se impõem de imediato. Em primeiro lugar, a prática nada tem de tão "espontânea" assim. É tradição ancestral. Algo que nos veio de nossos antepassados ameríndios, portugueses e africanos e que aqui frutificou. Uma antiga prática de engajamento coletivo na realização de uma determinada tarefa, em âmbito comunitário, que encontramos tanto na vida rural quanto na urbana. Mas, antes que "espontâneo", o mutirão é um rito comunitário – e, como todo rito, devidamente codificado. Quanto ao tópico da "solidariedade", é igualmente questionável. Existem, é claro, os laços de parentesco e amizade implicados na obra. Mas, acima de tudo, o que vemos acionado é uma estrutura de favor. Fulano se empenha na construção da casa de beltrano, porque beltrano se engajou ou vai se engajar um dia na construção da sua. Esta "solidariedade" não é exatamente uma opção voluntária; sugere, antes, uma fatalidade social. E fico falando de casas porque o mutirão urbano, hoje, se resume basicamente a isso. À construção de casas populares numa determinada área da cidade. E o rito é sumário, bem simplificado. Foi-se reduzindo a quase nada do que era antes. Hoje, em nossas cidades, não temos mais as festas noturnas, nem as "danças regionais" de que falava Câmara Cascudo. O que se vê é um encontro masculino, com trabalho, comida e bebida. Mas, se se viu progressivamente despido de quase todos os seus antigos traços rurais, o mutirão não perdeu sua importância na vida das classes populares. Para o trabalhador brasileiro, a autoconstrução ainda é o principal caminho para ter a sonhada "casa própria", o abrigo familiar, que, com o tempo, pode se duplicar em outro pavimento, destinado este à locação, fazendo com que a moradia se converta também em fonte de renda, aumentando o orçamento doméstico. Daí que o lugar da autoconstrução, na produção de moradias populares no país, seja da mais alta relevância.

Por fim, diante da formidável massa de unidades residenciais brasileiras erguidas à base de processos totais ou parciais de autoconstrução, cabe a pergunta: que arquitetura é essa? Produziu-se, nesse meio, algum tipo, mesmo embrionário, de linguagem arquitetônica diferenciada? A louvada criatividade popular brasileira, manifestando-se na música como no futebol, também se expressou em objetos produzidos pela ação conjunta de populares operando em sistema de mutirão? Dificilmente poderemos dar uma resposta positiva a tais perguntas. Em matéria de arquitetura e urbanismo, não vamos encontrar nenhum impulso voluntário de "criatividade" em nossas favelas e bairros populares, a não ser a ginástica que se é obrigado a fazer para montar um abrigo, trabalhando no horizonte do possível, sob pressões terrivelmente dominadoras. Essa arquitetura nunca nasceu do voo livre da imaginação. Como o analfabetismo, é filha da opressão social e cultural. Da escassez. Da absoluta falta de meios, elementos e instrumentos para fazer as coisas acontecerem de outra forma. Ou seja: não é a materialização plena do sonho ou desejo do seu produtor, mas o objeto que foi possível produzir, sob a tirania da pobreza. Isto é coisa bem sabida dos que estudam o assunto. E isso vale também para as favelas, é claro. Somente nos capítulos iniciais da história das favelas, quando os primeiros barracos começaram a se espalhar pelos morros do Rio de Janeiro, pôde-se falar (embora aquela não fosse a arquitetura ideal, mas a possível) de um notável teor de criatividade construtiva, operando entre o improviso e o acaso. Uma arquitetura feita de restos, lascas e sobras, como a arte *merz* de Kurt Schwitters. Não era o que as pessoas queriam, repito – elas eram *obrigadas* a operar naquelas circunstâncias e condições e tinham de ser inventivas, ou não teriam onde dormir.

Como de hábito, nossos "libertários" se apressaram a idealizar o que viam. Quiseram – alguns, ainda querem – sacralizar a carência, como se os arranjos compulsórios da miséria fossem um ideal a ser defendido. Podemos dar de cara então até com a idealização de uma favela que não mais existe, como a que hoje vamos encontrar entre os floreios lítero-filosóficos da favela "deleuziana" de Paola Berenstein Jacques, num livro regido por equívocos, *Estética da ginga: a arquitetura das favelas através da obra de Hélio Oiticica*. Paola celebra a "especificidade" da favela e pede sua manutenção, recusando o "racionalismo" do urbanismo e da arquitetura de caráter erudito, projetual. O bom da arquitetura das favelas (como se ela de fato existisse) seria, diz a escrevente, o seu estatuto vernacular, sua natureza de arquitetura sem arquitetos, sem projetos, sempre inacabada, *in fieri*. E, aqui, cabem algumas observações. Primeiro, o predomínio da bricolagem, na feitura de favelas, ficou na década de 1960. Segundo, a meta de nenhum favelado jamais foi a de estacionar na "especificidade", no jogo entre o precário e o provisório, mas ter uma casa de alvenaria, uma casa sólida capaz de durar e perdurar, de atravessar os tempos. Terceiro, nossa atual arquitetura vernacular copia modelos "eruditos" – de casas e prédios elevados –, de modo que o que vemos hoje é uma padronização geral das unidades habitacionais. Paola gostaria de congelar nossas favelas no morro carioca dos anos 1960, com passistas da Mangueira fazendo girar nos jardins do Museu de Arte Moderna os parangolés de Oiticica. Mas isto significa apenas que a autora não lida com favelas reais e sim com um mito estético da favela.

27. MEU BNH, MINHA VIDA

> *Uma civilização pode ser julgada pelas condições mínimas de moradia que tolera* – Louis Wirth.

Existem referências a uma extensa pesquisa realizada no Brasil em 1960, sob o patrocínio do *Institute for International Research*, que revelou, entre outras coisas, que a "casa própria" era então a aspiração maior da população urbana do país. "É que a pequena classe média e o operariado urbano no Brasil vivem permanentemente a contradição entre as expectativas de ascensão social, a necessidade de demonstrar publicamente essa mesma ascensão, e um poder aquisitivo cada vez mais reduzido. Vive, portanto, entre as angústias do crediário e a necessidade de consumir mais", comentou, a propósito, Gabriel Bolaffi, em estudo apresentado na 27ª reunião anual da Sociedade Brasileira para o Progresso da Ciência (SBPC), em 1975 – "Habitação e Urbanismo: o Problema e o Falso Problema".

De fato, ser dono de sua própria casa passou a ser, no Brasil de meados do século XX, o atestado público mais evidente de passagem a um novo patamar social, agora mais elevado. Além disso, a casa própria aliviava as despesas, arquivando o custo mensal do aluguel. Mais ainda, o sonho da casa própria respondia a uma necessidade simbólica forte da pessoa, no sentido da sensação ou da fantasia de segurança. A pessoa se sente mais firme e menos ansiosa, ao concluir que se livrou definitivamente do risco de um dia ser despejada, vendo-se repentinamente ao léu. Há um modo popular terrível de assinalar isso, com expressões como "fulano não tem nem onde cair morto". Depois da compra de um imóvel, por mais chinfrim que seja, a declaração é outra: "agora, pelo menos, tenho onde cair morto". A casa própria, signo de um novo começo, de *vida nova*, é também emoldurada em termos fúnebres, como uma espécie de tumba ou jazigo dos ainda não finados. Mescla, portanto, de luz matinal e mortalha crepuscular. Coisa que até podemos tentar entender quando o recém-proprietário de uma casa fala, com orgulho, que agora é "um homem realizado". Claro: homem *realizado* é homem *morto*.

Como a casa própria passou a ser prioridade básica da classe média e da massa trabalhadora urbana nos primeiros anos do regime autoritário implantado com a derrubada de João Goulart, os militares resolveram começar a enfrentar a crise econômica – e ao mesmo tempo tentar garantir apoio popular ao golpe – deletando a determinação getulista de manter no campo do serviço público, como propriedade estatal alugada a trabalhadores, as unidades habitacionais até então construídas. O negócio, agora, era a propriedade privada. Logo, a venda de moradias antes alugadas. Com essa privatização, os antigos e admiráveis conjuntos habitacionais da "era populista" foram desfigurados ou praticamente destruídos. Os pilotis – marca registrada da arquitetura modernista de extração corbusieriana, feitos para liberar o chão para usos sociais, funcionando como espaços claros e ventilados de convívio ou lazer – foram fechados e convertidos em garagens. O individualismo e a grossura classemedianos permitiram que os automóveis expulsassem as pessoas dali. Mas não foram só os pilotis que sofreram com a predação. Nabil Bonduki: "Foi desarticulada a ideia da habitação como um serviço público e acabou por predominar nesses conjuntos um modo de vida mais privado e a arquitetura não resistiu à mudança da concepção. Em consequência, ocorreu uma progressiva destruição dos espaços públicos e das características mais relevantes destas obras esquecidas da arquitetura moderna brasileira, fazendo com que elas se pareçam cada vez mais com conjuntos do período BNH. A colocação de grades fechando as áreas livres em torno dos blocos – reconstituindo lotes urbanos no lugar da proposta de se habitar em áreas verdes públicas –, a eliminação de espaços coletivos como o teto-jardim, o fechamento dos pilotis para a instalação de garagens individuais, a desmontagem de equipamentos comunitários como lavanderias, cooperativas de consumo, áreas de recreação etc., entre várias intervenções destruidoras do espaço público, mostram que, alteradas as condições históricas, os moradores não aceitaram com facilidade as inovações que os arquitetos modernos propunham para o *homem novo* que se queria construir." É claro que não temos razão para aceitar *in globo* a arquitetura modernista. Muitas de suas propostas pedem para ser recusadas, em nome do conforto, da sensatez etc. Mas não foi esse o caso da depredação dos conjuntos habitacionais do período populista. Aqui, como já havia acontecido antes e continuaria acontecendo depois, a vanguarda se chocou de cara com os aspectos mais reacionários e rudes de uma sociedade conservadora e deseducada, esteticamente analfabeta. Com isso, tivemos mais um capítulo da célebre e talvez interminável novela "Pérolas para os Porcos".

Como resolveram privilegiar a construção de unidades residenciais populares, os militares, no mesmo ano do golpe, criaram o BNH – que, a partir de 1969, se tornaria, depois do Banco do Brasil, a maior instituição bancária do país em termos de recursos disponíveis – e o Sistema Financeiro de Habitação, com a nobre missão de "promover a construção e a aquisição da casa própria", principalmente pelas "classes de menor renda", ao longo de toda a extensão territorial brasileira. E é muito interessante ver como Gabriel Bolaffi analisa a matéria, já que suas observações centrais serão repetidas, quase quarenta anos depois, a propósito do Minha Casa, Minha Vida. Não vou refazer aqui, ponto por ponto, as críticas de Bolaffi ao programa do BNH, limitando-me a três tópicos fundamentais. Primeiro, o recurso ao tema da habitação popular como meio para alimentar financeiramente o empresariado, então às voltas com uma crise econômica conjuntural. Segundo, o fato de que o BNH jamais avançou no sentido de organizar a indústria da construção civil, aumentando sua produtividade. Terceiro, o programa nunca se preocupou em definir (e muito menos pensou em estabelecer) instrumentos objetivos de controle do uso do solo urbano, sem os quais o governo jamais teria o comando do processo. São críticas que os estudiosos repetem hoje, *mutatis mutandis*, a propósito do Minha Casa, Minha Vida. Com uma diferença que tem de ser negritada: os governos petistas financiaram um milhão de casas; a ditadura, cinco milhões – e num país então bem menos populoso do que hoje, contando com 80 milhões de habitantes. A dupla Lula-Dilma, com todas as suas espertezas retóricas e estatísticas, fez somente um quinto disso num país com bem mais do que o dobro de habitantes. Ora, um milhão de moradias num país com mais de 200 milhões de habitantes é coisa quase insignificante, em comparação com cinco milhões de residências num país de 80 milhões de pessoas.

A primeira crítica ao programa do BNH, assim como ao Minha Casa, Minha Vida, é de ordem genética. Diz respeito ao *problema da origem*. O BNH não nasceu principalmente para responder a uma tremenda demanda social brasileira – construir casas para as camadas populares –, mas, sobretudo, por uma razão econômica: providenciar uma forte injeção de dinheiro na veia do empresariado. Na visão de Bolaffi, a questão da habitação popular, para a ditadura militar, "não passou de um artifício político formulado para enfrentar um problema econômico conjuntural". Tanto mais que, desde 1968, quando a conjuntura econômica se foi tornando mais favorável aos planos governamentais, as preocupações com as condições de moradia das classes trabalhadoras (classe média baixa, baixa classe média, proletariado) foram gradualmente deixadas de lado. "A partir de 1967, quando a política de contenção da inflação, ainda que sem evitar um período de estagnação, criou condições para reativar a economia, o principal pedal do acelerador não foi a construção civil e muito menos a habitação popular, mas a indústria de bens de consumo duráveis e, especialmente, a automobilística". Bolaffi recorre então ao relatório anual do BNH de 1971, que informa que os recursos utilizados pelo Sistema Financeiro de Habitação deram para atender apenas a uma parcela menor da demanda (triste sina, que vai se repetir com o Minha Casa, Minha Vida: o BNH investia, mas o déficit habitacional aumentava), para fazer a pergunta central: se o BNH não consegue cumprir os objetivos para que foi criado, qual é mesmo a sua função real? "Desde a sua constituição, a orientação que inspirou todas as operações do BNH foi a de transmitir todas as suas funções para a iniciativa privada. O banco limita-se a arrecadar os recursos financeiros para em seguida transferi-los a uma variedade de agentes privados intermediários. Essa orientação foi tão marcada que, até recentemente, as prefeituras que sentiam ou que eram compelidas por lei a elaborar planos urbanísticos para os seus municípios, só podiam se qualificar para a obtenção de empréstimos junto ao Serviço Federal de Habitação e Urbanismo, se a elaboração dos referidos planos fosse confiada a *empresas privadas.*"

Prossegue Bolaffi: "Mesmo a cobrança de prestações devidas ao BNH é confiada a uma variedade de agentes financeiros, companhias habitacionais, iniciadores, sociedades de crédito imobiliário e outras, as quais, além de reterem uma parte dos juros, conservam os recursos financeiros provenientes das prestações recebidas durante um ano, antes de os devolverem ao BNH. Isto é suficiente para dar uma ideia da magnitude dos recursos injetados na economia, ou diretamente nos bancos privados, aos quais as sociedades de crédito imobiliário são sempre ligadas, ou indiretamente, por meio dos demais agentes. Com toda probabilidade esses recursos foram aplicados em investimentos totalmente estranhos à habitação popular ou mesmo à construção civil, para financiar atividades econômicas mais lucrativas e compatíveis com o milagre [o então chamado "milagre econômico" brasileiro] que se procurou produzir. [...]. Por esta orientação que os governos federais imprimiram ao banco, ele se transformou num funil por meio do qual os recursos do FGTS – 74% da receita de 1968 – são drenados para o setor privado, para alimentar o mecanismo da acumulação e da concentração da renda. E, neste caso, pelo modo com que se verifica, a trajetória dos dinheiros é ainda mais atroz do que aquela das rendas que fluem da base para o topo da pirâmide da riqueza. Ainda que se trate de um mesmo processo, irmão siamês do crescimento da indústria automobilística e do aumento das exportações e da concentração de renda, os capitais supostamente reservados para a casa popular fluem dos pequenos fundos de cada assalariado e vão se concentrar nas mãos dos 'iniciadores' – reais pioneiros de uma nova arte de enriquecimento – sem gerar qualquer inversão socialmente significativa na economia." Mais: ao não ter controle sobre o solo urbano e ao deixar nas mãos do empresariado as decisões sobre a localização e a construção (regra geral, sem qualidade alguma) dos conjuntos, tantas vezes erguidos em áreas distantes e sem infraestrutura, o BNH acabou se responsabilizando, no dizer do estudioso, por "um processo industrial de favelamento" nas principais cidades brasileiras – críticas graves que se repetem hoje com relação à política habitacional dos governos de Lula e Dilma. Na década de 1960 como na primeira década do século XXI, no BNH como no Minha Casa, Minha Vida, a prioridade não foi o fortalecimento da pessoa do trabalhador, através da aquisição da casa própria, mas o fortalecimento da figura da empresa privada, através da transferência de recursos públicos.

De outra parte, a ação governamental, nos anos populistas, mantém total superioridade numa comparação com o que foi – e o que está sendo – feito na ditadura militar e nas gestões social-democratas de Fernando Henrique Cardoso, Lula da Silva e Dilma Rousseff. Fernando Henrique parece não se ter preocupado muito com o assunto. Basta lembrar o seguinte. O drama habitacional brasileiro se expressa, quase inteiramente, em meio à população mais pobre, com renda de até três salários-mínimos mensais. E este tem sido o segmento populacional menos favorecido em nossos programas habitacionais. Em 2002, ainda na gestão de Fernando Henrique, 73% dos investimentos habitacionais, com recursos do FGTS, beneficiavam famílias com renda maior do que cinco salários-mínimos. Cabiam somente 27% a quem ganhava menos que isso. Em 2007, já no segundo mandato de Lula, o quadro se inverteu, mas a qualidade da moradia não foi levada em conta. Contudo, o grande blefe, do ponto de vista das necessidades da população brasileira, é o programa Minha Casa, Minha Vida. Dilma Rousseff faz o maior estardalhaço publicitário em torno do assunto, chegando a falar que, com seu milhão de moradias, realiza o maior programa habitacional existente hoje no mundo. Não sei se é verdade ou se Dilma, como de praxe, mente. Os chineses devem sorrir. Mas, segundo especialistas no assunto, a presidente apenas passa mais uma mentira. E se estivesse de fato preocupada com a sorte dos brasileiros mais pobres, tentaria fazer o melhor (ou um dos melhores) e não "o maior" programa habitacional planetário. Isso é coisa de mentalidade sindicalista-quantitativista, para não dizer marqueteiro-megalomaníaca. Mas o problema não é este. O Minha Casa, Minha Vida foi lançado em 2009, ainda na administração de Lula, apresentando duas faces, segundo o discurso oficial. Seria um programa de combate à carência habitacional brasileira e de recuperação de "assentamentos precários" (eufemismo para designar os alojamentos sórdidos que se espalham pelo país). Mas também um programa de combate aos efeitos da crise econômica mundial que se iniciou em 2008. Combate à crise através da construção civil, setor sempre eficaz na geração rápida de emprego e renda. Acontece que os pratos da balança andam desequilibrados. Ao tempo em que tem sido incapaz de reduzir o déficit habitacional, o programa enche as burras dos empresários do setor imobiliário.

Daí que o Movimento dos Trabalhadores Sem Teto (MTST) dispare críticas frontais ao programa. O ponto de partida é um levantamento feito pela Fundação João Pinheiro (Belo Horizonte), mostrando que, apesar do Minha Casa, Minha Vida, o déficit habitacional brasileiro tem aumentado. Quanto mais o governo financia casas, mais cresce o número de pessoas sem ter onde morar. Como explicar o paradoxo? A análise do assunto, feita pela direção do movimento, pode ser acompanhada no texto "Como Não Fazer Política Urbana" (Ana Paula Ribeiro, Guilherme Boulos e Natália Szermeta), na revista *CartaCapital*. Eles falam do crescimento espantoso do setor imobiliário nos últimos dez anos. E afirmam que foi decisiva, para isso, a injeção de recursos públicos do PAC e do BNDES nas grandes construtoras. Acontece que "o fortalecimento rápido e intenso do capital imobiliário trouxe um alto preço a pagar aos trabalhadores urbanos". Os empresários assumiram o comando do jogo. Ao se tornarem os maiores proprietários de terras e imóveis citadinos, "passaram a ter em suas mãos a faca e o queijo da política urbana". Definem e decidem tudo, onde vão construir um novo *shopping*, fazer habitações populares, implantar um condomínio para gente rica etc. "Com isso, regiões inteiras [da cidade de São Paulo] foram reconfiguradas sem aviso prévio aos que sempre estiveram por lá. Bairros antes periféricos [é interessante notar que a palavra *periferia* vai assumindo um sentido cada vez mais social do que propriamente geográfico] viram atônitos torres serem erguidas ao seu lado. Novos moradores, novo perfil, novos preços. Com os investimentos de mercado veio a inflação descontrolada do valor dos aluguéis. Alguns bairros da periferia paulistana viram nos últimos cinco anos o valor médio do aluguel dobrar ou triplicar. O mesmo se deu no Rio de Janeiro e em outras capitais. Assim cresceu o déficit habitacional... O morador do Campo Limpo (Zona Sul) ou Itaquera (Zona Leste)... das três situações seguintes, foi forçado a uma: ou comprometeu mais da metade dos ganhos familiares para arcar com este aumento, ou teve de ir viver em condições muito precárias, ainda mais longe, ou recorreu ao cômodo do fundo da casa de um parente, ao barraco em uma ocupação." No primeiro caso, o sujeito teve de apertar drasticamente o cinto. Nos dois últimos, mais pessoas foram engrossar os números da carência habitacional. "Mesmo 1 milhão de novas casas não são capazes de compensar as outras 2,5 milhões de famílias jogadas à própria sorte pela ofensiva do capital imobiliário. Podem construir mais 2 ou 5 milhões e o déficit continuará aumentando se a política urbana não estabelecer limites às forças de mercado, ao invés de estimulá-las." Ainda: "Enquanto o capital imobiliário for o grande agente da remodelação urbana, livre de regulamentações mais efetivas, qualquer política está fadada ao fracasso. Aumentam os recursos para a urbanização de favelas e saneamento, mas novas favelas surgem em escala ainda maior. Aumentam a meta do MCMV [Minha Casa, Minha Vida], mas a cada dia surgem novos sem-teto que não podem mais suportar os aluguéis abusivos."

Enfim, o jogo do mercado se impôs totalmente à gestão governamental. A governança neoliberal, mesmo em municípios e estados governados por partidos que se dizem "de esquerda", significou uma transposição de princípios mercadológicos para a administração urbana. Mas, até aí, o que se tem é uma questão de ideologia e método. E não se trata só disso. O mercado recebe o beneplácito e os estímulos do poder público. Fábricas e empresas ganham espaços físicos privilegiados, isenções e desonerações, incentivos fiscais, empréstimos suspeitos e até leis que as favorecem. Como já foi demonstrado, o governo gasta infinitamente mais com o "bolsa-empresário" do que com o "bolsa-família". Mas temos ainda um problema específico, que compromete as próprias perspectivas de organização da cidade. É o mercado privado de terras urbanas. O patrimônio fundiário de um município não se expande. Terras urbanas são um produto definido, um estoque rigorosamente limitado e sem reposição. Não há como produzir mais terras, mais lotes, da mesma maneira como se produzem mais automóveis ou mais geladeiras. Lotes urbanos não são replicáveis numa cadeia de produção ou numa linha de montagem. Então, como o poder público foi abrindo mão de muita coisa, nesse particular, o que se vê hoje é o solo citadino repartido em meio a um pequeno clube de proprietários. E se o empresariado privado é dono do chão da cidade, ele comanda a política urbana. Determina tudo. Seleciona as faixas territoriais privilegiadas para extrair seus mais altos lucros, situar seus melhores empreendimentos, sempre segundo critérios de classe social. E despacha para as pirambeiras distantes os conjuntos habitacionais que o governo banca. Estes ficam em lugares afastados, carentes de infraestrutura e de serviços. É por isso que definimos o Minha Casa, Minha Vida como um programa voltado para construir as favelas de amanhã. Se quisesse comandar a política urbana, o governo precisaria de mecanismos efetivos de controle do chão da cidade.

Em suma, antes de entregar a política urbana aos empresários, os governos federal, estadual e municipal deveriam encarar a questão com seriedade. Tanto no plano geral da cidade, quanto, concentradamente, no problema habitacional. Para isso, não precisaria inventar nada. Bastaria seguir a lei. O que está disposto na Constituição de 1988, quando, pela primeira vez, a questão urbana foi tratada numa carta constitucional brasileira. Veja-se o seu capítulo de política urbana, onde se lê: "A política de desenvolvimento urbano, executada pelo poder público municipal, conforme diretrizes fixadas em lei, tem por objetivo ordenar o pleno desenvolvimento das funções sociais da cidade e garantir o bem-estar de seus habitantes." O capítulo foi regulamentado pelo Estatuto da Cidade, sempre seguindo o princípio da *função social* da cidade e da propriedade urbana. O que é preciso é aplicar o Estatuto. Com a adoção do chamado "IPTU progressivo", por exemplo, que a Câmara de São Paulo chegou a aprovar, ainda na primeira década do século. E é preciso fazer isso porque, nessa matéria habitacional, temos um dado desconcertante em nosso horizonte. A PNAD (Pesquisa Nacional de Amostragem por Domicílio) informava que, em 2007, existiam no país nada menos do que sete milhões de moradias vagas (em condições de serem ocupadas) ou em construção. Mais de cinco milhões em áreas urbanas. E nada indica que esse número tenha diminuído. É um escândalo. E o que aconteceu foi que, depois de quase dez anos de discussão, a Câmara paulistana aprovou, por unanimidade, a lei do IPTU progressivo para imóveis e terrenos vazios ou subutilizados, em áreas da cidade definidas como "zonas especiais de interesse social". Esse tipo de taxação municipal – desembocando, inclusive, em desapropriações – vigora já em muitas cidades do mundo, nas democracias ricas do Atlântico Norte. No caso de São Paulo, a lei segue o Estatuto da Cidade. Em termos práticos, é o seguinte: quem tem imóvel vazio ou subutilizado, na área central da cidade, vai pagar um IPTU cada vez mais caro, a cada ano. Se, num prazo de cinco anos, tudo continuar na mesma, a prefeitura pode desapropriar o imóvel, pagando ao proprietário com títulos da dívida pública, resgatáveis em até dez anos. A lei deverá atingir, também, imóveis em disputa na Justiça: enquanto o processo rolar, a casa ou apartamento poderá ser alugado. O que não se vai permitir é ociosidade imobiliária. Nada de deixar unidade habitacional alguma de *stand-by*, num país onde a falta de moradias despeja ou mantém milhões de pessoas na rua da amargura, sem número.

    É claro que podemos fazer ressalvas e críticas à lei paulistana. O prazo de cinco anos é excessivo (se o proprietário quer mesmo resolver a parada, não precisa de mais de três). E a área de aplicação do novo instrumento legal é muito reduzida. São zonas que se distribuem pelas praças da Sé, da República e Princesa Isabel – e pelos bairros de Santa Cecília, Barra Funda, Cambuci e Mooca. Ora, a lei deveria valer para todo o espaço urbano. Por que alguém não teria o direito de reter especulativamente um imóvel na praça da República, mas sim em Pinheiros ou no Sumaré? Não faz sentido. Por mais que não pareça, a cidade é uma só. Os bairros mais ricos não devem ser privilegiados até nisso. Ainda assim, a cobrança do IPTU progressivo, podendo implicar desapropriações, é um avanço. Segundo o governo paulista, no momento da aprovação da lei, havia mais de 420 mil moradias ociosas nas áreas que acabei de mencionar – e poderiam abrigar cerca de um milhão de pessoas. Daí que, ao receber a notícia da nova lei, Nestor Goulart Reis Filho tenha comentado: "O imposto progressivo sobre propriedades imobiliárias não ocupadas, isto é, sem uso, é um instrumento fundamental de ação urbanística. Sua base legal é o reconhecimento da dimensão social da propriedade. O valor de edifícios e terrenos urbanos é determinado pela presença da infraestrutura e dos demais serviços oferecidos diretamente pelo poder público ou por concessão deste e pela demanda criada pelos usuários dos imóveis ao seu redor. Em qualquer caso, os proprietários beneficiam-se de investimentos de recursos públicos ou custeados por outros setores. Há, portanto, uma forma de cooperação e uma forma de compensação."

A cobrança do IPTU progressivo deveria ser a regra em todas as cidades do país. E com a cidade inteira entrando na roda. As virtudes desta postura legal são muitas. Em primeiro lugar, por abrir a possibilidade de dar casa a quem precisa de casa. Em segundo, cada prefeitura que fizer isso vai avançar para resolver um problema enorme, sem investir muito. Em vez de construir núcleos habitacionais distantes, nas franjas do núcleo urbano, zonas sempre necessitadas de infraestrutura social e citadina, dará vida nova a áreas centrais, acertando duas contas de uma só cajadada. Revitaliza o centro. E, ao colocar milhares de pessoas num espaço urbano que dispõe de infraestrutura e serviços, facilita a vida de todos. Em terceiro, com um centro habitado e cheio de vida, os índices de violência e criminalidade tendem a cair. Toca-se então, de modo direto, no campo minado da segurança pública. Mais: ao generalizar para todas as áreas urbanas o combate à ociosidade imobiliária, a administração municipal, avançando na redução de desigualdades sociais, passa também a manter a especulação imobiliária na rédea curta. E ainda vai ajudar a redimensionar, de uma perspectiva mais lógica e saudável, o processo de expansão da cidade. Aqui chegando, somos tentados a defender que a reforma agrária deve ser vista como reforma fundiária, sem dizer respeito somente ao campo, mas também ao chão da cidade. Por que isso não é feito? Porque a maioria dos prefeitos das principais cidades brasileiras, apesar de muita retórica em contrário, ou é ou se comporta como representantes do setor imobiliário. Como agentes do empresariado privado.

O Minha Casa, Minha Vida é exemplo disso. Continua com a palavra o pessoal do MTST: "... o programa atende mais à lucratividade dos empresários que à perspectiva de solucionar o déficit habitacional. [...] estabelece um valor fixo por unidade habitacional que destina para os empreendimentos. Em São Paulo, este valor é de 76 mil reais. [...]. Se a construtora apresenta um projeto de apartamentos de 39 m², que é o mínimo estabelecido para a Faixa 1 (famílias com renda inferior a 1,6 mil reais) ou se apresenta com 60 m², o valor pago pelo programa será o mesmo, 76 mil reais por unidade. Ou seja, na medida em que os agentes dos empreendimentos são construtoras, que buscam rentabilidade e não qualidade da moradia, é mais do que óbvio que as moradias não terão um milímetro a mais que o mínimo. Assim ocorre. O MCMV, portanto, estimula a habitação popular de baixa qualidade. Se a construtora tem um terreno num bairro mais valorizado e com mais acesso a serviços e outro no fundão da periferia, o MCMV irá repassar o mesmo valor por unidade nos dois casos. Obviamente as construtoras estão destinando seus piores terrenos para habitação popular. Estimulam com isso a periferização, o crescimento da especulação imobiliária e a piora da qualidade de vida dos trabalhadores. É isso o que ocorre quando o interese privado se sobrepõe ao interesse social. [...]. Por isso, como a lucratividade da Faixa 1 é menor que a da Faixa 2 (famílias com renda de até 3,1 mil reais), apesar de ser elevadíssima, seguram os projetos para a Faixa 1. Dado divulgado este mês [janeiro 2014] pelo Ministério das Cidades revelou que da meta do MCMV, 75% das unidades foram contratadas na Faixa 2 e apenas 15% para a Faixa 1. Nunca é demais lembrar que a tal Faixa 1 responde por mais de 70% do déficit habitacional brasileiro. [...]. Assim, podemos concluir sem rodeios que enquanto não houver um enfrentamento do setor imobiliário por meio de uma política urbana ousada e regulatória, as políticas públicas de habitação e urbanização continuarão sendo desafiadas pela matemática [vale dizer: ao aumento na produção de moradias corresponderá não a diminuição, mas o aumento do déficit]. O que o Estado der com uma mão, o mercado vai tirar com duas."

Getúlio Vargas percebeu que a transformação da moradia da classe trabalhadora não se realizaria somente no plano das ações arquiteturais. E foi por isso que decretou a lei do inquilinato, congelando os preços dos aluguéis. Era preciso construir abrigos – e segurar custos. "Instrumento de defesa da economia popular; estratégia de destruição da classe improdutiva dos rentistas; medida para reduzir o custo de reprodução da força de trabalho; instrumento de política econômica para acelerar o crescimento do setor industrial; forma de legitimação do Estado populista – tudo isso explica a emergência e a permanência do congelamento dos aluguéis", sintetiza Bonduki. Mas Dilma não aprendeu nada com Getúlio. Por sua própria estreiteza mental e falta de informação, está muito longe de ter uma visão global da construção de moradias como fazer urbanístico. Passa bem ao largo da questão da qualidade. Deixa o comando do processo na mão dos empresários da construção civil. E permite que os preços dos aluguéis disparem, condenando ao desabrigo aqueles que já não têm como pagar esses mesmos aluguéis. Afora isso, vamos avivar um aspecto histórico. A ditadura militar empobreceu ao extremo a ação dos IAPs, em termos conceituais e arquiteturais, com o BNH, cujas operações se caracterizaram pela mediocridade urbanística e pela imposição de uma rasteira monotonia arquitetônica. O princípio dos IAPs – baratear, sem avacalhar – foi atirado fora, em construçõezinhas ordinárias. Bonduki está corretíssimo ao dizer que a ditadura pós-1964 promoveu um "divórcio entre arquitetura e moradia popular". Se o volume de obras do BNH se tivesse regido por critérios de qualidade urbanístico-arquitetônica, a paisagem urbana brasileira, ainda hoje, seria bem outra. Mas esta ditadura, com sua engenharia grosseira, sua mentalidade "minhocão", desprezou arquitetos e projetos. Lula e Dilma foram no rastro. Jogue-se o projeto no lixo. O que importa é comprar tijolo e cimento.

    Assim, o Minha Casa, Minha Vida, longe de descender das realizações maiores dos tempos populistas, é filho direto do BNH. Como o comprova qualquer análise econômica, sociológica, urbanística ou estética do assunto. É um programa habitacional que cria as novas favelas da nova pobreza da nova periferia – e joga mais trabalhadores no olho da rua. O número de pessoas sem ter onde morar cresce mais do que o número de casas construídas, que, de resto, jamais primam pela qualidade. Daí que um dos líderes do MTST diga que o Minha Casa, Minha Vida mais não faz do que *enxugar gelo*. No período da ditadura militar, com um assombroso volume de recursos em mãos, o BNH respondeu por uma vasta parte das intervenções no ambiente construído brasileiro. Construiu milhões de moradias, que poderiam ter reconfigurado positivamente nossos processos de expansão urbana. Mas isso não aconteceu. A razão? Simples: o BNH deixou de lado as preocupações estético-sociais dos projetos da época de Vargas e da "república populista". Mandou às favas cuidados e planos urbanísticos; às favas qualquer apreciação das *Gestalten* citadinas brasileiras. E o PT foi pelo caminho dos militares. Criou um programa para socorrer e alimentar o empresariado e achou, cruel e corretamente (sobretudo, do ponto de vista eleitoral), que o povo trabalhador receberia qualquer porcaria com um brilho de felicidade nos olhos martirizados.

    Hoje, o Minha Casa, Minha Vida confirma sua ação em favor de interesses particulares e não de necessidades sociais. É preciso dizer isso com todas as letras: em matéria de política urbana e habitacional, os governos de Lula e Dilma, apesar de todas as suas bravatas "sociais", seguiram, típica e rigorosamente, a cartilha do neoliberalismo. Em 2014, no meio da campanha eleitoral, Dilma se reuniu com empresários da construção civil, e não com representantes do movimento social, para tratar de supostos novos rumos do seu programa habitacional-eleitoreiro. Enquanto ouvia as orientações, demandas e queixas de empresários, o governo despejava pobres no centro de São Paulo. De outra parte, a qualidade continua uma ilustre desconhecida nesse processo atual de construção de unidades habitacionais populares. O que impera é o descaso. O governo chega a entregar casas que não têm porta ou revestimento interno, que exibem rachaduras nas paredes, vazamentos hidráulicos e afundamento de piso etc., levando o Tribunal de Contas da União a exigir um mínimo de fiscalização nas obras que se realizam. Reportagem do jornal *Estado de S. Paulo* mostrou isso. E não é coisa que aconteça em uma ou outra casa, mas a praxe – e praxe unânime: "A auditoria apontou que 100% das obras apresentaram problemas de qualidade por causa de 'vícios construtivos que dificultam ou mesmo inviabilizam o uso pleno da moradia pelo beneficiário'. Em alguns casos, segundo os auditores, há 'risco à segurança ou à saúde do morador.'" E, nesse inferno de corrupção generalizada que marca o governo federal, são denunciadas irregularidades nas obras. Ou seja: os escândalos vão se superpondo, do plano mais geral ao pormenor quase invisível.

28. MAIS DESIGUALDADE

Já na abertura deste livro, mencionando Bukhárin e Preobrajenski, fiz referência às implicações residenciais da desigualdade social. Devemos insistir nesse tópico, desde que a queda na desigualdade, em nosso país, não passa de uma lenda marqueteira cuidadosa e milionariamente cultivada pelos que neste momento ocupam o Palácio do Planalto, em Brasília.

O tema da desigualdade voltou ao primeiro plano do debate, em quase todo o mundo atual, não só porque se está acentuando um desequilíbrio tremendo entre países e entre pessoas, como a realidade dos fatos coloca agora em questão os princípios mesmos que definem e embasam as sociedades democráticas. Ao tocar nessa tecla, o nome que logo nos vem à mente é Thomas Piketty, que realizou uma pesquisa factual impressionante, coletando e ordenando dados de alguns séculos e diversos países – americanos, europeus, asiáticos –, para defender a tese de que a economia capitalista contemporânea promove a concentração da renda e da riqueza no bolso da mínima fração mais rica da população: do 1%, do 0,1% e, sobretudo, nas mãos do segmento de 0,01% mais rico de cada um dos povos das sociedades que pesquisou. Tecnicamente, o lance crucial do processo é simples: enquanto a taxa de retorno do capital for mais alta do que a taxa de crescimento da economia, a renda dos que vivem do capital será sempre maior do que a dos que vivem do trabalho – e como os primeiros são bem poucos e os segundos formam multidões, a riqueza ficará cada vez mais concentrada nos cofres daqueles poucos, rios de dinheiro para meia dúzia de gatos pingados.

Mas, ao tempo em que exibe um sólido e vasto conjunto de dados para alicerçar sua argumentação, Piketty observa que a materialização da desigualdade social pode ser detectada a olho nu. Nenhum observador mais sério da cena brasileira, por exemplo, engolia nesses últimos anos o conto governamental de que a desigualdade social vinha diminuindo no país desde que o PT tinha assumido o poder – vale dizer, ao longo dos últimos doze anos. Bastava olhar em volta para chegar a conclusão diferente. Via-se que, do "plano real" de Fernando Henrique à ênfase de Lula nas políticas sociais, o poder de compra dos mais pobres aumentara. Mas tal aumento não implicaria automaticamente uma redução das distâncias classistas. Além do mais, víamos dados que desmontavam por completo a fantasia manipuladora da propaganda petista, voltada invariavelmente para vencer jogos eleitorais. Num relatório de 2012 da ONU, o Brasil aparecia como um dos doze países mais desiguais do planeta. Ou ainda, para lembrar a distinção insistente da socióloga Sarah Silva Telles (na coletânea *Redemocratização e mudança social no Brasil*, organizada por Maria Celina d'Araújo), a política social lulopetista era fundamentalmente assistencialista, em detrimento das "políticas públicas redistributivas" (saúde, educação, transporte, moradia e "reivindicações de cidadania"), dispostas já na Constituição de 1988. Nesse bojo, o carro-chefe era o Programa Bolsa Família, principal arma eleitoral do PT, alcançando 50 milhões de brasileiros. E o governo petista jamais se mostrou preocupado em emancipar essas pessoas, empenhando-se, por exemplo, na promoção da qualidade do ensino público. Não: a pobreza e a desinformação interessam – e muito – a quem está no poder e aí pretende se perpetuar a qualquer preço. Os currais eleitorais deixaram de ser geográficos: desenham-se, agora, pelo atrelamento de fatias consideráveis da população pobre a uma mesada assistencial. Na outra ponta, os banqueiros lucravam como nunca antes nesse país. Podia-se dizer de Lula (com mais propriedade) o que se dizia de Getúlio Vargas: foi o pai dos pobres – e a mãe dos ricos. Como, num horizonte desses, a desigualdade poderia cair progressiva e significativamente? Não havia como.

Mesmo eu, que não sou economista, percebia com clareza a situação da ralé e da classe média brasileiras. Publiquei artigos em jornais e gravei depoimento em vídeo sobre o assunto. O que eu dizia era que, qualquer que fosse a direção para a qual a gente olhasse, o Brasil continuava extremamente desigual e extremamente injusto em todos sentidos – classistas, regionais e individuais. Os muito ricos, enquanto se queixam da crise, prosseguem comprando apartamentos espetaculares, carros importados, roupas e adereços corporais caríssimos. Em comparação com o que a classe média passava, obrigada a fazer opção entre a pizza no fim de semana e o pagamento de alguma mensalidade atrasada, não existia crise para eles. Certa vez, conversando com uma pessoa muito rica, uma senhora do mundo empresarial sudestino, observei que o dinheiro gasto na roupa e em outros objetos vestuais que ela estava usando naquele dia, dos óculos aos sapatos, passando por anéis e relógio, seria suficiente para construir uma casa popular bem razoável. Duas, talvez. Regionalmente, também, a disparidade se mantinha – e era imensa. Ainda fazia uma diferença brutal, em matéria de futuras oportunidades na vida, se o sujeito nascia numa cidadezinha perdida no interior do Maranhão ou em Curitiba ou Ribeirão Preto, por exemplo. Do mesmo modo, fazia uma diferença tremenda a família ou o meio no qual a pessoa vinha ao mundo, em consequência da transmissão de privilégios pelo instituto da herança (herança e democracia não são conciliáveis). Dilma Rousseff seria um episódio menor, insignificante mesmo, na história contemporânea do Brasil (ou de Vargas para cá), se não estivesse patrocinando um período de estagnação e retrocesso no país, da situação econômica à questão ambiental, passando pelo desmantelamento das empresas estatais e dos serviços públicos. Enfim, atravessamos tempos imprósperos – e a desigualdade aumentava.

No segundo semestre de 2014, veio a confirmação de nossas suspeitas. Um estudo de três pesquisadores ligados à Universidade de Brasília (UNB) e ao Instituto de Pesquisa Econômica Aplicada (Ipea) ganhou destaque na imprensa brasileira. Os pesquisadores: Marcelo Medeiros, Paulo Ferreira de Souza e Fábio Ávila de Castro. O estudo: "O Topo da Distribuição de Renda no Brasil". O que eles fizeram: deixaram de parte os dados coletados nas entrevistas da Pesquisa Nacional por Amostragem Domiciliar (PNAD), insuficientes para registrar a verdadeira renda dos mais ricos, e, seguindo a lição de Piketty, se concentraram em informações contidas nas declarações do Imposto de Renda da Pessoa Física (IR). Com isso, mostraram que os ricos brasileiros ganham bem mais do que diziam os números oficiais. Sabe-se assim, hoje, que a redução da pobreza perdeu ritmo entre nós nos últimos anos, o número de miseráveis (o pessoal da chamada "extrema pobreza") aumentou em todo o país – e a famosa queda da desigualdade, alardeada massiva e ostensivamente pelo governo federal, não passa de mais uma lenda repisada *ad nauseam* pelo *marketing* petista, com o seu consciente e planejado desrespeito aos fatos. A PNAD informava que, entre 2006 e 2012, a renda dos 5% mais ricos da população brasileira vinha caindo continuamente. Mas o que a pesquisa do trio supracitado revelou foi outra coisa: a renda desse mesmo segmento social, nesse mesmíssimo período, não parou de subir. Em 2012, essa turma embolsou nada menos do que quase a metade da renda total do país. E onde estaria a origem do equívoco "pnadiano"? Simples: as entrevistas da PNAD podiam dar conta dos ganhos dos mais pobres, que sobrevivem diretamente do seu próprio trabalho, mas não captavam o que se passava no cimo da escala social. Claro: se alguém me pergunta quanto ganho, posso, por esse ou por aquele motivo, omitir parte da minha renda – cifras relativas a aplicações financeiras, por exemplo. E era o que os mais ricos faziam. Ocultavam. Além disso, nesse tipo de abordagem subjetiva, o entrevistado pode cair na imprecisão ou até se esquecer de alguma fonte de renda.

Por conta de coisas assim, a PNAD não lograva ter acesso aos dados reais de um dos polos da hierarquia social: o polo dos endinheirados. Como medir então, de modo confiável, a desigualdade social brasileira? Impossível. Os dados do IR fornecem uma base bem mais segura para a medição. E assim caiu por terra mais uma armação fantasiosa do governo. Se houve um momento em que o grosso da população passou a ganhar melhor, os ricos faturaram também – e ainda mais. Se o sujeito que vinha da baixa renda teve dinheiro para comprar eletrodomésticos, o outro mais aquinhoado pôde comprar novos imóveis, trocar de carro (o mercado de automóveis de luxo não conhece retração entre nós) ou ampliar seu raio de ação empresarial, por exemplo. Logo, a desigualdade permaneceu basicamente a mesma, se é que não aumentou. Sim: como uma fatia razoável dos brasileiros mais pobres é desobrigada de declarar o Imposto de Renda e, ao mesmo tempo, muitos privilegiados têm rendimentos via "pessoa jurídica", a conclusão é: muito provavelmente, a desigualdade nacional é ainda bem maior do que pensamos. No momento em que escrevo, 0,1% da população brasileira de maiores de 18 anos de idade ganha o suficiente para comprar pelo menos um apartamento por semestre, enquanto milhões de outros brasileiros moram amontoados, extremamente mal alojados em casebres mambembes – ou simplesmente não têm onde morar.

* * *

A paisagem social brasileira começa a se agravar mais em decorrência da recente crise nacional, desde que o governo meteu os pés pelas mãos em matéria de política econômica, arrastando o país a uma terrível combinação de inflação alta, crescimento praticamente nulo e gastança oficial descontrolada. Na verdade, o Brasil se tornou um vasto país de "classe C", mas não uma sociedade de classe média. Nesses últimos vinte anos, milhões de brasileiros deixaram a pobreza mais pobre e ingressaram no que os marqueteiros tratam como classe C – um segmento com renda de dois a cinco salários-mínimos mensais –, mas o país ainda não se configura como uma sociedade de classe média, desde que tal configuração não se deixa medir apenas com base na renda. Bem-vistas as coisas, definições de "classe social" nunca deveriam ser exclusivamente monetárias. Quando falamos de "classe média", é correto não pensar no sentido estrito de faixa de renda, mas, mais amplamente, em termos de qualidade de vida. Nessa direção, a classemedianização do país implicaria conquista plena do direito à cidade e acesso a serviços públicos de bom nível, a bens culturais, ao lazer. Implicaria moradia pelo menos razoável e empregos de nível técnico mais elevado, em decorrência da própria generalização de uma educação pública de qualidade. E não é isso, de modo algum, o que vemos.

Esmiuçando um pouco, o quadro fica algo mais variado, mas também mais claro. Um relatório do Programa das Nações Unidas para o Desenvolvimento (PNUD), abordando a redução da pobreza na América Latina e no Caribe, informa que, nas primeiras décadas do século XXI, 56 milhões de pessoas se despediram da miséria nesta parte do mundo – especialmente, na Bolívia e no Peru. No Brasil, a pobreza (não a desigualdade) caiu de 43,1% da população, no ano 2000, para 24,5% em 2012. Mas o contingente de pessoas que formaram esses quase vinte pontos percentuais não passou, integralmente, de uma situação social para outra. Parte ficou no meio do caminho: deixou a pobreza para engrossar os números dos chamados "vulneráveis", que cresceu 5% no período em tela. "Vulneráveis", aqui, diz respeito aos que não mais podem ser classificados como pobres, mas apenas se aproximaram da soleira da porta da classe média. E podem ser rebaixados de volta a qualquer momento, caso a crise os atinja. Ou seja: é uma turma que pode estar apenas passando umas férias, digamos assim, num andar um pouquinho mais alto da hierarquia social, sob o risco de ser tangida degraus abaixo na primeira turbulência mais séria que der um tranco no país. O que vemos em cena, aqui e mesmo em outros países que chegaram à classe C, é menos uma "nova classe média" do que uma *neopobreza*. Antes de prosseguir, porém, cumpre realçar uma informação, também destacada no relatório do PNUD. O maior responsável pela diminuição da pobreza no Brasil, nesses anos, não foram os programas sociais de transferência de renda. Nada menos do que 63% da redução correram por conta do desenvolvimento econômico – e não das mesadas do Bolsa Família e de outros programas assistencialistas. O fundamental, portanto, para melhorar a sorte dos pobres brasileiros, não é o assistencialismo, mas a geração nacional de riquezas. É preciso gerar riquezas compartilháveis.

Lembremos que os governos do PT saudaram com foguetório o suposto advento de uma "nova classe média". Políticos petistas batem no peito e se proclamam responsáveis por essa "transformação histórica" na estrutura da sociedade brasileira. Mas estudiosos do próprio partido contestam, dizendo que a "nova classe média" é fruto fantasioso de uma leitura equivocada da história recente do capitalismo, uma invenção de *marketing* ou, se preferirem, da "imprensa burguesa". Márcio Pochmann, por exemplo, em *O mito da grande classe média*, escreve que, em vez do surgimento de uma nova classe média, o que estamos vendo é a afirmação de uma nova classe trabalhadora. Uma parcela considerável de trabalhadores pobres passou a ter acesso ao consumo de bens duráveis, antes restrito a segmentos socialmente privilegiados. Chegou a vez de o pessoal da baixa renda, da turma do subconsumo proletário, comprar eletrodomésticos, carro, casa própria. Esta elevação de padrão de consumo produziu a fantasia da formação da tal "nova classe média". O fato, contudo, foi que fatores como o aumento do nível de renda da população mais pobre e a difusão mundial do consumo de baixo custo (graças à "reconfiguração da produção de bens duráveis, conformada nas grandes corporações transnacionais por meio das cadeias globais de produção") convergiram para gerar não uma nova classe média, mas uma multidão de novos consumidores. De qualquer sorte, não é boa, no momento, a situação de nossas classes médias. Vemos a "nova classe média" apertando o cinto e dormindo mal, porque passou a ter o que perder. Depois da euforia da mobilidade, do aumento do poder de compra e do acesso ao crédito, um grande contingente de trabalhadores corre hoje o risco de ver suas conquistas irem por água abaixo, se o governo não recolocar o país nos trilhos, no campo fundamental da economia. Sob o signo da paralisia econômica e da inflação, a "nova classe média" vê sua capacidade aquisitiva se deteriorar e seu endividamento crescer. Os cortes no consumo são cada vez maiores, de automóveis a cosméticos, passando por celulares. De outra parte, a classe média tradicional – a que é assalariada e não é proprietária de pequenos negócios – talvez seja mesmo uma entidade em vias de extinção, obrigando-nos a redefinir conceitualmente os segmentos intermediários da população. Porque assistimos hoje à sua desconfiguração final, por assim dizer – e não há como voltar no tempo para recompô-la. Entre outras coisas, o mercado de trabalho perdeu sua antiga homogeneidade, as fontes de assalariamento se pulverizaram, surgiram novos fazeres e os velhos diplomas não têm mais o mesmo valor. Nesses últimos anos, meio zonza com as velozes transformações do mundo e totalmente abandonada pelo governo, que não lhe direciona nenhuma política pública, esta classe vê cada vez mais reduzidas suas oportunidades de estudo e trabalho.

POR UMA CONCLUSÃO

Em 1953, numa reunião da Fundação Casa Popular, criada na década anterior por Getúlio Vargas, o arquiteto Affonso Reidy, discutindo conjuntos residenciais, foi ao cerne do problema: "Aos órgãos da administração pública compete planejar para o bem-estar social. A função habitar não se resume na vida dentro de casa. Ela se estende em atividades externas, compreendendo serviços e instalações complementares que proporcionam ao habitante as facilidades necessárias à vida de todo dia. Casa isolada ou habitação coletiva, casa térrea ou edifício de vários pisos, qualquer das duas modalidades exige a presença de serviços comuns, externos, facilmente acessíveis aos seus moradores. Da mesma maneira que deverão ser previstos o abastecimento d'água e a iluminação pública, terão de ser considerados o abastecimento de gêneros, os estabelecimentos de ensino, a assistência médica, as áreas para a recreação e a prática dos esportes; enfim, todas as instalações, locais e edifícios cuja frequência é imposta pelas necessidades da vida cotidiana. Algumas dessas instalações poderão ser custeadas pela municipalidade local, outras por organizações especializadas ou associações de iniciativa particular. De qualquer forma, o que importa é que, por este ou por aquele sistema, seja assegurada a existência daqueles serviços por ocasião da ocupação das habitações. A ausência das facilidades acima mencionadas, assim como de um serviço organizado de assistência social, contribui de forma decisiva para a transformação dos núcleos residenciais em favelas."

Reidy sabia muito bem do que estava falando. E é por isso mesmo que o que Lúcio Costa diz do conjunto de Pedregulho, a ditadura militar jamais poderia dizer de um conjunto do BNH, nem os governos de Lula e Dilma com relação aos arranjos do Minha Casa, Minha Vida. Uma questão de dignidade construtiva e de respeito pela população: "Construído em espaço restrito. De topografia ingrata e em uma vizinhança arquitetônica desvalida, ele [Pedregulho] surge de repente à vista como uma revelação. Dominados pela linha sinuosa do corpo principal que se estende à feição da encosta, vazado a meia altura (tal como sugeriu Le Corbusier, em 1931, para Alger), os demais elementos do conjunto foram sabiamente dispostos no espaço arborizado, entabulando-se assim entre as várias formas desiguais que o constituem o diálogo plástico necessário ao convívio harmonioso – que a isto se reduz a arquitetura, por cuja graça um programa estritamente utilitário e funcional, como o da habitação popular, se transmuda em beleza, adquirindo sentido urbanístico e monumental. Monumentalidade prenunciadora de uma nova era, de maior equilíbrio, mais senso comum e lucidez."

Enfim, a lição da ação habitacional de nossos governos populistas pode ser definida em termos sintéticos. Trata-se, acima de tudo, de ter respeito pela população mais pobre. Os conjuntos habitacionais não podem ser feitos de qualquer jeito, na base da uniformidade e da mais lamentável monotonia, com materiais de construção vagabundos. Nem devem ser erguidos nos espaços mais distantes e precários dos aglomerados urbanos, sem nada para servi-los, ou a favelização já vai se impor no minuto seguinte ao da inauguração da obra, feito sina anunciada. Precisamos defender a qualidade arquitetônica, a variedade tipológica, a localização adequada em zonas com serviços públicos e infraestrutura social (já existentes ou para isso implantados), a existência de espaços verdes e áreas de convívio que atendam às diversas faixas etárias, a instalação de equipamentos comunitários de lazer, esporte e cultura e mesmo, quando necessário, prever pontos comerciais. Mas é claro que esse legado solicita atualizações. A preocupação ambiental, por exemplo, deve ser onipresente, permeando tudo, mas de forma sensível e informada, sem imposições descabidas (como a de energia solar aquecendo banheiros de unidades do Minha Casa, Minha Vida em Teresina, cidade onde ninguém toma banho quente), passando, entre outras coisas, pela reutilização da água, pela captação de precipitações pluviais e pela pavimentação das ruas, que deve ser planejada visando a evitar a impermeabilização asfáltica. Etc. Tudo seguindo um mesmo e simples princípio: uma cidade não estará bem enquanto sua população estiver mal.

29. A POLÍTICA DAS FAVELAS

Em primeiro lugar, uma observação vocabular. Nego-me a arquivar a bela palavra brasileira "favela", substituindo-a pelo vocábulo "comunidade" (totalmente inadequado para descrever a Rocinha, por exemplo, com suas nítidas distinções econômicas internas e seus claros conflitos de interesses), em nome de frescuras infundadas do "politicamente correto".

Favela é palavra que remete ao mundo vegetal sertanejo e à Guerra de Canudos; palavra que tem a sua própria densidade histórica e cultural, além de por cerca de um século vir frequentando com brilho criações textuais que se articulam e se movem na dimensão estética da linguagem, entre a poesia, a *poemúsica* e a prosa de ficção. "Comunidade", do latim *communitas*, não tem um referencial histórico, geográfico ou urbanístico delimitado com um mínimo de clareza. E, no plano semântico, designa (ou remete a ideias de) comunhão, fraternidade, grupos monásticos que cultivam hábitos e pensamentos comuns, pessoas ligadas pelos mesmos interesses materiais ou abstratos, conjunto de indivíduos vinculados por uma crença comum, irmandade, congregação, harmonia (parece que começou a ser aplicada às favelas por padres católicos, acentuando-se no âmbito da Teologia da Libertação, com suas "comunidades eclesiais de base"). E é claro que nada disso serve para definir uma favela real, com pessoas de carne e osso, portadoras de ideias, posses e interesses díspares. De outra parte, nunca vi sentido em se tratar como "comunidade" um certo aglomerado populacional ou os moradores de determinada área ou região. Por fim, há um segmento do espectro referencial da palavra que menos ainda se aplica a uma favela: o de conjunto de indivíduos que se insere como grupo distinto e específico na sociedade envolvente, que, por sua vez, considera-o algo exótico, reduto à parte do mundo de todos, com práticas apenas suas, a exemplo das comunidades *hippies* das décadas de 1960-1970. Enfim, quem usa a palavra "comunidade", recusando o sintagma "favela", me parece adotar uma postura manipuladora, seja visando a ativar a autoestima grupal, seja para driblar ou tentar ocultar aspectos incômodos da realidade. Mas minha viagem é outra. Vamos falar de *favela*, portanto.

UMA VISÃO PANORÂMICA

Cada classe social tem uma visão própria da cidade. Quanto mais as cidades se expandem e se tornam social e culturalmente complexas, menor é a soma das visões e ideias convergentes e dos interesses comuns de seus moradores. Na verdade, hoje, interesses comuns são bastante raros. Mas o que quero ressaltar é a visão parcial que as pessoas têm, ao olhar a cidade do lugar onde se acham situadas na hierarquia social. Na São Paulo que começava a se industrializar, por exemplo, entre o final do século XIX e os primeiros anos do século seguinte, os mais ricos se comportavam como se bairros operários, a exemplo do Brás ou da Mooca, não fizessem parte da cidade propriamente dita. Como se integrassem outra cidade, ali ao lado, mas da qual mantinham distância. Ou como se fossem quase ficções incômodas, perturbadoras, com suas chaminés incansáveis. E o morador daqueles bairros, além de pobre, era estrangeiro. Generalizando, podemos dizer que, no contexto da cidade, o lugar pobre ou se torna invisível ou, para usar a gíria antropológica, aparece como o espaço por excelência da encarnação do *outro*. No caso do Rio de Janeiro – e, com o tempo, de outras cidades brasileiras –, a favela encarnou esta *outridade*.

Existe a fantasia burguesa e classemediana de que a cidade é uma coisa e a favela é outra, como se fosse um quisto ou enclave na configuração citadina. Bobagem. Histórica e culturalmente, a favela faz parte da cidade tanto quanto o bairro burguês. É claro que existe a enorme disparidade na situação econômica do grosso dos moradores de um e de outra, mas, em seus aspectos fundamentais e na sua essência, não existe diferença maior entre a Maré e Ipanema, ou entre Paraisópolis e Vila Nova Conceição. Aliás, que exista, em São Paulo, uma favela chamada Jardim Morumbi, denominação crítico-irônica de um assentamento popular num bairro burguês, é o melhor comentário que conheço sobre o assunto. Em seu *Breviário do Brasil*, a portuguesa Agustina Bessa-Luís anotou: "A favela tem tudo o que o mundo acolhe ou despreza; e sem o que se despreza não há mundo nem gente que o fabrique e ame. Tem até, em dose imensa, o sentido da comparação, que é o que faz o melhor da linguagem dos povos. Tem Itamaratis feitos de lata e Capitólios de cartão; tem esperança e riquezas que cabem num chinelo; o que não tem é solidão, o vício ou o prazer de dominar feitiços e azares seguram essa espertina do primeiro homem, que foi, com certeza, a sua solidão." Mas aí ainda vemos o velho tema do gregarismo da favela: impossibilidade de solidão, como antes nas senzalas e nos cortiços. Mas, à parte o fato de que a solidão existe em qualquer lugar, mesmo esse "gregarismo" deve ser relativizado. A favela já não aparece assim tão fácil como cidade dentro da cidade, corpo singular no organismo urbano, mas como parte integrante da vida citadina, com problemas praticamente idênticos aos da categoria geral dos bairros populares, onde ela se integra. O morador do Leblon, tirando os outros por si, conclui que a favela é uma entidade distinta e específica. Mas o morador da favela, se atentar para o conjunto da cidade, vai divisar tanto contrastes quanto semelhanças entre ele e seus diversos vizinhos, estejam estes próximos, na Zona Sul, ou na periferia. Vamos nos deter aqui, a este respeito, em três dos tópicos cruciais do livro *A invenção da favela*, de Lícia do Prado Valladares: a leitura da favela no rastro da imagem de Canudos; a desmontagem da ideologia da especificidade da favela, lócus da pobreza; e a emergência da "favela virtual".

Observadores de nossa vida urbana já entraram em cena com uma visão fantasiosa da favela. Lícia aborda o assunto a partir do "mito de origem" desse tipo de assentamento: a imagem da cidade de Canudos, tal como desenhada por Euclydes da Cunha em *Os sertões*. Embora desde inícios da década de 1880 haja notícias de barracos de imigrantes europeus na Quinta do Caju e na serra Morena, foi só a partir da ocupação do morro da Providência (rebatizado morro da Favela), em 1897, que o Rio despertou para este novo aspecto de sua paisagem. E os jornalistas, escritores e intelectuais que se voltaram para o tema leram a favela nos termos de Euclydes, traduzindo o dualismo sertão/cidade no dualismo cidade/favela. Um vínculo histórico estimulou tal transposição: foram ex-combatentes de Canudos que se estabeleceram no morro da Providência, a partir de então chamado morro da Favela, denominação de uma planta daquele sertão baiano. Mas, a rigor, nada justificaria a aproximação letrada entre o assentamento carioca e a povoação sertaneja, a não ser como influxo literário, caso ostensivo de expansão intertextual. *Os sertões* foi publicado uns cinco anos depois da nova formação humana do morro da Favela, mas as imagens de Euclydes forneceram, retrospectivamente, os elementos para enquadrar o fenômeno. "Imagens capazes de permitir aos intelectuais brasileiros compreender e interpretar a favela emergente."

Apontando possíveis analogias topográficas, "urbanísticas", sociais e morais (a suposta lassidão sexual) entre Canudos e os morros da Favela e de Santo Antônio, também ocupado na época, Lícia escreve: "A ideia de comunidade, tão presente no campo analisado por Euclides da Cunha, acabou por ser igualmente associada à favela carioca, servindo de modelo para os primeiros observadores que tentaram caracterizar a organização social dos novos territórios da pobreza urbana." E mais: "... morar nesses locais também se apresentava como uma escolha, assim como ir para Canudos dependia da vontade individual de cada um. Os habitantes da favela são ligados à sua comunidade e não desejam deixá-la. Dimensão de uma identidade dos favelados que já fora percebida pelos seus primeiros analistas e, bem mais tarde, fortemente valorizada pelas ciências sociais [...]. A favela pertence ao mundo antigo, bárbaro, do qual é preciso distanciar-se para alcançar a civilização. [...]. 'Um outro mundo', muito mais próximo da roça, do sertão, 'longe da cidade', onde só se poderia chegar através da 'ponte' construída pelo repórter ou cronista, levando o leitor até o alto do morro que ele, membro da classe média ou da elite, não ousava subir. Universo exótico, em meio a uma pobreza originalmente concentrada no centro da cidade, em cortiços e outras modalidades de habitações coletivas, prolongava-se agora, morro acima, ameaçando o restante da cidade". Mas a identificação sertão-favela era contestável em pelo menos três direções. Primeiro, negando a analogia topográfica com Canudos, favelas não precisavam se localizar num morro. A favela do largo da Memória, no Leblon, não ficava encarapitada em nenhuma elevação. Fora do Rio, os mais de 45 mil mocambos do Recife, à entrada da década de 1940, se distribuíam por uma cidade plana. Segundo: desde o início, a favela esteve integrada no circuito econômico da cidade. Por fim, não havia qualquer diferença essencial entre uma favela e outros segmentos da periferia urbana. Uma favela pode começar como um acampamento, mas, adiante, acaba virando bairro popular.

A ideologia da especificidade da favela foi abordada e contestada há tempo. Já em 1906, Everardo Backheuser frisava que a favela não era somente lugar de bandidos e vagabundos, como procuravam caracterizá-la, mas também de trabalhadores sérios que apenas não ganhavam o suficiente para morar em outro lugar, por causa da carência de unidades habitacionais ou da carestia dos aluguéis. Cidadãos pobres, expulsos das moradias do centro do Rio em consequência das incessantes obras de modernização da cidade, a partir da gestão de Pereira Passos, deslocaram-se em boa parte para os subúrbios, mas outros escolheram subir o morro e se abrigar em barracos. É claro que, nessas levas e favelas, bandidos se assentavam. Mas, daí a definir favela como hábitat de criminosos, havia uma distância. A favela não se configuraria como *separate reality*, mundo à parte no contexto urbano ou mesmo uma cidade dentro da cidade. Seus pobres não eram assim tão diferentes dos demais pobres que se plantavam em outros pontos da cidade. E o fato é que, com o tempo, a favela se foi fazendo cada vez menos "específica". Cada vez mais parecida com os demais espaços populares da cidade. Estranhos e diferentes, realmente "específicos" em meio ao conjunto total dos assentamentos da cidade, eram os bairros ricos, enclaves de abundância e ostentação na paisagem geral da então já chamada "cidade maravilhosa".

Com o tempo, estudiosos começaram a prestar atenção nas transas econômicas internas das favelas, a começar pelo seu mercado imobiliário. Assim como nos vínculos econômicos e socioculturais integrando favela e cidade, a começar pela intensa participação de favelados no mercado de trabalho, da produção mais tradicional a ramos da chamada "economia criativa". Assistiu-se – especialmente, nos últimos anos – a um crescimento e complexificação crescentes da estrutura de gastos desses assentamentos, com um circuito comercial digno de nota e uma variada e sofisticada rede de serviços. E isso responde e corresponde a uma diferenciação social interna, que vai do empresário bem-sucedido ao lúmpen proletário e ao mendigo. Enfim, a paisagem das favelas, hoje, é completamente diversa daquela que se viu entre o final do século XIX e o começo do XX. E tal diferença se acentuou com a emergência da "favela virtual" ou favela globalizada. Favelas com *sites* de ONGs, de programas sociais ou assistenciais, de agências de notícias, de escolas de samba, de agências de turismo em favelas etc., informa Lícia, acrescentando: "Vários deles têm páginas em inglês, francês e alemão com fotografias, permitindo ao mundo o acesso às favelas cariocas. [...]. Já em 1999 o anúncio do site TV ROC no alto de um imóvel de cinco andares situado na Rocinha era visível para todos os que atravessavam o Túnel Dois Irmãos, ligando os bairros elegantes de São Conrado e Barra da Tijuca à Zona Sul do Rio de Janeiro (Leblon, Ipanema e Copacabana). Bastava clicar na Web para o internauta ter acesso a informações sobre a localização exata e a história da favela da Rocinha, projetos em curso e empreendimentos. Estavam ali disponíveis as notícias divulgadas pelo jornal local, o *Correio da Zona Sul*. Este site, criado em 1997 por iniciativa da TV ROC, fornecedora da TV a cabo para a favela, anunciava claramente: 'A Rocinha é um verdadeiro caldeirão. Tudo o que vocês puderem imaginar acontece aqui. Pessoas com quem falar, instituições a procurar. Tudo isto on line e editado para levar até você as informações completas sobre a Rocinha e as outras comunidades carentes do Brasil hoje.'"

Mas é claro que o panorama da realidade favelada atual tem muito mais que isso. Tão mais, que soa ridículo o clichê "comunidade carente". Ainda Lícia: "Quando adentramos a Rocinha, ficamos espantados ao encontrar, ao mesmo tempo, uma sorveteria franqueada da cadeia McDonald, aberta dia e noite (que em abril de 2000 teve a maior venda de sorvetes do Rio), três sucursais da loja de material fotográfico De Plá, três postos de venda de telefones celulares (Nokia, entre outros), videoclubes em profusão, agências bancárias (inclusive a Caixa Econômica Federal), assim como uma agência dos Correios. Encontramos também padarias modernas, lojas de eletrodomésticos sofisticados, entregas de pizza em domicílio, uma loja de vinhos, um estacionamento particular etc. [...]. Os cartões de crédito – Visa, Credicard, American Express –, aceitos em vários comércios, atestam o poder de compra da população local e sua participação no mercado brasileiro e internacional de consumo. [...]. Serviços médicos privados, clínicas particulares, entre as quais um centro médico de exames, tais como ecografia, ultrassonografia, prevenção pré-operatória; laboratórios de análises clínicas, dentistas, médicos especializados, ginecologistas, entre outros, estão instalados para receber os pacientes da favela. Encontramos também pelo menos um veterinário. Escritórios de advocacia especializados em direito penal e do trabalho estão implantados na Rocinha. [...]. A descoberta da favela pelo turismo profissional parece ter sido um sinal da integração desses espaços à modernidade e à economia de mercado: a Rocinha é visitada por cerca de 2 mil turistas/mês. [...]. Ao lado desse mercado imobiliário bastante ativo – tanto para venda quanto para locação –, desenvolveu-se também um enorme mercado de serviços em plena modernização para responder às demandas cada vez mais diversificadas de uma população consumidora de produtos ligados direta ou indiretamente à globalização. Entre os produtos de consumo 'modernos', a droga é que chama mais a atenção, sobretudo pelas práticas violentas a que estão associadas. Mas o mercado da droga está voltado principalmente para o exterior das favelas, e não se poderia reduzir a economia das favelas à economia das drogas. Inúmeras outras atividades econômicas que nelas se desenvolvem, talvez menos espetaculares para os meios de comunicação, são os motores e signos de importantes transformações em suas estruturas socioeconômicas."

Daí que Lícia veja girar a vácuo, sem base factual para sustentá-los, os três dogmas da recente produção acadêmica sobre as favelas. São pressupostos tão indiscutidos quanto indiscutíveis, que atravessam impavidamente as pesquisas, sem se deixar afetar pelas realidades de fato existentes. A saber: o dogma da especificidade da favela; o dogma da favela como lócus da pobreza; e o dogma da unidade das favelas, quando elas se mostram imediatamente heterogêneas a qualquer observador que as encare sem preconcepções. Por isso, seu questionamento: "De que especificidade estamos falando? Em que reside exatamente o corte com a cidade? É possível considerar pobre um empresário local? As diferenças sociais entre esse 'pobre' e seu vizinho desempregado impedem qualquer amálgama que permita considerar a população das favelas uma categoria social única. A miséria não é, pelo menos não é mais, uma característica geral e a precariedade dos equipamentos deve ser fortemente relativizada." E ainda: "nem homogeneidade, nem especificidade das favelas, nem unidade entre elas e, no caso das grandes, nem mesmo dentro delas". Bem, o livro supracitado de Lícia foi publicado em 2005. Nove anos depois, em *Um país chamado favela*, Renato Meireles e Celso Athayde (criado na Favela do Sapo e hoje ativista agitando em favelas e periferias) mostram que se alargaram as direções sublinhadas pela analista social: "Se compusessem um estado, as favelas seriam o quinto mais populoso da federação [11,7 milhões de habitantes], capaz de movimentar 63 bilhões de reais a cada ano."

Citando pesquisa do Instituto Data Favela, a dupla resume: "Os dados tabulados compõem cenários heterogêneos... de favelas que podem se iniciar em um centro de comércio desenvolvido, com caprichadas casas de alvenaria, e terminar, no outro lado do morro, em uma área de risco, de difícil acesso, em que se equilibram humildes barracos de madeira. [...]. Há diferenças significativas até mesmo no espaço reduzido da vizinhança. Se um cidadão passava dificuldades para sustentar sua família e para pagar a prestação do colchão do caçula, do outro lado da parede, o vizinho comia filé-mignon com cogumelos e planejava a aquisição de uma banheira com hidromassagem para tornar o espaço da laje mais amigável." Hoje, de qualquer modo, 65% dos favelados brasileiros pertencem à chamada classe C, o que detona o clichê – a que ainda se prendem (agindo em causa própria, para tentar justificar seus discursos e/ou financiamentos) ONGs e dirigentes de associações de moradores – de que favela é *par excellence* lugar de pobre. Seu volume de consumo, que começou a crescer com o Plano Real de Fernando Henrique Cardoso, atingiu proporções inéditas: "Em 2013, o consumo das famílias cresceu pelo décimo ano seguido. [...]. Nos últimos dez anos, muitas delas adquiriram o primeiro computador, o primeiro automóvel e o primeiro freezer. [...]. Uma visita atenta aos lares das favelas exibe mudanças que podem surpreender o observador acostumado aos estereótipos desses lugares. Durante o trabalho de pesquisa, encontramos lares com televisão de tela fina, TV por assinatura, videogames como o celebrado Playstation (Sony), freezer, máquina de lavar, computador e smartphone." Hoje, a maioria dos "barracos" está conectada à internet e seus moradores carregam celulares consigo. Aqui e ali, vê-se uma piscina na laje de alguma casa. E a velha Rocinha continuou avançando. "Mais que um bairro, é uma cidade, com escolas, casas de show, academias de ginástica, lojas de fast-food e serviços de todos os tipos."

PAISAGEM PAULISTANA

A história das favelas em São Paulo não coincidiu com a do Rio de Janeiro. Mas a realidade atual coincide – em termos de expansão física, crescimento populacional e aumento do poder de compra dos moradores.

Os assentamentos favelados começaram a surgir, na capital paulista, mais ou menos meio século depois de terem principiado a pontuar os cimos e encostas dos morros do Rio. Dá-se, como marco inicial da história da favelização de São Paulo, o surgimento, em 1942, da favela da Baixada ou Várzea do Penteado, próxima à zona central da cidade. Outros assentamentos do mesmo tipo se foram formando por aqueles anos, nas várzeas do Tietê e do Tamanduateí, terrenos até então ociosos justamente por serem difíceis de ocupar. Favelas do Ibirapuera, da Lapa, de Vila Prudente, do Tatuapé, do Canindé etc. A lógica era a mesma que presidira ao processo carioca: famílias de trabalhadores pobres que não tinham dinheiro para morar no centro ou na proximidade de áreas industriais, mas não queriam ficar afastados de seus locais de trabalho, recusaram-se a se mudar para a periferia e invadiram terrenos baldios, aí construindo "casas sumaríssimas" com o material que conseguiam. Mas a coisa caminhou devagar. Ainda em inícios da década de 1970, a presença da favela na vida e no espaço urbano de São Paulo não chegava a ser significativa. Quase passava despercebida. As favelas não tinham maior peso ou visibilidade nas tramas citadinas. Um levantamento feito pela prefeitura paulistana, em 1973, revelou que as favelas locais contavam com apenas 70 mil habitantes, ou 1% da população total do município. Era muito pouco – e, além disso, pelo menos até ali, os escassos núcleos favelizados cresciam (ou pareciam crescer) de modo predominantemente vegetativo.

Mais: ao contrário do que ocorreu no Rio, as favelas paulistanas, até há pouco tempo, não conseguiam se projetar no horizonte cultural da cidade. À sua baixa expressividade numérica e pouca significação social e política, somava-se uma invisibilidade quase absoluta no mundo da cultura, tal como este se desenhara e se firmara na cidade. No Rio, a favela já estava plantada, firme e forte, no solo mesmo de que brotaria o movimento do Cinema Novo, por exemplo. Em 1955, tivemos o primeiro longa de Nelson Pereira dos Santos, *Rio, 40 graus*, com seus meninos vendedores de amendoim, fixando em nossas mentes imagens da favela. Logo adiante, o novo nacionalismo cinematográfico voltaria a representar "o morro" nos episódios de *Cinco vezes favela*, dirigidos por Miguel Borges, Marcos Farias, Cacá Diegues, Leon Hirszman e Joaquim Pedro de Andrade. O contraste com o cinema paulista é total: no mesmo período em que foram filmados *Rio, 40 graus* e *Cinco vezes favela*, o que São Paulo apresentou, em matéria de "cinema sério", como então se dizia, foram *O grande momento* (Roberto Santos), falando de imigrantes plantados no Brás, e os longas-metragens de Walter Hugo Khouri. O fato é que o movimento cinemanovista não medrou em São Paulo, como se a garoa e os italianismos não lhe fossem propícios. São Paulo se limitou a apoiar a nova onda, lançada basicamente por cineastas baianos e cariocas. E esta diferença não se limitou ao cinema. Vamos encontrá-la nos demais ramos do fazer estético.

Nas artes visuais, conceituais e performáticas, de Di Cavalcanti a Hélio Oiticica, por exemplo. Ou na música popular, em que, apesar da "saudosa maloca" de Adoniran Barbosa, nada acontecerá em São Paulo de semelhante ao encontro entre Nara Leão e Zé Kéti, a esquerda artística universitária e o sambista do morro, no espetáculo musical *Opinião* (de Augusto Boal-Oduvaldo Vianna Filho-Ferreira Gullar), em cartaz no Rio ali pelo final de 1964. Além disso, o samba e as escolas de samba – vale dizer: o Carnaval – eram coisas "do morro". A favela fascinava os segmentos mais informados e criativos da juventude carioca dos bairros ricos da Zona Sul. Ao começar a estudar aquele mundo, na década de 1960, a nossa tantas vezes citada Lícia do Prado Valladares, então uma jovem estudante da PUC, confessa: "... àquela época, muitos mitos povoavam minha cabeça. Em síntese, a favela representava o mundo popular, o lugar autêntico da vida carioca, das escolas de samba, da religiosidade popular, do jogo do bicho e da malandragem, no bom sentido do termo". Não se veria nada de próximo a isto no horizonte paulista. Ninguém chegaria a imaginar que uma favela pudesse encarnar a "autêntica" vida paulistana. Nara Leão nenhuma à vista. São Paulo se via como cidade moderna, industrial, formada por imigrantes. Ali, o mundo que contava era o da ideologia do trabalho e da batalha diária do operariado urbano-industrial, não o do negromestiço favelado. Naquele ambiente, favela-macumba-malandragem jamais chegariam a significar alimento cultural; eram, antes, sinônimos de atraso de vida. O modernismo paulista da década de 1920 fala da favela e da cultura popular... cariocas. Para tomar parte numa roda de macumba, Macunaíma tem de viajar de trem para o Rio. Décadas adiante, a juventude paulistana estará muito menos interessada em fantasias do "nacional-popular" do que nas viagens dos *beatniks* e da vanguarda concretista. É bem verdade que *Quarto de despejo* (1960), de Carolina Maria de Jesus, era diário de moradora de favela paulistana – mas, mesmo aqui, o olhar nada tem de estético-cultural. Foi a soma dessas coisas que levou Glauber Rocha a dizer na época que São Paulo parecia outro país, quase um enclave cultural em nossos trópicos.

De uns anos para cá, porém, a conversa é outra. Já no ano 2000, a cidade aparece com cerca de 1,2 milhão de favelados, 11% da população total do município. E o contingente de moradores de favelas continuaria a crescer de forma notável. Entre 2000 e 2007, a taxa de crescimento anual da população das favelas foi bem maior que a da cidade, sob os efeitos da pobreza e da carência de políticas habitacionais. E, apesar da mudança no quadro sociológico, as favelas mantiveram seu desempenho. A melhoria de renda da população mais pobre, os movimentos de ascensão social e ampliação da classe C, e as ações de urbanização em nada reduziram a população favelada na capital paulista. O que se nota é que a infraestrutura das favelas melhorou. O comércio e o consumo se expandiram significativamente nesse meio. E a valorização imobiliária chegou a surpreender, como em Paraisópolis, uma das raras áreas faveladas do "centro expandido" da cidade, que sempre exibiu um padrão quase absoluto de assentamento periférico das favelas. Mas não houve nenhum processo de esvaziamento demográfico dos espaços favelados de São Paulo. Ao lado disso, convergindo para um maior fortalecimento das favelas, a vasta e variada periferia paulistana se impôs e ganhou visibilidade inédita nos horizontes político e cultural da cidade.

Favelas e periferias projetaram seus próprios artistas e se viram também recriadas por outros, sob pontos de vistas múltiplos, em diversos produtos estéticos. Como na atual criação cinematográfica paulistana, por exemplo. Se, nos tempos do Cinema Novo, São Paulo apresentava cartas de um outro e distante baralho, agora temos um filme como *Antônia* (2005) de Tata Amaral. Filmes muito bons tematizaram a vida faveleiro-periférica no Brasil, desde o começo deste século XXI, como o extraordinário *Cidade de Deus* de Fernando Meireles, baseado no romance de Paulo Lins. Mas o filme de Meireles focaliza o Rio. No caso de filmes feitos em São Paulo e abordando a cena periférica paulistana, destaca-se o supracitado *Antônia*, realizado na Vila Brasilândia, Zona Norte da cidade. Uma obra que escapa aos clichês de violência e miséria, de determinismo e derrotismo, de beco sem saída, e nos mostra uma periferia cheia de vontade e energia, com um grupo de garotas enfrentando diversos obstáculos para afirmar suas vidas. Ao lado de coisas assim, como acabei de dizer, a favela-periferia passou a projetar seus próprios artistas. Grafiteiros e dançarinos, por exemplo. Ou a onda poético-musical do *rap*, o lance do *hip-hop*. Como no caso do grupo de *rap* Racionais MC's, liderado por Mano Brown. Produção musical que fez com que universitários, jornalistas, artistas e intelectuais paulistas *soi-disant* "de esquerda", depois de anos e anos de inveja do Rio, sentissem ter finalmente encontrado uma favela para chamar de sua.

Não pretendo negar significado sociológico ao *rap* ou à subcultura *hip-hop* (e aviso que emprego a expressão "subcultura" em sentido antropológico, mais ou menos próximo ao da noção matemática de "subconjunto"). Variante brasileira de um movimento jovem internacional, o *rap* expressa, com veemência e virulência, uma visão própria da favela-periferia, do ponto de vista de um segmento – especialmente inquieto e contestador – de seus moradores. É bem verdade que alguns de seus enquadramentos e imagens vêm praticamente prontos das matrizes estético-ideológicas norte-americanas, mas não há dúvida de que a favela paulistana fala forte nesses discursos à Mano Brown. E os Racionais se sentem imbuídos de uma missão regeneradora, engajados na luta para salvar os manos, retirando-os da rota do crime e das drogas. Sim: salvar os manos, que eles, machistas até à medula (como os "rastas" de Bob Marley), não se mostram preocupados com a sorte das mulheres. De outra parte, em sua relação com a sociedade envolvente, apostam tudo no gueto, no fechamento e no conflito. Não há conversa possível com quem não é pobre, preto e fodido. No escrito "O Rap e a Cidade: Reconfigurando a Desigualdade em São Paulo" (enfeixado na coletânea *São Paulo: novos percursos e atores*, organizada por Eduardo Marques e Lúcio Kowarick), Teresa Pires do Rio Caldeira observa: "Os Racionais... expressam um explícito antagonismo racial e de classe, e criam um estilo de confrontamento que deixa pouco espaço para a tolerância e para a negociação. Seus raps estabelecem uma distância inegociável entre ricos e pobres, brancos e negros [na verdade, eles sempre usam a expressão *pretos*], centro e periferia." Ou seja: encarnam uma espécie de antidialogismo inflexível e programático, em seu salvacionismo cru.

Mas não quero encerrar a conversa sem esclarecer melhor a anotação de que uma parte da "inteligência" paulistana *soi-disant* esquerdista parecia finalmente ter encontrado uma favela para chamar de sua. Com isso, não quis provocar estudiosos sérios do fenômeno. Mas assinalar uma idealização política, estético-intelectual e acadêmico-esquerdista da produção artística da periferia, em São Paulo, desde pelo menos a passagem entressecular que há pouco vivemos. Esta idealização não difere muito, em essência, da idealização também esquerdista, na década de 1960, da produção artística originária da região nordestina. Emoções e sublimações características do antigo CPC parecem reviver assim em novo contexto. Lembro-me de uma cena da campanha eleitoral para a prefeitura paulistana em 2012, envolvendo Mano Brown e um típico intelectual uspiano de esquerda, suposto discípulo da Escola de Frankfurt, chamado Fernando Haddad. Estava marcado um encontro para os dois conversarem, ao cabo do qual o *rapper* anunciaria seu apoio ao candidato petista. E Brown demorava a aparecer.

Dava um tremendo chá de cadeira no futuro prefeito. Haddad, narcisista indisfarçável, fingia não se incomodar. E justificava o longo atraso de Mano Brown com um discurso que exemplifica o que observei: "se fosse outro cara, não, mas Mano Brown, tudo bem, ele pode – afinal, ele é um gênio; um cara como ele só nasce de cem em cem anos". Fiquei surpreso e impressionado com o que achei pura baboseira submissa (da "submissão" que nasce da *culpa*). Haddad, com seu vistoso currículo "frankfurtiano", integrava a legião da esquerda petista acadêmica que incensava tudo o que vinha da periferia, vista quase como uma espécie de último refúgio do sonho de transformação social. Pouco importava que, aqui e ali, a qualidade estética da produção periférica não fosse lá essas coisas. O que contava era a denúncia política, o sentido social. Conversa que, repito, conhecemos muito bem desde meados do século passado.

Interessante é que esta não é, há tempos, a trilha sonora da vida nas favelas brasileiras e sim, de uns anos para cá, a dos alunos e professores universitários que a estudam – a "comunidade" prefere mil vezes o pagode inócuo, o samba, a música caipira ou o gospel da "cultura evangélica", ao disque-denúncia do *rap* contestador, centrado nas agruras da vida, na exclusão social ou nos preconceitos de cor. Meireles e Athayde: "Considerado originalmente o estilo capaz de denunciar as mazelas da vida na favela, bem como de conscientizar socialmente os jovens, o rap/hip-hop é ouvido por apenas 10% das pessoas... Se tratarmos do tipo preferido de música na favela, o rap/hip-hop tem apenas 3% das menções... É possível considerar que o apogeu do rap tenha ocorrido em São Paulo, em outra época, provavelmente na virada do século, em que as condições sociais e econômicas na favela eram notadamente piores. Pelo menos para aqueles jovens que em 2014 vestem roupas de grife, comunicam-se por smartphones e ingressam em universidades, as letras rebeldes e angustiadas perderam em parte o sentido. Para muitos, o sonho maior é mergulhar no mundo do consumo [condenado por Mano Brown] e não contestar o sistema." Ao lado disso, lembre-se de que os mais velhos sempre foram mais chegados a um pagode e às melodias dolentes das duplas caipiras do que a qualquer coisa que cheirasse a *funk* e *rap*. O que não diminui em nada o *rap* – e talvez nem mesmo sirva para atenuar os excessos da postura idealizadora de brancos do "centro expandido" com relação ao *hip-hop*.

A PERVERSÃO CONSUMISTA

Encarando a cidade em seu aspecto de máquina econômica, a diferença entre o que se passa em Copacabana e em Santa Marta é só de grau.

A pergunta "o que quer uma mulher?" não receberá respostas muito diferentes no largo do Estácio, na Mangueira e na extensão atlântica entre o Leme e a Gávea. Do teleférico do Complexo do Alemão, a oposição entre "o morro" e "o asfalto"se dilui. Favelas, tanto quanto *shopping centers*, são, hoje, "templos do consumo". Não sou contra o acesso de favelados a computadores e roupas "de grife", é claro. O acesso aos bens produzidos ou comercializados por uma sociedade deve estar aberto a todos. Mas não posso deixar de pensar três coisas, pelo menos. Primeiro, o consumo deve sofrer restrições desde que prejudique as condições gerais de existência da cidade, como no caso da ênfase no transporte individual e não no sistema público. Segundo, as restrições devem ser ainda mais severas, chegando a proibições e punições, quando o consumo ameaça contribuir para comprometer a contextura ambiental local ou a situação ecológica global. Terceiro, não tenho como situar o consumismo no campo de uma transformação sociocultural profunda, no horizonte de uma desejável mudança do mundo.

Digo isso porque no Brasil, até à véspera da crise atual, quando se falava de mudança social, falava-se automaticamente de aumento do poder de compra dos trabalhadores, de uma "nova classe média", facilidades creditícias, mercado interno. Em diversos círculos, a palavra "favela" vinha quase que imediatamente acompanhada pela palavra "consumo". É certo, portanto, que líderes "comunitários" e favelados não estavam sozinhos nisso. E o consumismo deixou há tempos de ser coisa de direitistas e "alienados". A preocupação central da "esquerda brasileira" no poder não diz respeito aos temas clássicos do socialismo. No campo econômico, o que conta é o mercado. Trata-se de continuar favorecendo o enriquecimento dos que já são ricos e de dar, aos mais pobres, um gostinho de ascensão social. O mercado é o grande ímã. O que é apresentado na pauta dos grandes avanços sociais brasileiros no século XXI? A expansão e o fortalecimento do mercado interno. Como isso foi conseguido? Entre outras coisas, graças à contenção da inflação com Fernando Henrique e à valorização progressiva do salário-mínimo com Lula. Quem não ganha salário-mínimo, conta com a extensão da aposentadoria rural ou a grana de alguma bolsa assistencialista. Vejo pessoas encherem a boca para falar de "expansão do crédito" (antes de a crise ter tomado conta do atual governo petista, bem entendido). Nunca foi tão fácil o acesso ao crédito no Brasil! – bradam nossos esquerdistas. Mas não queiram me dizer que isso tem a ver com socialismo. Na verdade, o suposto grande processo de ascensão social, que o *marketing* petista celebra como se fosse algo que tivesse mudado a estrutura da sociedade brasileira, pode ser resumido didaticamente nos seguintes termos: quem era fodido e meio, agora é só fodido. O Brasil, para lembrar Jessé de Souza, permanece como um espaço de produção social da subcidadania. Não transcendemos o círculo de ferro que circunscreve e confina a ralé.

Mas a obsessão do consumo parece dominar a mente da população brasileira como nunca antes na história desse país. Vivemos numa sociedade que vai subordinando tudo ao mercado. Que apresenta o seu desconserto sob a regência de um vampiro insaciável, que só quer saber de lucro. E que é favorecido e incensado, até como santo regenerador, por uma conjunção inédita entre nós, montada na articulação de ações e discursos midiáticos, político-econômicos e religiosos. Para não me alongar muito e ao mesmo tempo chamar a atenção para o que há de novidade neste sentido, na conjuntura brasileira atual, aponto para a formação de um tripé ideologicamente solidário, como ainda não tínhamos conhecido na experiência brasileira, em prol da expansão contínua do consumo. Eis as três pontas da retórica social-mercadológica que impera atualmente em nosso ambiente: meios de comunicação de massa + PT no poder + igrejas neopentecostais, todos divisando no consumo o caminho para a realização plena da sociedade e das pessoas. Temos o elogio do consumo veiculado pelos *mass media*; o elogio do consumo veiculado por um governo "de esquerda" que chegou ao poder falando em nome das classes trabalhadoras (em cujo conjunto o PT incluía a classe média); o elogio do consumo veiculado por uma religião de massa. A incitação ao consumo continua sendo martelada pela publicidade (instância sistêmica do lucro), através dos meios de comunicação de massa. Mas não só pela publicidade. As telenovelas da Rede Globo fazem com que as massas tenham acesso visual generalizado à vida de abundância e luxo das classes dominantes, vida que se elege como meta ideal, incrementando o desejo consumidor e contribuindo para gerar a violência que muitos julgam necessária para alcançá-la. Aprofundando o quadro, temos um PT que deixou para trás a estrela ética que guiou seu nascimento, embalado pela Teologia da Libertação e por uma esquerda anticapitalista. Mas isso já não conta: desde que o PT chegou ao poder em 2003 até ao advento da crise que agora nos pegou pelo pé, tivemos o consumo como peça-chave do marketing e da pregação oficial das administrações de um partido que jogou no lixo a visão de mundo que vinha norteando seus passos. O discurso religioso poderia produzir um antídoto ao veneno consumista com a Igreja Católica, adversária tradicional da ganância, do consumismo, do culto social das aparências. Mas a subcultura evangélica triunfante não vai por aí, em seu estardalhaço proselitista. Confere às condições materiais de vida o estatuto de signo revelador da bênção divina. A cada bem material que o sujeito adquire, ele tem o sinal de uma graça que lhe foi concedida. Povo eleito é povo consumidor. E por aí não se contestam um discurso e uma prática em que, antes que a preocupação com a construção social de uma vida nova, fundada na solidariedade e na cidadania, o que vem à frente de tudo é a afirmação categórica: trabalhador tem mais é que consumir.

Mas avanço sociocultural não é, simplesmente, comprar equipamentos domésticos em 36 prestações mensais, anos depois adquirir um automóvel e, um pouco mais tarde, realizar "o sonho da casa própria" num conjunto habitacional que, não raro, mais sugere um canil do que uma colmeia de lares. Não é reduzir a inclusão social à integração mercadológica. Não é apelar para a velha magia nominalista, passando a classificar, sob o rótulo marqueteiro de "nova classe média", quem de fato permanece relativamente pobre, sem tempo e dinheiro para o lazer. Nem é apelidar a fome de "pobreza extrema", como se isso resolvesse alguma coisa. O problema é que a esquerda se demitiu de ser esquerda e caiu no conto do mercado. Nossos esquerdistas não pararam para pensar numa questão colocada por Michael J. Sandel, em *O que o dinheiro não compra: limites morais do mercado*: "Queremos uma economia de mercado ou uma sociedade de mercado?". Sandel está certo: *ter* uma economia de mercado pode ser da maior relevância para dinamizar um país – mas *ser* uma sociedade de mercado é uma perversão. "A diferença é esta: uma economia de mercado é uma ferramenta valiosa e eficaz de organização de uma atividade produtiva. Uma sociedade de mercado é um modo de vida em que os valores de mercado permeiam cada aspecto da atividade humana. É um lugar em que as relações sociais são reformatadas à imagem do mercado." Numa economia de mercado, é preciso ter dinheiro para fazer as coisas. Numa sociedade de mercado, é o dinheiro que nos tem e que nos faz de coisas.

O jovem Lula era o retirante nordestino que via em cada objeto que conseguia comprar, com seu salário de metalúrgico em São Paulo, o signo vistoso de mais uma vitória. *Consumo pessoal e conquista social se equivaleram em sua cabeça*. Para ele, o avanço dos trabalhadores se mostra não em termos de realização espiritual ou cultural. Mede-se por passos dentro de uma loja. Por cada objeto que se pode comprar. A mentalidade sindicalista norteia a vida operária por acréscimos salariais e aquisições objetais. Quando a crise econômica mundial se fez explícita em 2008, desacreditando governos e instituições financeiras das sociedades ricas do Atlântico Norte, o então presidente Lula foi para a televisão dizer ao povo brasileiro que não parasse de consumir. Que prosseguisse comprando, comprando, comprando – em especial, o "carrinho novo" (pela primeira vez, na história do Brasil, comprar um carro virou ato patriótico...). E este "movimento generalizado de *consumo salvacionista* [itálicos meus] se articulou perfeitamente à campanha de sua candidata à própria sucessão", comentou Tales Ab'Saber, em *Lulismo – Ccarisma pop e cultura anticrítica*. A expressão "consumo salvacionista" é perfeita. Numa jogada duplamente irresponsável, do ponto de vista da agenda socioambiental: celebração da "sociedade de consumo" e estímulo à indústria automobilística, que segue envenenando o ar de nossas cidades. E diz bem do tipo de "socialismo" a que chegamos, com Lula e o PT andando de mãos dadas com a velha oligarquia, os muito ricos, os empresários mais poderosos do país, irmanados na redução dos movimentos sociais ao peleguismo, na celebração do consumo e na consumação de seus delitos sociais, culturais e ecológicos.

OUTRAS PALAVRAS

A maioria da população brasileira só muito recentemente foi introduzida no "maravilhoso universo do consumo", com todos os seus signos de *status* e suas promessas de felicidade e autorrealização. Finalmente, a classe média baixa e a classe trabalhadora ascendente começaram a amealhar recursos suficientes para comprar automóveis, viajar de avião e exibir roupas e eletrodomésticos que antes apenas invejavam. No caso dos moradores das favelas, aliás, há um aspecto psicológico interessante. Meireles e Athayde registraram o lance, citando a fala de um empresário popular no Fórum das Favelas, realizado no emblemático Copacabana Palace, no Rio de Janeiro, em novembro de 2013: "Na favela, comprar o original é sinal de status. Tenho experiência em shopping popular. A pequena burguesia é que gosta de pirataria. Para o favelado, a aquisição do produto original é que faz a diferença." E o fato é que o consumismo tomou conta do "morro", espraiou-se pelas favelas e "invasões" de todo o país (mesmo onde elas insistem em se autodenominar "vilas", como em Curitiba e Porto Alegre). Por um lado, este acesso aos bens de consumo é muito bom, até no sentido da construção futura de uma verdadeira democracia cultural. De outra parte, temos as consequências patológicas de sempre, desde que o "capitalismo de consumo" seduziu o planeta: as pessoas passam a viver sideradas por necessidades artificiais, nas quais se realizariam em sua essência enquanto seres humanos.

Hoje, o mundo do consumo é, quase de uma ponta a outra, um mundo de aparências, regido pela lógica do lucro. Na produção desse mundo, o desenho industrial e a publicidade são peças centrais. É por aí que se forjam e se consolidam "necessidades" sociais de consumo, numa sociedade estruturada de tal modo que deixa ver inscrita no seu âmago, como o fim em si de sua organização, não a própria vida humana, mas o capital. Aqui, ressalta a questão antropológica fundamental. Reina absoluto o deus-mercado. Impera o esforço de redução da sociedade ao mercado – e a do ser humano ao estatuto de consumidor. Dessa perspectiva, em vez de se deixar caracterizar por coisas como a linguagem ou a angústia, o ser humano se distinguiria dos demais animais pelo jogo monetário, a atividade mercadológica, o poder de compra. Antes que em alguma instância metafísica ou psicológica, a essência da humanidade se objetivaria no desejo insaciável de trocar dinheiro por mercadoria.

O consumismo, em países como o Brasil, tem um aspecto específico e particularmente perverso, desde que, diferentemente das democracias ricas do Atlântico Norte, o Brasil não chegou a se constituir numa "sociedade afluente", no sentido original que Kenneth Galbraith deu à expressão. Isto aqui não é um lugar onde as demandas básicas da população se achem atendidas, de modo que as pessoas empreguem o que sobra de suas rendas na satisfação de desejos efêmeros e caprichos dispensáveis. A pobreza e a fome ainda são realidades chocantes. Serviços públicos beiram a porcaria. O déficit habitacional é alto. Etc. Mesmo assim, o gasto supérfluo se expandiu espetacularmente entre nós. Foram todos se rendendo à "vidiotice consumista", para lembrar a expressão de Décio Pignatari. No caso dos grupos socialmente desfavorecidos da sociedade brasileira, temos, ainda e acima de tudo, a necessidade de participar da festa. E aqui podemos retomar, em nosso contexto, observações do Zigmunt Bauman de *O mal-estar da pós-modernidade*. Vivemos numa sociedade que nos bombardeia com doses maciças de publicidade, dizendo que viver é consumir. Viver é comprar prazer. Viver é exercer a liberdade individual que só o dinheiro dá. Viver é poder fazer parte da festa. Esta é uma das dimensões mais terríveis da ideologia dominante em nossos dias. Quem não tem como entrar na festa, sente-se fracassado. Vê-se como alguém que não logrou ingressar no círculo dos consumidores plenos. A classe média tradicional, diante disso, costuma se manter resignada, sofrendo em silêncio sua frustração. Outros, não. Partem para exercer seu direito de viver plenamente, tal como a mídia ensina. E na base mais imprevista de sua liberdade individual. Não pode consumir? Rouba, toma, extorque, expropria, mata. É seu modo de participar da festa. Nesses últimos anos, uma mudança no quadro incrementou o consumo. Oportunidades de trabalho aumentaram a renda da população mais pobre. E aconteceu uma espécie de enxurrada proletária em direção às prateleiras de todos os objetos consumíveis. Pelo menos até 2014, nunca os trabalhadores (formalizados ou não) se mostraram tão satisfeitos com suas vidas e tão confiantes no futuro imediato, com o PT titereando as massas. A continuidade passou a ser o valor mais prezado. Mas sempre coube a pergunta: de uma perspectiva menos titilante, por que celebrar um consumo cada vez mais dominador?

É evidente o conformismo sócio-histórico-social que reina por aqui. Na sociedade de consumo, a "vida melhor" é inseparável da "vida" da mercadoria. Os ideólogos do mercado e do consumismo querem nos convencer de que o ponto mais alto da felicidade humana se realiza numa operação comercial. Se perguntamos, de uma perspectiva menos superficial, para que serve a linguagem publicitária, somos obrigados a responder que não é, simplesmente, para vender produtos. A publicidade em torno de um determinado apartamento ou automóvel é neutralizada pelo estardalhaço publicitário em torno de outro automóvel ou apartamento. O que se quer vender não é uma marca, mas o uso do automóvel. É por isso que, em *O sistema dos objetos*, o sociólogo Jean Baudrillard sublinha que a "função explícita" da publicidade não deve nos enganar. Agências de publicidade são máquinas que produzem discursos que, sob a "função explícita" da venda de um certo produto, estão na verdade vendendo normas, valores e condutas sociais. Pela via das criações sígnicas maquinadas no burburinho "anfetamínico" da agência, o consumidor interioriza princípios e padrões. Não se vende um sabonete, mas um modelo de higiene, beleza e sexo; não se vende uma casa, mas a família e uma suposta felicidade familiar; não se vende um blêizer e um tênis, mas um estilo de vida etc. Em outras palavras – e em última análise –, o que a publicidade vende é a adesão a uma sociedade e, mais profundamente ainda, a uma cultura.

Era esperável que tomássemos o caminho do consumo. O Brasil ratificou sua adesão à civilização ocidental-moderna quando avançou a um ponto irreversível a sua própria "revolução burguesa", a caminho do final do século XIX. De lá para cá, avançamos nessa direção e, obviamente, no rastro consumista dos países ricos. Mas, como disse, há (ou deveria haver) limites. O economista Kenneth Galbraith, há pouco citado, está na base de não poucas críticas à sociedade de consumo. Além disso, da contracultura ao ambientalismo atual, a postura anticonsumista se fortaleceu no planeta. A conversa hoje já não é somente política ou filosófica, mas também técnica e científica. Para quem foi criado entre Herbert Marcuse e os movimentos ecológicos ou ecossociais, o elogio do consumo soa como uma fuga ou uma negação do que pode haver de maior na humanidade, que é a construção de um mundo mais saudável, equilibrado e solidário. A atual idealização da favela, do ponto de vista da celebração do consumo, é coisa de quem aceita o mundo tal como ele existe e se estrutura hoje. É o contrário mesmo do que se espera e acontece no romance *O ano em que Zumbi tomou o Rio*, do angolano Agualusa. Não que eu defenda qualquer opção por um enfrentamento armado do "sistema". Apenas acho que a aceitação do "realmente existente" traz consigo uma renúncia inaceitável. O próprio consumismo aponta a existência de claras diferenças internas no espaço da favela. Para incipientes conflitos classistas, escamoteados por um discurso que quer dissolver discrepâncias sob o rótulo de "comunidade". Mas a corda não vai suportar indefinidamente essa tensão. E valores mais altos e generosos ainda podem brilhar no centro da cena.

30. O GOVERNO ATUAL E AS CIDADES

A peripécia que se desenhou perversamente entre a criação do Ministério das Cidades, respondendo à demanda de movimentos sociais, e sua posterior transformação em balcão de barganha política é o retrato acabado de que o PT jogou na lata do lixo sua vocação de esquerda. Quando Dilma Rousseff foi eleita, em 2010, pensei que a degradação ministerial seria revertida, com a recuperação do ministério, em sua integridade ética e responsabilidade social. Afinal, ao longo da campanha eleitoral, Dilma defendeu a realização de um conjunto básico de reformas e programas, assegurando-nos, entre outras coisas, que erradicaria a miséria do país e promoveria uma grande reforma urbana nacional. Mas, assim como não erradicou miséria nenhuma e virou as costas à questão ecológica e aos nossos mais urgentes problemas ambientais, Dilma não fez o menor gesto para reconduzir o Ministério das Cidades à sua missão original. Esqueceu-se do seu compromisso com a promoção de uma grande reforma urbana nacional. E manteve o ministério como espaço da corrupção e da podridão política.

Assim, a principal inovação do PT no poder, que foi a criação do ministério em janeiro de 2003, foi descartada sem a menor cerimônia. Quando tocamos no assunto, mesmo petistas um pouco mais independentes mostram partilhar daquele que é talvez o problema central da patologia partidária: a amnésia seletiva. Assim como se esquecem de que ficaram contra a postura de Tancredo Neves de disputar eleição indireta para a Presidência da República, enterrando a ditadura militar, e viraram as costas à Constituição de 1988, o PT não quer se lembrar dos passos que desfiguraram a um ponto irreconhecível o projeto primeiro do Ministério das Cidades. Mesmo o ex-ministro Olívio Dutra, primeiro ocupante do cargo, não quis responder a umas poucas perguntas minhas sobre o tema. No entanto, todos sabemos que Olívio, que tinha sido governador do Rio Grande do Sul, se viu obrigado a abrir mão do cargo por conta de uma barganha de Lula com o "folclórico", corrupto deputado pernambucano Severino Cavalcanti. A história é conhecida. Lula precisava reforçar seu pelotão no Congresso, depois que estourou escândalo do mensalão. Ofereceu então ao partido de Severino o comando do Ministério da Previdência. Severino recusou: só aceitava apoiar Lula em troca do Ministério das Cidades. Com sua alma de sindicalista corajoso e coerente, Lula cedeu. Retirou Olívio do posto e entregou a pasta a Severino, que colocou no cargo um político de sua turma. Desde então, o Ministério das Cidades deixou de lado o sentido de qualquer intervenção transformadora na vida urbana brasileira e virou feudo partidário. Passou a ser dirigido por pessoas que nunca pararam para refletir sobre as nossas cidades e seus problemas, na conjuntura da maior crise já vista na história urbana do país.

Um desses políticos, deputado baiano apoiado pelo governador (petista) da Bahia, se viu enxotado do ministério sob denúncias de corrupção. Como prêmio de consolação, foi nomeado – pasmem – para o Tribunal de Contas da Bahia... Olívio Dutra, aliás, desculpa sua própria saída, livrando a cara de Lula, com palavras das quais deveria se envergonhar: "A minha saída fez parte de uma conjuntura, mas o PT seguiu governando." A degringolada começou, portanto, quando, pressionado pela crise do mensalão, o governo decidiu se esquecer das razões que o levaram a criar sua única inovação administrativa louvável – e o ministério foi empurrado para o lodaçal da prostituição política, entrando na roda das negociações para ampliar a base de Lula no Congresso. Mas o PT, diria Olívio, "seguiu governando". E foi aí que ficou claro que o governo nunca chegaria a definir uma política para as cidades brasileiras. Os ministros foram se sucedendo, sem que ninguém do ramo assumisse o posto e sem o ministério assumir sua atribuição de coordenar a estratégia nacional de recuperação, viabilização e avanço ecossocial de nossas cidades. Para dar o tiro de misericórdia no órgão, a senhora Rousseff reduziu o ministério ao papel de executor do "Minha Casa, Minha Vida", uma das principais cartas eleitorais da presidente, na sua luta para se reeleger. E foi justamente assim, sob o signo de tal desgovernação, que o Ministério das Cidades deixou quatro coisas fundamentais de lado: a ética, a honestidade, a dimensão democrática dos processos de intervenção urbana e a própria tentativa de ler e entender os nossos aglomerados humanos – vale dizer, nesse último caso, que passou a ignorar tudo o que dissesse respeito à cidade como tal, do seu mapeamento socioantropológico às questões mais definidamente gravadas no campo do urbanismo.

O ministério deixou de encarar nossos aglomerados urbanos como fenômenos espaciais específicos. E passou a vê-los em termos empresariais. Ou, mais precisamente, *empreiteiriais*, se assim podemos dizer. Também a política foi jogada para a lateral do campo. Decisões públicas sobre a cidade – digam respeito ao transporte, ao sistema viário, à distribuição de espaços e recursos, aos modos e normas do construir etc. – se inscrevem, obviamente, no horizonte da política. Embora tenha sido fruto de movimentos sociais, o ministério, seguindo a regra da calhordice progressiva das administrações petistas, passou a desconhecer qualquer coisa que dissesse respeito à participação da sociedade – ou de segmentos citadinos mais imediatamente implicados, até por conta de sua própria localização física no espaço urbano – nestes ou naqueles projetos e ações do poder público. Não só a ética, em seu sentido geral, como a ética da arquitetura, em particular, foram deixadas às traças. Por fim, o Ministério das Cidades resolveu que a última coisa com que precisaria se preocupar era justamente a questão do que é uma cidade. Como se o Ministério da Saúde decidisse que era supérfluo ter alguma noção do que quer dizer "saúde pública", por exemplo. Ora, tudo o que foi originalmente argumentado para demonstrar o quanto era necessário ter um Ministério das Cidades foi arquivado, desprezado, visto como um estorvo do qual urgia se livrar, despejando-o em algum sítio esquecido à margem da estrada. Resultado: o ministério carece hoje de duas coisas indispensáveis, aqui lembradas com relação estrita à ação no mundo urbano: inteligência e decência.

* * *

Lembro aqui uma observação ao mesmo tempo óbvia e certeira de Kevin Lynch: uma cidade nunca é produto de "forças impessoais" – é filha da *ação humana*. Mas esta ação, desde que não se resuma a lances fragmentários de leigos ou a arranjos interesseiros de empresários privados, sendo antes feita de gestos do poder público em diálogo com o corpo social, tem de se assentar, necessariamente, em princípios explícitos. Uma cidade não é um organismo biológico, desenvolvendo naturalmente seus ossos, seus órgãos ou seus músculos. Toda cidade é artifício humano. É entidade essencialmente artificial. Para agir com elas e sobre elas, devemos não só saber como chegaram a ser o que são e como funcionam, mas também contar com a possibilidade real de abrir a discussão acerca do que estas mesmas cidades poderiam ou deveriam ser. Abrir a discussão sobre as perspectivas possíveis dos centros urbanos.

Mas, em vez de apressar o passo, andemos em adágio. Cada decisão pública sobre a cidade não só tem consequência prática, atingindo-a em sua realidade física, em sua materialidade, como se assenta, em última instância, numa visão normativa do centro urbano. Voluntária ou involuntariamente, consciente ou sub-repticiamente. Quando um prefeito toma determinada atitude diante do transporte público ou da circulação de automóveis individuais, por exemplo, das duas, uma: ou está agindo na promoção de interesses particulares que prefere dissimular ou ocultar, ou está fazendo aquilo que acha que é melhor para a cidade. Se for este o caso, estará seguindo um princípio ou obedecendo a uma norma que distingue entre o que é bom e o que é mau para o centro urbano, ainda que a ideologia normativa que adota seja fragmentária ou até inconsciente para ele. É impossível escapar ao horizonte da normatividade. Mesmo o planejamento urbano que se apresenta como "científico" traz embutida uma teoria normativa das configurações citadinas – tanto quando se trata de intervenções num tecido urbano preexistente, quanto quando o que se vai fazer é a construção de uma cidade nova a partir do nada. Havia uma ideologia normativa subjacente à feitura do Parque do Flamengo, na cabeça de Lota de Macedo Soares. Do mesmo modo, o plano piloto para a construção de Brasília se assentava em solo valorativo. Ali estava um guia para materializar, no planalto central do país, o conceito que Lúcio Costa defendia acerca do que deve ser uma cidade boa para se viver, combinando funcionamento eficiente da máquina urbana e um ambiente que favorecesse o bem-estar dos moradores.

Sob esta luz, como seria possível levar a sério sucessivas gestões do Ministério das Cidades que não revelaram a mínima preocupação com a necessidade de se ter uma teoria da cidade, focalizando o objeto sobre o qual incidiriam suas iniciativas práticas? Como levar a sério gestões que nem se davam ao trabalho de querer ter uma ideia clara do que é o fenômeno urbano e das perspectivas citadinas no momento presente da história das cidades em nosso país? Gestões que passavam ao largo do (ou consideravam supérfluo o) que era e é fundamental? Gestões que, visando outras coisas que não exatamente a melhoria das cidades brasileiras, se limitavam a reproduzir as mais diversas e maiores banalidades do (in)senso comum? Ou, ainda, que se pautavam pelos ditames da corrupção e do lucro? Da especulação (ganância) imobiliária? A verdade é que, depois de despachar a equipe inicial do ministério, trocando urbanistas por agentes de empreiteiras, os governos de Lula e Dilma se lixaram para o assunto. Traíram seus compromissos com os movimentos sociais e a população brasileira e usaram o ministério para conseguir votos no Congresso e tempo de televisão para programas eleitorais. É de uma irresponsabilidade social assombrosa. Porque o Brasil precisava justamente do avesso do que foi feito para agraciar setores reacionários do partidocratismo nacional. Claro. Como uma cidade é sempre o resultado de condutas intencionais e conflitos inevitáveis de e entre vários agentes, com poderes, recursos e interesses diversos, é preciso definir e sustentar com clareza o papel do Estado em tal contexto. O grau, o sentido e a qualidade do desenvolvimento urbano não são coisas que devam ser deixadas a cargo de empreiteiros da construção civil, de agentes da especulação imobiliária – e muito menos representantes desses grupos devem ser nomeados para ficar à frente de um órgão que se criou, na engrenagem do aparelho estatal, justamente para cuidar melhor das nossas cidades, esforçando-se para tentar retirá-las, mesmo que somente em parte, da grande crise em que hoje naufragam.

Enquanto o chão da cidade for propriedade de um pequeno grupo de empresários, que só se mostra disposto a encará-lo como fonte de lucro, a presença estatal, no comando e na orientação das intervenções urbanas, será certamente indispensável. O Estado pode lidar com o chão citadino de outra perspectiva. Como solo vital para o crescimento e o florescimento das pessoas que habitam o núcleo urbano. A atual revolução urbana chinesa só está acontecendo porque lá o solo da cidade não é propriedade privada. O governo faz o que julga que é preciso fazer. Mas claro que isso é um perigo imenso, como todas as ditaduras ensinam. E não estou aqui para defender a estatização do chão da cidade, muito embora considere que, em matéria de solo citadino, só a pequena propriedade é aceitável. Não devemos admitir a existência de latifundiários urbanos nas principais cidades do país. Nem permitir que o chão urbano seja repartido entre membros de um seleto e poderoso grupo de interesse, que o trata como coisa sua. A cidade não deve ter dono. Ou antes: os donos da cidade têm de ser os cidadãos. A questão não é estatizar, repito, mas fazer com que o uso do solo urbano obedeça ao princípio da função social da propriedade, claramente estabelecido nas leis brasileiras. Sei que Lula e Dilma não gostam muito de levar a lei em conta, assim como têm horror à ideia de que é preciso prestar contas de seus atos à sociedade. Mas a legislação existe, faltando apenas aplicá-la. Com o conjunto de leis que temos à nossa disposição, poderíamos ter um verdadeiro Ministério das Cidades. No dia em que tivermos, acreditem: a realidade urbana brasileira será outra.

Porque uma cidade deve ser pensada como tal, como um bem primacialmente coletivo, e não enquanto máquina de fazer dinheiro para a farra de poucos. É a dominância praticamente absoluta do ponto de vista do capital imobiliário que vai criando um ambiente citadino cada vez mais hostil às pessoas. Daí a urgência, diante da gigantesca crise urbana brasileira, de podermos contar com um governo que leve as coisas a sério e se preocupe com o assunto. Muitas vezes, um conjunto de questões relevantes para a coletividade é simplesmente eclipsado, escondido ou abafado por interesses particulares. Alguém tem de defender e promover o interesse público e o bem-estar coletivo – e esse "alguém", esta entidade, no caso em tela, não será jamais um sindicato, uma associação ou um clube de empresários da construção civil e de mercadores de imóveis. Não haverá reforma urbana se o Estado não entrar em campo, definindo-se na linha de frente do processo. E esta presença deverá ter um sentido também prospectivo, veiculando e discutindo novas possibilidades de configuração urbana, incluindo aqui até mesmo as *Traumgestalten*, as "figuras de sonho" ou intuições e devaneios utópicos, que tantas vezes inspiram, mesmo que obliquamente, avanços preciosos para todos.

* * *

Enquanto isso não acontece, a própria sociedade deve tratar de tentar tocar o barco, buscando formas de se organizar e agir por si mesma. Perguntaram-me sobre o assunto outro dia, numa entrevista para a revista *Celeuma*, do Centro Universitário Maria Antônia – USP. Reproduzo parte da resposta:

AR: As "minorias de massa" (para lembrar a expressão que Décio Pignatari costumava empregar) estão com suas antenas e radares funcionando, apesar de todos os ruídos e interferências. Caminham bem à frente do grosso da população, tanto na percepção de nossos problemas urbanos quanto na prospecção de alternativas e na formulação de possíveis novos rumos. Seu papel é este mesmo: acender as luzes sobre os mais diversos aspectos da questão urbana contemporânea em nosso país, denunciar os obstáculos e os criadores de obstáculos (regra quase geral, entrincheirados poderosamente nas empresas privadas e no poder público) e apontar/abrir caminhos. O governo federal, quase a totalidade dos governos estaduais e municipais e do empresariado privado atuam para ocultar tudo o que de grave se enraíza, se aprofunda ou apenas se desenha em nosso meio. Manipulam, procuram ofuscar e distrair a sociedade, mentem. Com essa gente, não dá. É possível colaborar e estabelecer alianças com o poder público desde que este tenha compreensão de nosso atual momento urbano, disposição antipopulista para nadar contra a maré da insensibilidade, da desinformação e da estupidez da maioria da população e para realizar pelo menos o mínimo necessário que é possível no atual (e lastimável) momento brasileiro. Temos o caso de Fernando Haddad em São Paulo, por exemplo. Costumo dizer que Haddad aconteceu com muito atraso, mas pelo menos aconteceu, coisa que não vejo no momento em nenhuma outra grande cidade brasileira. Eduardo Paes tem um lado truquista viciado, excessivo, muito prejudicial para o Rio; no Recife, Geraldo Júlio, paralisado, não diz a que veio; Salvador não faz mais que maquiagem apressada na orla; Márcio Lacerda (também conhecido, em meio à juventude de Belo Horizonte, como "Márcio LaMerda") pensa que BH é uma empresa dele e vai na pior cegueira da governança neoliberal, alheio ao que é uma cidade etc. Haddad é o prefeito de que São Paulo precisava, graças, inclusive, à sua solidão política (o PT o humilhou publicamente mais de uma vez). São Paulo foi agredida pelo engenheirismo grosseiro da ditadura, com os estupros malufistas. Erundina e Marta mostraram preocupação social, mas sem uma verdadeira visão urbanística. Serra e Kassab deixaram o barco neoliberal correr solto, lavando (ou sujando) as mãos. E só agora São Paulo tem um prefeito que procura ver a cidade em si mesma, como fenômeno socioespacial específico. Mas Haddad, como disse, é uma exceção. Vejam o governo federal hoje, matriz de mentiras e falácias de toda ordem. A administração da senhora Rousseff é essencialmente irresponsável. No plano administrativo, com o patrimônio e o dinheiro públicos. No plano social, com o desemprego grassando e a inflação comendo o salário de quem consegue arranjar emprego. No plano ambiental, de que a lama de Mariana é no momento o signo mais vistoso. No plano mais especificamente urbano, dando as costas para o encalacro em que nos encontramos. [...]. Por aí se vê que é a sociedade, são os movimentos ativistas, que têm de ir para a linha de frente. O Brasil, mais uma vez, se vê obrigado a acontecer à revelia do Estado. Por isso mesmo, para caminhar com lucidez, é bom que os ativistas não se esqueçam da sábia advertência de John Dewar, o inventor da garrafa térmica: nossas mentes são como paraquedas – só funcionam quando estão abertas.

31. UMAS NOTAS CASEIRAS

CASA E TECNOLOGIA

Para aquém ou para além de sua expressão plástica e de seus significados simbólicos, casa é tecnologia. A afirmação é óbvia, mas é bom fazê-la, porque a residência do óbvio, quase sempre, fica numa rua sem nome e sem número, no bairro do esquecimento. Mas, para lembrar McLuhan (*Understanding Media*), basta pensar nos iglus dos esquimós. É uma casa-abrigo de blocos de gelo, tremendo instrumento tecnológico, perfeito para a sobrevivência humana em claros campos de neve. A maloca tupi também é tecnologia, em outra circunstância ecológica: um artefato-mentefato armado em resposta ao sol, aos ventos e às chuvas dos trópicos, na faixa litorânea que se estendia entre os atuais estados do Ceará e de Santa Catarina. Do mesmo modo, a cabana xavante das áreas centrais do país, estruturada de modo a expelir o ar quente. Nada disso é essencialmente diferente, como concepção e realização técnicas, de um apartamento moderno dotado de piso térmico. Dos muxarabis árabes. Da cúpula geodésica de Buckminster Fuller. Ou de recentes "casas ecológicas" que reciclam águas e são movidas a energia solar. Tudo é tecnologia. E aqui me lembro do antropólogo Evans-Pritchard, em seu estudo sobre o grupo nuer: "A tecnologia, de um certo ponto de vista, é um processo ecológico: uma adaptação do comportamento humano às circunstâncias naturais."

Regra geral, quem diz que não quer uma "casa tecnológica" não tem noção do que está falando. Esquece-se de que toda casa é tecnológica. Ou está apenas dizendo que, às tecnologias domésticas contemporâneas, prefere tecnologias domésticas de tempos transatos. O problema, portanto, não é a tecnologia em si. Uma chaleira é tão tecnológica quanto um computador, ou quanto os neomuxarabis de Jean Nouvel no Instituto do Mundo Árabe, em Paris – persianas que abrem e fecham automaticamente, a depender da intensidade da luz externa. A história tecnológica da humanidade tem, entre suas referências mais remotas, uma forquilha ou espeto para extrair tubérculos do chão, em pequenas expedições de coleta alimentar. Quem hoje estreia, em sua casa, *devices* domésticos recentíssimos, pretendendo maravilhar visitas, nem sempre consegue imaginar a surpresa e a transformação causadas pelo aparecimento do garfo de mesa, séculos atrás. Mas basta lembrar o que nos diz, a este respeito, o Norbert Elias de O *processo civilizador*. O comer e o beber ocupavam uma posição mais importante, entre os ritos da sociedade medieval, do que a que têm nos dias que correm. Naquela época, era considerado deselegante roer uma costela e jogar de volta o osso roído na travessa de uso comum, onde estavam as carnes. "Usar a mão para limpar o nariz era coisa comum. Ainda não existiam lenços. Mas, à mesa, algum cuidado deveria ser tomado e de maneira alguma devia alguém assoar-se na toalha", escreve Elias, comentando o *Disticha Catonis*, manual de etiqueta da gente chique da Idade Média. "Não é decente enfiar os dedos nos ouvidos ou olhos, como fazem algumas pessoas, nem esgaravatar o nariz enquanto se come" – diz o *Hofzucht*, outro manual de etiqueta. Lamber os dedos (como ainda hoje faz a vasta classe média de Berlim, depois de devorar produtos de *fast food*) também pegava mal.

Sim: as pessoas, naquele tempo, comiam com as mãos. "No século XI, um doge de Veneza se casou com uma princesa grega. No círculo bizantino da princesa, o garfo era evidentemente usado. De qualquer modo, sabemos que ela levava o alimento à boca 'usando um pequeno garfo de ouro com duas pontas'. O fato causou espanto em Veneza: 'Esta novidade foi considerada um sinal tão excessivo de refinamento que a dogaresa recebeu severas repreensões dos eclesiásticos, que invocaram para ela a ira divina. Pouco depois, ela foi acometida de uma doença repulsiva e São Boaventura não hesitou em dizer que foi um castigo de Deus' [não se esqueçam: a moça apenas usava um garfo]. Mais cinco séculos se passariam antes que a estrutura das relações humanas mudasse o suficiente para que o uso desse utensílio atendesse a uma necessidade mais geral. Do século XVI em diante, pelo menos nas classes altas [da Europa], o garfo passou a ser usado como utensílio para comer, chegando através da Itália primeiramente à França e, em seguida, à Inglaterra e Alemanha", reconta Elias. Quem hoje se atrapalha com *iPods* e *iPads*, pode se lembrar de que pessoas também se atrapalharam, durante tempos, com o garfo. Garfo, como espeto, era (não vou resistir ao trocadilho) tecnologia de ponta.

Além dos que dizem recusar a tecnologia contemporânea de uso pessoal e doméstico, encontro, no polo oposto, os que sentem indizível prazer em nos entediar, mostrando, com insistência e pedantismo, as mais recentes engenhocas que adquiriram, num desfile variavelmente aborrecedor de recursos e interfaces. Um exibicionismo que, quando não é *nouveau riche*, chega apenas a ser infantil. Fazem-me lembrar sempre, mesmo que sem um décimo de *bit* do talento, o que há de mais pueril no Francis

Bacon da *Nova Atlântida* (ou, às vezes, a observação de (se não me falha a memória) Stuart Mill, que disse que os ricos, no mais das vezes, compram as coisas não para o seu próprio e genuíno prazer, mas para que os outros vejam). E como, de modo praticamente unânime, essas pessoas não são *experts* em tais bugigangas *high-tech*, me levam de volta, também, a Norbert Elias e aos cortesãos de Henrique III, na França, quando estes, afetadíssimos, concentravam sua atenção no aprendizado de comer com um garfo, deixando a metade da comida cair ao longo do complicado trajeto que eram obrigados a fazer entre o prato e a boca. Mas deixemos isso de parte. O que interessa é que a casa não só é tecnologia, estruturalmente, enquanto construto, como sempre dispôs de utensilagem interna. De um elenco de instrumentos e mecanismos domésticos.

Jardins, elevadores, redes, cestos, escadas, máquinas de lavar, poltronas, almofadas, vidraças, sensores, telões, liquidificadores, cercas elétricas, maçanetas: tudo é tecnologia – tudo é linguagem. É perda de tempo qualquer conversa sobre aceitação ou recusa de tecnologias e artefatos tecnológicos residenciais. Desde que a própria casa é tecnologia, conceito em estado prático, ambiente construído, artificial, trata-se de morar ou não em algum lugar transformado pela mente e a mão humanas. A tecnologia está presente na cabana de um índio, na tenda de um cigano, na *datcha* de um romancista russo, numa cápsula nipônica de morar. A questão é escolher – a essa altura dos processos ecológicos terrestres, não exatamente o que queremos, mas o que devemos e é preciso, com urgência, adotar. O passo seguinte é saber lidar com esta senhora múltipla e excêntrica. Tecnologias implicam condutas: a luz elétrica mudou a nossa relação com nós mesmos, com os outros e com o planeta, ao nos liberar para a noite e afastar o medo ancestral da escuridão. Mas há diversos modos de tratar o assunto. Uma coisa é o artefato escolhido, outra é como dispomos dele – e ainda outra é o que ele pode fazer de nós.

Décio Pignatari, numa conversa noturna, na São Paulo de finais da década de 1970, me disse uma coisa de que nunca esqueci: a pessoa chega em casa e acha que liga a televisão; é o contrário: a televisão é que aperta e liga os botões dela. Este é um aspecto complicado da questão. Pensamos que somos nós que ligamos nossos computadores. É quase sempre o inverso: nossos computadores nos atraem com seus desenhos sedutores e o elenco em potência de suas vias informacionais; nos ligam, nos conectam e interconectam com o alcance de seus *links*, com a eficiência de seus recados rápidos, com o feitiço de suas mensagens flutuantes. Precisamos, então, aprender a desligar as coisas.

SOBRE CONDOMÍNIOS FECHADOS

Mudanças significativas no panorama tecnológico e na vida social afetam sempre a paisagem residencial do país. Foi o desenvolvimento de meios de transporte, do trem ao automóvel, que permitiu a construção da *suburbia* norte-americana, com suas *gated communities*, tipo de assentamento que se irradiou para diversos países, inclusive o Brasil. Também o crescimento da violência urbana e a onipresença do medo contribuíram fortemente para a expansão e a consolidação do processo entre nós (na China, por sinal, condomínios fechados chegam a ser cercados por fossos). Para não mencionar o fato de que viver protegido assim, encerrado numa redoma, tornou-se obviamente um signo de *status*, exibido até ostensivamente em alguns casos. Mas não se trata só de periferia e de unidades residenciais unifamiliares, as "casas", em seu sentido mais comum. Na verdade, temos dois tipos de condomínio fechado: o horizontal e o vertical, materializando-se no prédio de apartamentos entrincheirado. Num ensaio de anos atrás, escrevi o seguinte.

"Historicamente, sempre existiu violência nas cidades. Lewis Mumford lembra que, em Roma, mesmo no apogeu do Império, 'as ruas eram escuras à noite e as pessoas se aventuravam a sair apenas com o risco de suas vidas, expostas aos degoladores das classes inferiores e aos bandidos jactanciosos das classes superiores, como na Londres do século XVIII'. E Ernani da Silva Bruno relata que, na passagem do século XVIII para o XIX, bandos de desordeiros e criminosos (mulheres, inclusive) andavam armados pelas ruas de São Paulo. O que não existia era a onipresença do medo, que aparece como uma nota distintiva do viver urbano entre as últimas décadas do século XX e estes primeiros anos do século XXI. Onipresença que levou Marcelo Lopes a cunhar o neologismo *fobópole* – cidade do medo. Todo esse processo, como viram diversos estudiosos, de Mike Davis a Steven Flusty falando de Los Angeles, terminou por conhecer um desfecho terrível: a *militarização da vida urbana*. Esta é a grande mudança histórica. Em nosso caso, na passagem do século XX para o XXI, militarizou-se a vida cotidiana nas principais cidades do país, com quadrilhas de criminosos, grupos privados de agentes de segurança, polícias, milícias. E se expandiu a chamada 'arquitetura do medo' [*form follows fear*, no terrível trocadilho irônico com o princípio modernista *form follows function*]. Claro, ainda aqui, que a humanidade sempre se preocupou com sua proteção. Aldeias indígenas tupinambás tinham paliçadas, cercas de pau a pique. E as primeiras cidades não dispensaram muros. Heráclito e Aristóteles escreveram sobre o assunto. Heráclito, aliás, chegou a dizer que o homem devia combater em defesa da lei, como combatia em defesa das muralhas. Mas há uma diferença fundamental. O que sempre houve, historicamente, foram uma arquitetura e um urbanismo de prevenção, mas cujo sentido de defesa era coletivo, como vemos na *Política* de Aristóteles. Era a cidade, em seu conjunto, que procurava se guardar contra ataques e assaltos de estrangeiros. Contra um inimigo *externo*. E, por isso, se amuralhava. Os muros citadinos circunscreviam o limite da cidade *in globo*. O que existe hoje é outra coisa. As cidades já não erguem muros em seus limites exteriores. Os muros são construídos dentro dela. São muros *internos*, separando vizinhos. Trincheiras de cidadãos se precavendo contra seus próprios concidadãos. E esta 'arquitetura do medo' se espalhou por todo o planeta. É escandalosa a sua presença nas nossas cidades."

Revendo o texto, faço somente uma ressalva. Fiz referência a muros das cidades gregas. Mas havia uma exceção: Esparta. A cidade, em tudo rival de Atenas, nunca procurou se guardar atrás de muros. Era cidade aberta, franca. Confiava, apenas e plenamente, na coragem e na qualidade dos seus guerreiros. Mas isto custava um preço alto: enquanto Atenas era uma paisagem móvel e colorida, Esparta nunca deixou de ser um acampamento militar.

* * *

O que é um condomínio fechado? Do ponto de vista físico, um segmento do espaço urbano com habitações protegidas por trincheiras, cercas, alarmes, sensores, câmeras, muros ou grades. Mas o ponto de vista físico não dá conta de seu significado social e cultural. O condomínio fechado, além de pertencer ao espaço antes específico da engenharia de guerra, é expressão visível de uma realidade imaterial. Cristaliza uma nova visão ou ideologia da violência urbana, da segurança pública e do medo. Esses condomínios instituíram novos focos ou uma nova modalidade de segregação socioespacial nas principais cidades do país. E alteraram a vida individual de brasileiros que ganham o suficiente para se alimentar e se vestir com roupas caras, estudando em escolas particulares e comprando carros de luxo. Substituíram os contatos interpessoais e interclassistas mais abertos de antigamente, por uma vivência cotidiana intramuros. Em algumas cidades brasileiras, condomínios fechados surgem como bloqueios antiurbanos e antissocietários, impedindo que a população possa degustar esteticamente a paisagem marinha ou desfrutar o sol litorâneo entre mergulhos no mar. Trechos da orla marítima da Bahia e do Rio estão atualmente privatizados. Os litorais têm donos. É uma interdição ao uso social da areia e do mar. Em São Paulo e em outras cidades, é comum moradores fecharem ruas públicas. Elas se tornam particulares. O acesso é franqueado somente a um grupelho de moradores e a pessoas que eles permitem circular por ali. Se por acaso houver um acidente, alguém precisar de um atendimento de urgência, não adianta querer tomar o caminho mais rápido, se este implicar a travessia de um quarteirão privatizado. Para conduzir o ferido, será preciso dar a volta, contornar vias públicas bloqueadas por particulares. Um escândalo anticonstitucional, barrando o ir e vir das pessoas. Bairros privativos querem substituir, de forma ainda mais esquizoide, o viver citadino. Em "Mão Escondida Projeta Arquitetura Medíocre", Jorge Wilheim vê a rua privatizada, o condomínio fechado ou o bairro privativo como "expressão voraz e predatória do privado não urbano, recusa da cidade e da vida societária, exclusão ostensiva de tudo o que é público". Mais: "Recentemente até se oferece um simulacro de vida urbana, ao propor-se – imaginem! – uma rua, como aquelas de verdade – lembram? – em que as crianças se conheciam e brincavam, agora, porém, rua privativa, também para quem pode. [...]. Simulação de paisagem urbana, simulacro da sociedade reduzida a condôminos, simulacro de cidade."

Em *Cidade de muros*, Teresa Caldeira panoramiza. Fala de São Paulo, mas sua leitura, *mutatis mutandis*, vale para boa parte das grandes cidades do país: "A segregação – tanto social quanto espacial – é uma característica importante das cidades. As regras que organizam o espaço urbano são basicamente padrões de diferenciação social e de separação. Essas regras variam cultural e historicamente, revelam os princípios que estruturam a vida pública e indicam como os grupos sociais se inter-relacionam no espaço da cidade. Ao longo do século XX, a segregação social teve pelo menos três formas diferentes de expressão no espaço urbano de São Paulo. A primeira estendeu-se do final do século XIX até os anos 1940 e produziu uma cidade concentrada em que os diferentes grupos sociais se comprimiam numa área urbana pequena e estavam segregados por tipos de moradia. A segunda forma urbana, a centro-periferia, dominou o desenvolvimento da cidade dos anos 1940 até os anos 1980. Nela, diferentes grupos sociais estão separados por grandes distâncias: as classes média e alta concentram-se nos bairros centrais com boa infraestrutura, e os pobres vivem nas precárias e distantes periferias. Embora os moradores e cientistas sociais ainda concebam e discutam a cidade em termos do segundo padrão, uma terceira forma vem se configurando desde os anos 1980 e mudando consideravelmente a cidade e sua região metropolitana. Sobrepostas ao padrão centro-periferia, as transformações recentes estão gerando espaços nos quais os diferentes grupos sociais estão muitas vezes próximos, mas estão separados por muros e tecnologias de segurança, e tendem a não circular ou interagir em áreas comuns. O principal instrumento desse novo padrão de segregação espacial é o que chamo [o que muitos chamavam, na verdade; veja-se Mike Davis em "*Fortress Los Angeles: The Militarization of Urban Space*"] de 'enclaves fortificados'. Trata-se de espaços privatizados, fechados e monitorados para residência, consumo, lazer e trabalho. A sua principal justificação é o medo do crime violento. Esses novos espaços atraem aqueles que estão abandonando a esfera pública tradicional das ruas para os pobres, os 'marginalizados' e os sem-teto." Teresa adverte ainda "que essas mudanças espaciais e seus instrumentos estão transformando significativamente a vida pública. Em cidades fragmentadas por enclaves fortificados, é difícil manter os princípios de acessibilidade e livre circulação, que estão entre os valores mais importantes das cidades modernas. Com a construção de enclaves fortificados, o caráter do espaço público muda, assim como a participação dos cidadãos na vida pública". Ingressa-se, assim, no espaço fechado da *privatopia*, para lembrar a expressão cara a alguns estudiosos norte-americanos.

* * *

Do ponto de vista da sociobiologia, *território* é uma área defesa. Uma porção de espaço ocupada de modo mais ou menos exclusivo por um animal ou grupo de animais, que a defende de forma direta exibindo disposição para o confronto ou por meio de sinais, que podem ser sonoros, como em trinados de pássaros, ou químicos, a exemplo do uso demarcatório da urina por certos mamíferos. E nem sempre é uma fatia geográfica fixa, imutável. Assume também natureza espaçotemporal (para lembrar a expressão de Edward O. Wilson em *Sociobiology*), quando o animal protege apenas a área em que se encontra em determinado momento, estação ou temporada.

A "territorialidade" é, portanto, uma das variantes do comportamento agressivo. E o que o animal defende, com sua postura para alertar e repelir intrusos, pode ser o terreno de sua base alimentar, o lugar onde se encontram o seu abrigo, uma zona de exibição sexual e acasalamento etc. Ou seja: a territorialidade inclui ou implica, muitas vezes, a defesa ou a garantia do abrigo, da área de moradia. E aqui chegamos ao ponto que me interessa realçar. O ser humano é um animal territorial. Não só conta com pontos de referência no espaço, como defende a área onde se alimenta e tem o seu abrigo. Neste sentido, podemos falar do *território* como o fundamento biológico da propriedade privada, seja ela comunitária ou individual. Em *Da natureza humana*, o mesmo Wilson comenta que "a fórmula biológica de territorialidade é facilmente traduzida para os rituais da moderna posse de propriedade". Mais: cada cultura desenvolve e estabelece seus próprios princípios e suas regras particulares de salvaguarda da propriedade e do espaço individual. O comportamento territorial se acha sujeito a diferenças, alterações e nuances, mas está sempre presente em nossas vidas – e o espaço da pessoa ou da família é preservado, a não ser em situação extrema de ruptura, de violação variavelmente violenta dos tabus sociais em vigor. Seguindo Wilson (e o sociólogo Pierre van den Berghe, em que ele se baseia), podemos ver isso em nossa conduta codificada diante da casa dos outros. Van den Berghe (*Territorial Behavior in a Natural Human Group*) está falando, no caso, do comportamento moderno com relação a um condomínio de casas de férias, localizado próximo a Seattle, nos EUA.

"Antes de entrar no território familiar, os convidados e visitantes, especialmente se não esperados, passam normalmente por um ritual de identificação, atenções, saudações e desculpas pela possível amolação. Essa interação comportamental tem lugar fora de casa se o dono aí estiver quando do primeiro contato, e é dirigida preferivelmente aos adultos. Os filhos dos donos, se encontrados em primeiro lugar, são interrogados a respeito do paradeiro de seus pais. Quando os donos adultos não são encontrados do lado de fora, o visitante vai normalmente até à porta da residência, onde faz um ruído de identificação batendo na porta ou tocando a campainha, se a porta estiver fechada, ou com a voz, se ela estiver aberta. Usualmente, a soleira só é transposta após o reconhecimento e o convite do dono. Mesmo assim o convidado sente-se à vontade somente para entrar na sala de estar e normalmente pede licença para entrar em outras dependências da casa, como banheiros ou quartos. Quando uma visita está presente, ela é tratada pelos outros membros do condomínio como uma extensão do seu anfitrião. Isto é, seus limitados privilégios de ocupação territorial estendem-se somente ao território de seu anfitrião, e este será responsabilizado pelos demais condôminos por quaisquer transgressões territoriais dos convidados [...]. Também as crianças não são tratadas como agentes independentes, mas como extensões de seus pais ou do adulto 'responsável' por elas, e as reclamações contra suas transgressões territoriais, especialmente se repetidas, são feitas aos pais ou responsáveis. A estrada de terra que atravessa a área do loteamento é livremente acessível a todos os membros do condomínio, que a usam tanto para chegar às suas propriedades como para passeios. As regras da etiqueta exigem que os donos se cumprimentem quando se veem fora de casa, mas eles não se sentem à vontade para adentrar terrenos alheios sem um ritual de reconhecimento. Esse ritual é, contudo, menos formal e elaborado do que quando se entra nas casas."

Mutatis mutandis, essas observações de Van den Berghe podem ser quase integralmente repetidas a propósitos de condutas humanas diante de sua vizinhança ou comunidade, em todas as cidades que conheço. Num condomínio em Cotia, numa vila paulistana ou carioca, num loteamento baiano em Itapoã ou Vilas do Atlântico. Em graus variáveis, valem tanto para residências condominiais quanto para casas avulsas, desde que um segmento de bairro tenha de fato vida de bairro, e não de mera demarcação administrativa da prefeitura do município. Só numa situação-limite de quebra de padrões e normas comportamentais, repito, a propriedade é ignorada ou atropelada – e a casa alheia é invadida. O que significa que grades e muros não são somente objetos físicos: trazem consigo um substrato biológico. Vale dizer, no âmbito humano, o território e a territorialidade, em torno do abrigo/moradia, são universais. O enclave residencial contemporâneo, com guaritas e cercas elétricas para barrar, intimidar e afugentar os outros, representa apenas uma perversão patológica disso.

* * *

Certa vez, num condomínio fechado de nome Encontro das Águas, em Santo Amaro do Ipitanga (atual município de Lauro de Freitas, litoral norte da região metropolitana de Salvador), o antropólogo e planejador urbano Roberto Pinho deixou escapar: "O que tem de mais parecido com isso é o cemitério Jardim da Saudade." A observação era perfeita. Os monótonos e intermináveis gramados são os mesmos. Aliás, essa mania de gramados produz absurdos. Uma vez, um sujeito perguntou por que eu não tirava duas grandes árvores que verdejavam floridas em minha casa, um *flamboyant* e uma mangueira, limpando o espaço para um belo gramado. Disse a ele que gostava de árvores e que meu propósito era ter um jardim, não um pasto. E a comparação de Pinho, embora ele não soubesse, era irretocável do ponto de vista histórico. Foi da concepção e do desenho do *garden cemetery*, do jardim-cemitério do século XIX, que nasceu o subúrbio tão típico dos Estados Unidos, casas espalhadas num cenário "natural", idílico, com seus gramados. E, dessa primeira onda de suburbanismo programático das classes privilegiadas, brotaram as chamadas *gated communities*, que os brasileiros copiaram nos "condomínios fechados".

Na origem daquele condomínio do litoral norte de Salvador está, portanto, o cemitério-jardim norte-americano. Uma diferença está em que subúrbio, nos EUA, era coisa de quem tinha dinheiro, ganhava bem. No Brasil, ao contrário, subúrbio e periferia se tornaram coisas das classes de média e baixa renda. Daí que moradores ricos de condomínios fechados, nas vizinhanças de Salvador, fiquem surpresos quando me dirijo a eles dizendo: "vocês aqui do subúrbio... vocês da periferia...". Eles se sentem quase insultados. Acham que subúrbio é cidade baixa etc. A divisão entre cidade alta e cidade baixa, aliás, fixou-se aqui muito mais como distinção social do que como delimitação geográfica (afinal, geograficamente, a Barra seria cidade baixa). Mas o fato é que os condomínios fechados, nos arredores da cidade, são, sim, subúrbio e periferia. E foi a abertura da avenida Paralela que tornou possível sua existência, a implantação desse rosário suburbano de núcleos ou focos vedados, como seu novo-riquismo de rendas variáveis. Outra coisa curiosa. Condomínios fechados do litoral norte se implantam em terras que não pertencem ao município de Salvador. Estão na região metropolitana da Cidade da Bahia, mas em outros municípios. No entanto, até hoje, seus moradores (salvo exceções, como os de Busca Vida) se veem e se sentem, regra geral, como habitantes de Salvador. Logo, objetivamente, do subúrbio ou periferia da cidade. Mais: o sujeito diz que mora em tal ou qual condomínio (Encontro das Águas, Pedras do Rio etc.) e não que mora na cidade de Lauro de Freitas, lugar que explodiu demograficamente, como cidade-dormitório, de uma hora para outra... Ele *não quer* ser visto como morador daquela cidade.

Mesmo dentro de Salvador, é evidente que um condomínio fechado é um enclave antissocietário. Antiurbano. É uma entidade física excludente, recorrendo a elementos e expedientes da engenharia de guerra, fechando-se a tudo o que é público. A tudo o que, de fato, constitui a cidade, em seu sentido mais largo e essencial. Mas os condomínios fechados do litoral norte ainda vão além disso. Seus moradores não tomam conhecimento da cidade em cuja área o condomínio se instalou. O espaço residencial fechado, totalmente de costas para a formação urbana envolvente, é signo de *"status"* e de exclusão classista. Daí, de resto, o preconceito atual com relação a Vilas do Atlântico. Vilas virou bairro, com seu uso misto do solo e seu circuito de gente de procedência social variada. Os "condôminos" não querem ser identificados com "aquilo" – e muito menos com a cidade onde Vilas está implantada. Vale dizer: enquanto o morador de um condomínio do Horto Florestal, embora ostentando signos de distinção social, não olha Salvador de cima, empinando o nariz, moradores de condomínios do litoral norte não só não acham que vivem em Lauro de Freitas, por exemplo, como a olham com indiferença ou até desprezo.

Nesse sentido, a cidade de Lauro de Freitas é um estorvo, uma nódoa detestável, um estigma. Um espaço desordenado onde se concentram pretos, mulatos e brancos pobres. A população condominial, ciosa de seus crachás, quer distância dela. A cidade vai se expandindo assim, dentro da área do município, não pelo avanço de bairros que se vão aproximando uns dos outros. Mas pela soma de enclaves que excluem e se excluem. De modo que a expansão municipal se dá, digamos, dentro de um padrão esquizoide. Em resposta, para continuar no meu exemplo, habitantes que vivem em – e se consideram moradores de – Lauro de Freitas (a maioria, aliás, não nasceu lá, o que já torna o próprio núcleo central do município uma entidade ainda mal resolvida) reagem: condôminos são forasteiros endinheirados geralmente "brancos", que se implantam ou se enquistam no espaço externo da cidade, sem sequer se dignar a cuspir no prato em que comem. E é claro que disso tudo não pode vir coisa boa.

* * *

Como foi dito, podemos falar de condomínios fechados horizontais e verticais. Os condomínios horizontais são formados por casas, em sentido estrito. Os verticais, por apartamentos. Ambos se definem como *gated communities* desde que se achem sitiados por barreiras de proteção e possuam suas próprias equipes de funcionários na área da segurança, impedindo o ingresso de estranhos e monitorando o espaço interno comum ao conjunto de moradores. Mas há uma diferença. Até por ocupar um lote ou segmento bem menor do espaço urbano, o condomínio vertical se acha em contato mais próximo com a cidade e as diversas formas de vida citadina (um prédio de apartamentos de dez, quinze ou vinte andares é um enclave, mas também não deixa de ser uma rua vertical no espaço do bairro). O condomínio horizontal é que aparece então, a nossos olhos, como a *gated community* por excelência.

Num condomínio fechado, as pessoas se agrupam mais ou menos de acordo com a faixa ou o lugar comum que ocupam na estratificação social: condomínio de classe média, de alta classe média, de ricos e famosos etc. E seus moradores buscam mais ou menos as mesmas coisas: bem-estar e segurança. A primeira delas é motivo de polêmica, controvérsia e até de conflitos. A segunda apresenta o caráter de unanimidade praticamente incontroversa. Observando esses dois planos, vemos um jogo interessante. Os expedientes de segurança servem para manter à distância a cidade e suas perturbações – especialmente, no que diz respeito à violência e criminalidade –, mas não abolem ou sequer neutralizam o mal-estar interno, levando-se em conta, principalmente, que os princípios, valores e ideais da urbanidade, da convivência social gentil e "civilizada" e da boa educação (doméstica e comunitária) parecem ter caído em desgraça na atual sociedade brasileira. Lembrem-se de que as palavras "urbano" e "urbanidade", na língua portuguesa, estão (ou estavam) vinculadas à área semântica da boa educação e do refinamento pessoal. Dizia-se, de um sujeito polido, distinto pela lhaneza no trato, que era um sujeito "urbano". O mesmo sentido tem (ou tinha), em inglês, a palavra *urbanize* – e *urbanité*, em francês, também significa cortesia, polidez. Mas, se as cercas e muros afastam ameaças externas ao condomínio, estão longe de assegurar a vigência da urbanidade e da cortesia dentro dele. Regra geral, muito do que se costuma ver, dentro dos condomínios, pode ser definido como deselegante e incivilizado. Predomina de modo praticamente absoluto a postura egocêntrica, traduzível, com realismo, pela frase "os outros que se fodam". As pessoas não chegam a um acordo sequer a respeito de agressões aos sentidos alheios, com motocicletas intencionalmente barulhentas, equipamentos de som estourando decibéis, automóveis buzinando no meio da noite. Normas condominiais são aprovadas para serem grosseiramente descumpridas.

A questão da segurança, assim como as atividades de limpeza de ruas ou o trato de parques e jardins, nos remetem a outro ponto. Nesses casos, a associação de condôminos assume a frente de tarefas que, antes e rotineiramente, pertenciam ao domínio da administração pública. Dito de outro modo, um agrupamento legalmente constituído de proprietários, reunidos por serem donos de casas e lotes em determinado segmento da cidade, substitui a ação da máquina estatal. Ou seja: o condomínio fechado significa um triunfo pontual da propriedade privada e do mercado – vale dizer, do neoliberalismo – sobre o Estado. A administração privada do condomínio, cobrando suas taxas e executando suas metas, reforça as teses neoliberais do Estado mínimo e do fortalecimento do "poder local". Mas isso não se dá em termos de ganho democrático – e sim no sentido da dissolução da responsabilidade cívica – com relação ao conjunto da cidade. Vejo isso claramente quando observo, em conversas, que mesmo o condômino mais protegido da violência urbana deveria lutar por segurança pública para todos. Até porque o esquema de segurança do condomínio fechado desvia ou desloca a criminalidade para ruas e bairros mais vulneráveis da cidade. E daí? – parecem todos me perguntar, mesmo quando ficam em silêncio. Condômino, cuido do meu condomínio – o resto da cidade que se foda. E, também aqui, o que temos é a debilitação progressiva da vivência cidadã da cidade.

De outro ângulo, é claro que aqui se abre também a brecha para outras expressões do "poder local", que podem ser desenvolvidas com base nos princípios da militância da cidadania. Ou seja: para além do mero neoliberalismo, pode-se conferir ao poder condominial e suas diretrizes, em alguma medida, um certo cariz antiestatal libertário. Ou, mais precisamente, pode-se instituir um foco comunitário relativamente mais livre do que a norma que se estabeleceu e vige no espaço urbano envolvente. Mas isto ainda parece bem longe de poder se materializar em nossas circunstâncias citadinas.

BICHOS DE CASA

Insetos à parte, a população extra-humana das grandes cidades brasileiras é maioritariamente formada, hoje, por cachorros, gatos, pássaros e ratos.

Entre os pássaros, a predominância parece ficar, nas zonas mais centrais, com pombos (também já classificados como "ratos de asas", devido ao número de doenças que supostamente transmitem) e pardais, uma praga ornitológica importada pelo prefeito Pereira Passos, em sua obsessão colonizada de fazer com que o Rio de Janeiro ficasse o mais parecido possível com Paris. (Impressiona, por sinal, a alta capacidade dos pardais, pássaros de atitudes agressivas, em se ajustar à vida urbana, comendo praticamente qualquer coisa e fazendo ninhos até com estopa, pedaços de papel e lascas metálicas.) Em lugares relativamente afastados do centro e dos bairros intensivamente "urbanizados" (vale dizer, bairros praticamente despidos de cobertura vegetal), a avifauna se mostra bem mais variada e colorida. Em Salvador, por exemplo, tanto na Pedra do Sal quanto em Piatã, é grande o número de micos. Camaleões às vezes dão o ar de sua graça. E é possível assistir diariamente a revoadas, bailes, brincadeiras e namoros de bem-te-vis, sanhaços, lavadeiras etc. Em alguns pontos, vejo aves que desconheço. À noite, morcegos e corujas dominam o espaço aéreo. Mas o perímetro doméstico propriamente dito é reino de cães e gatos.

A presença de animais em casas, chácaras, sítios ou vilas não é uma característica de nossa época, nem de nossa cultura. Na verdade, achados arqueológicos atestam que a relação dos seres humanos com cães e gatos é algo milenar. Ou plurimilenar. Vem da pré-história, entra pelas chamadas grandes civilizações antigas, atravessa os tempos medievais e as grandes navegações do século XVI etc. O velho Heródoto, aliás, chegou a dizer que os egípcios pareciam "ter invertido as práticas comuns da humanidade", já que, entre outras coisas (mulheres mijarem de pé, por exemplo), eles viviam "com seus animais – ao contrário do restante do mundo, que vive separado deles". Culturalmente, é a mesma coisa. Falamos da representação de gatos na criação plástica do Egito dos faraós. Na *Odisseia*, é o cão Argos que reconhece seu dono em andrajos, de retorno ao lar. Mas o tempo parece inexistir sob este aspecto, do remoto ao contemporâneo. No século XIX, por exemplo, temos o belo ensaio de Theodore de Banville, "O Gato (Uma Introdução)" – "O Gato ama o repouso, a volúpia, a alegria tranquila". Já no século XX, T. S. Eliot nos deu o *Old Possum's Book of Practical Cats*. E quem se esquecerá da gata Lily do romance japonês *A gata, um homem e duas mulheres*, de Jun'ichiro Tanizaki? De um texto como "Offenbach", de Cabrera Infante? De um filme como *White Dog*, de Sam Peckinpah? Ou dos versos de Sierguéi Iessiênin, em "A Confissão de um Vagabundo"?

O que acontece conosco no Brasil, com o nosso apego a bichos, não é, portanto, nenhuma exceção – é regra que confirma a regra. Hoje, quando criamos animais de estimação, damos continuidade ao que sempre se viu em todo o mundo e em nosso ambiente. Já nossos índios criavam bichos em suas aldeias, de papagaios a guaribas (veja-se o que Mércio Gomes diz do xerimbabo, em *O Brasil inevitável*). Também as casas tradicionais brasileiras – ricas ou populares – sempre tiveram os seus bichos. Na cidade e no campo, ao longo dos séculos. Documentos do período colonial registram isso. E de lá para cá, a prática permaneceu. Bichos estão sempre à nossa volta. Para dar uns poucos exemplos, um cachorro quebra louças na cozinha da casa senhorial, em *Os dous ou o inglês maquinista*, peça teatral oitocentista de Martins Pena. Machado de Assis focaliza uma cadelinha galga em "Miss Dollar", além de considerar o gato um animal talvez metafísico, no *Quincas Borba*. Um *terrier* denuncia o amante de sua dona, em *Black*, de Arthur Azevedo. Adiante, encontramos Augusto dos Anjos, no poema "Gemidos de Arte", do *Eu*: "Os cachorros anônimos da terra/ São talvez os meus únicos amigos!". Mais recentemente, basta lembrar a poesia de João Cabral ("A cidade é passada pelo rio/ como uma rua/ é passada por um cachorro"), versos da abertura de *O cão sem plumas*, ou a prosa de Guimarães Rosa. Aliás, num dos contos de *Sagarana*, "O Burrinho Pedrês", aparece uma cachorrinha com um nome ótimo: Sua-Cara.

Entre as mudanças recentes que são mais visíveis, lembro que as gaiolas praticamente desapareceram de nossos ambientes burgueses e classemedianos: passou a ser socialmente condenado, nesses meios, o costume de criar pássaros em cativeiro. Os papagaios também já não são tão comuns. E desde que falei de pássaros presos – sabiás em gaiolas, papagaios em poleiros – deixo aqui, para encerrar, uma deliciosa nota do arquiteto-urbanista Paulo Ormindo de Azevedo, em *A memória das pedras*: "Galos e galinhas fugitivos de quintais de Copacabana, no Rio de Janeiro, fundaram um quilombo animal em cima de um elevado morro, ainda no século XIX. Ali, libertos, despertavam pontualmente seus antigos donos todas as manhãs e, por isso, o lugar passou a ser conhecido poeticamente como morro do Canta Galo."

Bem. É altamente positivo que a gente mantenha essa proximidade com bichos. Que cultivemos nossas relações afetivas com animais. Lembro-me, a propósito, do que a estudiosa Mary Midgley disse certa vez sobre o existencialismo francês. Ela observou que, nos livros dos escritores existencialistas, não existiam crianças, plantas nem bichos. E que, como se fosse pouco, eles achavam que o mundo é que era estranho...

SOCIOLOGIA DA GARAGEM

Inícios da década de 2010. São Paulo discute e vota um plano diretor. Prefeito propõe restrições à ocupação do solo citadino por garagens para carros particulares. Eis aí duas notícias interessantes, no âmbito de uma mesma questão: a conjunção de fatores que ameaça inviabilizar o funcionamento das principais cidades brasileiras, na maior crise da história urbana do país. Mas por que o prefeito de São Paulo sentiu-se na obrigação de cercear a proliferação de garagens na grande metrópole da América do Sul? Como foi que chegamos a esse ponto? Façamos, primeiro, uma observação geral. O automóvel alterou radicalmente o desenho e a vida das cidades. Entre outras coisas, foi o responsável pelo declínio dos "centros históricos" e pela decadência da maioria de nossos espaços públicos. A mudança foi tal que encontramos dificuldades, hoje, em imaginar o cotidiano das cidades pré-automobilísticas. E isso quando começamos já a pensar a cidade pós-automobilística.

Mas vamos voltar um pouco no tempo. Ainda nos anos 1950, muitos prédios eram construídos, em capitais brasileiras, sem que contassem com espaço interno para o estacionamento de carros. Morei em prédios assim, ambos de três andares, em Salvador e São Paulo. Quando foram construídos, carro era coisa relativamente rara. Sabíamos quem eram os proprietários de veículos em nossa rua e em nosso bairro. Não havia automóveis em número suficiente para implicar a reserva de garagens na construção de prédios. A indústria automobilística demorou a se implantar no Brasil. Foi só na década da construção de Brasília que o governo resolveu apostar pesado na produção de veículos motorizados. De lá para cá, automóveis e caminhões tomaram conta das estradas e das ruas do país. Mesmo assim, ainda na passagem da década de 1960 para a de 1970, numa cidade como Salvador, os carros dormiam na rua sem problema. Furtos de veículos não eram coisa comum. Não se falava de crime organizado, violência urbana etc. Mas era tudo uma questão de tempo. A expansão urbana e o crescimento da produção de veículos (juntamente com o aumento do poder de compra das classes médias e a maior oferta de crédito ao consumidor, como aconteceu, por exemplo, durante o regime militar) resultaram no aumento da frota e, logo, no incremento da abertura de garagens. Também elas foram tomando conta progressivamente do lote, do espaço onde se ergue a casa ou o prédio de apartamentos ou escritórios, assim como foram produzindo a formação de "estacionamentos" em áreas centrais das cidades. Para não falar na aberração patológica do edifício-garagem, que deveriam ser todos transformados em prédios residenciais. De qualquer modo, houve um momento, na vida dos grupos mais privilegiados da sociedade brasileira, em que o carro passou a ser tratado quase como uma espécie de membro da família – e ganhou um cômodo para ele na planta da casa (veríamos, inclusive, chefes de família cuidando melhor de seus automóveis do que de suas esposas). Quando não, habitações antigas foram reformadas de modo que pudessem enfiar uma garagem nelas. E as moradias e as cidades se alteravam. Vimos até mesmo a substituição de canteiros, de pequenos, médios ou amplos jardins citadinos, por vagas para carros particulares. Os apartamentos de luxo passaram a oferecer o mesmo número de vagas para moradores e quartos para automóveis. Áreas livres de prédios sobre pilotis foram ocupadas por carros e suas manchas de óleo. Donos de automóveis pareciam bradar: acabemos com a inutilidade das praças e das áreas verdes ociosas, transformemos todas elas em *parks* para os nossos adoráveis veículos!

Hoje, a luta por vagas, efêmeras ou permanentes, atingiu extremos. Surgiu até uma profissão de pastor de carros, o "flanelinha". Enfim, todos lutam para garantir uma vaga para o seu carro, mesmo que isto signifique desconforto crescente para moradores. Em Salvador, cheguei a ver um prédio com um estacionamento extra (em consequência do excesso de veículos por apartamento) coberto com placas de alumínio, que produzia um barulho desgraçado quando chovia à noite; mas ninguém se queixava porque todos viam a garagem como um bem maior... As pessoas piraram? Sem dúvida. Mesmo muitos que se dizem ambientalistas, hesitam nesse ponto. E que espaço é esse que o automóvel inutiliza, no lote onde se ergue a moradia, onde as pessoas vivem? Um espaço estéril onde nada se planta, nada se cria nem se transforma. O carro ocupa o lugar das pessoas, dos bichos, do jardim, da horta. A soma de todas essas vagas, garagens, estacionamentos etc. significa a ocupação insustentável (o desperdício, mesmo) de um espaço enorme na cidade. Para quê? Para proteger as latas coloridas de que muita gente tanto se orgulha de ter. Estranhamente, aliás, porque, observando bem as coisas, não será difícil chegar à conclusão de que, em muitos momentos, os automóveis é que são donos de seus donos. Ao mesmo tempo, assistimos também hoje a uma reação antiautomóvel como nunca se viu, desde que a humanidade começou a fabricar essas carroças mecânicas. Na verdade, intelectuais-urbanistas mais lúcidos protestam há décadas contra o automóvel. Escrevendo em 1958, em *The Highway and the City*, Lewis Mumford já dizia que o "erro fatal" tinha sido sacrificar o transporte coletivo em favor do automóvel particular. Naquele mesmo ano, a coletânea *The Exploding Metropolis*, organizada por William H. Whyte, desancava "a nova religião dos automóveis". Mas eram vozes pregando no deserto. Somente nesses últimos anos o discurso antiautomobilístico se projetou na paisagem sociopolítica do mundo.

A investida do prefeito Fernando Haddad é um sinal de que os tempos estão mudando e de que o poder público entre nós, ao menos na capital paulista, começa a ter olhos e ouvidos para a mudança. O automóvel atingiu o seu pico como signo de *status* (muito mais do que como mero meio de transporte) e agora começa a conhecer o seu declínio. Na verdade, não há uma diferença realmente essencial entre escravos levando senhores na cadeirinha de arruar pelas ruas de nossas cidades coloniais e o carrão luxuoso com o motorista conduzindo o patrão pelas avenidas de nossas atuais metrópoles. Os *experts* sabem disso e, assim como a cadeirinha se foi, o automóvel também já sentiu que está chegando a sua vez. Tudo isso fala diretamente da crise de sentido e de imagem que se instalou no campo do transporte automotivo individual. Crise de sentido porque se coloca em xeque a funcionalidade do automóvel tal como o conhecemos hoje. E crise de imagem porque é crescente o número de pessoas, em todo o planeta, que fazem questão de dizer que não são proprietárias de carros. Pessoas que se orgulham de se ter livrado dessa dependência, como antes anunciavam que haviam se libertado do cigarro. Hoje, mais da metade da população de Paris não tem automóvel particular. E restrições a esse tipo de veículo se multiplicam pelas cidades europeias, da Espanha à Alemanha, ao tempo em que proliferam as ciclovias.

Com os carros particulares finalmente colocados no papel do novo vilão da história, outros alvos acabam sendo também atingidos. Viadutos, por exemplo. Como se sabe, os viadutos são uma aplicação urbana da, por assim dizer, engenharia de obstáculos, que se formou originalmente para superar rios, vales e demais configurações geográficas que impediam a passagem de trens e outros veículos motorizados. Nas cidades, contudo, seu objetivo sofreu uma transformação notável, em função dos fluxos viários. E os viadutos se submeteram ao mais desenfreado viarismo, como equipamentos voltados, acima de tudo, para facilitar a vida dos carros particulares. Numa troca de *e-mails* há algum tempo, Marcelo Ferraz, do escritório Brasil Arquitetura, me passou o seu ponto de vista, informando: "Boston demoliu todos os seus viadutos e constatou que eles não serviam para nada. Não fizeram falta por alguns motivos, ou reações efetivamente transformadoras da vida urbana. Tocou no absurdo que é o transporte individual num ambiente de vida em coletividade. Ou seja, a mudança de comportamento é a verdadeira mudança. Boston trocou viadutos por parques, seguida por muitas outras cidades." Nesse sentido, Salvador e outras cidades brasileiras avançam, com a maior desenvoltura, na contramão da história. Em Salvador, aliás, encontramos um exemplo irrespondível da larga medida em que o conservadorismo, o atraso mental e a ignorância desconhecem tranquilamente fronteiras ideológicas. O governador estadual e o prefeito da cidade pertencem a partidos que se apresentam como absolutamente distintos (o PT e o DEM), o que deveria implicar, logicamente, projetos de cidade bem diferentes. Mas não: são projetos (ou desprojetos) iguaizinhos e igualmente predatórios, distantes anos-luz de qualquer racionalidade urbanística contemporânea e primando por uma desastrosa insensibilidade social e estética. Mas este é outro ponto. De momento, vamos resumir o que interessa: ao contrário de parques, por exemplo, viadutos são feitos para automóveis, não para as pessoas. Mas é para as pessoas que as cidades devem ser feitas.

Na verdade, o automóvel particular conheceu uma trajetória paradoxal. Surgiu como exemplo de produto industrial que daria total liberdade de deslocamentos ao seu proprietário. Hoje, ao contrário, é responsável por dificultar e até bloquear aqueles deslocamentos, em consequência dos congestionamentos que provoca (pesquisas dizem que o paulistano passa diariamente cerca de três horas no trânsito – vale dizer: sono e sonhos à parte, cerca de 20% do tempo de sua vida acordado). Além de ser um forte agente poluidor. E o bom-senso nos diz que é preciso acabar com essa insensatez. Que a era do automóvel individual já deu o que tinha que dar. Do automóvel tal como o conhecemos, repito: não sei que meios de transporte serão criados e produzidos no futuro. Hoje, fala-se já de carros sem proprietários e de carros automatizados que se deslocam sem motoristas. Num depoimento recente, Carlos Nobre falou de estudiosos examinando como as formigas se comunicam no seu caminhar, a fim de desenvolver os algoritmos dos carros autônomos do futuro. Tudo para superar a irracionalidade e o egocentrismo dos motoristas, com economia de tempo e dinheiro. De fato, em vez de semáforos "inteligentes", nossas cidades carecem é de motoristas inteligentes, capazes de raciocinar para além de seus impulsos mais rasteiros. E se a esta altura falamos de carros sem proprietários e sem motoristas, o que não se verá no futuro, daqui a meio século, digamos, em matéria de tipos e usos desses veículos?

Outro dia, aliás, em algum desses milhares de artigos veiculados a todo momento pela internet, li um texto interessante, não exatamente acerca do carro, mas sobre corridas de automóveis. A jornalista observava que o suposto "esporte" chamado "automobilismo" entrou já num período de declínio em meio às nossas práticas sociais. E que a existência de nossas ainda atuais corridas de automóveis – com plateias e prêmios – será difícil de explicar num futuro nada distante. Daqui a algumas décadas, ninguém vai entender que houve um tempo em que pilotos de carros de corridas eram ídolos de multidões, homens ricos cercados de mulheres bonitas (às vezes, também famosas), tratados com enorme destaque nos meios de comunicação de massa. É claro que é um exagero: ainda hoje sabemos explicar corridas de bigas romanas. Mas entendo. O automobilismo e as famigeradas corridas já não são objeto do mesmo culto midiático que recebiam no século passado. O prestígio dos pilotos e das máquinas alucinadas cai a cada ano. É o reflexo da crise do transporte individual em nossa sociedade. Dessa perspectiva, o cerco às garagens e o esvaziamento das corridas devem ser vistos como faces do mesmo fenômeno. O automóvel particular está com seus dias contados. E isto vai repercutir mais uma vez, só que agora em sentido diverso, na arquitetura de nossas cidades, bairros e casas. Pessoas, plantas e bichos vão voltar a ocupar lugares de onde foram expulsos pelos carros. E estes serão sempre mais amaldiçoados, juntamente com as fontes de energia suja.

Pena que Haddad, mais até do que uma exceção, seja um caso solitário entre nossos prefeitos. Assistimos, nesses últimos quatro anos, à sua luta insana para promover, contra a maioria imbecilizada da população, a atualização histórica da capital paulista. Mas até Lula debocha de medidas suas, como a da redução do limite de velocidade em algumas avenidas, que resultou na diminuição de "acidentes" (tem de ser entre aspas) automobilísticos e de mortes no trânsito – seguindo, de resto, o padrão que se vai estabelecendo no mundo, como nos casos de Londres, cujo limite de velocidade chega a ser de 32 km, e Nova York, onde, na maior parte das vias, o limite é de 40 km. Ao mesmo tempo, suas ciclovias são amaldiçoadas diariamente pela grossura dos paulistanos motorizados. O conservadorismo da vasta maioria da população de São Paulo dificilmente é superável em outras grandes cidades brasileiras.

Mas este não é um problema só de São Paulo, nem se restringe à questão do automóvel. Tudo hoje anda assim no país. Todos falam da necessidade de reformas no Brasil, mas elas não acontecem, antes de mais nada, porque ninguém quer abrir mão sequer das migalhas a que tem acesso. É a velha história: queremos reformas, sim – mas desde que não toquem no nosso quintal. A preocupação é com o próprio bolso e com os próprios interesses e desejos, não com o país. Nenhuma surpresa, portanto, na reação paulistana contra as reformas viárias de Haddad. Todos querem manter seus carros e os privilégios de que seus carros desfrutam, mesmo que fodendo a cidade. Em todo caso, resta um consolo: sabemos que os que hoje querem atropelar as ciclovias serão certamente atropelados pelos novos tempos urbanos que teremos de viver, obrigatoriamente, se quisermos que nossas cidades continuem girando.

QUE CASAS SÃO ESSAS?

É o que me pergunto mais e mais. Porque não é nada difícil reconhecer quando entramos em um apartamento arrumado segundo o olhar padronizado de um decorador profissional *clean*, por exemplo. O ar é inconfundível. Os móveis não fazem parte da história pessoal do morador. O *layout* remete a outras residências igualmente decoradas. Há um certo *déjà-vu* na disposição das coisas, no visual mais ou menos estratificado do gosto moderno, com as paredes brancas, a mesa de vidro, a marquesa de couro claro, alguma cadeira à Marcel Breuer, o jogo marcado da iluminação, incidindo em ângulos previsíveis, supostamente confortáveis. Parece que estamos entrando não numa casa, mas na página de uma revista.

A assepsia decorativa organiza o cenário para a teatralização de condutas e gestos, em reuniões mais ou menos íntimas. Dá a impressão de que estamos sendo filmados ou fotografados a cada movimento ou iniciativa gestual. As pessoas que moram ali têm dinheiro para pagar o apartamento à vista, mas a verdade é que não sabem o que colocar dentro dele. Na dúvida – e como quase todos de sua classificação social fazem isso –, contratam um profissional, um *expert* em "interiores". É garantia de um certo padrão de relativo "bom gosto", sim. Mas é, sobretudo, garantia de impessoalidade. De opção pelo *Kitsch*, mesmo que num padrão menos analfabeto da "arte da felicidade". Estamos num apartamento, na antessala de um escritório ou na entrada de um quarto de hotel? A casa não chega a ser exatamente uma casa. Tem mais a ver com uma "locação", como se diz na gíria dos cineastas. Os moradores se demitem da coisa mais básica – e até bonita de fazer – que é a definição visual de suas próprias casas. Hesitam sobre a qualidade estética do que um dia chegaram a possuir. E sobre a do que desejam ter. É preciso convocar um especialista, alguém que entenda "tecnicamente" do assunto.

Mas, regra geral, decoradores não preparam casas. Montam "instalações". Um cenário ao gosto deles, sob o eterno argumento de que "é a cara de vocês". Não, dificilmente é a cara das pessoas que moram ali. A "instalação" falsifica, na raiz, a própria ideia de casa. O quadro que está na parede não diz respeito a ninguém. Não tem nada a ver com a pessoa que me recebe na sala e é proprietária daquele imóvel. As cozinhas são as mesmas, de apartamento a apartamento. São palcos espaçosos e claros, cheios de compartimentos. De talheres, louças e panelas ocultos em armários. Cozinhas feitas sob medida para quem não sabe – ou não gosta de – cozinhar. Tudo planejado e executado para o olhar, não para o fazer. Uma cozinheira de verdade acha essas *kitchens* totalmente disfuncionais, impraticáveis para a feitura de um sarapatel, uma quiabada, uma feijoada, uma moqueca ou mesmo um estrogonofe. Cozinhar, ali, parece um pecado. Algo que vai macular a brancura, expor o que está guardado, trazer aromas impuros. A assepsia é hospitalar e, quase sempre, *nouveau riche*. Coisa de quem já não sabe comer relaxadamente, compra livros sobre vinhos, decora nomes de lojas e restaurantes em suas excursões pelo mundo, julga objetos por marcas e assinaturas.

É totalmente diferente de quando entro na casa nova de um amigo e ali reconheço coisas de suas casas anteriores. Vejo a poltrona, o abajur, a antiga edição dos sermões de Antonio Vieira, o aparelho de som que não funciona direito. Esta casa, sim, tem uma história. Seus moradores têm trajetórias próprias de vida, gostos irredutíveis, coisas reais. A teatralização (inevitável: somos todos atores) é mínima, o exibicionismo quase não existe, o maneirismo *nouveau riche* de falar das coisas do mundo some ou é praticamente apagado – ou, ao menos, toma um rumo secundário, segue outro curso. Se estiver fazendo frio na varanda, posso tomar novamente de empréstimo o agasalho que já me foi emprestado antes. A sensação é de uma intimidade mais genuína, acolhedora, de um agradável conforto familiar, de aconchego. Sinto-me bem, me sinto em casa. Esta casa não é a mesma casa de dez anos atrás, a cidade é outra, ganhamos algum dinheiro, as crianças cresceram, o mundo mudou. Mas aqui estão, à nossa volta, signos, lembranças, coisas de tudo isso. Nada de *tabula rasa*, de vazio total preenchido por cenografia decorativista – coisa de quem não percebe a folhagem nos bosques nem a água no meio de um rio cheio.

32. SOBRE VERTICALIZAÇÃO

Não acredito que o arranha-céu seja somente um produto perverso da ânsia de lucro, da ambição especulativa, empilhando casas para assim multiplicar o valor de um terreno. Afinal, o que a especulação e a usura podem ter com o mito/sonho da Torre de Babel, desejo de atingir o império empíreo, levando Iavé a nos condenar à diversidade linguística? As coisas nunca me parecem assim tão simples de explicar. Não creio em "determinismos". Mas, mesmo sem ir muito longe no tempo, até façanhas e punições bíblicas, vamos ao menos a duas rápidas observações gerais. Uma apontando para o passado, outra centrada no presente.

De uma parte, para recordar que a verticalização, entre nós, é coisa bem mais antiga do que se pensa. No mundo ocidental, aliás, já que Roma, antes mesmo da época de Júlio César, foi uma cidade de prédios mais ou menos altos, como nos lembra Peter Hall em *Cities in Civilization*. Uma cidade predominantemente vertical, onde a casa tradicional, *domus*, foi sobrepujada pelo bloco de apartamentos, chamado *insula*. Por prédios que podiam ter de três a seis pavimentos e que se tornaram o tipo mais comum de construção residencial romana, reproduzindo-se aos milhares – no século IV, por exemplo, há o registro de 46.602 *insulae* contra apenas 1.797 moradias unifamiliares, ou *domi*. Tipo arquitetural que, aliás, aparece aos olhos de Hall como *startling modern*. E que foi crescendo para cima com o passar do tempo. "Prédios de apartamentos alcançando até dez andares de altura já existiam no período final do Império Romano", lembra Rykwert. Dando um salto histórico, não nos esqueçamos de que Paris já se verticalizava no século XVII. Ainda em termos europeus, embora bem mais recentes, podemos falar também da antiga verticalização de Viena, com a aplicação da lei chamada *Hofquartierspflicht*, determinando a construção de edifícios de vários andares e assim adensando extraordinariamente o centro citadino. Em *Arquitetura da cidade*, Aldo Rossi esclarece que isso significou a destruição das residências góticas de três andares do período barroco, para se erigirem casas de seis a sete andares, com dois ou três andares de porões. No Brasil, os antigos sobrados senhoriais do Recife e os prédios de conjuntos barrocos como o Cais das Amarras, em Salvador, apresentavam até meia dúzia de andares. Ou seja: a verticalização de nossas cidades começou ainda nos tempos coloniais, assim que materiais e técnicas de construção permitiram a colocação de um pavimento sobre outro, fazendo as casas ricas subirem em direção ao céu, aqui e ali rivalizando em altura com as torres das igrejas daquele mundo irremediavelmente católico. Elas só não foram mais alto porque naquela época, entre outras coisas, inexistiam elevadores.

De outra parte, podemos nos plantar no presente, viajando dos velhos sobrados coloniais às residências verticais contemporâneas, erguidas em bairros proletários e favelas das nossas principais cidades. Sabemos que a altura dos sobrados e das igrejas era signo de *status* e poder. Mostrava-se ali, pela metragem que a edificação alcançava, quem era quem na sociedade colonial: "a arquitetura é uma espécie de eloquência do poder em formas", dirá Nietzsche no *Crepúsculo dos ídolos*. Acontece que, quando podem, os dominados quase sempre reproduzem estilos, maneiras, práticas e padrões de seus dominadores, como na célebre cena do tribunal dos bandidos no filme de Fritz Lang. E também a nossa população mais pobre, ou que não é assim tão abastada, identifica e reconhece, na altura do prédio, uma manifestação de distinção de classe e superioridade social. Sempre que possível, quer morar assim. Quer mostrar que pode fazer e ter casas altas, prédios proletários de três, quatro ou cinco andares. É um modo de afirmação geral na paisagem da cidade e de exibição de posses no meio mais pobre da vizinhança. No fundo, as pessoas chegam a sonhar com isso, com as lajes que se vão superpondo no tempo sobre paredes sem reboco, para compor edificações muitas vezes esdrúxulas, mal-ajambradas, disputando em ruindade arquitetônica com os prédios mais caros das empresas do setor da construção civil. É a mimetização da má arquitetura dos ricos, manifestando o desejo dos subalternos de expressar um grau qualquer de ascensão social, de fantasiar possuir a educação e o modo de vida supostamente "fino" dos estratos que estão acima deles no desenho hierárquico da sociedade. E contra sonhos dificilmente há argumentos. Certa vez, passando pelo barulhento e colorido bairro de Pernambués, local de moradia e trabalho de pessoas de média e baixa rendas em Salvador, avistei uma casa térrea com uma placa no portão, onde estava escrito "edifício fulano de tal". Isto é: a casa não era térrea, estava térrea. O que se anunciava ali, em estado embrionário, era um projeto: o projeto de empilhar pavimentos progressivamente, ao longo de alguns anos ou até de uma década, conforme os movimentos de folgas e apertos orçamentários – como é a praxe nesta espécie de construções.

Antonio Heliodório Sampaio examinou o assunto, em *10 necessárias falas: cidade, arquitetura e urbanismo*. Quando me refiro a prédios de diversos pisos ou pavimentos na Roma imperial, ou aos altos sobrados de nossas cidades coloniais, quero desautomatizar a percepção que temos dessa matéria: a verticalização não é traço distintivo do mundo moderno, da "modernidade capitalista". Até no plano do mito, temos um *skyscraper* – a supracitada Torre de Babel, provocando o castigo bíblico da diversidade linguística do mundo, o que, de resto, situa a prática da tradução como reação bem-sucedida ao decreto divino, como heresia que deu certo. Heliodório, ao chamar a atenção para as atuais verticalizações empresariais e classemediano-populares, contribui para esta mesma desautomatização. O que ele diz é que os defensores da tese de que é melhor que as cidades cresçam em altura do que se esparramem horizontalmente, não precisam "endossar certa postura reducionista que vê na verticalização arquitetônica 'edifício em torre' a possibilidade única de se alcançar as economias de escala desejadas". Outras verticalizações são possíveis. O estilo "torre" não tem oferecido o melhor tipo de moradia para as camadas de renda média e baixa. Nela, não só tudo é mais caro, em termos de manutenção e funcionamento prediais, como o que se encontra ali nem sempre responde satisfatoriamente a requisitos de utilidade e qualidade domiciliares. As pessoas procuram então outros caminhos, movendo-se entre os recursos financeiros de que podem dispor e seus próprios conceitos e hábitos de arranjo familiar e conforto doméstico. O conceito de verticalização não se restringe, por isso mesmo, "aos edifícios pluridomiciliares do mercado imobiliário formal". Existem outras escolhas construtivas e outras perspectivas habitacionais.

Aqui, no plano da atividade construtiva ou da *tectônica* classemediano-popular, o que se vê, antes que uma "torre", é a verticalização da casa. O espaço térreo vai se reproduzindo verticalmente. Não é um edifício projetado como tal, realizando-se num determinado número de andares. É uma casa que sobe, de modo algo aberto e improvisado, ajustando-se ao que for preciso, com paredes crescendo nas laterais do pavimento, para serem ao final recobertas por uma laje. De laje em laje, gradualmente, a casa se verticaliza. Exibindo às vezes na sua cobertura, como diz Heliodório, "uma espécie de telheiro descolado do corpo da edificação, destinado às antigas funções dos 'quintais' herdados da colonização". Mas esta casa não abriga obrigatoriamente apenas uma família elementar ou uma parentela. Não raro, seus pisos são alugáveis e o térreo pode ter destinação comercial. A casa verticalizada pode aparecer, assim, também como fonte de renda. É o que mais vemos em nossas favelas, do Rio de Janeiro ao Alto do Coqueirinho, em Itapoã, onde se sucedem casas de diversos andares, cada pavimento com entrada independente por escada, à espera do seu inquilino – recurso que, em termos europeus, data do *quattrocento* (veja-se Donatella Calabi, em *A cidade do Primeiro Renascimento*: "Nos territórios situados além dos Alpes, a inovação mais densa de consequências é a introdução de escadas externas, que dão maior autonomia aos vários níveis, favorecendo a melhor organização do espaço doméstico e a localização de habitações independentes no mesmo edifício"). Por fim, cabe observar que esta "casa vertical" brasileira se produz por acréscimos sucessivos numa disposição temporal que não é a da grande empresa que atua no campo da construção civil. Para o mercado imobiliário formal, a moradia que se acabou de construir é um produto pronto que se põe à venda ou que se anuncia para aluguel. No caso da "casa vertical" classemediano-popular, não. As coisas vão se somando paulatinamente – um acréscimo aqui, um apêndice ali, uma separatriz acolá. Não é algo que se faz, mas que se vai fazendo, conforme a disponibilidade de recursos do construtor. Não há cronograma fixo. É um prédio no gerúndio, com um dado que diz da criatividade extra-arquitetural das favelas: a laje superior da casa colocada à venda, como uma espécie de lote inventado nas alturas. E não vejo motivo algum para que nossos planejadores e legisladores urbanos não o levem em consideração. Histórica, cultural e sociologicamente, a "casa vertical" já foi mais do que legitimada. E está presente, como solução alternativa às "torres", na textura física das principais cidades brasileiras.

Mais recentemente, algumas favelas viram surgir, ao lado da casa vertical, edifícios de apartamentos que, em sua arquitetura, vinculam-se aos padrões do mercado imobiliário formal. Esses apartamentos são ocupados por uma gente que está "subindo na vida". É o que se vê no Rio de Janeiro, hoje contando com 633 favelas. Não faz tempo, matéria do jornal *O Globo* ("Problema em Ascensão", de Fábio Vasconcellos) informava: "Edifícios e mais edifícios têm sido erguidos, muitos deles com padrão e acabamento que nem de longe lembram as antigas ocupações. É o que se poderia chamar nova favela classe C." A reportagem aponta os casos da Muzema, no Itanhangá, com prédios de até seis andares, e do Rio das Pedras, em Jacarepaguá, com edifícios de até sete. Um morador da Muzema revela que os prédios da favela, que é controlada por "milicianos", são construídos e habitados por "gente de fora da comunidade", pessoas com um poder aquisitivo superior às que vivem na área. Na mesma matéria, o presidente do Instituto de Arquitetos do Brasil (IAB), Sérgio Magalhães, observa que esse novo processo de verticalização tem a ver com a convergência de dois fatores: as melhorias urbanísticas introduzidas nas favelas desde a década de 1990 (incentivando as pessoas a buscar novas e melhores formas de habitar) e o aumento da renda das camadas populacionais que se encontram na base da estratificação social – aumento hoje em risco, aliás, por conta da crise geral do país, a que fomos conduzidos pela estupidez governamental que vigorou entre nós de 2010 para cá.

TECNOLOGIA E ESTÉTICA

Desde que deixou o campo dos abrigos e dos artefatos mais elementares, feitos com materiais facilmente encontráveis na natureza, da madeira à palha existentes no entorno das primeiras células aldeãs, a arquitetura é uma arte cara. Não em sua fantasia, obviamente, desde que o arquiteto desenhe para si mesmo ou em roda de amigos. Mas para a sua concreção. Maiakóvski dizia que, para compor seus versos, não precisava de mais do que um caderno, um lápis e uma bicicleta. Hoje, talvez ele se limitasse a dizer uma bicicleta e um *notebook*, além de poder exigir o direito de ser apenas pedestre. O arquiteto, para fazer um projeto geral, também não precisa de muita coisa. O projeto executivo e a execução é que são outra conversa. É preciso recorrer a mais gente. Para fazer o cálculo estrutural, por exemplo. Mas isso ainda é quase nada.

A barra pesa com a necessidade de contratar operários e técnicos e comprar materiais de construção. Nesse último caso, as coisas ainda podem se tornar especialmente difíceis em decorrência do estágio de industrialização do país e, consequentemente, do grau de industrialização possível da construção civil. Construir no interior de Angola não é o mesmo que construir nos arredores de Berlim. Tome-se o exemplo do Brasil. A arquitetura moderna brasileira começou a se configurar e a se desenvolver num período de fraca industrialização do país, quando avançávamos algo lentamente no processo que ficou conhecido sob a denominação de "substituição de importações". Até às primeiras décadas do século XX, o Brasil importava praticamente tudo o que consumia, de palito a manteiga, passando por luvas cirúrgicas. Foi a explosão da Primeira Guerra Mundial que, fechando os fluxos importadores, nos obrigou a rever o rumo do país e tentar produzir aqui pelo menos parte das coisas de que necessitávamos. A crise feriu em cheio o país. Afetou do mercado de cosméticos ao parque gráfico (muitas revistas fecharam). No terreno da construção civil, a paralisação foi geral. O Brasil não fabricava o mínimo necessário à edificação de prédios de dimensões mais amplas e de feitio mais sólido e sofisticado, como os que vínhamos executando aqui sob o signo do historicismo neoclássico e eclético. Foi justamente por isso, pelo despreparo nacional para tocar de forma autônoma os projetos construtivos, que o movimento neocolonial demorou a passar da *lexis* à *praxis*, da formulação à ação. Havia as ideias de Ricardo Severo e José Mariano, mas onde estavam os materiais necessários à concreção objetiva das edificações sonhadas? E não só com relação ao neocolonial, é claro. Assim que a guerra pipocou, o ritmo geral da construção civil despencou vertiginosamente.

Escreve Carlos Lemos: "Naquele tempo, novas construções eram levantadas levando em conta quase que exclusivamente materiais importados. Talvez não viessem de fora a areia, o tijolo, a cal das argamassas – o resto era europeu, chegado como lastro dos navios que voltavam pejados de sacarias de café. Assim, quase tudo não era fabricado aqui, como telhas de Marselha, grades, portões, peitoris, grimpas de ferro fundido ou forjado, dobradiças, trincos, fechaduras e maçanetas que eram avidamente escolhidos em profusos catálogos; e mais ainda, vidros planos, lisos ou lapidados, papéis de parede, luminárias, arandelas, materiais elétricos, hidráulicos, bacias sanitárias, lavatórios, torneiras, mármores, pisos cerâmicos, ladrilhos hidráulicos, cimento, mosaicos, folhas onduladas de ferro zincado, tintas, pigmentos e mais uma infinidade de pequenas coisas como pregos, parafusos, colas, mastiques etc. etc. E para não falarmos do chamado pinho-de-riga, madeira que destronou definitivamente a nacional." De repente, eis a guerra e nada mais disso aparece nas lojas. Impossível, então, continuar a construir as coisas que construíamos. Imediatamente impossível. "Célebre quadro estatístico publicado pelo engenheiro Arthur Saboya, referente à cidade de São Paulo, por exemplo, mostra que a partir dos primeiros dias de 1915 o número até então espantoso de construções caiu quase que verticalmente para as proximidades do zero. Somente depois de 1918 é que as estatísticas apresentam uma reação e a quantidade de novas obras passa a crescer", lembra Lemos. Nesses dias entrevados, foram erguidos aqui apenas uns poucos prédios públicos e umas casinhas mais humildes. Até aí, portanto, Severo, Mariano e seus discípulos do neocolonialismo arquitetônico tiveram de se contentar com os prazeres da retórica. E com êxito. Pois foi justamente nesse período de paralisia construtiva que a tese neocolonial ganhou força no ambiente brasileiro.

Há outro dado relevante aqui. É a entrada em cena dos Estados Unidos. É verdade que sentimos já a presença norte-americana desde, pelo menos, os dias da Inconfidência Mineira, que se quis espelhar na revolução de 1776, quando os EUA conquistaram sua Independência política. Vamos senti-la, no final do século seguinte, quando Sousândrade, antecipando em décadas, internacionalmente, procedimentos poético-literários vanguardistas, produz o "Inferno de Wall-Street". No caso dos mineiros, a muamba norte-americana era ideológica. Sousândrade não só assimilava informações, como contemplava realizações e perversões materiais. Com o século XX e o enfraquecimento europeu na Primeira Guerra Mundial, as coisas ficaram mais explícitas. Na década de 1920, os *mass media* já são uma presença incontornável entre nós. E quem dá as cartas são os EUA. Forte se faz a influência do cinema, cresce o fascínio brasileiro pelo automóvel (muito embora o gosto brasileiro vá se definir não pelos carrões norte-americanos com seus rabos de peixe, mas pelo *design* europeu), a língua inglesa começa a se enramar nos meios sociais mais ricos, com a perspectiva de destronar o francês. Enfim, à medida que nos afastamos da *belle époque*, caminhamos para uma ascendência sempre mais irresistível dos EUA, que avança no sentido de sua afirmação como nova potência mundial, cuja hegemonia se tornará inquestionável depois da Segunda Guerra. Nessa maré, a elite do Rio de Janeiro ouve *jazz* e se deixa encantar por Hollywood.

Em todo caso, apesar do lembrete sobre a crescente influência cultural norte-americana, o Brasil daquela época apenas engatinhava no campo da produção industrial. Continuava exportando matérias-primas e importando artigos manufaturados. Demos vários exemplos disso linhas atrás. Outro exemplo, referente a um elemento então fundamental dos procedimentos construtivos, está no cimento. Na década de 1920, tivemos o primeiro esforço de superação de um poderoso entrave ao nosso crescimento industrial – a carência de uma "indústria de base" –, com o surgimento da Siderúrgica Belgo-Mineira e da Companhia de Cimento Portland, em São Paulo. A partir de então, o setor industrial só tendeu a se expandir. Mas em ritmo lento. Warchavchik se queixava de não encontrar no mercado paulistano, ao apagar das luzes dos anos 1920, materiais adequados à racionalização da construção defendida pelo modernismo arquitetônico. E a realidade não mudou muito nos decênios seguintes, período de execução intensiva de conjuntos residenciais populares, quando vanguarda arquitetônica e populismo político se acertaram na pauta desenvolvimentista nacional. Em questão, ainda, o cimento. Entre 1948 e 1950, para a realização de novas moradias brasileiras, o IAPI importou cerca de 1,33 milhão de sacas de cimento. Um número considerável, que diz tanto do volume de execução das obras planejadas quanto de nossa dependência externa de um produto que, convenhamos, não seria assim tão difícil fabricar.

É justamente naquela década de 1940 que vamos assistir à intensificação do processo de verticalização do Rio e de São Paulo, na esteira dos grandes centros mundiais. Como os argentinos, corremos para construir nossos primeiros arranha-céus ainda em inícios do século XX. O arranha-céu era então o supersigno do progresso, da modernidade, do ingresso em um novo estágio tecnocivilizatório da humanidade, que começava a ser delineado e ditado, agora, pelos Estados Unidos. E seu aparecimento provocou as mais variadas reações. Entre elas, a mais pitoresca que conheço (e bem reveladora da personalidade do seu autor) foi a de Picasso, registrada por Gertrude Stein, em *The Autobiography of Alice B. Toklas*: "Por Deus, ele disse, imaginem as aflições enciumadas que um amante teria enquanto sua namorada subisse todos aqueles lances de escada até chegar ao seu estúdio no último andar..." Mas deixemos o velho Picasso em paz. Fala-se, retrospectivamente, que o novo produto teria nascido entre Nova York e Chicago. É o que diz Nikolaus Pevsner, em *Origens da arquitetura moderna e do design*: de repente, sem que ninguém esperasse ou previsse, os EUA, a caminho do final do século XIX, deixaram o mundo inteiro para trás, "desenvolvendo primeiramente o arranha-céu e, depois, descobrindo um estilo novo para ele" – virada estilística que aconteceu em Chicago, com os prédios esplêndidos de Holabird e Roche e de Louis Sullivan. Escreve Pevsner: "A importância da Escola de Chicago é tripla. Encara-se, com mente aberta [e bolso também, acrescento], a tarefa de construir edifícios comerciais, e encontra-se a melhor solução em termos funcionais. Surgiu uma técnica de construção não tradicional para preencher as necessidades do trabalho, e ela foi imediatamente aceita. Quem tomava providências agora eram os arquitetos, e não mais os engenheiros ou outros 'forasteiros'". Sullivan, particularmente, sabia o que estava fazendo. No seu artigo '*Ornament in Architecture*', de 1892, ele escreveu: 'Seria muito bom, esteticamente falando, que contivéssemos inteiramente o uso de ornamentos por alguns anos, de modo a concentrar o nosso pensamento... na construção de prédios... absolutamente simples.'"

Ainda assim, visitando Nova York na década de 1920, Maiakóvski fez a crítica arquitetural certeira, numa entrevista a Michael Gold: "Nova York não está organizada. Apenas carros, o metrô, os arranha-céus e elementos como tais ainda não constituem uma verdadeira cultura industrial." Diz mais, nessa entrevista traduzida no livro *A poética de Maiakóvski*, de Boris Schnaiderman: "Ou então veja estes mesmos arranha-céus. São realizações gloriosas da engenharia moderna. O passado não conheceu nada semelhante. Os operosos artesãos do Renascimento jamais sonharam com construções tão altas, que balançam ao vento e desafiam a lei da gravidade. Eles se lançam para o céu com seus cinquenta andares, e devem ser puros, vertiginosos, perfeitos, modernos como um dínamo. Mas o construtor americano, que apenas pela metade tem consciência da maravilha por ele criada, espalha pelos arranha-céus os decrépitos ornamentos góticos e bizantinos, de todo insignificantes aqui. É mais ou menos como amarrar fitinhas cor de rosa numa escavadeira ou colocar cachorrinhos de celuloide sobre uma locomotiva. Talvez seja lindo, mas não é arte. Não é a arte do século industrial."

Correto, em princípio – embora Rem Koolhaas possa fazer uma celebração brilhante do moderníssimo "canibalismo metropolitano", devorador/destroçador de todas as épocas e culturas, no seu livro *Nova York delirante*. Em seu nascimento, o arranha-céu representou o poder da sociedade urbano-industrial, mas veio à luz carregado de floreios do mundo artesanal. Lembre-se o prédio da Singer, construído em 1908 em Manhattan, com seus 47 andares e caçambas de penduricalhos. O topo do prédio é uma cúpula de séculos passados, mero enfeite historicista. E aí foram surgindo as misturas mais disparatadas – entre elas, a do arranha-céu neogótico, também em Nova York. Mas Maiakóvski se matou com um tiro em 1930, poupando-se de ver os absurdos arranha-céus stalinistas construídos em Moscou. Com a Revolução de 1917, os comunistas acharam que era necessário repensar e refazer a paisagem urbana de Moscou, demolindo suas grandes construções religiosas e comerciais, como a igreja do Salvador (a capital russa, por falar nisso, contava com 450 igrejas, quando os comunistas tomaram conta do pedaço), dinamitada por ordem de Stálin em dezembro de 1931, para em seu lugar erguer prédios seculares, signos da força estatal, do coletivismo bolchevique. Foi assim que no lugar da catedral oitocentista fizeram uma piscina imensa para mais de três mil pessoas e construíram um arranha-céu gótico para abrigar a Universidade de Moscou. Stálin e os nazistas, assim como Hitler e os comunistas, foram adversários implacáveis da arte e da arquitetura modernas, banindo, das cenas culturais da Rússia e da Alemanha, obras como as de Stravinski, Gropius e Anton Webern. Se a social-democracia europeia olhava com simpatia o experimentalismo, os regimes comandados por Hitler e Stálin se irmanavam na condenação da invenção e na perseguição às vanguardas. Mas este não é o meu tema aqui. Ficando em terreno arquitetônico, lembro que, apesar do trio Holabird-Roche-Sullivan e dos projetos da vanguarda russa, o ecletismo historicista dos primeiros arranha-céus nova-iorquinos se prolongou no passadismo reacionário dos edifícios russos. Estávamos bem longe da depuração plástica fascinante de Mies van der Rohe. Mas voltemos ao nosso quintal. Também os primeiros arranha-céus brasileiros não irão primar pela clareza ou pela invenção formal. Veja-se o Martinelli. Só na década de 1930 teremos os prédios impecáveis de Büddeus na Bahia e a ofensiva modernizadora das sedes regionais dos Correios e Telégrafos.

A QUALIDADE INICIAL

Os arranha-céus só irão se firmar, em nosso horizonte, no meio de uma tremenda crise habitacional. O Brasil avançou na verticalização urbana numa contextura em que repontavam extremos de opulência e extremos de pobreza, com favelas e invasões de terrenos urbanos vazios não só se espalhando pelo país, como sendo aceitos, em sua "fatalidade", tanto pelo poder público quanto pelo conjunto da sociedade, enquanto possíveis soluções provisórias para o problema da escassez de moradias. É a partir daí que se vai tornando fácil demais reconhecer a desigualdade social se expressando com nitidez em cada centímetro do solo da cidade.

Na visão de Nabil Bonduki, instaurou-se entre nós o seguinte quadro: "... para financiar a montagem do parque industrial era preciso reduzir a forte atração que a propriedade imobiliária exerce como campo de investimento, mas a industrialização requeria condições básicas de sobrevivência nas cidades, como o alojamento dos trabalhadores. A crise de moradia dos anos 1940 é consequência desse dilema. A Lei do Inquilinato desestimulou a produção habitacional privada, ao passo que as iniciativas estatais no setor sempre foram insuficientes. A construção de casas, pelos próprios trabalhadores, nas favelas e loteamentos periféricos, apenas começava a se tornar uma prática corrente e somente a médio prazo pôde arrefecer a crise. A situação foi agravada ainda mais pelo agressivo processo de renovação dos centros urbanos das principais cidades brasileiras, que ocorreu simultaneamente a uma febre imobiliária... que consolidou uma nova modalidade de empreendimento: as incorporações destinadas às classes de renda média e alta".

Foi nessa conjuntura que as cidades brasileiras se projetaram para o alto. Que assistimos ao surgimento do apartamento brasileiro moderno. Tanto no campo da produção governamental, com a ação dos IAPs, quanto na esfera da produção privada – ambas empenhadas, aqui e ali, na feitura de edifícios residenciais verticais. Falamos já de "conjuntos habitacionais" (e a expressão passou a ser olhada preconceituosamente entre nós, depois do empobrecimento projetual do BNH, com seu avanço uniformizador, arquitetonicamente carente de um mínimo de imaginação) buscando evitar a expansão horizontal da cidade, considerada individualista e onerosa. Mas devemos falar também de prédios e projetos privados que marcaram a paisagem urbana e o fazer arquitetônico no Brasil, como o Esther, em São Paulo; o Louveira, também em São Paulo, assinado por Vilanova Artigas; o Prudência, projetado por Rino Levi, em Higienópolis, ainda em São Paulo; o projeto de Lúcio Costa para o Parque Guinle, no Rio; ou o de Oscar Niemeyer para o Copan, em São Paulo, uma verdadeira aula de arquitetura, surpreendente prédio em S, com o piso do térreo levemente enladeirado, acompanhando sábia e inesperadamente a topografia local, e os apartamentos mais altos deixando-nos ver, à distância do centro compacto da cidade, as ondulações verdes da serra da Cantareira.

Abre parêntese. Em entrevista ao jornal *Valor Econômico* ("O Futuro Está na Água"), o arquiteto Paulo Mendes da Rocha, muito distante do antiniemeyerismo arrogante que encontramos em meio a tantos representantes e apreciadores da moderna arquitetura paulista, disse coisas claras e lúcidas sobre o Copan (onde já o vi bebericando em finais de tarde, num dos bares do térreo), situando-o no contexto de uma defesa da verticalização das nossas cidades.

"Veja o edifício Copan, com mais de meio século, só melhorou. Ficou tão bem-posto: com comércio embaixo, a cidade flui, e com o uso do elevador e apartamentos de vários tipos em cima. É algo muito inteligente, porque não caracteriza esse prédio como sendo de rico ou de pobre, o que é uma bobagem. O metrô foi inaugurado ali há poucos anos, menos que o tempo de vida que ele tem, e fez com que desabrochasse. O prédio é lindo porque não é uma torre isolada, tem um desenho que desfrutou da virtude do terreno amplo que havia ali." É algo que nada tem a ver com o avesso do encantamento e a carência imaginativa que vemos nas torres recentes da Barra da Tijuca, por exemplo. E o uso múltiplo do prédio, com uma seção "evangélica" e uma loja de *lingerie* entre as casas comerciais do térreo, já me permitiu ver uma cena deliciosa: um pastor, acompanhado de alguns acólitos, com um exemplar da Bíblia na mão, passando em frente a uma vitrine que exibia uma "promoção" (ou "liquidação") de calcinhas altamente sensuais. Mas voltemos ao tema e vejamos o que Mendes da Rocha nos diz dos modelos horizontal e vertical de expansão citadina: "Esse modelo de casinha num terreno, ou casona num terreno, até em lugares onde é proibido prédio, é ultrapassado. Se uma pessoa quer fazer uma casa, digo: 'por que não vai morar num apartamento?'. Podemos pensar nessa lírica história do sonho do homem e sua casa, aquele camponês de antigamente, que éramos nós. As coisas que ele juntava para dizer 'esta é minha casa': tem forno de pão, umas galinhas lá fora, uma mangueira, um cajueiro. A casa não pode ter particularidade para essa ou aquela pessoa. Você dura pouco em relação à construção. [...]. A grande virtude de qualquer casa é o seu endereço, onde ela está. A casa urbana contemporânea seria o Copan, por exemplo."

A pessoa dura pouco em comparação com a construção. Vale dizer: vamos dar um fim a esse princípio-equívoco dessueto de o arquiteto projetar uma casa que seja "a cara do cliente". A casa não tem de ser a cara do cliente. Tem de ter a cara da cidade. E estamos conversados. Fim do parêntese.

Nosso prédio pioneiro em campo vanguardista, como disse, foi o Edifício Esther (1936), que Vital Brazil projetou em parceria com Adhemar Marinho, vencendo um concurso para a realização de um edifício multifuncional na praça da República, centro de São Paulo. Encarando um programa complexo (lojas, escritórios, apartamentos de tamanhos diversos), Brazil projetou um prédio exemplarmente corbusieriano, na base de pilotis, janela corrida, planta livre, terraço-jardim. Procurou resolver o problema da diversidade de funções através da setorização, diferenciando os pavimentos por seus usos. Como disse Roberto Conduru, em "Razão e Civilidade" (estudo introdutório ao volume *Vital Brazil*), era como se houvesse edifícios-dentro-do-edifício: "Nesse sentido, o Esther é uma 'máquina' que exige o entendimento prévio de como deve e pode ser usada, mas que indica seu modo de funcionamento, desde a sinalização visual no interior até à explicitação de sua organização no exterior, com a diferenciação tipológica dos pavimentos transparecendo nas faces frontal e posterior e com os cilindros cristalinos das escadas marcando o eixo longitudinal das circulações verticais ao romperem as fachadas laterais."

Na década seguinte, tivemos o Parque Guinle. O próprio Lúcio Costa, que vinha já das mais variadas incursões arquitetônicas – do neocolonial ao prédio do Ministério da Educação e Saúde, passando pela pequena e exemplar vila operária construída na Gamboa, também no Rio de Janeiro, em 1932 –, convidado para fazer o projeto, nos diz: "Aconselhei então uma arquitetura contemporânea que se adaptasse mais ao parque do que à mansão [da família Guinle], e que os prédios alongados, de seis andares, fossem soltos do chão e dispusessem de 'loggias' em toda a extensão das fachadas, com vários tipos de quebra-sol, já que davam para o poente. Foi... o prenúncio das superquadras de Brasília." Mas nem tudo foram flores naquele "remanso urbano" de "apartamentos destinados à alta burguesia". Porque a alta burguesia pode ser também altamente desinformada – e carecer de educação estética, de um mínimo de cultura arquitetônica. Foi assim que deram destinação não prevista ao restante do terreno do parque. E mais: "Lembro que no primeiro prédio, com frente para a rua Gago Coutinho, os vidros fixos dos peitoris das janelas de guilhotina, que descem até o piso, foram pintados, na sua face interna, com um bonito azul mais sobre o cobalto, cuja escolha me dera muito trabalho. Na volta de uma viagem, anos depois, passando por ali um belo dia, tomo um susto: com a melhor das intenções e grande dispêndio, haviam trocado os 'meus' vidros pintados, por vidros azuis de verdade, só que, desta vez, de um intenso azul *shocking*." De qualquer modo, Lúcio teve mais sorte do que João Filgueiras Lima (Lelé), surpreendido pela reforma ridícula com que uma nova-rica do *marketing* eleitoral desfigurou a chamada "casa de ferro" que ele tinha projetado com tanto cuidado e rigor em Trancoso, no litoral baiano.

Impressionam ainda, no projeto de Lúcio, a sensibilidade histórica e o empenho de conhecimento que o arquiteto demonstra (ele foi, de fato, um dos pioneiros de nossa historiografia arquitetônica), apesar de algum deslize factual, na concepção dos apartamentos, sempre em diálogo crítico-criativo com a tradição. Mas vamos adiante. Em 1946, foi a vez do Edifício Louveira, projetado por Vilanova Artigas, então já afastado dos artesanatos wrightianos e em pleno domínio da linguagem racionalista da arquitetura filiada a Corbusier e Mies van der Rohe. O prédio foi devidamente analisado por Masao Kamita em "Vilanova Artigas: a Política das Formas Poéticas". Para Kamita, o Louveira – como, antes, o Esther – explora a integração com o entorno urbano, coisa que acabou gerando "alguma controvérsia com os fiscais da municipalidade" (*replay* da cena de Warchavchik com a casa da Vila Mariana), já que foram as faces menores do prédio que ficaram voltadas para uma praça. Vale dizer, Artigas privilegiou as fachadas laterais, com venezianas móveis protegendo os quartos nas extremidades do apartamento e uma cortina de vidro no vão central, onde ficam a varanda e a sala. Kamita: "A tipologia e a implantação do Edifício Louveira tornaram-se modelos para muitas outras construções em altura em São Paulo, principalmente pelo modo como equilibram as exigências de aumento de densidade populacional por área nas grandes metrópoles com a sua contrapartida, isto é, a ampliação de áreas livres que o crescimento da malha urbana impõe." E ainda: "Trata-se... de uma visão otimista das possibilidades da arquitetura moderna, tal como a concebiam seus maiores ideólogos: a impessoalidade da linguagem geométrica responde ao anseio de democratização da forma moderna, assim como a produção em série viabiliza o acesso cada vez maior de usuários aos benefícios da civilização industrial. Se, como define Argan, o urbanismo é a forma da arquitetura moderna, Artigas... não mais abrirá mão de projetar a arquitetura como forma urbana, ou seja, definida mais na sua relação com a cidade do que como objeto isolado."

Diante dos anos em que vigorou a insensatez dos "megaprojetos", mais de autorrealização narcísica do que de preocupação com a vida das pessoas numa realidade urbana – como vemos em "esculturas" de Santiago Calatrava, Frank Gehry ou Zaha Hadid, por exemplo, para cujas fantasias plásticas não se sabe se a cidade é encarada como plateia ou incômodo –, a postura urbanística de Artigas, assim como a de um João Filgueiras Lima, soa sempre mais lúcida e saudável. Talvez os recentes *cracks*

& *crashes* em obras de Calatrava façam nossos administradores pensarem um pouco antes de contratá-lo a peso de ouro por mero deslumbramento provinciano (de uns anos para cá, em quase toda reunião a que vou, quando o assunto é projetar alguma obra, sempre aparece algum boçal que, posando de entendido em arquiteturas, pergunta-sugere: "por que não chamamos o Calatrava?"; ouvi isso até num encontro para discutir o tal do Memorial da Democracia/Instituto Lula, que o ex-presidente petista queria construir em São Paulo). Mas ainda há outra coisa que também merece realce. É que no Esther, nos prédios do Parque Guinle e no Louveira, vamos encontrar uma qualidade estética e arquitetônica que nossos atuais edifícios de apartamentos perderam. Qualidade ambiental, inclusive, com as obras de Lúcio Costa e Vilanova Artigas irrompendo no verde e se abrindo para gramados e jardins. Este é um fato: a paisagem dos prédios brasileiros de hoje, quando já navegamos no século XXI, é feita de padronização e mediocridade.

33. O APARTAMENTO NO BRASIL

Este item poderia se chamar "Carlos Lemos: Panorama do Apartamento no Brasil". Porque Lemos abordou pioneiramente a história do apartamento no país em pelo menos três dos diversos livros que escreveu: *Cozinhas etc.* ("O Apartamento"), *História da casa brasileira* ("O Apartamento") e *Da taipa ao concreto* ("Edifícios Residenciais em São Paulo: da Sobriedade à Personalização"). E vamos caminhar aqui, durante diversos parágrafos, ouvindo (e dialogando com) esses textos, de modo a desenhar um roteiro do tema.

As principais cidades brasileiras começaram a construir edifícios de apartamentos em conjunturas urbanas variadas. Em São Paulo, por exemplo, numa época em que se conjugaram três processos: a queda do poder aquisitivo da classe média, o adensamento demográfico e o encarecimento de terrenos e imóveis nas áreas centrais da cidade. Com isso, a classe média se viu diante de uma encruzilhada. No dizer de Lemos, ou "o indivíduo optava pelo pequeno *chalet*, ou *bungalow*, ou sobradinho geminado nos bairros afastados, longe do local de trabalho, ou aceitava o apartamento bem situado, aceitava o prédio de habitação coletiva, já velhíssimo na Europa culta e aqui visto com maus olhos. Assim, nas zonas centrais da cidade ficaram, lado a lado, os estabelecimentos comerciais, os escritórios, as repartições públicas, os velhos casarões transformados em cortiços, em pensões ou em hotéis e a última aquisição urbana brasileira, o prédio de apartamentos".

Mas os primeiros prédios de apartamentos não conseguiram entusiasmar os paulistanos. Até que um dia colocaram à venda todos os apartamentos de um velho hotel, perto do viaduto do Gasômetro. Sucesso absoluto: todas as unidades foram imediatamente vendidas. E isso "abriu os olhos dos recém-instalados especuladores, que, a partir desse fato inesperado, trouxeram à vida cotidiana um novo programa habitacional: o apartamento de quarto e banheiro provido de uma quitinete [minicozinha] clandestina embutida no corredor de entrada num armário, que nas plantas da prefeitura figurava como guarda-roupa. Nunca havia sido oferecido à classe média tal tipo de habitáculo, que naqueles dias vendia 'qual pão quente', como diziam os corretores de imóveis, à classe em ascensão. [...]. A planta ideal desses apartamentos era aquela permitida nos hotéis: quarto olhando a paisagem e o banheiro atrás, sem janelas e ventilado por um duto vertical, cuja convecção, à semelhança das chaminés, trocava permanentemente o ar do ambiente. Esse recurso era proibido às habitações ditas 'permanentes' e, por isso, esses primeiros apartamentos mínimos tinham suas plantas aprovadas como pertencentes a futuros hotéis. Antes de iniciadas as obras, já eram vendidos em condomínios. Essa situação irregular durou pouco tempo, pois logo os empreendedores trataram de providenciar a mudança da lei e o Código Saboya [o código de obras da cidade, em 1929] teve um adendo permitindo banheiros internos nos apartamentos mínimos. O Edifício Copan, cuja planta foi aprovada por volta de 1952, tornou-se um dos primeiros a se beneficiar dessa providência".

É preciso esclarecer os motivos – havia dois, ao menos – que faziam com que o prédio de apartamentos fosse inicialmente, no Brasil, uma entidade malvista pelas pessoas "sérias". A má fama da habitação coletiva, entre nós, vinha do caráter perigosamente promíscuo que o cortiço assumira na imaginação das classes sociais privilegiadas, plantadas em suas moradias unifamiliares. Fixados na fantasia de que os cortiços eram antros de perdição moral, burgueses e pequeno-burgueses conservadores sentiam a presença do sexo umedecendo o ar de qualquer habitação coletiva. Na cabeça deles, prédios cheiravam a esperma. E os primeiros edifícios de apartamentos em nada contribuíram para desfazer esta reputação. Não porque fossem promíscuos. Afinal, um prédio de dez andares pode ser visto como uma rua onde as unidades habitacionais, em vez de coexistirem lado a lado, se justapõem na vertical. O fato de esta ou aquela rua ser um espaço depravado é outra coisa. Mas os primeiros prédios de apartamentos não alteravam o estereótipo da habitação coletiva como lugar de misturas desordeiras, propícios aos baralhamentos da sensualidade. Ao contrário, pareciam querer engrossar o caldo umectante das perversões. De cara, apartamentos não eram vendidos, mas alugados. Não eram moradias definitivas, nem "de família". E isto aconteceu já com o primeiro prédio de apartamentos construído em São Paulo, à rua Líbero Badaró, em 1916. Não bastasse o nome da rua – imigrante italiano nascido no final do século XVIII, o médico e jornalista Giovanni Battista Libero Badarò fazia o jornal *O Observador Constitucional*, enfuriando o conservadorismo paulistano, que se encarregou de assassiná-lo à porta de sua casa, em novembro de 1830 –, este prédio, com pequenos apartamentos de sala, quarto e banheiro, foi feito para solteiros e viúvos, que faziam suas refeições nos restaurantes da vizinhança. Viúvos e solteiros que sempre seriam olhados com desconfiança por todos os fiscais de boceta do país. Que jamais formariam uma vizinhança que um "pai de família" quisesse ao redor de suas crias. E é claro que isso convergia para estigmatizar o edifício. A promiscuidade, real ou imaginada, irmanava assim nossos dois tipos principais de habitação coletiva: o novo prédio de apartamentos e o tradicional cortiço. Lembre-se aliás de que no Rio, a expressão "casa de apartamentos", ainda entre as décadas de 1920 e 1930, designava tanto as velhas pensões quanto os novos prédios.

O empenho dos agentes imobiliários, voltados para implantar e consolidar o estilo de vida embutido nos apartamentos, se concentrou então numa campanha para descolar as imagens do prédio e do cortiço. Para desidentificá-los. E os empresários acionaram suas armas, dos materiais utilizados na construção – o mármore, por exemplo – às cores vistosas e sedutoras com que a publicidade embalava seus novos produtos residenciais. O apartamento tinha de ser mostrado como equivalente moderno da casa – e vendido como tal. Mas nunca como uma casinha proletária de bairro humilde, e sim como análogo do casaréu de gente rica. "Os edifícios deveriam ter 'entradas nobres' e entradas de serviço. O acesso à rua poderia ser um só, mas dentro, logo no térreo, as circulações passariam a ser diferenciadas. Deveriam ter cozinha, tanque, banheiro e quarto de criada, pois toda família que se prezava tinha uma empregada morando em casa. Deveriam ter pelo menos duas salas, inclusive a de visitas. E quartos bons. [...]. Precisava-se alardear que apartamento era casa de família, casa de respeito. Moradia completa, com copa e cozinha, salas de jantar e de visitas, e com acomodações para criadagem, principalmente" (Lemos). A mensagem marqueteira era esta: o máximo de conforto com o mínimo de promiscuidade. Recato, conforto e requinte. Apartamentos feitos com materiais caros. Acabamento de primeira. E ênfase na "família", em sentido mais moral que biológico. No Rio, invertendo a prática paulistana, houve prédio que não aceitava morador solteiro ou viúvo. De outra parte, o apartamento começou a se dirigir não somente à classe média, mas aos ricos. E, com o tempo, virou moda. Sinônimo de elegância, inclusive. Como se viu no Rio de Janeiro, nos bairros atlânticos da Zona Sul da cidade.

Mas há um aspecto que não posso deixar passar em branco, nem em preto: a tese de que a entrada/passagem de serviço é uma especificidade brasileira. Não é. E não se trata de uma questão racial, mas social. Para esclarecer, façamos uma comparação histórica e cultural entre o apartamento europeu e o brasileiro. Na Europa, desde que surgiu no século XIX, o apartamento foi direcionado principalmente à classe operária. No

Brasil, não – nasceu para a classe média ascendente, numa sociedade de forte herança escravista. Isso explica o desenho básico do apartamento europeu e a particularidade do apartamento comum brasileiro. Mas trata-se de uma explicação feita de várias. Multideterminada. Regra geral, nossos apartamentos costumavam ser bem mais espaçosos que os europeus, refletindo a diferença do valor do terreno urbano numa situação de fartura fundiária. Além disso, dirigidos à classe média e não à massa trabalhadora, nossos apartamentos tiveram de corresponder a práticas, anseios, predisposições e preconceitos daquela classe e de se diferençar do cortiço promíscuo. Logo, impôs-se o conceito de apartamento como transposição da casa isolada para um espaço vertical. E aí, nessa transposição, vingou mais um traço de nosso passado escravista (mais uma herança que um carma), na necessidade de abrigo para a figura da empregada doméstica, que ao mesmo tempo deveria se manter apartada da família, com vias próprias de circulação – o que nunca impediu que "pais de família" fossem flagrados pelas esposas em pleno envolvimento erótico com as "negrinhas", na cozinha ou na área de serviço do lar.

Vem dessas distinções gerais, a disposição elementar, o padrão do apartamento parisiense comum, com a latrina logo na entrada. Lemos: "Na Europa, a unidade residencial da habitação sempre foi planejada com abstração total dos problemas relativos à criadagem doméstica, às circulações de serviço e às várias funções da moradia. Lá, raramente as classes abaixo da média, inclusive esta, tiveram o auxílio permanente da criada doméstica, com a frequência a que nossas famílias estão acostumadas. Como nas residências isoladas, a cozinha tradicionalmente constitui uma espécie de apêndice da sala de estar do apartamento europeu – sala para a qual os dormitórios abrem suas portas, pois corredores de distribuição constituem sempre uma espécie de desperdício de área construída. Nunca se cogitou de acessos especiais de serviço e seria uma aberração a existência de um quarto isolado, próximo à cozinha, para a criada doméstica." Não se vê maior preocupação, nesse apartamento europeu comum, com coisas de conforto e higiene pessoais. A preocupação suprema é com a economia métrica, com a maior redução possível da área construída. Vale dizer, o que vemos é o apartamento encarado como uma superfície sem supérfluos. Escassez "cartesiana". Diferenciações sociais internas, inscritas fisicamente no prédio, implicariam gastos no consumo de espaço e na feitura de áreas comuns, encarecendo o preço do imóvel. E para que quarto de empregada se família de trabalhador europeu não tem empregada? Essas coisas só seriam possíveis em prédios para gente endinheirada.

Daí minha discordância atual com uma tese de Lemos, que comprei desavisadamente tempos atrás. A discriminação brasileira entre "área social" e "área de serviço" inexiste no apartamento parisiense comum. Mas isso não quer dizer que a discriminação seja traço exclusivo. Não: a figura da empregada e a discriminação socioespacial, na Europa, existem nos apartamentos de luxo. Mas Lemos afirmava o seguinte, em sua *História da casa brasileira*: "A totalidade desses novos prédios de apartamentos da primeira fase [a "fase heroica" da produção brasileira de apartamentos, estendendo-se mais ou menos de 1925 à Segunda Guerra Mundial] era composta de construções particulares destinadas ao aluguel de suas unidades. Sempre de aluguel, essa produção já nasceu caracterizada pelo desejo de agradar indistintamente à clientela com a adoção de soluções homogeneizadas em que a média dos desejos estivesse expressa. A segregação das empregadas domésticas e dos fornecedores em áreas de circulação apartadas da dos patrões foi uma consequência dessa política de agrado coletivo. Assim, o Brasil tornou-se o primeiro e único país a possuir edifícios com essa preocupação separadora de circulações. Até hoje isso acontece na maioria das construções e um cotejamento com edifícios de outras plagas mostra que estamos frente a uma exclusividade nacional."

Non è vero. Esse *apartheid* social nas áreas de circulação não é especificidade brasileira. Não sei como as coisas se passavam nas *insulae* romanas, que abrigavam de famílias pobres a moradores ricos. Mas encontro um claríssimo exemplo de segregação numa obra de Antoni Gaudí, arquiteto que, por sinal, usou "madeiras valiosas do Brasil" na construção do Palau Güell – segregação que se vê no esplêndido edifício que recebeu o nome de Casa Milà, com suas chaminés e seus tubos de ventilação funcionando como uma poderosa exposição de esculturas no telhado do prédio. Pois bem: na Casa Milà, como sinalizou Robert Hughes em *Barcelona*, "Gaudí optou por uma rampa em espiral para pedestres e fez um elevador à parte (e não dentro de um poço de escada preexistente, como se fazia na época), separando totalmente a entrada social e a entrada de serviço, de modo que os *senyors* não correriam o risco de topar com os criados indo para os apartamentos". Esta segregação via escadas e entradas de serviço é imediatamente visível também nos apartamentos que Giò Ponti e colaboradores projetaram na Itália, na segunda metade da década de 1950. E temos agora um caso novíssimo e especialmente grave de segregação na cidade de Nova York. A prefeitura local incentiva a produção imobiliária a misturar, num mesmo prédio, apartamentos caros (vendáveis a preço de mercado) e apartamentos mais baratos (apenas para aluguel). A legislação nova-iorquina permite que se façam mais andares (ou metros quadrados) numa obra, desde que o construtor destine certo número de apartamentos para alugar a preços mais baixos que os do mercado (aluguel "social" que é subsidiado pelo governo, via deduções fiscais).

Pois bem: estão construindo um desses prédios socialmente "mistos" no Upper West Side, com vista para o Hudson. Mas realmente o mix não é o forte da sociedade que se formou nos EUA. Este edifício do Upper West Side vai ter duas portarias. Uma para os ricos e outra para os pobres. Os inquilinos subsidiados não circularão por áreas sociais e elevadores da parte luxuosa da construção. E seus apartamentos não terão vista para as águas do Hudson. Cruel ironia: o prédio que usa o recurso do aluguel social, seguindo a política da mistura de pobres e ricos, promove a mais drástica separação entre uns e outros. Nunca tive notícia de nada parecido; de nenhum outro prédio com portarias distintas para os *moradores* (e não para empregados, como aqui), segundo seu lugar na estruturação econômica da sociedade.

Mas fiquemos na comparação com a Europa. O zoneamento do apartamento comum brasileiro, com senzala para empregada doméstica, não é semelhante ao do apartamento comum europeu, mas sim ao dos apartamentos de luxo existentes nas principais cidades europeias. Lemos: "Vimos vários apartamentos europeus, principalmente poloneses, em que na grande sala estão as camas dos filhos, é verdade que mais ou menos escamoteadas por biombos ou cortinas, mas integradas no local de estar, onde também se come e é preparada a refeição. E não se trata de apartamentos mínimos, porque possuem áreas relativamente grandes e dois ou três dormitórios além daquela sala-quarto-cozinha. A sala é constantemente o centro de interesse, e sempre passagem obrigatória, ligando os quartos ao banheiro e cozinha ao exterior. São raros os apartamentos em que se percebe o desejo de se evitar essas promiscuidades. Somente nos de alto luxo encontramos essa vontade – vontade que é a nossa constante e não exceção." Mais: "... exame minucioso de projetos de habitações coletivas em qualquer lugar do Velho Mundo, projetos antigos ou recentes, mormente os levados a efeito nos movimentos de reconstrução do pós-guerra, e também de planos norte-americanos ou, então, dos de Israel recém-construída ou de qualquer outra nação que seja, mostra-nos a impressionante constância da ausência de zoneamento interno nos apartamentos, zoneamento tão do nosso agrado, que sempre procura diferenciar as circulações horizontais e verticais; separar o caminhamento da empregada, do fornecedor, do percurso 'nobre' do proprietário; e agrupar os quartos e banheiros em zona íntima. Nunca aceitaríamos planta semelhante à do apartamento francês típico, em que a única latrina, sempre separada do local de banho, está na entrada, contígua ao vestíbulo de recepção". Mais intolerável ainda, para um brasileiro de classe média tradicional, morar num antigo prédio parisiense de seis andares, com uma só latrina coletiva no térreo.

Enfim, ainda vivemos, mesmo em nossas residências verticais modernas, num espaço que remete ao mundo colonial dividido entre senhores e escravos. Somos mais pobres do que os europeus, mas nossos apartamentos seguiram o modelo do sobrado senhorial dos tempos escravistas, como se fôssemos muito mais ricos do que somos (mas não nos esqueçamos de que, no Brasil, a primeira providência de um ex-escravo era comprar um preto escravizado para servi-lo – e isso é fundamental para entender a extensão do fenômeno, a razão por que quase todos os nossos apartamentos modernos carregam a senzala em suas plantas). Reencontramos, a cada passo, traços do escravismo colonial e práticas da nossa duradoura "sociedade das aparências", denunciada já por Gregório de Mattos, no século XVII. Recapitulando: apartamentos feitos originalmente para a classe média e não para operários, buscando se distinguir dos cortiços, numa sociedade de forte herança escravista. Sobre esta base se desenhou o padrão do apartamento residencial brasileiro. Dos de preço médio aos de alto luxo. Em quase todos eles, encontramos entradas e circulações apartadas. Cozinhas e dependências da criadagem se abrindo diretamente para espaços externos de circulação vertical. Exceções estariam apenas em apartamentos bem chinfrins ou em prédios dos conjuntos residenciais do BNH e similares. E que o quarto de empregada, cada vez mais cubicular, seja uma reprodução moderna da senzala, não pode haver dúvida. É um alojamento humilhante, no horizonte da vida social brasileira – não por ser uma cápsula de dimensão nipônica, mas em comparação com as suítes da família do dono ou dona da casa.

Mais Lemos, fazendo revelações significativas (grifos meus): "Até mesmo em prédios construídos pelo governo, ou autarquias, em oportunidades em que o aproveitamento máximo do terreno seria desnecessário ou mesmo condenável, perduram as áreas irritantemente pequenas. Certos apartamentos construídos em Brasília, por exemplo, ainda apresentam quartos de empregada minúsculos, aviltando a dignidade humana do mesmo modo que os existentes em apartamentos de plantas comercializadas em Copacabana ou Vila Buarque. Tão pequenos que, durante um congresso internacional de críticos de arte havido na nova capital, foram mostrados aos visitantes como despensas. Aliás, oficialmente, *sempre a empregada doméstica inexistiu nos projetos de apartamentos porque seu dormitório pediria área compatível com os mínimos legais. Sempre os quartos de empregadas apareciam nas repartições oficiais, nos processos de aprovação de plantas, como despensas, depósitos ou rouparias.*" Isso é tão arraigado que, anos atrás, quando construí um alojamento de caseiro (sala, dois quartos, banheiro, cozinha) na casa onde morava, em Santo Amaro do Ipitanga, na Bahia, houve quem me achasse perdulário – mas ficasse em silêncio constrangido quando, em resposta, eu perguntava: vocês acham que eu deveria ter construído uma senzala? Hoje, de um modo geral, as coisas estão mudando. Uma coisa que logo se nota é a diferenciação social entre os edifícios: a distância estelar agora existente entre o apartamento médio e o de luxo. Ao entrar nos imóveis, impressiona a diminuição do tamanho dos cômodos do atual apartamento comum brasileiro. Em consequência dessa redução generalizada das dimensões físicas é que hoje, no Brasil, apartamento antigo é sinônimo de espaçoso. Em terceiro lugar, à redução no tamanho das unidades de moradia corresponde um incremento de áreas comuns: salões de festas, piscinas, quadras esportivas. Em quarto, voltou a onda dos apartamentos menores e mesmo mínimos. Como ocorrera no início, apartamentos para solteiros, divorciados, quiçá viúvos e também casais sem filhos. Nesse último caso, desaparecem as senzalas para empregadas domésticas. Em quinto lugar, tudo indica outro retorno: o do prédio de uso misto. E penso que estamos finalmente a entrar, de forma parcial e gradual, numa nova fase da história do apartamento no Brasil.

É possível que agora venhamos a superar a concepção de unidade residencial de feitio ainda escravista. Refiro-me ao apartamento médio ou menor (os muito ricos sempre irão dispor, como em qualquer outra parte do mundo, de um *entourage* de funcionários domésticos, assim como de jatinhos particulares e helicópteros). Porque, historicamente, o apartamento comum brasileiro se configurou como um projeto bifronte. De um lado, pretendendo-se moderno. De outro, preso ao passado, expressando nossa herança escravista. "O apartamento atual não é a casa isolada, que necessita de criadagem para funcionar, e ainda não chega a ser a unidade habitacional feita e agenciada de tal maneira que a família possa viver por si só sem depender da ajuda doméstica remunerada. Falta uma série de condições, algumas possíveis e outras talvez fora do alcance normal, por exemplo, a ampla fabricação e divulgação dos equipamentos modernos facilitadores da vida cotidiana, hoje ainda raros devido à sua pouca solicitação decorrente dos salários irrisórios pagos às 'domésticas'; outras, por sua vez, ainda fora de cogitações, por dependerem de lenta mudança de hábitos e costumes que se processará com o auxílio da técnica industrial e da ciência ligados, principalmente, ao ramo da alimentação. Enquanto nossas refeições forem preparadas com matéria-prima adquirida nos mercados, exigindo trabalhosa manipulação, enquanto existirem panelas e pratos por lavar, enquanto existirem nas pias das cozinhas o sabão, o sapólio e a palha de aço, a dona de casa brasileira clamará pelo auxílio da empregada doméstica. O apartamento veio facilitar alguma coisa. Já não mais existem os jardins para cuidar, os quintais para varrer. Os cômodos já são menores, facilitando a limpeza. O problema da comida é que perdura."

Lemos escreveu isto em meados da década de 1970. De lá para cá, o panorama não se alterou significativamente, mas não é mais o mesmo. Sintoma disso é o número de apartamentos novos com banheiro de diarista, em vez de quarto de empregada. Caminhamos para uma situação como a europeia: só teremos dependências de criados em apartamentos de luxo. Contamos já com uma quantidade maior de maquinaria doméstica em ação, embora ainda não tenham sido amplamente vulgarizados equipamentos para lavar pratos e panelas. Expandiu-se a organização empresarial das agora trabalhadoras domésticas. Ficou mais caro ter criadas caseiras, em consequência da valorização do salário-mínimo e da obrigação de assumir encargos trabalhistas que antes não eram exigidos. As moças, atualmente, preferem abrir seus mínimos negócios ou serem balconistas numa loja do que servas numa família, atraídas por uma suposta impessoalidade da dominação. A proliferação dos restaurantes "a quilo" ampliou extraordinariamente o leque de possibilidades de as pessoas se alimentarem em pontos comerciais, perto do local de trabalho. A própria "comida de rua" se firmou como produção culinária. E o aumento do poder aquisitivo da população, com a formação de uma "nova classe média", trouxe contingentes inéditos de pessoas para morar em apartamentos. Verdade que vieram reproduzindo hábitos antigos, ex-pobres a imitar práticas dos patrões. E a comida persiste como o principal problema, especialmente agora, numa conjuntura que combina paralisia econômica e inflação alta, convencendo as pessoas de que é mais barato jantar em casa do que num restaurante. As metrópoles, todos sabem, devoram gêneros alimentares em demasia. Continua muito grande o número de pessoas que recorrem a cozinheiras caseiras. E sujam as cozinhas para que descendentes históricos de escravos cuidem de limpá-las. Desse modo, com um pequeno rol de contradições e ambiguidades, a situação atual, na história do apartamento comum brasileiro, deve ser vista como um momento de passagem, um instante de transição.

Para finalizar, ressalto a observação antropológica precisa de Lemos: o agente imobiliário como agente cultural. Porque é isso mesmo: o agente (construtor, especulador, corretor) imobiliário "atuou e até hoje atua como um verdadeiro agente cultural formador de opiniões e condicionador de gostos e preferências arquitetônicas. Agentes que, no entanto, nunca levaram a sério a boa arquitetura e os próprios arquitetos. Quando se dignam de mencionar em sua publicidade o nome de algum profissional de renome é para obter proveito nas vendas. A grande verticalização paulistana deflagrada a partir do pós-guerra não passa de uma imensa massa sem autoria definida". Dois pontos são importantes nessa observação de Lemos. Primeiro: o agente imobiliário cria e incrementa fantasias, modela gostos, engendra preferências e influencia escolhas residenciais, via bombardeios publicitários. O imóvel passa a ter não só existência física numa via pública, mas também, de modo nunca antes igualado, no mercado de bens simbólicos. Vendem-se, juntamente com o imóvel, um *status* na sociedade e um "estilo de vida". E são essas campanhas publicitárias que geram modas residenciais. Que elegem tipologias e selecionam bairros. O próprio Lemos dá um exemplo disso, num raro momento em que agentes imobiliários recrutaram talentos, para superar o cansaço do *art déco*. "Por volta de 1950, Oscar Niemeyer, Abelardo de Souza, Zenon Lotufo, Adolf Heep e mais um ou outro arquiteto projetaram edifícios que destoavam da paisagem bem-comportada paulistana de então, onde predominava a sobriedade dos prédios saídos das pranchetas de grandes escritórios de engenharia como Ramos de Azevedo, Severo e Villares, Comercial e Construtora e, principalmente, o de Jacques Pilon, que ajudou bastante a fixar a tristeza da rua Marconi, a então rua 'moderna' paulistana. Surtiu efeito a estratégia dos especuladores, a nova arquitetura de pastilhas coloridas 'vendia bem' e, a partir daí, levantaram-se milhares e milhares de edifícios apócrifos num estilo modernoso que usava e abusava de ladrilhos decorados, painéis de pastilhas, estruturas moduladas aparentes formando panos simétricos. É verdade que houve exceções, de gente que tratou de criar estilos próprios, como Artacho Jurado, mas a maioria dos empreendimentos foi amparada na média dos gostos definidos pela 'escola carioca' de arquitetos, de reconhecida aceitação popular."

Outro aspecto relevante da observação de Lemos – que também vamos encontrar em Jorge Wilheim – diz respeito ao fato de os agentes imobiliários não levarem arquitetos e arquiteturas a sério. "Não se pensa bem em morar, mas sim em investir a partir de inúmeros pretextos de ordem subjetiva que os investidores detectam com a maior facilidade. Esses anseios da burguesia são traduzidos em concreto armado, sem que haja um responsável direto bem identificado, e certamente os arquitetos são ouvidos por último, quando são ouvidos. Não são eles que manipulam o gosto popular." Realmente, foi-se o tempo em que tínhamos arquitetos de talento superior e com forte personalidade estética, de Rino Levi a Artigas, passando por Niemeyer. Hoje, a maioria dos arquitetos que trabalha nessa área não passa de uma falange de funcionários medianos (e obedientes) das construtoras. Nem sabemos os nomes dos que projetam os prédios. Não temos mais arquitetura funcionalista, em sentido bauhausiano. Mas funcionalismo arquitetônico, em sentido burocrático-empresarial, relativo a um segmento dos quadros de funcionários das construtoras. Este "arquiteto" não passa de mero e rotineiro cumpridor de ordens, desenhando coisas sempre iguais.

34. UM PROCESSO CARIOCA

Somente em 1925 o Rio teve o seu primeiro arranha-céu: o prédio de dez andares do Cinema Capitólio, na área central da cidade. Mas logo a orla do mar entrou na dança. Copacabana – lugar de gente rica e "moderna", que já contava com o Copacabana Palace – não demoraria a se firmar como o espaço privilegiado da verticalização residencial da cidade. Afinal, o prédio de apartamentos tinha tudo a ver com a última palavra no que dizia respeito àquela elite praiana. Era moderno, tanto no aspecto tecnológico quanto em sentido cultural; era *made in USA*, como Hollywood e o *jazz*; era a cara de uma juventude ousada, devota das novidades. "A concentração dos arranha-céus entre a região central e os bairros atlânticos deixava claro que, ao contrário do que acontecia em outros países (onde a verticalização se difundia como solução técnica para a questão da habitação), no Rio de Janeiro o edifício de apartamentos emergia como a moradia das elites e das classes médias ascendentes", observa Julia O'Donnell. De fato, quando olhamos a paisagem onde se plantam os primeiros prédios de Copacabana, vemos que havia no bairro fartura de espaços vazios. Os prédios apareciam não para responder a uma carência de moradias ou de lotes, mas em correspondência a uma ânsia de modernidade. Mal adivinhava aquela elite praiana, à altura, que a proliferação de prédios viria para desfigurar e degradar o lugar. E, no plano social, explodir seus princípios de elegância e exclusivismo.

Notemos, em primeiro lugar, que favelização e verticalização apareceram como processos coetâneos na paisagem urbana do Rio. Multiplicaram-se os apartamentos ao tempo em que as favelas se espalhavam e se acumulavam os cortiços pela cidade. Já aqui, no campo das habitações coletivas, até então vistas como organismos essencialmente promíscuos, tinha-se o mesmo problema paulistano: era preciso distinguir entre o arranha-céu e o cortiço. Associar o prédio vertical de apartamentos a gente bem-posta na vida e a um modo de viver ao mesmo tempo moderno (cortiços eram herança colonial) e elegante. E é claro que era mais fácil fazer isso com relação a Copacabana do que a propósito de prédios centrais. Acentuava-se então o uso de materiais caros na edificação e o fato de que o que se empilhavam eram residências luxuosas, com vista para o mar, destinadas a pessoas que não só dispunham de alto poder aquisitivo (ou, ao menos, de boa situação financeira), como primavam pela "moralidade". Mas, com o tempo, esse quadro de requinte e distinção não se sustentaria. Copacabana entraria numa onda de crescimento descontrolado, com uma vasta vulgarização dos prédios, em todos os sentidos. Na verdade, a antiga Copacabana das décadas de 1920-1930 seria destruída por uma combinação de edifícios e adventícios. O bairro, ao se firmar, conseguiu fazer com que a cidade se identificasse com a praia – mas teve que pagar por isso, virando sonho e meca de todos. Em consequência, a qualidade dos prédios despencaria e os apartamentos se veriam reduzidos a dimensões minúsculas. A diferença entre o "conjugado" e o cortiço seria mais de preço e localização do que de qualquer outra coisa. Afinal, Copacabana não era o Bexiga. Antes disso, porém, parte dos moradores ricos do bairro já tinha se refugiado no Leblon, que vinha se tornando novo signo de elegância praiana desde a década de 1940.

A propósito da deterioração da qualidade arquitetônica em Copacabana, com a proliferação do "conjugado" (sala e quarto, banheiro, minicozinha), mudança extrema na paisagem do bairro, veja-se *A utopia urbana*, de Gilberto Velho. O antropólogo fez sua pesquisa quando Copacabana ainda resistia como o bairro mais cobiçado do Brasil (apenas uma fração de elite o esnobava na década de 1960, cultivando Ipanema e Leblon), embora imerso já num tremendo processo de degradação. Foi nessa Copacabana inchada, cheia de funcionários públicos e militares reformados, numa deplorável paisagem de paredões de prédios grudados uns nos outros, que Gilberto Velho fez o estudo antropológico de um edifício de dez andares, com dezesseis apartamentos de 39 m² por andar e cerca de 450 moradores, todos sujeitos ao racionamento da água (a capacidade dos reservatórios do prédio era insuficiente para atender à demanda dos residentes) e convivendo de forma nada cordial entre si, com frequentes bate-bocas. Tratava-se do Edifício Estrela, num bairro que tinha crescido rápida e espantosamente e apresentava já um elenco de problemas (higiene, transporte etc.), mas não parava de construir prédios e mais prédios de conjugados e de atrair novos moradores, pessoas vindas de outros bairros e de outras cidades. E o Estrela, assim como o célebre 200 da Barata Ribeiro (também estudado por Yvonne Maggie e Gilberto Velho), aparece a nossos olhos como um novo tipo de cortiço: o *neocortiço copacabânico*.

Naqueles dias, muitas pessoas que migravam para Copacabana, dispostas a se amontoar e se espremer num dos milhares de microapartamentos do bairro, deixavam para trás, no seu lugar de origem, casas relativamente espaçosas, com sua vizinhança tranquila e seus quintais. Saliente-se, então, o contraste. Copacabana saltou de menos de 18 mil moradores em 1920 para cerca de 250 mil em 1970. Entre 1920 e 1970, cresceu num ritmo quase sete vezes maior do que o da cidade. Na década de 1940, impôs-se a expansão vertical do bairro. E, a partir de 1950, a proliferação de enormes prédios de miniapartamentos. O tamanho médio desses apartamentos, com o mesmo número de cômodos, é sempre menor em Copacabana do que em Ipanema ou na Tijuca. E as pessoas se arranjavam como podiam naqueles retângulos exíguos. O espaço daria bem para uma pessoa solteira ou até um casal. Mas não era bem isso o que se via. No caso do Estrela, ao lado de apartamentos onde moravam famílias conjugais, Gilberto Velho registra: "Encontrou-se um casal jovem com dois filhos, vivendo no mesmo apartamento com os pais da esposa. Em outro vivia um casal com uma filha pequena, o pai e uma irmã adulta da esposa. [...]. Nestes casos, é importante chamar a atenção para a precária situação destas famílias em termos de espaço, com cinco, seis ou sete pessoas vivendo num apartamento de 39 m^2." Mas tudo isso – espaço mínimo, falta de água, conflitos entre vizinhos, solidão de quem tinha trocado sua comunidade original por um mundo onde não conhecia ninguém ("a televisão é o meu marido", disse uma senhora ao antropólogo) – era apagado pela ideologia residencial em vigor. Os bairros dos subúrbios e da Zona Norte eram vistos como espaços provincianos do atraso – e Copacabana prosseguia aparecendo como sinônimo de modernidade e signo de ascensão social. Ao se deslocar do Grajaú ou da Tijuca para um conjugado em Copacabana, as pessoas tinham certeza de que estavam "subindo na vida" e, de fato, despertavam a inveja de seus antigos vizinhos. Gilberto Velho fala de "uma sensação de triunfo com a chegada a Copacabana". O bairro aparece hoje, porém, como exemplo do que de pior se pode fazer em matéria de verticalização.

Lamentável é que o péssimo exemplo carioca tenha sido copiado em vários lugares do país. No Recife, por exemplo, desfigurando a praia da Boa Viagem. E em outras cidades litorais. No caso daquele bairro do Recife, o que se vê hoje, durante os meses do verão, é que, entre as três e as quatro horas da tarde, a Boa Viagem já se torna uma praia de sombras. Restam apenas trechos, frestas de sol, entre a sombra de um e outro prédio. Um amigo recifense me diz que, pelo menos, há um certo afastamento entre os edifícios – daí, as nesgas de sol. Mas o problema não é esse. Não se trata de palmos de distância entre as construções, sejam elas residenciais ou hoteleiras. O problema é que não há afastamento suficiente entre a praia e os prédios – ou uma gradualização do gabarito, com prédios mais baixos na beira do mar, para crescer somente nos quarteirões subsequentes, fora da orla. Logo, as sombras dos edifícios se projetam sobre a areia e as ondas que ali vêm quebrar. Assim é que temos a praia sombria – e não a praia ensolarada. Uma praia que, no campo da visualidade natural, da visualidade praieira dos trópicos, alegra-se apenas a breves intervalos. Porque, quando não vêm de coqueiros, que cabem perfeitamente na moldura solar, sombras não são bem-vindas. Embaçam, entristecem praias. Implicam o desluzir da fachada atlântica brasileira.

35. ESBOÇO PARA UMA SÍNTESE

O crescimento vertical das cidades sempre teve celebrantes e detratores. Frank Lloyd Wright escreveu: "A horizontalidade natural – a direção da liberdade humana sobre a terra – desaparece ou desapareceu [com a cidade moderna]. O cidadão condena-se a um empilhamento artificial e aspira a uma verticalidade estéril." Le Corbusier, ao contrário, projetava a verticalização da cidade-jardim e queria arranha-céus em lugar de casas. E Sant'Elia, o arquiteto-teórico-sonhador da *città nuova* do futurismo italiano: "Devemos inventar e reconstruir *ex novo* nossa cidade moderna, como um imenso e tumultuado estaleiro, ativo, móvel e em todos os locais dinâmico, e a edificação moderna como uma máquina gigante. Os elevadores não devem mais estar escondidos, como minhocas solitárias nas torres das escadarias, mas as escadarias – que agora são inúteis – devem ser abolidas; e os elevadores devem infestar as fachadas como serpentes de vidro e ferro. A casa de cimento, ferro e vidro, sem ornamentos curvos ou pintados, rica somente pela beleza inerente de suas linhas e formas, extraordinariamente e levemente brutal em sua simplicidade mecânica... deve se elevar a partir do lampejo de um abismo tumultuado; a própria rua não mais jazerá como um capacho na porta de entrada, no nível das soleiras das portas, mas se enterrará em vários pavimentos, reunindo o tráfego da metrópole, conectada às passarelas de metal e a esteiras rolantes de alta velocidade para os deslocamentos necessários." E Sant'Elia está tão convencido da eficácia suprema da civilização técnica que quer eliminar as escadarias: não passa por sua cabeça a eventualidade de uma falta de energia, muito menos a de um "apagão" à brasileira, ou, ainda, a de um incêndio no prédio.

No Brasil, não foi diferente. O romancista Lima Barreto definiu-se como adversário preconceituosíssimo do futebol, das feministas e dos arranha-céus. No outro extremo, Oswald de Andrade celebrou: "Obuses de elevadores, cubos de arranha-céus e a sábia preguiça solar." E os arquitetos modernistas seguiram tecendo loas às vantagens econômicas, sociais e comunitárias da verticalização. Pouca gente sabe, por falar nisso, que Oswald construiu um prédio de apartamentos em São Paulo: o Edifício José Oswald (nome de seu pai), sobre o qual não disponho de maiores dados (conheço apenas uma foto estreita da porta de entrada), técnicos ou estéticos, nem sei que arquiteto foi responsável pelo projeto. A pouquíssima informação que tenho sobre o prédio me foi dada por Maria Eugênia Boaventura, em *O salão e a selva: uma biografia ilustrada de Oswald de Andrade*, onde se lê: "[Oswald] Tentava ainda em 1951 levantar dinheiro para pagar o prédio José Oswald no centro da cidade, na rua Vitória 657, cuja construção, pela Empresa Alfredo Mathias, se arrastava há anos. Vivia angustiado com a demora. Oswald havia conseguido 2.300 contos emprestados da Caixa Federal e mais 2.400 contos de adiantamento dos aluguéis com a empresa imobiliária. Planejava montar com o filho Nonê um teatro de bolso. Para esse fim reservou o andar térreo. Estava animado com esse projeto e pediu indicações ao cineasta Jean Louis Barrault para contratar um diretor para o teatro. Pensou também em fazer uma 'boite'. Como não vingaram esses projetos, resolveu instalar uma loja – Mercadinho de Arte e Literatura. Assim escreveu a Nonê, na Europa, em 9 de maio de 1951, aventando a possibilidade de enviar 'uma gaita suplementar para compra de objetos de arte'. Tendo desistido dessas empreitadas, negociou o arrendamento do espaço."

Mas, antes de prosseguir, vamos matizar: a visão de Lima Barreto não era unicamente reacionária – mas, também, antipredatória. Era nostálgica, celebrando sobradinhos, mas, quando fala da preservação do mundo natural, vai soar na partitura ambientalista de nossos dias, antecipando discussões contemporâneas. Ao contrário de Oswald, chega assim, de modo mais evidente, ao temário urbano do século XXI. No estudo "Lima Barreto, Precursor do Romance Moderno" (incluído entre os textos introdutórios da antologia *Lima Barreto: prosa seleta*), Francisco de Assis Barbosa tocou justamente nesse ponto. Mais que mero adversário do arranha-céu, Lima foi um crítico do reformismo urbano destrutivo de Pereira Passos-Carlos Sampaio e um defensor do desenho topográfico e da beleza natural do Rio. Ou seja: de uma parte, investia nostalgicamente, como ele mesmo dizia, contra as "verdadeiras torres" que esmagavam "os sobradinhos humildes dos tempos do Império, com os seus dois andares acanhados e decentes"; de outra, não queria que destruíssem a dimensão fisiográfica em que a cidade se acolhera. Assis Barbosa: "A desenfreada especulação imobiliária, que acompanhou o crescimento urbano [no período Passos-Frontin-Sampaio], desviando-os para as areias e restingas de Copacabana e do Leblon, encarregou-se de mostrar que Lima Barreto tinha razão, nesse apelo em defesa do patrimônio ambiental de uma das mais belas cidades do mundo. Com ciúme de nativo, era contra as distorções urbanísticas do que se chamou na época melhoramentos do Rio de Janeiro, com a derrubada de árvores, a destruição das florestas circundantes, o aterro da baía de Guanabara, o arrasamento dos morros. [...]. Os homens ricos, os agentes imobiliários, os pseudourbanistas, que se empenhavam em loteamentos para valorizar e especular os terrenos pantanosos [sic] de Copacabana, Ipanema e Leblon, não estavam preocupados com a natureza... só pensavam mesmo em ganhar dinheiro, à custa dos favores da prefeitura." Num artigo de agosto de 1920 para *Careta*, o próprio Lima Barreto escreveu: "Remodelar o Rio! Mas como? Arrasando os morros... Mas não será mais o Rio de Janeiro; será toda outra qualquer cidade que não ele."

O equívoco estava em considerar o arranha-céu mero macaqueamento do que se fazia em Nova York. Esta conversa assumiu, de uns tempos para cá, ao lado da defesa das florestas e das águas (como queria o romancista), sentido ecológico, ambiental. Voltou à tona na pauta da "sustentabilidade". Mas no avesso do que esperaria Lima: verticalização e meio ambiente. Trata-se de checar o consumo de espaço e de outros recursos naturais (água, por exemplo) na cidade que cresce concentradamente, na base da projeção vertical, e naquela que vai de forma espalhada, expandindo-se horizontalmente. Qual dos dois modelos é menos prejudicial ao meio ambiente? É a velha discussão sobre os dois padrões físicos de crescimento citadino, o da cidade compacta e o da cidade dispersa, agora sob nova luz. Em *"Urban Sprawl: A Challenge for Sustainability"* (na coletânea *New Global Frontier*, organizada por Martine, McGranahan, Montgomery e Fernandéz-Castilla), Hogan e Ojima, que fizeram um levantamento sistemático e minucioso dos estudos sobre o assunto (da questão já antiga dos subúrbios estadunidenses aos desdobramentos atuais da transição urbana na África e na Ásia), observam que o que surgiu como desafio novo ao crescimento urbano, no século XXI, não foi somente a pressão dos números, mas também a pressão que vem das formas de consumo espacial num mundo globalizado. E aqui a expansão horizontal da cidade, com sua rala densidade demográfica, tem sido questionada de ângulos significativos. O problema está no aumento insensato do uso da terra e no volume maior da emissão de gases de efeito estufa (em inglês, a expressão chega a soar irônica: *green-house effect*, com um "verde" totalmente desproposital). Basta comparar a repercussão ambiental causada por quem mora, digamos, no nono andar de um prédio de vinte pavimentos, com dois apartamentos por piso, com quem mora numa casa plantada num lote de mil m^2, num condomínio. É evidente que o morador do apartamento consome um mínimo de solo urbano, em comparação com o morador do condomínio. Mas não é só. O morador do condomínio, para manter o seu quintal florido e verdejante, gasta muito mais água (esse bem que se vai tornando cada vez mais precioso em todo o planeta). Mais energia, também. E esta é só uma parte da conversa.

Dois outros aspectos ferem o meio ambiente na horizontalização da cidade: a poluição automotiva e o sequestro antissocial da natureza. Quem mora na Barra da Tijuca e trabalha em Copacabana, usando diariamente seu carro particular, produz poluição maior, obviamente, do que quem mora e trabalha, ao mesmo tempo, no Jardim Paulista ou em Ipanema. Mesmo um casal que more junto num mesmo condomínio, como o de Pedras do Rio, na Região Metropolitana de Salvador, pode ter de fazer deslocamentos diários diversos e em horários descoincidentes, desde que ele trabalhe numa agência de publicidade na ladeira da Barra e ela seja gerente de uma floricultura no Horto Florestal, por exemplo – ou, se preferirem um exemplo paulistano, uma mulher que trabalhe no *shopping* Villa-Lobos e o marido tenha escritório na avenida Paulista. Quanto mais a cidade for dispersa, maior o grau de poluição do ar, maior a sujeira atmosférica, com seus danos à saúde pessoal e pública. A dispersão pulveriza a cidade e é mais prejudicial ao mundo, em termos ambientais. Ainda vivemos hoje, como dizem Hogan e Ojima, numa *automobile-dependent order*. Hoje, no Brasil, existe um automóvel para cada três habitantes. É a verdadeira "praga de gafanhotos" do apocalipse bíblico. E, como diz um filmete publicitário, "brasileiro é louco por carro". Mas seremos loucos até quando? Difícil dizer. Na crise mundial iniciada em 2008, aliás, tanto Barack Obama quanto o presidente francês Nicolas Sarkozy e a dupla brasileira, Lula e Dilma, privilegiaram a indústria automobilística e os automóveis particulares. No caso brasileiro, via redução de impostos, visando a incrementar o consumo. Com isso, Lula e Dilma deram uma contribuição inestimável para encalacrar de vez nossas cidades. É um erro atrás de outro. Mas será que se trata mesmo de *erro*? Se a gente pensar bem, não. Há interesses poderosíssimos em jogo. E o que temos, em nosso caminho, é um enfrentamento: a cidade contra os carros. Contra os donos de automóveis que acham que são, também, donos da cidade. A menos que se decida esperar pela aparição do jovem mágico que (como na versão contemporânea que Gianni Rodari fez da narrativa de Hamelin), ao tocar sua flauta, atraía todos os automóveis para um abismo distante.

Quanto aos espaços verdes, muita gente vai morar em subúrbios chiques, ou em algum ponto periférico de área metropolitana, dizendo que sua opção foi ditada pelo desejo de ficar em contato mais próximo com a natureza. O problema é que, quanto maior o lote em que ela reside ou a superfície que seu condomínio ocupa, maior a privatização do verde (e, não raro, do azul, com portarias bloqueando o acesso a praias, como se vê em Busca Vida, no litoral norte de Salvador). A cidade perde essas áreas para proprietários particulares. Ou seja: prevalece uma espécie de ecoegoísmo. Um critério individualista de apropriação e fruição dos espaços naturais – e fundado no lugar do sujeito no espectro das classes sociais. Vale dizer: a natureza a que me refiro, quando explicito meus interesses ambientais, não é a natureza como necessidade pública, desejo coletivo ou prazer comunitário, mas aquele segmento do mundo natural que se encerra, devidamente circunscrito e policiado, dentro dos limites do terreno onde construí ou aluguei a casa em que moro. Por fim, não nos esqueçamos de que o clima de um centro urbano é distinto do clima da área rural que lhe é circunvizinha. Qualquer pessoa sente isso: na cidade, as temperaturas do ar e do piso são mais elevadas do que as do ar e do chão no mato ao redor. São Paulo é mais quente e seca do que a Cantareira; Salvador é mais quente e menos úmida do que o Recôncavo e suas ilhas. Entre os fatores que determinam a especificidade do clima urbano, em comparação com a área rural ou semirrural sob influência da cidade, estão a impermeabilização do solo e a drástica diminuição dos terrenos cobertos pela vegetação. E o *sprawl* produz mais áreas impermeáveis e a redução dos espaços vegetais.

Resumindo, somos praticamente compelidos a concluir que a dispersão urbana é mais danosa, em termos ambientais, do que o crescimento vertical em cidades compactas, onde as pessoas morem mais perto do local onde trabalham e vivam na proximidade umas das outras. Aliás, a cidade, em princípio, nasceu para isso mesmo: para que as pessoas ficassem mais próximas entre si e mais perto das coisas necessárias à vida e ao viver. Tanto de forma elevada como de modo perverso, tal como lemos nuns versos de T. S. Eliot, em "*Choruses from 'The Rock', 1934*":

> *When the Stranger says: 'What is the meaning of this city?*
> *Do you huddle close together because you love each other?'*
> *What will you answer? 'We all dwell together*
> *To make money from each other'? or 'This is a community'?*
> *And the Stranger will depart and return to the desert.*
> *O my soul, be prepared for the coming of the Stranger,*
> *Be prepared for him who knows how to ask questions.*

[Numa versão literal:

"Quando o Estranho [estrangeiro] perguntar: 'Qual o significado desta cidade?/ Vocês se amontoam assim tão juntos porque se amam uns aos outros?'/ O que você vai responder? 'Nós todos moramos juntos/ Para extrair dinheiro uns dos outros'?/ ou 'Isto é uma comunidade'?/ E o Estranho partirá de volta para o deserto./ Oh, minha alma, esteja preparada para a vinda do Estranho,/ Preparada para aquele que sabe como fazer perguntas".]

Por outro lado, não há dúvida de que é preciso encontrar modos mais agradáveis de viver em cidades densas. A questão não é gostar ou não gostar de morar em prédios verticais, com apartamentos situados em alturas variadas – é que talvez chegue o momento em que dificilmente haverá outra escolha. E, aqui, é certo que a conversa não deve se resumir simplesmente à discussão entre os modelos compacto ou disperso de expansão urbana. Deve dizer respeito, antes, a critérios ambientais definidos com clareza. O que vai implicar uma revisão, com discernimento de base mais comunitária, até de nossos conceitos de conforto e bem-estar. Não só em função de nós mesmos, mas também porque o bem-estar de um não deverá implicar o mal-estar de outros. Ao contrário do que vimos com relação a prédios de conjugados em Copacabana, ou como vivi numa superquadra da Asa Norte em Brasília, vizinhança não deverá ser sinônimo de indiferença, chateação ou hostilidade, mas de partilha mais próxima das benesses ecológicas e culturais que se forem configurando em nossos caminhos. Será esperar demais?

Em *Triumph of the City*, Edward Glaeser toma enfaticamente o partido da cidade compacta, ainda que não acrescente uma sílaba nova ao debate que resumimos. Seus elogios ao caráter aglutinador do urbano são coisas que já lemos em diversos pensadores, da Grécia aos tempos atuais, apenas repaginados para compor um *best-seller*. Mas as poucas ideias que identificamos como suas não me parecem capazes de conduzir ao bem viver em cidades densas. Sua visão de Paris só traz de novo um novo verniz ideológico. Haussmann já tinha devastado e refeito o centro parisiense. E Corbusier achou pouco. Se realizasse seu plano para a cidade, lembra-nos Françoise Choay (*O urbanismo*), ele destruiria "sem hesitação o conjunto dos velhos bairros 'pitorescos' (atributo passadista, proscrito da aglomeração progressista) para só manter algumas construções maiores (Notre-Dame, a Saint-Chapelle, os Inválidos) promovidas à dignidade de símbolo e à função museológica". Com a *"Ville Voisin"*, o arquiteto queria inserir arranha-céus envidraçados no centro da cidade. Já a crítica de Glaeser, com sua entonação democrática, é que Paris se tornou cidade-butique só desfrutável por ricos. Seu problema é o excesso de restrições a novas construções. Uma cidade não deve ser embalsamada. O perigo das políticas preservacionistas é desembocar na estagnação. E Glaeser faz uma comparação muito interessante. Há um século, Nova York, entregue aos jogos do mercado, sugeria uma *jam session* caótica, mas esplêndida, com seus diversos músicos prestando muito pouca atenção no entorno. Paris, diferentemente, era uma sinfonia composta com todo cuidado – criação e regência solitárias do velho Haussmann, bancado por Napoleão III: uma cidade altamente homogênea, padronizada, com seus prédios de poucos andares (construídos antes da aparição dos elevadores) e áreas livres como o Bois de Boulogne, onde recentemente flanavam travestis tropicais.

A verticalização recente de Paris se deu fora do centro, como em La Défense. Mas Glaeser acha que as construções em La Défense não podem substituir um projeto de novas obras no centro da cidade, a área mais desejada de Paris. O "natural", *the natural thing*, diz ele, seria contar com edifícios altos no centro e não nas margens ou franjas da cidade (por que "natural", ele não diz). Como não há construções novas naquele centro, o que já existe se tornou excessivamente caro. É como se o poder público tivesse colocado uma cerca invisível, impedindo a classe média de habitar a região. Mas os argumentos de Glaeser contra isso são bobos – a pessoa de renda média fica tão longe que não pode ir lanchar num "café histórico", por exemplo. É norte-americanismo demais. E ele se esquece do fato de que é o centro histórico haussmanniano de Paris e seus arredores que atraem turistas e acionam a estrutura de gastos da cidade. Enfim, podemos dizer o seguinte. A burguesia só conquistou de fato o centro de Paris décadas e mais décadas depois de Haussmann. Hoje, os mais pobres estão confinados em subúrbios. É preciso pensar como resolver isso. Mas a solução certamente não estará no tipo de consumo da cidade preconizado por Glaeser e similares.

Bem. Além de praticamente defender a destruição da Paris antiga, Glaeser acha que a verticalização deve ser uma espécie qualquer de vale-tudo, desde que os empresários paguem por isso. Se a construção de um novo arranha-céu vai bloquear a luz, a visão ou a brisa de edificações preexistentes, tudo bem, desde que seus construtores paguem uma taxa para ter esse "direito". Absurdo: quem pode pagar, pode fazer o que bem entende? É preciso impedir – e não, simplesmente, multar – o empresário da construção civil que quiser degradar a cidade, ou atirar no lixo a qualidade de vida de quem não se dispuser a ser seu cliente. Para ser compacta, a cidade não precisa ser levada a zombar das fronteiras do tolerável. É preciso estabelecer limites. Distâncias entre prédios. Para que todos tenham ar e luz. O Brasil, aliás, foi pioneiro nesse particular, em todo o mundo. Carlos Lemos outra vez: "Hoje, São Paulo seria outra se os especuladores também não tivessem forçado a revogação do artigo do Código de Obras que tratava da insolação de dormitórios. Tal dispositivo legal exigia enormes áreas livres que pudessem permitir a 'osculação solar' em todos os cômodos da habitação [...]. Se não nos enganamos, foi no tempo em que o general Porfírio da Paz ocupou a prefeitura [1954-1955] que a insolação, exigência pioneira no mundo, foi banida do código e substituída por uma fórmula sem embasamento científico algum." A ganância derrubou o bom propósito legal. Mas isso tem de voltar a ser fixado em letra legislativa.

Finalizando, uma nota crítica. Embora a dimensão territorial tomada pelas cidades seja mínima (calcula-se que 2% das terras do planeta), sua repercussão sobre a totalidade planetária – a *ecological footprint* – é imensa. E é óbvio que isso vale para o Brasil. A superfície física habitada pela população brasileira, na extensão geográfica do país, se alterou de maneira notável da entrada do século XX aos nossos dias. A mancha urbana se ampliou no mapa nacional. Mas as cidades, apesar de seu crescimento espetacular, continuam ocupando um espaço mínimo na dimensão territorial do país. O que é cada vez maior e assustador é o alcance de seu reflexo sobre este conjunto. O consumo de carne e madeira (para telhados, móveis etc.) e o uso de automóveis e aviões, por exemplo, afetam o país inteiro. Os efeitos de uma cidade não se contêm nela mesma. Espraiam-se – de forma visível e invisível. O crescimento horizontal é uma manifestação visível geradora de muitos efeitos invisíveis. E não vejo como recusar a verticalização, do ponto de vista ambiental. Verticalização que é preciso pensar, repensar e ordenar – e não vamos esquecer que uma função básica da arquitetura é a organização física do espaço. Verticalização já prefigurada – e aberta à discussão – em vários lances, desde pelo menos o célebre "Plano para Tóquio", de Kenzo Tange: uma cidade inteiramente construída sobre o mar, na baía de Tóquio. E com a procura explícita de um sentido ambiental. Tange desejava que Tóquio, depois de ter perdido suas melhores áreas costeiras para assentamentos industriais, viesse a se debruçar sobre as águas e a finalmente redescobrir o mar.

Ao mesmo tempo, não devemos absolutizar a verticalização. Nem deixá-la correr solta, sem limites clara e legalmente definidos. Para dar um só exemplo, uma série de "torres" sucessivas não deve ser erguida num segmento citadino cuja estrutura viária não a suporte. Como erguer quarenta torres num bairrozinho de ruelas? Implantações físicas de grande porte exigem intervenções urbanísticas que as viabilizem. É por não atentar para isso que estamos começando a ver congestionamentos se formarem já em saídas de garagens de prédios. A verticalização abusiva pode detonar bairros mais velhos ou uma bonita praça, liquidando o bem-estar dos moradores. Nesse sentido, os centros antigos de nossas cidades devem ser preservados também por sua *função ambiental*. Com o centro histórico de pé, funcionando, não teremos, naquela mancha urbana, ruas asfaltadas, massa compacta de prédios, tráfego intenso de veículos. Centros históricos, como jardins botânicos, ajudam as cidades a respirar melhor.

Em síntese, uma cidade jamais estará bem enquanto sua população for obrigada a passar maus bocados – e se a realidade ambiental em que ela se situa é objeto de agressões contínuas. Temos direito à luz do sol, às brisas e a tudo o que significa "qualidade de vida", conceito que é preciso adensar a cada passo, cotidianamente, em nossas trajetórias. A cidade pode muito bem subir aos céus sem pisar em cima das pessoas. E terá de ser assim. Porque a opção urbana da humanidade, a menos que ocorra alguma catástrofe planetária, parece irreversível. Logo, é nossa mínima obrigação estabelecer condições objetivas para que as pessoas possam viver em cidades da melhor maneira possível.

POST SCRIPTUM. A superioridade organizacional/ambiental da verticalização, em comparação com o *sprawl*, me parece clara quando contemplo novos e bonitos prédios construídos em determinados lugares de São Paulo, como Vila Madalena: edifícios de alguns andares, em lotes mínimos, bem mais longos que largos, esguios até. Guilherme Wisnik critica o excesso de prédios altos naquela área, argumentando que o bairro não tem estrutura viária para suportar tanta gente e seus automóveis. Entendo. Mas quem é o principal adversário a combater ali: o prédio alto ou o viarismo e o transporte individual?

E não é só em São Paulo que vejo a superioridade vertical. Dou um exemplo de Porto Alegre: o Edifício Península, construído numa praça do centro antigo da cidade, com linda visão do estuário do Guaíba. Projeto de Cristiano Lindenmeyer Kunze e Nathália Cantergiani, trata-se de um prédio de inegável lucidez arquitetônica, erguido num lote estreito e longo, com mais ou menos seis metros de frente. Um lote que permaneceu ocioso por décadas, já que ninguém achava que era possível construir ali alguma coisa que prestasse. Hoje, temos lá um prédio de uso misto, com dois apartamentos por andar. No térreo, uma galeria de arte. Nos terraços dos apartamentos do último pavimento, um pequeno gramado, um pequeno pomar, ofurô e horta. São apartamentos claros, arejados, com ventilação e iluminação naturais. Adequadas e belas as lajes aparentes: piso e teto de concreto. Ou seja: onde mal caberia uma casinha para uma família, temos doze ótimos apartamentos. E é como nos novos prédios da Vila Madalena: tudo depende da qualidade da arquitetura. E, quando digo qualidade, digo inteligência sensível.

Por tudo isso, não deixo de recordar o seguinte. Nas cidades medievais europeias, os lotes se aprofundavam longitudinais, com uma fachada menor voltada para a rua. As casas, alinhadas entre si, tinham poucas janelas. No fundo, o quintal, que podia ter uma horta. Esse modelo chegou até nós, nos tempos coloniais. Pode-se apreciá-lo no centro antigo de Salvador, assim como em Itaparica e cidades do Recôncavo (onde o que há, nos fundos, pode ser o "quintal de nagô", de que falava Antonio Viana, com plantas do culto candomblezeiro), ou em Olinda, São Luís do Maranhão e Ouro Preto, por exemplo. Os prédios, implantando-se nesses lotes estreitos, organizam o espaço na vertical. A diferença é que, na cidade medieval europeia, isso acontecia por falta de espaço. Na cidade colonial brasileira, não. Havia lugar de sobra para construir. Mas mesmo assim as casas brotavam geminadas em lotes estreitos, delgados que nem galgos. O que confirma que modelos construtivos não são determinados mecânica e automaticamente pelo espaço físico. Mas agora, de volta, tanto na Vila Madalena quanto em Porto Alegre, a solução novamente se impôs pela escassez, pela dimensão apertada do lote. E os resultados arquitetônicos merecem nosso aplauso.

36. ÉTICA E CIDADE

Em torno do óbvio. Nem poderia ser diferente: estudiosos do assunto avançaram já até a um bom patamar discursivo-reflexivo sobre questões sociais e ambientais relativas aos modos possíveis de encarar os atuais temas, problemas e dilemas urbanos. Quero apenas explicitar, algo didaticamente, o que deve estar na base última de tudo, irradiando orientações: a ética – ética urbanita, ética arquitetônica, ética urbanística. Para, dessa perspectiva, falar da casa (no sentido genérico de unidade habitacional) que está sendo e pode ser produzida neste momento. Ao que interessa, portanto. E avisando, desde já, que minha preocupação central não é com a ecologia *nas* cidades (com o estudo de sistemas ecológicos dentro de áreas urbanas), mas com a ecologia *das* cidades – vale dizer, com a interação entre os humanos e o mundo natural como um só ecossistema. Ou com a cidade como um nicho ecossistêmico específico.

ÉTICA: CONSCIÊNCIA SOCIAL E ECOLÓGICA

Em *The Home of Man*, Barbara Ward sublinha que estamos no meio de uma tempestade gigantesca, em escala planetária. E que isso está a acontecer dentro de dois marcos amplos, ambos instáveis e únicos na experiência histórica da humanidade: o marco social e o marco ecológico.

No campo social, a imaginação humana se viu conquistada, em profundidade, pelas noções de igualdade e dignidade. A tese ou ideologia triunfante, mesmo que tantas vezes aleijada nas práticas sociais do mundo, foi a de que os seres humanos são iguais entre si – e é preciso dar condições para que a existência de cada um de nós se processe no espaço da dignidade. Barbara lembra que não há dúvida de que este sonho social vem de fontes múltiplas: "recordações arquetípicas da igualdade inconsciente da sociedade tribal, da milenar experiência neolítica de dividir os trabalhos e seus ganhos modestos nos princípios da agricultura, da recusa apaixonada da arrogância e da cobiça que se seguiram aos primeiros experimentos do homem nas civilizações 'elevadas': na Babilônia ou em Mohenjo-Daro, em Ch'Ang An ou em Roma". Mas para a sociedade moderna, prossegue a estudiosa, a marca da Bíblia é fundamental. Foram os grandes profetas hebraicos, de Isaías a Karl Marx, que desenharam o horizonte. "Os direitos dos humilhados, os deveres do afortunado, o valor e a dignidade do pobre, a condenação violenta da riqueza irresponsável: estes são os juízos e as energias herdados da tradição bíblica do homem ocidental – herdada ainda que traída – e em nossos próprios dias esta tradição ou bem colore a imaginação e inquieta a consciência ou ao menos perturba a complacência de toda a humanidade."

Mas como chegar a um acordo sobre o conteúdo deste novo conceito da condição humana? Barbara sugere que a gente comece reconhecendo que "todo conceito válido da dignidade e da igualdade inclui um bom número de 'bens' imateriais", como responsabilidade, segurança, direito à participação, livre troca de pensamentos e experiências, respeito humano etc. "Todos estes bens da cultura, da inteligência e do espírito humano não têm por que serem custosos em riquezas materiais. De fato, pertencem à esfera da vida na qual o crescimento é verdadeiramente exponencial: em conhecimento, em beleza, em boa vizinhança, em preocupação com o humano." Mas – frisa – tudo isso requer uma base física para se realizar. E quais as condições físicas mínimas para uma existência humana digna? As pessoas precisam de alimentos, energia, abrigo – e da preparação e do trabalho necessários para adquiri-los. E aqui já se torna fácil concluir que, mesmo dessa perspectiva básica do *existenzminimun*, dar condições de dignidade às massas de milhões e milhões de pessoas que hoje povoam o planeta não só constitui uma tarefa gigantesca, em termos físicos, como provoca perguntas totalmente novas, envolvendo o uso, o abuso e o esgotamento dos recursos terrestres – e aponta, pela primeira vez na história da humanidade, para perigos relativos "à integridade de todo o sistema que mantém a vida da biosfera". Surgem umbrais – limiares e limites – que a espécie humana não deve violar, sob pena de colocar em risco sua própria sobrevivência. É preciso então repensar os assentamentos humanos e redimensionar as moradias no horizonte das novas exigências. Ver de que modo as populações do planeta poderão ter acesso ao que é preciso para satisfazer suas necessidades de alimentação, energia, abrigo e trabalho. Planejar as cidades com esse propósito. Logo, eleger como prioritário o casamento do social e do ecológico no campo de nossas ações.

* * *

Pessoas em péssimas condições de vida e moradia. A desigualdade social crescendo a olhos vistos. Conjuntos habitacionais ordinários proliferando em periferias. O país entregue às traças, em matéria ambiental, com o governo incentivando a indústria automobilística, prestes a emporcalhar a matriz energética, fazendo vistas grossas a queimadas e desmatamentos, tratando a mineração com laço frouxo etc. – e o empresariado privado destruindo matas e praias, produzindo doenças por meio de suas indústrias, deixando descer a lama contaminada desde a barragem de Mariana até aos litorais do Espírito Santo e da Bahia. O país e o planeta, em plano ecológico, sob ameaças permanentes e agressões constantes. Este é o horizonte em que nos movemos. E é a partir dele que temos de desenhar e executar nossos passos.

Na situação atual do mundo, nossas construções e agenciamentos urbanos – sejam casas individuais, habitações coletivas, complexos produtivos, hospitais, prédios públicos, centros de cultura, conjuntos de moradias populares, praças, equipamentos esportivos ou espaços de lazer – devem procurar materializar, de forma clara e objetiva, uma ética de ordem simultaneamente comunitária e planetária. Por uma razão ao mesmo tempo simples e forte. A celebração "democrática" e até supostamente libertária que tantos fazem da multiplicidade egocêntrica (farra ou desbordamento do cada-um-como-é) e do individualismo desordenado e desordeiro (farra ou desbordamento do cada-um-faz-do-seu-jeito), ambos comprometidos apenas consigo mesmos – e assim alheios a qualquer tentativa de compreensão verdadeira e efetiva do fenômeno urbano como coisa pública e da questão ecológica como exigência vital –, pode não só comprometer a comunidade e a cidade, como contribuir para o nosso naufrágio geral como espécie.

Esta visão, que se vem impondo à sociedade, torna as pessoas cada vez mais sensíveis e rigorosas, exigentes mesmo, com as consequências ambientais da práxis humana. Claro. A essa altura do jogo, é preciso ter um cuidado extremo e uma vigilância incessante com nossos fazeres pragmáticos (ou não puramente simbólicos), desde que eles, em princípio e por definição, são essencialmente destrutivos. Veja-se o que Hannah Arendt diz sobre o assunto, em *A condição humana*: "A fabricação, a obra do *homo faber*, consiste em reificação. A solidez, inerente a todas as coisas, mesmo à mais frágil, resulta do material sobre o qual se operou; mas esse mesmo material não é simplesmente dado e disponível, como os frutos do campo e das árvores, que podemos colher ou deixar em paz sem com isso alterar o lar da natureza. O material já é um produto das mãos humanas que o retiraram de sua natural localização, seja matando um processo vital, como no caso da árvore, que tem de ser destruída para que se obtenha a madeira, seja interrompendo alguns dos processos mais lentos da natureza, como no caso do ferro, da pedra ou do mármore, arrancados do ventre da Terra. Esse elemento de violação e de violência está presente em toda fabricação, e o *homo faber*, criador do artifício humano, sempre foi um destruidor da natureza. O *animal laborans*, que com o próprio corpo e a ajuda de animais domésticos nutre o processo da vida, pode ser o amo e o senhor de todas as criaturas vivas, mas permanece ainda o servo da natureza e da Terra; só o *homo faber* se porta como amo e senhor de toda a Terra. Como a sua produtividade era vista à imagem de um Deus Criador – de sorte que, enquanto Deus cria *ex nihilo*, o homem cria a partir de determinada substância –, a produtividade humana, por definição, estava fadada a resultar numa revolta prometeica, pois só pode construir um mundo feito pelo homem depois de destruir parte da natureza criada por Deus." Qual a saída? Matar o *homo faber* seria suicídio. Deixá-lo à solta, também. Mas é possível tentar controlar a marcha da insensatez.

Cabe aqui, aliás, um lembrete histórico. A Grécia clássica, a que sempre nos referimos, não pode ser vista como um complexo cultural que tenha desenvolvido qualquer culto exacerbado da práxis técnica. Mesmo Epicuro, visto por muitos como encarnação pioneira do "espírito científico", em função do caráter racional-materialista de seu "atomismo", buscava outra coisa: uma vida calma e pacífica, e não o domínio da natureza. Ele não se interessou pelas técnicas, desprezava a matemática e via, na procura de riqueza e poder, aplicações pervertidas de tempo e energia humanos. E isso pode ser repetido a propósito do mundo romano, que chegou a dominar boa parte do planeta. Dos esplendores áticos ao Império romano, o que temos é um período histórico marcado por grandes criações políticas e culturais. Mas, do ponto de vista da narrativa dos avanços tecnológicos da humanidade, a civilização greco-romana nada apresenta de espetacular, em matéria de maquinaria. Pouco acrescenta ao planeta em termos de potencial destrutivo. É um tempo e é um mundo tecnicamente estável, em suas origens, a chamada "civilização ocidental" – e não um espaço tenso de invenções revolucionárias. A revolução, ali, disse respeito somente à nossa tecnologia fundamental: a linguagem. São os novos códigos alfabéticos que surgem. Mas nada de máquinas e mais máquinas. Hoje é que vivemos numa sociedade cuja força cultural predominante diz que quer avançar tecnologicamente para poder continuar avançando tecnologicamente e, assim, achar-se em condições de avançar tecnologicamente ainda mais.

Mas esta ênfase extrema na *tekhnê* é estranha à mentalidade grega. Ao núcleo histórico da "civilização ocidental". Foram os povos nórdicos, migrantes humanos refugiados em regiões frias, que fizeram do avanço técnico um objetivo supremo. Mas não precisamos pactuar com isso.

Não se trata de recusar a tecnologia. Trata-se de, como os gregos antigos, alimentar um projeto biologicamente impensável, mas politicamente certeiro: colocar o *homo sapiens* no comando do *homo faber*. Estamos vendo, no horizonte atual, que dificilmente encontraremos outro caminho. Sem saudosismo, sem catastrofismo, sem pregações apocalípticas. O que está em tela é refrear um furor tecnológico – uma obsessão maquinolátrica – que nos ameaça a todos. Controlar o desvario tecnicista, não tentar eliminar do mapa a criatividade humana nesse ramo do fazer. Tomamos consciência, enfim, de uma situação delicada e muito difícil. Somando-se a isso uma sensibilidade social mais ou menos enraizada em diversos segmentos da sociedade, chegamos já, desde alguns anos, a uma formulação *socioecológica* do problema, que, sem ter o ímpeto ou a pretensão de atirar conquistas técnicas indispensáveis na célebre lata de lixo da história e sem condenar a maioria de nossos semelhantes ao açoite da fome e da miséria, me parece expressar a compreensão mais lúcida e sensata (duas coisas distintas, embora muita gente as misture e confunda) da encruzilhada em que nos encontramos e nos desencontramos nos dias de hoje.

Essa consciência, todavia, só gradualmente se intrometeu e se alastrou no mundo arquitetônico e urbanístico. Pode ter chegado até pioneiramente a alguns arquitetos e urbanistas, em termos pessoais. Mas, com relação ao conjunto da disciplina e de seus praticantes, o processo veio avançando de modo bem paulatino. De qualquer sorte, acabamos por alcançar o momento histórico-conjuntural que ainda estamos atravessando, com o despertar ou redespertar das reflexões e discussões em torno da ética do fazer urbanístico-arquitetural. Reflexões e discussões que ao mesmo tempo brotam de – e convergem para construir – uma ética do urbanita, do cidadão, diante da cidade e do mundo. Era assunto que parecia esquecido e até desprezado, entre a década de 1980 e a de 1990, quando foi retomado. É bem verdade que o movimento modernista alimentou preocupações sociais e as manifestou em exposições teóricas e realizações práticas. Mas, ao lidar com um espaço e um homem abstratos, "universais", isto é, ao adotar um ponto de vista puramente geométrico e fisiológico, como fundamentos do "racionalismo" construtivo (falava mais alto o cérebro iluminista do movimento), o modernismo não tomou conhecimento das diferentes contexturas antropológicas e geográficas da humanidade. Particularidades de cultura e topografia não passariam de estorvos a serem vencidos. No caso das particularidades de cultura, ignorando-as. No caso das topográficas ou geomorfológicas, passando ao largo (em altura, mais precisamente), eliminando o que pudesse atrapalhar a implantação do projeto "racional", em seu espetáculo de formas puras. Enfim, no léxico arquitetônico-urbanístico, *terraplanar* foi verbo tipicamente modernista. Quanto à dimensão ecológica geral, era coisa de que ninguém se ocupava na época. O que havia, nas hostes vanguardeiras, era a ênfase na definição de sentidos e estilos da civilização técnica, da sociedade urbano-industrial. O meio ambiente inexistia como questão a ser encarada pela humanidade. A natureza estava simplesmente aí, poderosa e envolvente, podendo ser bem ou mal tratada, sem que isso significasse ameaça ao funcionamento e aos ritmos do mundo natural.

Mas se o tema inexistia na agenda mundial, ao tempo da vanguarda arquitetônica modernista, adiante, com a onda do "pós-moderno", embora a discussão já estivesse na pauta diária de muita gente, nossos ilustres arquitetos passavam ao largo do problema e a situação não clareou. Pelo contrário. Longe de mim posar de especialista no assunto (não consigo ter a menor paciência para o abusivo componente delirioso e as fantasias pseudolibertárias dos tais pós-modernos), mas, até onde me é dado ver, o "movimento" não só deixou permanecer no escuro a questão ambiental, como não cuidou de manter acesa a luz modernista sobre o campo social. Nunca vi expoentes do "pós-moderno", investida eclético-maneirista que não demorou a se dissolver no ar, adiantarem uma palavra na busca de caminhos para a moradia popular, por exemplo. O que vigorou entre eles foi a insensatez e a insensibilidade dos "megaprojetos", do monumentalismo a vácuo, fazendo a arquitetura se afastar da história, da sociologia e mesmo do urbanismo, para se casar de forma espetaculosa com as artes plásticas. Ou, o que foi ainda pior, a celebração do consumismo antiecológico num livro como *Aprendendo com Las Vegas*, assinado por subfukuyamas como Robert Venturi, Denise Scott Brown e Steven Izenour, que veem galpões comerciais decorados, em beira de estrada, como ícones da vitória final do neoliberalismo e do "fim da história".

Aqui, passamos do campo das provocações vanguardistas das primeiras décadas do século passado, à Marinetti e Corbusier, ao terreno das graçolas pós-modernas. Para Venturi-Brown-Izenour, os arquitetos devem deixar de parte anseios ou devaneios de transformação das realidades arquitetural e urbanística do mundo – para se concentrar no trabalho de "realçar o que já existe". Assim, insistem para que tenhamos um "ponto de vista positivo" diante de Las Vegas Strip – a maior avenida daquela cidade norte-americana, com sua chuva de letreiros luminosos, somando cassinos e hotéis – e reconheçamos "o valor" da arquitetura vernacular comercial, na esteira do que fizeram os artistas *pop* com objetos (figuras e pessoas) de consumo. Sim: defende-se a tese de que o anúncio luminoso é mais importante do que a arquitetura; de que o corredor comercial ao longo de rodovias é exemplo de um novo urbanismo; ou, para dar um exemplo nosso, de que devemos louvar porcarias como a avenida das

Américas, na Barra da Tijuca, com seus galpões decorados e prédios pavorosos ao fundo. E de que, com certeza, a hora é de "realçar o existente" (ver, a propósito, Raffaele Raja, em *Arquitetura pós-industrial*: "a aceitação do sistema social, na convicção de uma possível neutralidade com relação a ele, surge como a condição principal para a manifestação do pós-modernismo"). Se assim é, cabem perguntas elementares. Como o "existente" não é dado desde o início dos tempos, mas produção histórica, quem foi que conduziu os processos sociais até à criação do *shopping center*? Se estivéssemos numa sociedade escravista, "realçar o existente" seria realçar o pelourinho e a senzala? E se vivêssemos na Grécia, antes da formulação vitoriosa do próprio conceito de *democracia*? Se arquitetos devem apenas realçar o que já existe, ficam na eterna dependência do que façam os não arquitetos, a fim de embelezar os produtos destes? Por que sacralizar o momento presente do consumo? É uma bobagem só. Não se deve pretender transpor Warhol para a arquitetura, que não é "arte representacional"; a arte *pop* tem um aspecto de absoluto fascínio pela "sociedade de consumo" – e, no seu reduzidíssimo plano crítico, se é que este existe, sugeriria, no máximo, uma arquitetura paródica, produzindo objetos esdrúxulos, talvez inabitáveis e, em última análise, inúteis. Um artista como Duchamp pode projetar objetos inúteis – um arquiteto, não. E é lamentável ver como Venturi-Brown-Izenour louvam os estacionamentos de uma rede de supermercados nos termos de uma "etapa atual de evolução dos grandes espaços", no momento em que a disfuncionalidade do automóvel individual é combatida em quase todo o planeta. Enfim, o que esse trio faz é uma proposta caricatural e conformista, sintoma celebratório de uma sociedade onde impera um consumismo doentio. O ridículo é que achem isso "revolucionário". Bem que poderiam ter lido umas palavras do velho Fiódor Dostoiévski – que foi estudante de arquitetura na Escola de Engenharia Militar de Petersburgo, pela qual se formou em 1843 –, dizendo: "Sente-se a necessidade de muita resistência espiritual e muita negação para não ceder, não se submeter à impressão, não se inclinar ante o fato e não deificar Baal, isto é, não aceitar o existente como sendo o ideal." A sociedade não é apenas realçável – é transformável.

(E me lembro então de uma visão bem distinta de Las Vegas – a do naturalista inglês Richard Fortey, em *Vida: uma biografia não-autorizada*. Hospedado no Hotel Excalibur, com o ar-condicionado central criando um clima artificial de primavera, Fortey escreve: "Lá fora a temperatura fica em torno dos 100 graus Fahrenheit (38 graus centígrados) – o que não é muito quente para esta parte do mundo. Em volta está o deserto de Nevada e se a água acabasse, ou a eletricidade fosse desligada, o deserto logo tomaria conta de tudo. As pessoas partiriam em seus chevrolets e peruas e todo o absurdo cenário de néon e madeira desmoronaria. Ventos quentes varreriam as avenidas, assoviando em torno dos letreiros abandonados do Caesar's Palace, em volta da cintilante pirâmide do Luxor, e bateriam contra o concreto acastelado do Excalibur. Talvez, então, uma tímida antilocabra andasse delicadamente entre as ruínas, vinda dos morros em busca dos restos deixados pelos homens e mulheres que partiam. Lagartos se arrastariam sobre as limusines para tomar sol. As criaturas sem presunção, ricas nas qualidades necessárias para a sobrevivência contra todas as probabilidades, herdariam a Strip. Porque os humildes sobrevivem, mesmo quando não herdam a Terra".)

Hoje, quando assentou a poeira purpurínico-desconstrutivista do pós-moderno – e nunca foi levável a sério a figura do pós-moderno atacando a modernidade e o modernismo com um livro de Nietzsche nas mãos, já que Nietzsche foi escritor característico da modernidade e do moderno, com seu anarco-conservadorismo supostamente grego e aristocrático –, a paisagem é diferente. A ética volta à cena. E em resposta às dimensões social e ecológica da questão urbana contemporânea e da práxis arquitetônica e urbanística. No mundo inteiro. Temos visto desde intervenções para a recuperação de águas urbanas na Europa até programas de "arquitetura verde" na televisão. E investidas acontecem também no campo social. Não raro, nos seus melhores momentos, as coisas se fundem no casamento socioecológico. Em "Comunitarismo e Emotivismo: Duas Visões Antagônicas sobre Ética e Arquitetura" (também na coletânea de Kate Nesbitt), Philip Bess registra o tema, destacando uma associação arquitetural que se planta no terreno da "responsabilidade social" e o interessante desempenho do grupo Mad Housers: "Em muitas cidades, por todo o país [os EUA], nota-se claramente o ressurgimento de uma arquitetura militante, comprometida com as questões ecológicas e as preocupações urgentes dos clientes menos abonados, especialmente nas atividades de organizações como a dos Architects, Designers and Planners for Social Responsability (ADPSR) e os Mad Housers. A primeira promove o projeto socialmente responsável; a segunda dedica-se a projetos revolucionários e a uma ação não convencional, inspirada nas táticas de guerrilha, que resultam na construção de abrigos individuais portáteis para uma população que não dispõe de moradias fixas."

VIRTUDE E FUTURO

Foi bom ter falado de Philip Bess. Aproveito, aliás, para sublinhar a diferença entre a posição que defendo e a de seu grupo, em matéria urbanística e no campo geral das visões de cidade. Mas é interessante a confrontação que Bess faz entre "comunitarismo" e "emotivismo", embasados, respectivamente, no pensamento aristotélico e no individualismo nietzschiano.

Na tradição aristotélica, segundo a leitura de Bess (via *After Virtue* de Alasdair Macintyre), a vida citadina, para se realizar na sua plenitude, no horizonte do bem-estar coletivo e individual, necessita de virtudes morais e intelectuais que orientem as ações na direção de metas consensuais que signifiquem o melhor para todos. Nessa linha, "a vida moral é entendida menos em função da obediência a regras ou normas (nem na *Ética* nem na *Política*, Aristóteles faz muita referência a regras) do que em função do desenvolvimento de hábitos de excelência ou *virtudes*, por meio dos quais a pessoa se habilita a perseguir e alcançar os bens e os fins específicos de uma determinada comunidade. A educação e o sucesso em praticamente todas as atividades humanas – o sucesso é a realização de bens específicos peculiares e internos à atividade em si da melhor forma possível, de acordo com as aptidões naturais do indivíduo – requerem as virtudes da coragem, justiça e honestidade, quer se trate da medicina, do golfe, da arquitetura, da aviação, da física ou do conserto de sapatos. Mas, além dessas virtudes, certas atividades específicas exigem outras virtudes específicas. A formação e o sustento de famílias, por exemplo, requerem as virtudes da caridade, paciência e perseverança, e a formação e o sustento de cidades requerem dos cidadãos (governantes e governados) virtudes de temperança, amizade, magnanimidade e prudência: virtudes especificamente cívicas e que a um só tempo apoiam e restringem a busca individual de bens menos importantes em outras práticas. Isso também pressupõe uma certa hierarquia de práticas e virtudes com respeito à consecução do bem comum da cidade".

Excelência. Virtude – em sentido amplo e não meramente moral. Tudo gira em torno da *aretê*, princípio central da ética e da educação da aristocracia guerreira da Grécia, desde os tempos homéricos – e que Aristóteles herdou, como ensina Werner Jaeger em sua *Paideia*. A linhagem nietzschiana, diversamente, é subversiva. O indivíduo deve detonar todas as regras e se descolar de papéis e compromissos comunais, rejeitar a "moral do escravo", para se afirmar como fulgor apartado – ao mesmo tempo esquivo e ostensivo – que assume a sua "vontade de poder". Nesse horizonte, podemos dizer, como está no fragmento de Heráclito que chegou até nós, que o raio – *keraunós* – governa tudo. É extremamente sedutor. Mas, se um pensador extremo e original pode se erguer sobre esta base, uma cidade certamente não. Ou melhor: pode, mas sob pena de se construir como um espaço de fragmentos e fissuras, espaço tumultuário e até alienante, exigindo códigos e leis para tentar impedir que o individualismo, puxando brasas e sardinhas para direções múltiplas e contraditórias, não se imponha predatoriamente sobre vidas vizinhas, contaminando e mesmo destruindo tudo (Edward Glaeser, como vimos no tópico anterior, limita-se apenas a defender a taxação de produtos e consequências do individualismo, em capítulos como o do ar e da luz). Repetindo, a visão de Nietzsche (e o que dela deriva) pode ser fascinante num poeta-filósofo solitário, mas não foi feita para reger uma cidade – a "comunidade das comunidades", como dizem Aristóteles e seus seguidores. Sei que muitos de nós, que navegaram nas águas do existencialismo e flertaram com o anarquismo, tendem a ser contraditórios nessa questão de regras e virtudes. Mas a reflexão e a ação sobre o mundo urbano não são o lugar mais adequado para "atos gratuitos" de filosofismos vãos.

O equívoco de Bess é não só identificar a virtude com a caretice e o comunitarismo com a cidade tradicional, como também o individualismo anárquico com a cidade moderna ("o ordenamento formal da cidade moderna e do subúrbio, (pelo menos nos Estados Unidos), pode ser visto como uma expressão física da sensibilidade moral individualista e emotivista"). Verdade que, diante de uma paisagem de *shopping centers*, condomínios fechados e edifícios de escritórios isolados, em meio a multidões de pessoas preocupadas com suas vidas privadas e não com a vida geral da cidade, a conclusão de Bess pode ser um passo justificado, mas não é necessariamente correto. Não tenho como ver a cidade antiga ou tradicional enquanto encarnação exclusiva da virtude (a Atenas de Aristóteles era uma cidade escravista cujos homens mantinham suas mulheres como servas – e marca registrada da cidade tradicional, nos Estados Unidos, era o racismo), nem a cidade contemporânea como a negação absoluta dos *hábitos de excelência*. Como a antítese da *aretê*. O panorama é mais complexo. Vivemos em cidades que muitas vezes sugerem cornucópias de perversões, mas que também apresentam comportamentos solidários, incorporações genuínas do comunitarismo, preocupação evidente com a realização de fins coletivos e do bem comum. Por isso mesmo, não precisamos ser tradicionalistas ou neotradicionalistas para sermos éticos e assumir uma posição socioambiental no horizonte da arquitetura e do urbanismo. Ou, como urbanitas, no espaço da cidade. Sinto identidade com Bess, em sua crítica a Nietzsche e aos nietzschianos (de Foucault a Rorty, passando por Derrida). Ao mesmo tempo, já que a cidade (e não o inferno, como queria Sartre) são os outros, penso que a presença nietzschiana, em nosso meio, deve ser alimentada e incorporada, no horizonte maior do avivamento dos sensos críticos. Os que buscam a realização do bem comum não devem abrir mão de nenhuma voz dissidente. Entendo o horror que os nietzschianos têm a normas, apenas acredito que a *anomia*, de que falava Durkheim, é pior do que todas elas juntas. Uma cidade sem regras não sobrevive. Andamos próximos disso, ultimamente, no Brasil. E este não é o caminho para a construção do bem-estar coletivo: é caminho do incremento do estresse social e da exposição da vulnerabilidade das pessoas. É preciso ter regras, sim. Mas é preciso saber definir quais regras. E, mais ainda que de regras, precisamos de virtudes. De desenvolver hábitos e práticas de excelência.

SOBRE "EVOLUCIONISMO"

Falamos de *transformar* a vida urbana. Mas isto nada tem a ver com adesão a uma visão "evolucionista" do que quer que seja. Numa visada ampla, a ideologia evolucionista foi uma construção fantasiosa (montada numa poderosa produção teórica de homologias entre a história da natureza e a história da sociedade), que afirmava a existência de um avanço unilinear, retilíneo, presidindo à trajetória da humanidade, tanto no plano orgânico quanto no "superorgânico" ou social. Mas não vamos entrar aqui nessa discussão antropológica, cuja fatura foi liquidada por Lévi-Strauss. Quero falar de coisa mais simples. E reproduzo trecho de entrevista que dei a Fernando Coelho e Célio Gomes, da revista *Graciliano*. Na verdade, eles já perguntaram opinando: "Qual o maior erro ao se falar de 'evolução' das cidades?". Resposta:

"Está na própria ideia de 'evolução', na postura teórica que se orienta pela aceitação de um tipo qualquer de 'evolucionismo' nesse campo. Vamos chegar a um acordo básico. Há coisas que evoluem, há coisas que não. Um barco ou um avião podem evoluir, aumentar sua potência e autonomia, aprimorar seu desenho, ganhar em conforto e rapidez etc. Mas não se pode dizer o mesmo com relação a enunciados filosóficos ou a um poema. Tome-se um fragmento de Heráclito, por exemplo. Um fragmento de Nietzsche no *Crepúsculo dos ídolos*, escrito mais de um milênio depois, não representa necessariamente uma evolução, numa comparação com fragmentos pré-socráticos. Assim como seria absurdo dizer que a obra de Drummond representa uma evolução com relação à *Comédia* do velho Dante Alighieri. Grosseiramente, portanto, o que pode evoluir é um produto puramente técnico, um instrumento como o martelo, o computador, o bisturi ou o caminhão. Mas, quando saímos do reino da *tekhnê* para o universo dos objetos simbólicos, dos bens imateriais, a conversa é outra. E a cidade fica numa zona de fronteira entre esses dois reinos, por assim dizer. É um misto de barco e poema, isto é, tem uma dimensão técnica e uma dimensão simbólica, é material e espiritual, é artefato e é espaço de formação pessoal e de convivência entre pessoas. Aqui, você não lida só com quantidades, mas também com significados e podemos falhar nos dois planos. As apostas nas fontes sujas de energia e no transporte individual moderno, por exemplo, que já foram vistas como avanços, hoje se revelam catastróficas. O carro particular surgiu como exemplo de produto que daria total liberdade de deslocamentos ao seu proprietário; hoje, é responsável por dificultar e até bloquear nossos deslocamentos, com os congestionamentos que provoca. O próprio conceito utilitário de cidade como ferramenta de enriquecimento da classe dominante de uma nação, como vimos com as capitais industriais do Ocidente no século XIX, por exemplo, hoje é condenado por qualquer pessoa sensata. Isto significa que as capitais industriais da velha Europa não podem de modo algum ser vistas como uma 'evolução' a partir das cidades medievais dessa mesma Europa. Se o critério for o bem-estar físico e psíquico da população, grande parte do que foi considerado avanço urbanístico, no século XX, pode ser jogada no lixo. É por isso que a cidade precisa se reinventar sempre. Hoje mesmo estamos vivendo um momento em que se impõe a necessidade, a obrigação de repensar em profundidade a configuração urbana, a natureza e a forma do ambiente construído. Enfim, a linearidade não vigora aqui. O conceito de 'evolução', de avanço gradual e irreversível, simplesmente não faz sentido. Agora, por exemplo, estamos voltando à ideia de que a cidade deve ser pensada principalmente com propósitos humanos. De que a cidade deve existir para o conjunto das pessoas e não para assegurar a hegemonia de um pequeno grupo social. E isto desloca o centro de gravidade do pensamento urbanístico, no sentido mais amplo da expressão."

37. A DIMENSÃO SOCIOECOLÓGICA

"Antes da era moderna, todas as civilizações tiveram por base o caráter sagrado da propriedade privada. A riqueza, ao contrário, fosse possuída privadamente ou publicamente distribuída, nunca antes fora sagrada", escreveu Hannah Arendt. E é mais do que certo: só a era moderna, que começou expropriando os pobres, sacralizou a riqueza. Lembro isso porque a luta pela construção de moradias dignas para todos implica redução de distâncias sociais, mas não passa, necessariamente, por um suposto avanço social cujo sinal maior estaria na supressão da propriedade individual. Isso é uma tolice. Com uma longa tradição intelectual, sei – mas tolice.

Atente-se para o que aconteceu na extinta URSS, sob a regência dos bolcheviques. O fim do direito particular à propriedade e a socialização dos meios de produção não melhoraram a sorte dos trabalhadores em campo algum – incluindo-se aqui as condições de moradia da população. O máximo – e até ridículo – que ocorreu foi a disseminação de uma espécie de consumismo público suntuário do *Kitsch*: o povo usando prédios públicos luxuosos, pseudoaristocráticos, em Moscou e outras cidades do *faroleste* europeu. Mas as unidades habitacionais proletárias não deram nenhum salto de qualidade. Permaneceram precárias. Às vezes, em capitais comunistas como Havana, com pessoas morando amontoadas. Digamos que em cortiços socialistas. Mas, se a propriedade privada foi condenada e suspensa, a riqueza prosseguiu fluindo, agora de novas fontes e por novos canais. A corrupção correu solta. As desigualdades sociais continuaram claras e cruéis. É por isso que dizemos que não é preciso abolir a propriedade para construir moradias decentes para todos. O comunismo fracassou nisso. A social-democracia europeia foi muito mais produtiva e generosa nesse particular. E uso a expressão *decente* num sentido mais técnico do que moral. Casas decentes são casas que correspondam a padrões de vida recomendados pelo conjunto dos conhecimentos construtivos e biopsicossociológicos de nossa época – habitações claras, ventiladas, firmes, sem umidade, adequadas às atividades do cotidiano doméstico e às necessidades naturais da espécie (do sono ao sexo), confortáveis ao corpo e a seus movimentos etc. Com um mínimo de privacidade para seus moradores. E alguma dose de intenção plástica, já que toda feiura é prejudicial ao desenvolvimento e ao bem-estar da pessoa – e beleza é qualidade de vida. Enfim, casas decentes dos pontos de vista físico, emocional, prático e estético.

Aqui chegando, vamos ao plano ecológico. Reflexões e informações de relevo sobre o tema apareceram num sermão do arquiteto-deão William McDonough, proferido na catedral de St. John Divine, em Nova York, e depois adaptado à escrita no texto *"Design, Ecology, Ethics and the Making of Things"*, em que, a certa altura, lê-se: "Lembro-me de quando fomos contratados para fazer o projeto do escritório de um grupo de ambientalistas. Ao fim das negociações do contrato, o diretor do grupo afirmou: 'Por falar nisso, se qualquer pessoa do escritório ficar doente por causa da qualidade do ar dentro do escritório, eu processo vocês.' Depois de avaliar se nessas condições valia a pena aceitar o trabalho, decidimos tocar o projeto, porque achamos que era nossa obrigação descobrir materiais que não fizessem mal à saúde das pessoas quando usados dentro de um prédio. E acabamos descobrindo que esses materiais não estavam disponíveis no mercado. Tivemos de indagar aos fabricantes que materiais compunham seus produtos e descobrimos que todo o sistema de construção de edifícios é essencialmente tóxico. Até hoje estamos trabalhando na pesquisa de materiais", narra o arquiteto. E duas coisas são fundamentais aqui. Primeiro, a postura de McDonough e sua equipe: sentir-se na obrigação moral de aceitar o desafio de fazer um escritório sadio. Segundo: em vez de esperar pelos químicos, avançar no campo de uma pesquisa de materiais não tóxicos. Depois disso, claro, a arquitetura de McDonough nunca mais foi a mesma. Avançou no campo da ética e do conhecimento ambientais. Às vezes, encontrando clientes sérios. Como se pode ver no seguinte relato:

"Em Varsóvia, na Polônia, participamos de um concurso para a construção de um arranha-céu. Quando o cliente escolheu nosso projeto, depois de ver a maquete, dissemos-lhe: 'Isso não é tudo. Temos de pô-lo a par das características do edifício. A base é de concreto e inclui pedacinhos de cascalho recolhidos dos escombros da Segunda Guerra Mundial. Eles parecem ser pedra calcária, mas os cascalhos estão ali por motivos profundos.' E o cliente respondeu: 'Sei, como uma fênix renascida.' E dissemos que a pele é de alumínio reciclado, ao que ele retrucou: 'Tudo bem, excelente.' E acrescentamos: 'Os pés-direitos são de quatro metros de altura, de modo que o edifício pode ser convertido em um prédio residencial no futuro, quando não tiver mais utilidade como edifício de escritórios. Assim, o edifício tem a possibilidade de uma vida útil mais longa.' E o cliente novamente respondeu: 'Tudo bem.' Informamos também que haveria aberturas de ventilação e que pessoa alguma ficaria a mais de oito metros de distância de uma janela, com o que o cliente também concordou. Por fim, dissemos: 'Aliás, o senhor terá de plantar cerca de dezesseis quilômetros quadrados de floresta para compensar o efeito da obra na mudança climática'. Tínhamos calculado os custos de energia necessários para construir a estrutura, e o custo de gerir e manter a energia, e descobrimos que seriam precisos 6.400 acres de floresta para contrabalançar os efeitos sobre a modificação climática do lugar decorrente dos requisitos energéticos. Aí o cliente disse que nos daria uma resposta mais tarde. Dois dias depois, ele nos chamou e disse: 'Vocês ainda são os vencedores. Verifiquei quanto custaria plantar dezesseis quilômetros quadrados de árvores na Polônia e descobri que seria o equivalente a uma pequena parte do orçamento de publicidade.'"

* * *

Não sei como foram feitos os tais cálculos compensatórios de uma alteração climática local. O que me importa ressaltar é a preocupação com o assunto, coisa extremamente rara no Brasil até dias muito recentes – e ainda hoje deixada quase sempre em plano bem secundário. Uma exceção aqui estaria no pensamento de João Filgueiras Lima (Lelé), dos maiores arquitetos nascidos no país, e que nos deixou há pouco, devorado pelo câncer, sem que as novas gerações tenham produzido um só *maker* capaz de substituí-lo. Sempre defini a obra de Lelé como expressão de uma arquitetura simultaneamente ecológica, tecnológica, sociológica e convivial. De fato, o aspecto ecológico deve ser sublinhado, ao lado do socioantropológico, em qualquer apreciação dessa criação arquitetônica. Sabemos do peso extraordinário que o fator ambiental tem aí. O *environment* é uma determinação objetiva e essencial para as intervenções criativas do nosso arquiteto. Mas Lelé vai além. Responsabiliza a construção civil por boa parte da destruição da Mata Atlântica. Faz a celebração das brisas brasileiras, observando com lucidez que nossas casas não devem se orientar pela trajetória do sol, mas pelas veredas do vento. E condena o emprego da madeira em edificações, parte questionável de sua argumentação. Mas vamos ouvir o que ele diz, no depoimento "O Que É Ser Arquiteto".

"Essa coisa de que foi a agricultura que acabou com a Mata Atlântica não é verdade, a construção civil também acabou, desde a exploração do pau-brasil, que causou uma devastação enorme. Depois, as madeiras de lei, porque a indústria madeireira, para extrair o mogno da Amazônia, por exemplo, entra mata adentro com um trator e vai destruindo tudo no caminho até chegar no pau. Foi uma coisa violenta que aconteceu no Brasil. O pinho-do-paraná, quando eu me formei, era considerado uma madeira vil. Como o concreto precisa ser feito por meio de um molde, esse molde era fabricado com pinho, e depois toda a madeira era desperdiçada. Resultado: o pinho-do-paraná foi se extinguindo, hoje é uma espécie que tem de ser protegida. Isso aconteceu em trinta anos, é um processo muito rápido. Naquela época [de Brasília], em qualquer acampamento se usavam moldes de madeira. [...]. A técnica do uso da madeira é o desbastamento [...]. No Rio, todo o mobiliário era feito de jacarandá, peroba-do-campo, peroba-rosa, gonçalo-alves. Era chique. Essas madeiras todas praticamente não existem mais [...]. Existe um problema ético de se rever essas coisas. [...]. Eu condeno essa visão de se criar a partir dos telhados [...]. Não é que eu seja contra o telhado colonial, mas me parece algo anacrônico. Exige muita madeira, que é um material que não deve ser usado de forma desregrada, para fazer um telhado. E existe tão pouco dela no mundo!"

Não deve ser usada de "forma desregrada", não. Mas onde discordo de João Filgueiras Lima é que penso que, em termos brasileiros, seu argumento se encontra muito preso a um presente que está prestes a mudar ou que começará logo a mudar, assim que o Brasil tiver um governo menos ecologicamente irresponsável, que encare com seriedade os nossos problemas ambientais. Ainda agora, as práticas ilegais de extração de madeira se constituem num escândalo ambiental aqui no Brasil. Mas tendem a ser sempre mais reprimidas. E a perspectiva é a de que se reduzam a um mínimo, a caminho de sua quase total supressão. Estamos no rumo do estabelecimento de novas regras florestais. E já podemos lidar hoje, ainda que de forma muito incipiente, com madeiras controladas, que exibem seus certificados de plantio e procedência. A indústria madeireira, devidamente repensada, será ainda – mesmo que não queiramos e durante um bom tempo – importante para o país. Em especial, para a região amazônica. A criação de distritos florestais sustentáveis pode ser um passo decisivo nessa direção, devendo ser pensada num contexto mais amplo de gestão florestal e de uma transformação inovadora do setor madeireiro no Brasil. Além disso, é necessário criar estímulos públicos reais para a silvicultura. Para a prática das florestas plantadas. Em suma, acredito que é possível e que vamos ter, no Brasil, um manejo florestal sustentável. Como isto ainda é muito mais um projeto do que uma realidade, entende-se perfeitamente a reação de Lelé. E, de qualquer modo, lúcida e louvável é a sua preocupação ambiental (embora me intrigue o fato de ele nunca atentar para o efeito da produção de aço na alteração do clima). Mas não acredito que, com relação ao uso da madeira, sua preocupação vá se sustentar por muito tempo.

* * *

Lelé toca em pontos cruciais e chama a atenção, no lance que estamos abordando e em diversos outros depoimentos seus, para as relações entre ética e arquitetura. Com vistas ao tema central deste livro, aliás, apresso-me a lembrar duas coisas. A primeira é que o sintagma *ecologia* resulta de uma justaposição das expressões gregas *oîkos* (casa) e *logos* (discurso). "Ecologia" é, assim, o discurso da casa – ou sobre a casa. A reflexão sobre a moradia e o morar. E esta reflexão não deve margear ou eclipsar a dimensão ética. A segunda coisa é que tal preocupação ética nunca esteve ausente do pensamento e da práxis dos mestres da arquitetura modernista. Como no caso da atenção para a questão social da habitação. E é bom também recordar que o engajamento de Gropius, Bruno Taut, Ernst May e companheiros, com relação a isso, não se deu no vazio, mas em circunstâncias históricas objetivas. Foi uma resposta ética prática ao problema da falta de moradias numa Europa devastada, ao fim da Primeira Guerra Mundial. Juntando as duas pontas, devemos dizer que a discussão ética do fazer arquitetônico passa hoje, entre outras coisas, pela sensibilidade social diante do problema habitacional e pela atenção ecológica para a concepção, os procedimentos e os elementos materiais definidores de nossa obra construtiva.

William McDonough: "É preciso encarar o fato de que o que se passa hoje no mundo inteiro é uma guerra, uma guerra contra a própria vida. Nossos sistemas atuais de planejamento criaram um mundo que cresce muito além da capacidade do ambiente de sustentar a vida no futuro. A linguagem industrial do projeto, ao deixar de honrar os princípios da natureza, somente pode violá-los por gerar desperdício e danos, a despeito das intenções manifestas. Se continuarmos destruindo florestas, queimando lixo, pescando de arrastão, queimando carvão, branqueando papel, destruindo solos, envenenando insetos, construindo sobre os habitats naturais, represando os rios, produzindo resíduos tóxicos e radioativos, estaremos criando uma vasta máquina industrial não para morar, mas para morrer. É uma guerra, sem dúvida, uma guerra da qual apenas umas poucas gerações conseguirão sobreviver." Regra quase geral, infelizmente, o que temos é um desfile de arquitetos e urbanistas omissos e submissos, que não discutem abertamente as políticas públicas dos processos urbanizadores e da construção civil. Mas, de outra parte, também cresce o número dos que encararam a arquitetura em sua função social e não meramente como recurso de *marketing* para aumentar o preço dos imóveis e incrementar os lucros das empresas imobiliárias. Cresce o número dos que não veem a arquitetura como artigo da moda. Que procuram agir com sentido comunitário. Que possuem clareza acerca da necessidade de ir além dos caprichos e dos desbordamentos individualistas, pensando com seriedade nas dimensões e nos custos ecológicos e sociais da arquitetura e do urbanismo. Que se voltam para questões básicas de ecologia urbana, do saneamento à poluição (sonora, aquática, atmosférica), passando pela defesa da imposição de restrições severas ao automobilismo, pelo uso da energia solar e a recuperação das águas das chuvas. Que sabem que melhorar a qualidade de vida não é incrementar a acumulação de bens materiais, mas situar a qualidade do morar no âmbito maior da qualidade do viver urbano. E se empenhar na criação de condições objetivas para que um dia vivamos numa cidade menos perversa e mais sadia.

Os discursos da complacência e da satisfação com o presente me parecem comprometidos com posições privilegiadas na escala social. Embora, curiosamente, muitas das críticas a planejadores urbanos e arquitetos de olhar crítico, assim como a ativistas, militantes ecológicos e intelectuais que procuram caminhos melhores para a vida urbana, sejam formuladas a partir de uma falácia populista. Dizem que os contestadores e os que propõem novos modelos deveriam tirar seus cavalinhos da chuva, deixar de ser esnobes e aceitar o fato de que a maioria da população adora os prédios em que reside, os *shoppings* que frequenta, os automóveis que possui, os hábitos e práticas que cultua. Mas é ridículo achar que uma bobagem desse tamanho venha a ser argumento contra as transformações físicas, sociais e culturais de que nossas cidades necessitam. Sempre que ouço esse papo-furado, aceno com um mínimo de senso histórico, lembrando que, há pouco mais de cem anos, "todo mundo" também adorava ter suas mucamas e seus belos e fortes negros escravizados, carregando barris de cocô e cadeirinhas de arruar pelas ruas. Maluquice querer mudar aquela ordem social, não era mesmo?

38. COMO AS MORADIAS MUDAM

Qualquer observador, mesmo tecnicamente despreparado, sabe que as formas e os usos das casas variam no tempo – e entre uma e outra cultura.

A práxis arquitetônica apresenta, em si mesma, um contraste essencial, que é tão característico quanto definitivamente insuperável. Dito em poucas palavras, o arquiteto é um sujeito que cria constâncias para abrigar inconstâncias. Isto é, uma casa ou um apartamento residencial é, em princípio, um objeto sólido e estático, onde moram pessoas, seres reconhecidamente mutáveis, que se vão transformando, física e espiritualmente, com o passar dos anos, das décadas e dos séculos – ou ao longo da vida e da história. Como na frase de Guimarães Rosa que ficou famosa, o bonito das pessoas é que elas não foram terminadas. Se suas atividades diárias experimentam alterações significativas, a morada onde elas vivem pode se tornar inadequada às novas práticas, aos novos gestos e movimentos. E isto vale tanto no plano individual, quanto no coletivo.

Avanços técnicos também fazem com que belos prédios se tornem insatisfatórios ou incômodos. Em caso extremo, obsoletos. É por isso que, se escolhermos morar – hoje – num casarão do século XVIII ou XIX, teremos de reformá-lo, adaptando-o a equipamentos e procedimentos do presente. Além disso, um determinado tipo de unidade residencial pode passar a ser tratado com reservas não exatamente porque se tornou inadequado às nossas novas condutas cotidianas ou incapaz de responder às nossas novas exigências e necessidades técnicas. Mas porque a nossa disposição ideológica ou visão de mundo não casa mais com tal espécie de abrigo. Esta é a razão de se poder dizer que um partido arquitetônico é característico ou expressivo de uma cultura, de uma época ou de um sistema de pensamento e crenças – ou, por outra, que todo partido arquitetônico é ideológico. Foi por isso que os portugueses, quando começaram a construir abrigos familiares na Terra do Brasil, não adotaram o modelo das malocas dos grupos tupis que habitavam a fachada atlântica brasílica. Aqueles índios não conheciam o mesmo grau nem a mesma espécie de repressão ao corpo e às energias instintivas que vigorava nas sociedades europeias. Os ibéricos seguiam um código moral de base religiosa, que rejeitava a nudez, a promiscuidade, a poligamia, a foda na presença dos outros. Não era admissível para eles, portanto, aderir assim ao modo ameríndio de habitação e à existência maloqueira. O que materializaram então nas terras da América do Sul, em termos habitacionais, foi um partido arquitetônico católico.

Em suma: mudanças comportamentais e tecnológicas, assim como deslocamentos e alterações na cosmovisão, na *Weltanschauung*, podem decretar a inadequação ou a obsolescência de um determinado construto habitacional. E também apontar para uma nova realidade, no campo da arquitetura de residências. Hoje, por exemplo, tecnologia e ecologia andam convergindo no sentido da definição de um novo padrão residencial. O "prédio inteligente" e a "casa verde" se encontram em fase dos últimos arranjos pré-nupciais. Muita gente no mundo já está morando assim, habitando unidades residenciais ao mesmo tempo altamente tecnologizadas e ambientalmente corretas. E não é improvável que tal epitalâmio perdure a perder de vista. Por necessidade, se não por gosto.

COMPONENTE COMPORTAMENTAL

Tome-se o hábito de fumar. Hábito ou vício, não tenho certeza, por conta de minha experiência pessoal: fumei por mais de quarenta anos, chegando a consumir quatro maços de cigarro por dia – e, no dia em que parei de fumar, 2 de fevereiro de 2012 (na Bahia, dia da Festa de Iemanjá), isto não significou nenhum sacrifício para mim; pelo contrário, foi algo que fiz sem o menor esforço, com absoluta tranquilidade. Ao mesmo tempo, conheço pessoas que lutam loucamente para abandonar a prática – e não conseguem. Mas vamos ao que quero dizer. Os europeus desconheceram o tabaco até à descoberta da massa continental das Américas. Aqui, os índios fumavam. Era a "erva santa" dos tupis. Os europeus aderiram – no Brasil, para desespero dos jesuítas, que comandaram a primeira campanha antitabagista de que se tem notícia. Em vão. Todos foram ficando loucos por fumo. Não só os europeus, como os africanos. O tabaco foi a base do comércio negreiro entre a Bahia de Todos os Santos e o golfo do Benim: trocava-se fumo por gente – tabaco preto por escravo preto.

Com o tempo, o fumo – consumido em cachimbos ou sob a forma de charutos, cigarros e cigarrilhas – tomou conta do mundo. Gravou-se na literatura, da *Carmen* de Prosper Mérimée à poesia de Cesário Verde e Álvaro de Campos-Fernando Pessoa e ao romance de Italo Svevo; no cinema (quem não se lembra de *Gilda*?), na canção popular ("*I'm So Tired*", no álbum branco dos Beatles, por exemplo), nas artes visuais. E esse costume fumageiro, convertendo-se em comportamento coletivo, acabou repercutindo na prática arquitetural, como se viu no *fumoir* das casas chiques do século XIX. Era o tabaco influindo no partido arquitetônico e na decoração dessas casas. Reino do fumar como requinte. Do cenário psicanalítico à antropologia francesa. Claude Lévi-Strauss (não consigo me lembrar agora em que livro, talvez *Raça e história*): "... não podemos deixar de sentir gratidão para com os índios americanos sempre que fumamos um cigarro. O tabaco foi uma aquisição requintada que se juntou à arte de viver". Até que o fumo virou vilão. O que chegou a ser sinônimo de requinte e civilização se tornou algo a ser banido, por motivos de saúde, dos ambientes civilizados, do convívio elegante. Veio o fim progressivo até dos chamados "fumódromos" em lugares públicos (bares, salas de cinema etc.). A falência do *design* e do fabrico de cinzeiros, que tanto podiam ser de barro como de cristal. Nenhuma casa construída hoje teria um *fumoir*, a não ser por extravagância ou excentricidade do proprietário. Ou seja: o refluxo e o quase desaparecimento de uma prática comportamental afetam o visual das casas. E podemos dar muitos e diversos exemplos nessa direção.

COSMOVISÕES

Casarões erguidos pela classe dominante, nos séculos em que vigorou entre nós o modo de produção escravista, só funcionavam porque havia escravos para fazê-los funcionar. A caminho dos últimos dias da organização social assim estruturada, a paisagem principiou a se modificar. Os escravos foram progressivamente retirados de dentro das mansões. Afastados do espaço interno das casas. E se tornaram cada vez menos visíveis no campo doméstico das relações interpessoais. Veio, por fim, a Abolição. O fim do escravismo. E, com isso, as dificuldades em lidar com um tipo de casa cujo repertório técnico e configuração espacial exigiam a presença da mão de obra escrava para funcionar, do fornecimento de água à retirada do lixo e de dejetos sanitários. Só pessoas ricas (com recursos para substituir, praticamente nas mesmas funções, escravos domésticos por trabalhadores assalariados) conseguiriam manter o *modus operandi* dessas casas. Mas se afastando decididamente do modelo tradicional do sobrado escravista. Do *modelo tradicional*, bem entendido. Porque as mansões burguesas ordenavam o seu funcionamento diário quase num padrão neoescravista. De qualquer sorte, uma mansão burguesa de inícios do século

XX já não era um sobrado escravista do século XVIII. Do tempo em que a escravidão era vista como coisa natural ao tempo em que se tornou uma herança que os herdeiros procuravam dissimular, as coisas mudaram.

Gosto de dar o exemplo da escravidão por um motivo simples: o fim do sistema escravista mostra que as transformações sociais podem avançar e liquidar as coisas mais sólidas e duradouras que marcam a experiência histórica e social da humanidade. A escravidão era uma realidade de milênios, encontrável nas mais variadas formas de ordenação social e cultural das sociedades que conhecemos. Existia escravidão entre os índios das Américas, entre os negros da África, entre os árabes antigos, entre chineses, atenienses e romanos. Era algo que parecia que iria durar para sempre, vindo dos tempos das pirâmides egípcias aos últimos dias de fausto da aristocracia europeia. De repente, no mundo inteiro, num período histórico breve, que não ultrapassou duzentos anos de duração, a instituição foi varrida da face do planeta. O que nos mostra que qualquer transformação social, por maior que seja, pode ser levada a cabo pela humanidade. Assim, quando algumas pessoas me dizem que é impossível descarbonizar o funcionamento econômico do mundo, costumo responder: impossível foi acabar com a escravidão.

Se o fim do escravismo trouxe uma nova disposição residencial ao Brasil – ainda que mantendo traços básicos da ordenação doméstica escravista, dos barracos dos favelados às dependências de empregada dos apartamentos burgueses –, uma nova e grande mudança, também compulsória, se anuncia dentro do marco socioecológico em que nos movemos agora. A consciência ambiental, a aceitação compulsória de balizas e procedimentos ecológicos começam a afetar construções públicas e particulares. Hoje, com a ecologia, temos uma nova cosmovisão, que deve igualmente conduzir a novos modelos de moradia. A uma nova cidade e a uma nova casa. Com o prédio-fazenda. Com a cidade voltando a ser o seu próprio celeiro – a ter de fato a sua zona rural (*ásty* e *khôra*, como na velha Grécia), cinturão verde centrado na agricultura orgânica, fundamento de uma nova política de segurança alimentar da população. Com a proliferação de pequenas hortas domésticas (verticais, inclusive). Com casas respirando melhor e se deixando clarear e aquecer pela luz do sol. Etc.

Vamos insistir nisso. Além das pequenas hortas particulares e de jardins verticais, é possível implantar igualmente, como foi dito, prédios-plantações e prédios-fazendas de natureza comunitária ou mesmo uma agropecuária urbana de caráter empresarial. E pensar uma política pública agrícola para as cidades: avenidas com árvores frutíferas (como em Belém e Brasília, em vez das amendoeiras que impuseram em trechos do Rio e de Salvador); pomares em praças e parques; peixes em lagos urbanos etc. Uma política que deve incluir também o tópico das compras públicas – prefeituras dando prioridade à compra de produtos animais e vegetais de cooperativas, por exemplo, para o item da alimentação escolar. Terras ociosas, terras "devolutas", terras improdutivas da especulação imobiliária etc., todas estarão passíveis de serem desapropriadas e destinadas a atividades agrícolas citadinas. O aquecimento global fará solicitações drásticas: se a produção de grãos do país despencar, como se prevê, as cidades deverão se preparar para contribuir cada vez mais para a alimentação de seus moradores.

Para dizer em poucas palavras, desenha-se em nosso horizonte a perspectiva ou exigência de *agriculturalizar a cidade*. Assim como não será excessivo pensar numa futura piscicultura urbana, com lagos ou rios distribuídos pelo espaço citadino. Em suma, será necessário não só recuperar a beleza, como restaurar ou instaurar usos para terras e águas urbanas.

TECNOLOGIA E ECOLOGIA

Condicionamentos de ordem tecnológica são tão evidentes, na história do ambiente construído, que houve quem chegasse a tratar o assunto em pauta determinista. Assim como alguns falavam de determinismo climático, poder-se-ia falar de determinismo tecnológico. Mas nenhuma visão determinista dos processos culturais do mundo é sustentável. Assim como o clima obriga o fazimento de muitas coisas, também os materiais disponíveis, os métodos construtivos e o elenco tecnológico de uma época tanto permitem como proíbem iniciativas que irão repercutir na forma de nossos produtos arquitetônicos e urbanísticos. Mas não para autorizar a adoção de uma visão determinista, em consequência da própria variabilidade coetânea, "sincrônica", de tais produtos. Mesmo hoje, quando a maior parte da humanidade tem à mão um leque similar de dispositivos e recursos tecnológicos, não podemos dizer que as arquiteturas de Alvar Aalto e Vilanova Artigas coincidam, ou que as casas finlandesas e as brasileiras sejam idênticas – nem, num plano bem mais estrito, que as casas brasileiras, produzidas nas mesmas condições e circunstâncias, sejam todas iguais. O determinismo não fica de pé porque quer ignorar o que não é ignorável – a liberdade conceitual, sígnica, de que a espécie humana desfruta. A forma de uma casa não é ditada mecanicamente pelos materiais e tecnologias acionados para a sua construção. Temos sempre a inelutável presença do simbólico em cada um de nossos atos. Como diz Amos Rapoport, em *House Form and Culture*, materiais, métodos e tecnologias tornam certas decisões construtivas possíveis ou impossíveis, mas não ditam a forma da habitação. A melhor prova disso é que os mesmos materiais e tecnologias podem resultar em edificações dessemelhantes, como vemos entre diversas moradias de madeira e barro, mas também entre as de concreto e aço.

Novos materiais, como o aço, mudaram a visão, o discurso (léxis) e a práxis arquiteturais em todo o planeta. E não devemos deixar de falar aqui do vidro e do concreto. O primeiro é um caso bem interessante, porque o vidro não é um material novo na história construtiva da humanidade, mas veio a ganhar um uso inédito a partir do seu casamento com o experimentalismo arquitetônico. Era utilizado para a feitura de janelas em casas ricas do Império romano, por exemplo. E foi longamente empregado na construção de igrejas nos dias medievais, como se vê em Chartres e em Canterbury. Mas era coisa muito cara, até mais ou menos meados do século XVIII. Na sequência, vamos ter a transparência, o vidro claro – e, assim, Versalhes. Mas o que impressiona é a adoção desse novo vidro nas práticas do experimentalismo, como na Villa Savoye de Corbusier. Enfim, é possível curtir o uso magistral do vidro desde os deslumbrantes vitrais da arquitetura gótica até aos prédios aço-envidraçados de Mies van der Rohe. O vidro gerou, inclusive, fantasias metafísicas e leituras de base utópica. Bruno Taut, por exemplo, sublinhou ao extremo as possibilidades do vidro como material de construção e achou que ele acabaria provocando a emergência de uma nova cultura. "A maior parte de nós vive em recintos fechados. Esses formam o ambiente no qual cresce nossa cultura. Nossa cultura é, até certo ponto, um produto de nossa arquitetura. Se quisermos que nossa cultura se eleve a um nível superior, somos obrigados, por bem ou por mal, a mudar nossa arquitetura. E isso somente se torna possível se removermos o caráter de clausura dos recintos nos quais vivemos. Apenas podemos conseguir tal coisa através da introdução da arquitetura do vidro, que deixa entrar a luz do sol, da lua e das estrelas, não apenas através de umas poucas janelas, mas através de toda parede possível, que será feita inteiramente de vidro – de vidro colorido. O novo ambiente que criaremos deverá nos trazer uma nova cultura", diz ele. Ou seja: a história do vidro é a história de um produto antigo que se transfigura em material novo e aponta de imediato para o futuro.

O concreto é outro material antigo que se recriou, dando no "concreto armado" de tantas de nossas construções modernas e contemporâneas. Fala William J. R. Curtis, em *Arquitetura moderna desde 1900*: "O concreto havia sido empregado pelos arquitetos romanos e cristãos primitivos, mas seu uso fora abandonado durante a maior parte da Idade Média e da Renascença. Na segunda metade do século XIX o material voltou a ser plenamente explorado, mas geralmente para fins comuns, em que seu baixo custo, sua possibilidade de uso em grandes entrecolúnios e sua resistência ao fogo o recomendavam. A invenção da armadura do concreto, na qual barras de aço são inseridas para aumentar sua força, surgiu na década de 1870. Ernest Ransome, nos Estados Unidos, e François Hennebique, na França, desenvolveram isoladamente sistemas de tramas estruturais que empregavam esse princípio. Tais sistemas comprovaram sua adequação à criação de espaços de trabalho com planta livre e com grandes janelas, às quais o fogo costumava ser uma grande ameaça. O sistema de Hennebique empregava esbeltos pilares verticais, finas vigas laterais sobre mísulas e lajes de piso. O resultado lembrava uma trama de madeira, o que não surpreende, afinal as formas eram em geral feitas de madeira. Mas o concreto é o mais flexível de todos os materiais, um dos que menos determinam a forma [Niemeyer que o diga!]. Ele depende da configuração da forma e da inteligência criativa do projetista. Sem dúvida, algumas formas são mais lógicas do que outras em determinadas situações, mas o material, por si próprio, não gera um vocabulário."

Com o vidro e o concreto tínhamos já prédios de alguns andares – meia dúzia, muitos deles. Mas, para chegar ao arranha-céu, faltava uma coisa: o elevador. O centro da Paris haussmanniana enfileira prédios baixos porque não existiam elevadores até então. Quando o elevador aparece, vanguardistas como Sant'Elia demonstram tal entusiasmo que não querem o mecanismo oculto na estrutura do prédio. Querem elevadores visíveis, ostensivos. É o sonho futurista de exteriorização do maquinário que vamos reencontrar, tempos depois, na realização do Beauburg, em Paris. Enfim, a invenção do elevador elétrico e a passagem do elevador de carga ao elevador de pessoas viabilizaram a produção em massa do arranha-céu. Mas também outros equipamentos, ligados ou não a processos construtivos, lograram interferir em nossas construções. Como os sistemas de ar-condicionado. E, agora, os computadores.

Vejamos, por fim, a transfiguração da dimensão ecológica objetiva do planeta em horizonte de leitura do – e conduta no – mundo. Ecologia ou ambientalismo como nova *Weltanschauung*. Aqui, novas invenções, decisões e procedimentos tecnológicos se configuram em resposta à busca de uma reestruturação das relações entre a humanidade e a natureza. E isto já vai afetando o ambiente construído: dos terraços verdes (radicalizando a prática modernista) aos parques lineares, passando, entre muitas outras coisas, pela despoluição das águas urbanas, pelos cataventos de captação de energia eólica, por mecanismos de recolhimento das águas das chuvas (retomada das milenares casas impluviais dos iorubás e dos romanos) e pela chamada "casa verde", com placas voltadas para o céu, à procura do sol. O sentido é nítido: trata-se de reconciliar a ação humana com a realidade e os movimentos do mundo natural, em função da sobrevivência e do bem-estar da espécie. Para isso, precisamos de alta e nova produção tecnológica. É o casamento de novas tecnologias com a consciência ecológica que pode nos tirar da enrascada em que nos metemos. Que moradias podem resultar ou já estão resultando desse arranjo conjugal inédito em nossa história urbanístico-arquitetônica? É o que estamos começando a ver. E teremos casas "ambientalmente corretas" cada vez mais duráveis e eficientes em termos energéticos.

A CASA ATUAL

A sociedade brasileira terá de se empenhar, com clareza e determinação, na luta para construir um país capaz de responder objetivamente às demandas ecológicas do presente e do futuro próximo. Sabemos que não podemos confiar nas ações de nossos atuais governantes. Nesses últimos anos, os governos brasileiros têm combinado cegueira ambiental e concepção neoliberal da cidade e da governança urbana, com resultados desastrosos. É escandaloso o nosso atraso em matéria de energia solar, por exemplo, com um governo que subsidia gasolina e não dá a mínima para as fontes renováveis. E não sabemos quando parcela significativa do empresariado privado irá perceber a dimensão dos problemas que temos à frente. Enfim, o *turning point* não foi internalizado pela classe dominante e pela elite dirigente cá em nossos às vezes tristíssimos trópicos.

O caminho, no entanto, se mostra cada vez mais óbvio e incontornável. Em *Integral Urbanism*, ao sistematizar a nova visão holística do *habitat* humano, que vem tomando o lugar tanto do funcionalismo modernista quanto do escapismo pós-moderno, Nan Ellin junta ecologia e novas tecnologias. E o que vale para o plano geral da cidade, vale também para o plano específico da casa. Teremos de avançar sob o signo da ecotecnologia. O chamado "prédio inteligente" é claríssimo: o repertório tecnológico contemporâneo acionado para reduzir gastos de água e energia, por exemplo. E tudo numa contextura que não deixa de reviver a situação de Babel antes da punição bíblica: o planeta fala uma só língua – a digital: Deus e os deuses que se cuidem. Estamos vendo e vivendo a configuração de uma casa simultaneamente ecológica e tecnológica. Habitação ecotecnológica. Moradia *ecotech*. E o Brasil não pode ficar para trás nesse lance.

Por exemplo: precisamos construir casas que não só produzam energia, mas também sejam capazes de disponibilizá-la na rede, como já acontece na Alemanha. Mas resta saber, ainda, se vamos finalmente superar o modelo residencial *escravista* que se vem eternizando em nosso meio, mais de um século depois da Abolição formal do regime escravo de trabalho. Temos tudo para que isso aconteça. Mas é preciso que o Brasil se volte com vontade real para o aumento da renda dos mais pobres. Para a redução das distâncias sociais, numa cidade pensada com propósito essencialmente humano. E que a gente leve também a sério a perspectiva de uma generalização progressiva do uso de robôs: escravos tecnológicos contribuindo para o nosso bem-estar... Desse ângulo, desejemos que a perspectiva ecossocial, o avanço ecotecnológico – o acaso e todos os deuses – nos sejam propícios.

CODA

Não se trata mais somente de querer. Seremos *obrigados* a mudar, a menos que aceitemos perecer. E só vamos mudar se conseguirmos conquistar cada centímetro possível do espaço urbano para o movimento objetivo de construção de uma sociedade menos doente e uma cidade mais saudável. Para tanto, teremos, entre outras coisas, de reconquistar o solo de nossas cidades. Reconquistar – e cuidar. "Segundo o *Gênesis*, o homem (*adam*) fora criado para cuidar e zelar pelo solo (*adamah*), como o seu próprio nome, que é a forma masculina de 'solo', indica", ensina a nossa já tantas vezes citada Hannah Arendt. Mas, como não temos um só e sim vários deuses – orixás do mundo e da natureza – deveremos cuidar não só do chão, mas também do ar e das águas da cidade onde plantamos a nossa casa. Em suma: o propósito, agora, é a busca de uma cidade cujos impactos sobre o ambiente sejam os menores possíveis. Este tem de ser o objetivo central de nossas atuais realizações e dos processos de planejamento que se desenham no horizonte: reduzir (se eliminar é impossível) os efeitos negativos da antroposfera na biosfera. Daí que digamos que a cidade ideal, hoje, se converteu em cidade necessária.

E aqui me sinto levado a aproximar livremente Goethe e Heine, sugerindo um possível diálogo a partir deles. No caso de Goethe, indo à primeira cena que se desenrola no gabinete de estudo do *Fausto I*, que viria a ser citada e comentada no *Capital* de Marx. A passagem goethiana é inesquecível. Ela acontece pouco antes da primeira aparição de Mefistófeles, quando ele deixa o corpo do cão em que se disfarçara. Fausto está começando a traduzir o Evangelho Segundo João. Para e se embatuca na primeira frase: "No princípio, era a palavra" (a palavra, *das Wort*, como se lê na tradução de Lutero – diferentemente do que ocorre na Vulgata latina, em que o grego *logos* foi vertido por *verbum*). Fausto parece não saber que "a palavra" chegou a ser adorada na Antiguidade latina, num deus como o *Aius Locutius* ou *Aius Loquens* dos romanos. E refuga. Acha que começar assim é dar valor demais à palavra. Passa, então, por duas alternativas – no princípio, era o sentido (*der Sinn*) / no princípio, era a força ou energia (*die Kraft*) –, até chegar à solução maravilhosa: *Im Anfang war die Tat!* – ou: No princípio, era a ação! Temos aqui a celebração suprema da práxis, como ponto de partida de tudo, na origem do universo e da humanidade. Fausto/Goethe não concorda que todas as coisas tenham sido feitas por meio da palavra, do discurso. Na base, estaria antes a ação, a práxis. Escrevendo anos mais tarde, mas ainda naquele mesmo século XIX, Heinrich Heine como que responderia ao culto pragmático do *Fausto* – e em termos essencialmente românticos. Está no volume *Neue Gedichte*, em que lemos: *Im Anfang war die Nachtigall.* "No princípio, era o rouxinol."

Bem, temos de chegar a um acordo aqui. Sem a ação, não faremos nada. Sem o canto, para lembrar a imagem do mesmo Heine, a floresta inteira desaparecerá. Tentemos então fazer com que uma outra via seja possível, a meio caminho entre a ação e o rouxinol. Vale dizer: tentar caminhar com uma práxis que não impeça o florescimento das canções da natureza.

# Apêndice | O SIGNIFICADO DA CASA

À pergunta: qual a visão que temos hoje de nossas casas – ou da casa, de um modo geral?

Não é uma questão simples. Nem no plano da arquitetura e da engenharia, onde podemos ir do funcionalismo modernista a floreios e apliques "pós-modernos", passando pelos horríveis neopardieiros que costumam ser nossos conjuntos habitacionais populares, às vezes a meio caminho entre a senzala e o canil. Nem nos horizontes da filosofia, da psicologia ou da teoria social, onde todos acham que podem pontificar sobre tudo, não raro projetando, em plano genérico, o que não passa de particularidade histórica ou cultural, ou elegendo, como universais, suas próprias idiossincrasias. Para clarear um pouco o caminho, vamos passar os olhos por alguns autores que pensaram sobre o assunto.

Le Corbusier, por exemplo, busca a racionalidade técnica, em consonância com sua época, com a sociedade industrial moderna. Seu modelo é o avião. O avião é um prodígio, como produto industrial, porque o problema – a questão de voar – foi bem colocado. Veja-se *Por uma arquitetura*. "O avião nos mostra que um problema bem colocado encontra sua solução. Desejar voar como um pássaro era colocar mal o problema, e o morcego de Ader não deixou o solo. Inventar uma máquina de voar sem lembranças concedidas ao que quer que seja estranho à pura mecânica, isto é, buscar um plano sustentador e uma propulsão, era colocar corretamente o problema; em menos de dez anos, todo mundo podia voar". Ao se posicionar, como arquiteto, "no estado de espírito do inventor dos aviões", Corbusier considera que o "problema da casa" ainda não tinha sido colocado corretamente. Afinal, o que é uma casa? – ele se pergunta. E então, criticando "imensos telhados inúteis" e "raras janelas em forma de pequenos quadrados", além de lustres e lareiras, ele parte do mais elementar. "*Uma casa*: um abrigo contra o calor, o frio, a chuva, os ladrões, os indiscretos. Um receptáculo de luz e de sol. Um certo número de compartimentos destinados à cozinha, ao trabalho, à vida íntima". E, por analogia com o avião, sem jamais perceber o quanto sua definição era historicamente datada e antropologicamente limitada, o arquiteto é categórico: uma casa é uma máquina de morar. O que conta é a clareza – a funcionalidade ou praticidade – do construto.

Corbusier quer se prender sempre ao mais básico. Daí, a sua ênfase nos "axiomas fundamentais": cadeiras são feitas para as pessoas sentarem; a eletricidade dá claridade (lâmpadas pequenas e eficazes devem substituir os grandes candelabros cobertos de cocô de mosca); "as janelas servem para iluminar um pouco, muito, nada e para olhar para fora" (dos basculantes às grandes paredes de vidro); uma casa é feita para ser habitada (princípio que deveria ser martelado na cabeça de muitos arquitetos). A questão crucial, para os arquitetos, seria então "peneirar o passado e todas as suas lembranças através das malhas da razão, pôr o problema como o fizeram os engenheiros da aviação e construir em série máquinas de morar". O tema da construção de casas em série, a partir dos novos materiais gerados pelo mundo industrial, é recorrente nos escritos do arquiteto. "É preciso criar o estado de espírito da série. O estado de espírito de construir casas em série. O estado de espírito de residir em casas em série", diz ele. Casam-se, nesse pensamento, industrialismo e preocupação social: industrializar a construção, fabricar casas em série, máquinas de morar acessíveis a todos. Ao mesmo tempo em que abraça o cientificismo e pratica a maquinolatria, coisa corriqueira no discurso do vanguardismo estético-cultural das primeiras décadas do século passado, Corbusier inclui, no rol de seus "axiomas fundamentais", coisas nada "funcionais", desembaraçadas de fins utilitários, como a contemplação de pinturas e o espírito de família. Está certo: a mais antiga meditação e a tecnologia mais recente não se excluem. O surpreendente é um vanguardista panfletário escrever o seguinte: "A planta das casas rejeita o homem [o "ser humano"] e é concebida como guarda-móveis" – esta concepção "mata o espírito de família, de lar; não há lar, família e crianças, porque é demasiado incômodo viver". Mas é que família e lar são coisas mais complexas do que, às vezes, se quer supor – especialmente, em meios contestadores.

Não há nada de fundamental ou unilateralmente tecnicista na construção de casas em série. As malocas tupinambás eram padronizadas. Só não vinham com peças de encaixe ou elementos pré-fabricados. E Walter Gropius andou por aí, buscando mesclar técnica e humanismo. "O desejo de reproduzir uma boa forma *standard* parece ser uma função da sociedade humana, e já o era bem antes da revolução industrial", escreve ele, em *Bauhaus: novarquitetura*. Firmando o pé no campo social: "Nas camadas mais baixas da população, o homem foi degradado a uma ferramenta industrial. Eis a verdadeira razão da luta entre capitalismo e classe operária e da decadência das relações comunitárias. Agora enfrentamos a difícil tarefa de equilibrar novamente a vida da comunidade e humanizar a influência da máquina. Lentamente começamos a descobrir que o componente social pesa mais que os problemas técnicos, econômicos e estéticos que se relacionam com eles. A chave para a reconstrução efetiva de nosso mundo-ambiente – eis a grande tarefa do arquiteto – reside na nossa decisão de reconhecer de novo o elemento humano como fator dominante". Defendendo a alta função da beleza: "Satisfazer a psique humana por meio da beleza é tanto ou mais importante para uma vida civilizada quanto satisfazer a nossa necessidade material de conforto". Enquadrando a máquina: "A nova filosofia arquitetônica reconhece a importância das necessidades humanas e sociais e aceita a máquina como a ferramenta da forma moderna, que deve justamente preencher essas necessidades".

Mas o que é mesmo uma casa, para Gropius? Ele não nos diz com clareza. Não envereda por esta ou aquela definição "essencialista". A preocupação de Gropius é, sobretudo, social. De certa forma, ele se move no campo do socialismo e da social-democracia alemã (lembre-se que a cúpula do Partido Social-Democrata simpatizava com os ideias modernistas; a Bauhaus foi tratada como "ponto de reunião de socialistas radicais"; a direita promoveu o fim da Bauhaus em Weimar; e, em 1926, Mies van der Rohe fez o monumento, depois destruído, a Karl Liebknecht e Rosa Luxemburg, em Berlin). Quer resolver o problema da moradia popular. A discussão técnica e o conceito de "habitação mínima" são caminhos para isso. Ser racional, em arquitetura, é definir modos de bem abrigar a humanidade: "Racional significa literalmente razoável e inclui, em nosso caso, além das exigências econômicas, sobretudo as psicológicas e sociais. Os pressupostos sociais de uma política habitacional sadia são inegavelmente mais vitais que os econômicos, pois a economia não é, apesar de toda a sua significação, um fim em si, mas apenas um meio para o fim visado. Toda racionalização só tem pois sentido se contribuir para o enriquecimento da vida, se, traduzida para a linguagem da economia, poupar esta valiosa 'mercadoria' que é a vitalidade do povo".

Para não somar exemplos na mesma direção, vejamos McLuhan: "Visto do ar, à noite, o caos aparente da área urbana se traduz num rendilhado delicado sobre um chão de veludo." Como sempre, seduz. É um *provocateur*, um autor cuja leitura é sempre fascinante e sempre arriscada. Em meio a *insights* realmente novos, ele vai passando e repassando disparates históricos e culturais. E este misto de lucidez e engano não está ausente de suas reflexões sobre a cidade e a casa. Sua visão noturna e aérea da cidade pode ter a seguinte contrapartida: visto com os pés no chão, à luz do dia, esparramando-se por vias ásperas, com pedestres estressados, assaltantes de prontidão, consumidores de *crack* tremendo nas calçadas, motoristas irresponsáveis e agressivos, o caos urbano nada tem de aparente: é caos – mesmo. E, quando ele fala sobre a casa, está circunscrito, em termos geográficos e antropológicos. "Se a roupa é uma extensão da pele para guardar e distribuir nosso próprio calor e energia, a habitação é um meio coletivo de atingir o mesmo fim – para a família ou o grupo. Como abrigo, a habitação é uma extensão dos mecanismos corporais de controle térmico – uma pele ou uma roupa coletiva", escreve. Para acrescentar: "... a habitação é um esforço destinado a prolongar ou projetar o mecanismo de controle térmico do corpo. O vestuário ataca o problema mais diretamente, porém menos fundamentalmente, em caráter privado mais do que social. Mas tanto uma como outro armazenam calor e energia, tornando-os acessíveis para a execução de muitas tarefas, que seriam impossíveis de outra forma. Provendo de calor e energia a sociedade, a família ou o grupo, a habitação engendra novas habilidades e novo aprendizado, desempenhando a função básica de todos os outros meios [de comunicação]. O controle térmico é um fator-chave na habitação e no vestuário. A moradia do esquimó é um bom exemplo".

Bem, é uma conversa pseudoantropológica. É claro que roupa e casa podem armazenar calor e energia, proteger contra o frio, nos dar força e disposição para a realização de muitas tarefas. Mas não está nisso o que pode haver de essencial na casa. Não por acaso McLuhan se refere ao exemplo extremo dos iglus. Sua leitura da casa e do vestuário vale somente para regiões invernais. E responde a determinados constrangimentos de cultura, que se denunciam na própria imposição vestual (*remember* Oswald de Andrade, no poema "Erro de Português"). Ou seja: é um argumento geográfica, ecológica e culturalmente comprometido. Uma falácia antropológica. Os tupinambás de nosso litoral quinhentista poderiam se emplumar por vários motivos, mas nunca para armazenar calor e energia. Na verdade, andavam basicamente nus. Signos vestuais pulsavam em outras áreas semânticas e pragmáticas. Eram muito mais uma questão simbólica do que térmica. Do mesmo modo, uma casa no semiárido nordestino não existe para guardar e distribuir calor e energia. Na linha equatorial do planeta, a função básica da habitação é muito menos armazenar calor e energia do que proteger do sol e da chuva. Hoje, nos trópicos, andamos vestidos porque não nos é permitido andar nus (mas seminuas andam as moças na orla do mar). E se a função essencial do vestuário e da habitação fosse a armazenagem de calor e energia, roupas e casas evaporariam com mudanças climáticas.

Não precisaríamos ideologizar a falência da família, nem teríamos razão para teorizar sobre a obsolescência da casa.

A casa de McLuhan pode estar em Londres ou Montreal, nunca em Fortaleza ou Teresina. Nem na Cidade da Praia, no arquipélago de Cabo Verde, ou em algumas cidades do continente africano. Nesses lugares, antes que armazenar calor, a casa deve nos livrar dele. E, assim, viabilizar "a execução de muitas tarefas, que seriam impossíveis de outra forma". Daí, a importância do trato com as brisas na arquitetura tropical brasileira. Não existem varandas em iglus, que, por sinal, são feitos de gelo, não de barro. E os esquimós, quando se livram do frio, logo se deslocam. Movem-se no verão, erguendo tendas cônicas. Casas, no entanto, podem ser construídas de diversas maneiras, em função do escoamento das águas da chuva (como nos *impluvia* dos romanos ou nos *agbô ilê* dos iorubás) ou da evitação da incidência solar. Podem surgir sobre alguma estacaria, sobre pilotis, adaptando-se a caprichos topográficos, debruçando-se sobre as águas ou se protegendo de enchentes. Entre grossos galhos de árvores, também. Para não falar das casas flutuantes encontráveis no Extremo Oriente ou nas cercanias de Berlim. Das célebres *houseboats* de Hong Kong. E isso sem entrar em detalhes de outra ordem, relativos, por exemplo, aos aspectos políticos ou simbólicos da habitação. Enfim, McLuhan, encantado com suas próprias teorias, revela-se, no mínimo, estreito e apressado.

* * *

Em *Os Argonautas do Pacífico Ocidental*, ao descrever uma aldeia nas ilhas Trobriand, Bronislaw Malinowski anota que as casas mais altas e ornamentadas eram as do chefe local. Altura e decoração apareciam, ali, como signos distintivos do poder. Já em *Tristes trópicos*, Lévi-Strauss, ao falar de uma aldeia kurki da fronteira birmanesa e dos borôros brasileiros, escreve: "[...] habitações que pelo tamanho se tornam majestosas apesar da fragilidade, empregando materiais e técnicas conhecidas nossas como expressões menores, pois essas residências, mais do que construídas, são amarradas, trançadas, tecidas, bordadas e patinadas pelo uso; em vez de esmagar o morador sob a massa indiferente de pedras, reagem com flexibilidade à sua presença e a seus movimentos; ao contrário do que ocorre entre nós, estão sempre subjugadas ao homem. Em torno de seus moradores, ergue-se a aldeia como uma leve e elástica armadura; mais próxima dos chapéus de nossas mulheres que de nossas cidades: ornamento monumental que preserva um pouco da vida dos ondulados e das folhagens cuja natural espontaneidade a habilidade dos construtores soube conciliar com seu plano exigente. [...]. A nudez dos habitantes parece protegida pelo veludo herbáceo das paredes e pela franja das folhas de palmeiras: eles se esgueiram para fora de suas casas como quem se despisse de gigantescos roupões de avestruz. Os corpos, joias desses estojos de plumas, possuem formas depuradas e de tonalidades realçadas pelo brilho das pinturas e das tintas, suportes – dir-se-ia – destinados a valorizar ornamentos mais esplêndidos: as pinceladas grandes e brilhantes dos dentes e presas de animais selvagens, associados às penas e às flores. Como se uma civilização inteira conspirasse numa idêntica ternura apaixonada pelas formas, as substâncias e as cores da vida; e que, a fim de reter em volta do corpo humano sua essência mais rica, apelasse – entre todas as suas produções – para as que são duráveis ou fugazes em extremo mas que, por um curioso encontro, são seus depositários privilegiados".

Observando a aldeia borôro de Quejara, onde os índios dedicavam as noites à vida religiosa e dormiam do nascer do sol à metade do dia, o antropólogo a descreve como uma clareira margeada, de um lado, pelo rio – e, de todos os outros, por "nesgas de florestas que encobrem as roças, e que deixam à vista entre as árvores um fundo de morros com encostas escarpadas de barro vermelho". Ali, na clareira, cabanas se dispunham em círculo, numa só fileira. No centro, uma cabana bem maior que as demais: o *baitemanna-geo*, casa-dos-homens ("misto de ateliê, clube, dormitório e casa de tolerância"), "onde dormem os solteiros e onde a população masculina passa o dia quando não está ocupada com a pesca e a caça, ou ainda com alguma cerimônia pública no terreiro de dança: lugar oval delimitado por estacas no flanco oeste da casa-dos-homens. O acesso a esta é rigorosamente proibido às mulheres [casadas] [...]. Vista do alto de uma árvore ou de um telhado, a aldeia borôro é parecida com uma roda de carroça cujo círculo seria desenhado pelas casas familiares, os raios, pelas picadas, em cujo centro a casa-dos-homens representaria o mancal". Diz Lévi-Strauss que esta "planta extraordinária" era, antigamente, a de todas as aldeias. Com uma diferença. Como a população média era bem maior, as casas se distribuíam em vários círculos concêntricos, mas mantendo a *Gestalt* das aldeias circulares do grupo linguístico jê do Planalto Central brasileiro.

Aldeias circulares dos caiapós, apinajés, xerentes, canelas. Mas o significado disso é o que mais interessa. Lévi-Strauss: "A distribuição circular das cabanas em torno da casa-dos-homens é de tal importância, no que se refere à vida social e à prática do culto, que os missionários salesianos da região do rio das Garças logo aprenderam que o meio mais seguro de converter os borôros consiste em fazê-los trocar sua aldeia por outra onde as casas são colocadas em fileiras paralelas. Desorientados em relação aos pontos cardeais, privados da planta que fornece um argumento a seu saber, os indígenas perdem rapidamente o sentido das tradições, como se seus sistemas social e religioso [...] fossem complicados demais para dispensar o esquema patenteado pela planta da aldeia e cujos contornos são perpetuamente reavivados por seus gestos cotidianos". A aldeia, ao se gravar num pedaço de chão, inscreve ali uma leitura do mundo. E esta leitura é o mais relevante. Tanto é que o que mais importa, para um borôro, não é a realização física passageira de uma aldeia no corpo do mundo, mas a sua concepção sempre trasladável. Como vemos, também, entre os tupinambás e os nagôs. Ainda Lévi-Strauss: "[...] o que faz a aldeia não é seu território nem suas cabanas, mas uma certa estrutura [...] que toda aldeia reproduz". Vale dizer: a semantização de um segmento do mundo, não um conjunto reprodutível de edificações.

O que quero lembrar com isso, convocando Malinowski e Lévi-Strauss ao tablado, é que uma casa, diversamente do que pensa McLuhan, não é um mero meio de armazenagem de calor e energia. Nem pode ser reduzida, como pretendeu Le Corbusier, ao estatuto rasteira e rotineiramente mecânico de uma "máquina de morar". Uma casa pode ser menos – e é sempre mais – do que isso. É um lugar onde viver – e que pode, inclusive, ser um instrumento (além de uma base) para pensar. No polo oposto a Corbusier, o filósofo John Ruskin, por exemplo, dedicando-se a estudos sobre pintura e arquitetura, afirmou, numa declaração até algo paradoxal, já que não somos santos e deuses menos ainda: "Se os homens vivessem realmente como homens, suas casas seriam templos". Mas é uma bela frase. E, mesmo Ruskin à parte, o fato é que a casa pode ter múltiplas funções e configurações, que variam, obviamente, segundo as épocas e as formações culturais. E tanto pode ser um espaço sagrado quanto um objeto francamente dessacralizado – como o foi, no âmbito de um vanguardismo arquitetônico que muitas vezes era paradoxalmente místico, inclusive em seu culto do emprego de materiais como o vidro. Em suas projeções de "catedrais do socialismo". Em suas tentativas de antevisões de uma sociedade ideal. Lembre-se aliás que, na Bauhaus de Weimar, sob a batuta inconfundível de Johannes Itten, os alunos meditavam e faziam jejuns, com o fito de liberar energias renovadoras.

* * *

Ainda no campo da arquitetura mais inventiva, podemos estabelecer, de passagem, um contraste entre Le Corbusier e o finlandês Alvar Henrik Aalto, cuja influência no moderno fazer arquitetural brasileiro é identificada por poucos, embora ela seja visível nas criações de um João Filgueiras Lima (Lelé), por exemplo.

O lance de Corbusier está em *Por uma arquitetura*: "[...] os homens vivem em velhas casas e ainda não pensaram em construir casas para si. Gostam muito do próprio abrigo, desde tempos imemoriais. Tanto e tão fortemente que estabeleceram o culto sagrado da casa. Um teto! outros deuses lares. As religiões são fundadas sobre dogmas, os dogmas não mudam; as civilizações mudam; as religiões desmoronam apodrecidas. As casas não mudaram. A religião das casas permanece idêntica há séculos. A casa desabará".

Tenho para mim, ao contrário, que se há um campo simbólico com existência assegurada, numa sociedade futura, é aquele em cujo centro se planta o *homo religiosus*. É possível que um dia a miséria seja varrida da face da Terra. Mas o mistério, não. Pelo simples fato de que, como já se disse, é extremamente improvável que o nosso cérebro seja um instrumento realmente adequado para entender a si mesmo – ou, ainda, que a estrutura do cosmos tenha sido construída para ser compreendida pela mente humana. Sendo assim, nunca haverá como deletar de nossas vidas o espaço plenipotenciário do mito, com o seu caráter de explicação total para a totalidade dos enigmas da *Seele* e da realidade física. Com a permanência da religião e do mito, a religião da casa (vale dizer, do abrigo, da moradia como *axis mundi*) permanecerá. É por isso que, mesmo no mais das vezes materialista, considero tolice a afirmação corbusieriana. Tolice panfletária. Tolice fascinante. Mas tolice.

Bem diferente da postura de Corbusier é a posição do arquiteto Alvar Aalto. Veja-se o que escreveu Francesca La Rocca em introdução ao volume *Alvar Aalto* ("Uma Modernidade sem Fraturas"), reunindo obras do finlandês: "Não obstante sua concepção científica do projeto, existe para Aalto uma dimensão mais oculta que explica a contínua pesquisa do homem sobre a questão do habitar. 'A arquitetura', afirmou ele, 'tem um pensamento recôndito que a substancia: a intenção de criar um paraíso. É o único objetivo das nossas casas'. Por trás de cada esforço projetual digno de constituir um símbolo, está 'a vontade de demonstrar que é possível para o homem construir o paraíso na Terra'. E a casa mínima [Aalto também andava preocupado com a moradia popular, no caminho de Gropius e dos Ciam] também pode ser, em sessenta metros quadrados, o holograma do paraíso? Isso Aalto nunca pôde afirmar porque teria sido um evidente exagero. Mas essa pequena discrepância ideológica explica a importância que dará sempre não tanto aos objetos individuais e nem mesmo ao edifício como tal, mas à possibilidade de alcançar uma harmonia do viver através da dimensão poética impondo ao tempo uma pausa, colocando de lado os instrumentos de cálculo em função de uma percepção sensorial mais intimista do ambiente e uma ritualização do habitar".

Ou seja: Corbusier quer dessacralizar – Aalto, diante da perspectiva de que alguma coisa realmente se perdeu, preferiria ressacralizar. Tudo.

* * *

Mas vamos a este outro lado da moeda, ao outro rosto da lua. Em *O sagrado e o profano*, Mircea Eliade vê definida, no horizonte das "culturas arcaicas", a relação corpo-casa-cosmos. Para ele, o ser humano arcaico, o *homo religiosus*, acha que pode estar em comunicação permanente com os deuses e que participa, de modo integral, da sacralidade do mundo. O ser humano anseia por se situar num *centro*, num *axis mundi*, ali onde exista a possibilidade de comunicação com os deuses. "Sua habitação é um microcosmo; seu corpo, além disso, também o é. A homologação casa-corpo-cosmo se impõe desde logo". Eliade dá exemplos de diversos povos e lugares e cita textos védicos em defesa de sua tese. O que ele quer dizer, em resumo, é o seguinte. O corpo humano se equipara ritualmente ao cosmos, mas se assimila também à casa. Instalar-se numa casa equivale a assumir uma "situação existencial" no cosmos. A casa é réplica de nosso corpo e, ao mesmo tempo, imagem do mundo.

Eliade diz que nós, modernos, dessacralizamos a casa. Assim como o corpo do homem moderno não é mais morada dos deuses, "está privado de toda significação religiosa e espiritual", também a casa do homem moderno foi despida de seus valores cosmológicos: "a sensibilidade religiosa das populações urbanas se empobreceu sensivelmente". Ou seja: Eliade sublinha que há pelo menos duas visões bem diversas da casa – a da humanidade arcaica e a da humanidade ocidental moderna –, mesmo que a primeira se reflita na segunda: "Como a cidade ou o santuário, a casa está santificada, em parte ou em sua totalidade, por um simbolismo ou um ritual cosmogônico. Por esta razão, instalar-se em qualquer parte, construir uma póvoa ou simplesmente uma casa, representa uma decisão grave, pois a existência mesma do homem se compromete com isso. Trata-se, em suma, de criar o seu próprio 'mundo' e de assumir a responsabilidade de mantê-lo e renová-lo. Não se muda de morada com ligeireza porque não é fácil abandonar o próprio 'mundo'. A habitação não é um objeto, uma 'máquina de morar': é o universo que o homem constrói para si, imitando a Criação exemplar dos deuses, a cosmogonia. Toda construção e toda inauguração de uma nova morada equivale de certo modo a um *novo começo*, a uma *nova vida*. E todo começo repete o começo primordial em que o Universo viu a luz pela primeira vez. Inclusive nas sociedades modernas, tão largamente dessacralizadas, as festas e regozijos que acompanham a instalação de uma nova morada conservam ainda a reminiscência das ruidosas festividades que assinalavam outrora o *incipit vita nuova*". De qualquer modo, resta a diferença fundamental: nas sociedades industriais, a casa pode ser vista como uma máquina de morar, uma máquina entre tantas outras, e por isso trocamos de casa quase como trocamos de carro, roupa ou bicicleta. A sacralidade desfloresceu. O simbolismo cósmico perdeu o viço. E como poderia ser diferente? Como a casa poderia ser sagrada numa sociedade onde existem aluguéis e ações de despejo?

Veja-se ainda, mais ou menos no caminho de Eliade, na busca do significado da casa, o que nos diz o Gaston Bachelard de *A poética do espaço*. Diversamente de Corbusier e Gropius, o velho Bachelard, filósofo nostálgico e idealizante, está voltado para uma essência da moradia: "Através das lembranças de todas as casas em que encontramos abrigo, além de todas as casas em que já desejamos morar, podemos isolar uma essência íntima e concreta que seja uma justificativa para o valor singular que atribuímos a todas as nossas imagens da intimidade protegida? Eis o problema central. Para resolvê-lo, não basta considerar a casa como um 'objeto' sobre o qual pudéssemos fazer reagir julgamentos e devaneios. Para um fenomenólogo, para um psicanalista, para um psicólogo (estando os três pontos de vista dispostos numa ordem de interesses decrescentes), não se trata de descrever casas, de detalhar os seus aspectos pitorescos e de analisar as razões de seu conforto. É preciso, ao contrário, superar os problemas da descrição – seja essa descrição objetiva ou subjetiva, isto é, que ela diga fatos ou impressões – para atingir as virtudes primeiras, aquelas em que se revela uma adesão, de qualquer forma, inerente à função primeira de habitar. O geógrafo, o etnógrafo, podem descrever os tipos mais variados de habitação. Sob essa variedade, o fenomenólogo faz o esforço preciso para compreender o germe da felicidade central, seguro e imediato. Encontrar a concha inicial, em toda moradia, mesmo no castelo, eis a tarefa primeira do fenomenólogo". E – escreve Bachelard – prosseguindo: "É preciso dizer então como habitamos nosso espaço vital de acordo com todas as dialéticas da vida, como nos enraizamos, dia a dia, num 'canto do mundo'. Pois a casa é nosso canto do mundo. Ela é, como se diz frequentemente, nosso primeiro universo. É um verdadeiro cosmos. Um cosmos em toda a acepção do termo".

É neste espaço da intimidade protegida que nosso pensamento viaja. Ainda Bachelard: "[...] se nos perguntassem qual o benefício mais precioso da casa, diríamos: a casa abriga o devaneio, a casa protege o sonhador, a casa nos permite sonhar em paz". E mais: "[...] a casa é um dos maiores poderes de integração para os pensamentos, as lembranças e os sonhos do homem. Nessa integração, o princípio que faz a ligação é o devaneio

[...]. A casa, na vida do homem, afasta contingências, multiplica seus conselhos de continuidade. Sem ela, o homem seria um ser disperso. Ela mantém o homem através das tempestades do céu e das tempestades da vida. Ela é corpo e alma. É o primeiro mundo do ser humano. Antes de ser 'atirado ao mundo', como o professam os metafísicos apressados, o homem é colocado no berço da casa. E sempre, em nossos devaneios, a casa é um grande berço". Bachelard idealiza, claro, porque sua casa é uma entidade estável e sempre harmônica, melodiosa até. E é nostálgico, porque suas casas são idealmente "antigas" e ele não sabe muito bem como pensar os apartamentos – "caixas superpostas" – em que vivem os habitantes de Paris que são seus contemporâneos. Como se um apartamento não pudesse ser uma casa. Mesmo assim, tanto ele como Corbusier, cada um a seu modo, nos ensinam muitas coisas. Mas não devemos deixar de fazer a ressalva seguinte.

O esquisito (*alienado*, seria a palavra correta) é que Bachelard confessa que não sabe pensar o apartamento quando a verticalização da moradia parisiense era já, àquela altura, um processo de séculos. "Paris, muito mais compacta do que qualquer cidade anglo-saxônica, já havia se acostumado, em meados do século XVII, com prédios de apartamentos construídos com tal fim para a classe média. Apartamentos no interior de grandes edificações urbanas – os chamados *hôtels* – e até apartamentos em palácios reais eram considerados moradias típicas tanto para ricos e poderosos como para aqueles inferiores em termos sociais e políticos", lembra Joseph Rykwert, em *A sedução do lugar*. Naqueles tempos anteriores à invenção do elevador, aliás, o preço dos aluguéis variava de acordo com a maior facilidade ou dificuldade de acesso ao imóvel. Ainda Rykwert: "Muito mais concentrada do que Londres, Paris também era socialmente estratificada na vertical. Um prédio de apartamentos podia ter lojas e oficinas no andar térreo e luxuosos apartamentos de pé direito alto no primeiro andar. O preço caía à medida que se subia de andar, e pobres de toda ordem ocupavam o espaço sob a cobertura, as mansardas. Estas receberam seu nome do grande arquiteto do século XVII, François Mansart, que popularizou o telhado curvo de duas águas, que domina o perfil da maioria das cidades francesas e de muitas outras cidades europeias". Como se vê, o prédio de uso misto e socialmente mesclado não é nenhuma novidade... Mas prossigamos. De um modo geral, podemos então dizer que, enquanto Paris se fazia socialmente estratificada na vertical, Londres continuava em sua expansão horizontal, expulsando os pobres para cada vez mais longe do centro rico. Voltando a Bachelard, em vista da paisagem parisiense seiscentista já com seus prédios de apartamentos, cabe a pergunta: o que leva um fenomenólogo a se alhear assim da realidade envolvente, da textura urbana em que vive e na qual se move diariamente?

Bem. Já que citei o polonês Rykwert, vamos a um outro livro seu, *A casa de Adão no paraíso*, onde ele se lança em busca da *cabana primordial*, da casa que teria existido *in illo tempore*. De saída, postula a existência de uma cabana no Éden. Passa em revista mitos e ritos referentes à "cabana primitiva" em meio a diversos povos. E mostra sua presença em textos de arquitetura, incluindo escritos da vanguarda nas primeiras décadas do século passado. Seu ponto de partida: "O Éden não era uma floresta crescendo selvagem. Um jardim do qual o homem deveria cuidar, 'cultivar e guardar' pressupõe uma disposição ordenada de plantas em canteiros e terraços. Entre as fileiras de árvores e canteiros de flores por certo existiriam lugares para andar, sentar e conversar. Talvez os frutos das árvores fossem suficientemente variados para satisfazer todo o desejo humano, ou melhor, adâmico, pela variedade; e talvez a fermentação não estivesse entre as habilidades de Adão; entretanto, se algo como o vinho fosse introduzido no jardim, isto sugeriria jarros e copos e estes, por sua vez, armários e aparadores, e então salas, despensas e tudo o mais: uma casa, de fato. Um jardim sem uma casa é como uma carruagem sem cavalo. E, no entanto, a Escritura, tão específica sobre o ônix encontrado perto do Paraíso, nada diz a respeito dessa casa implícita que leio no texto". Mas a verdade é que, apesar do silêncio bíblico, a humanidade fala sempre dessa cabana primeira, origem da arquitetura. "Ao que parece, praticamente todos os povos [Rykwert examina ritos gregos, romanos, judaicos, egípcios e japoneses], em todas as épocas, têm demonstrado esse interesse, e o significado atribuído a esse objeto complexo não parece ter mudado muito conforme o lugar e as épocas. Na minha opinião, esse significado persistirá no futuro, com implicações permanentes e inevitáveis para as relações entre qualquer edifício e seus usuários."

Teóricos da arquitetura, de Vitrúvio a Corbusier, reconheceram, direta ou indiretamente, "a relevância da cabana primitiva, já que para muitos deles ela constituiu o ponto de referência de todas as suas especulações acerca dos elementos essenciais da arte da edificação. Tais especulações se intensificam quando a necessidade de renovar a arquitetura se faz sentir. [...]. Por outro lado, a ideia de reconstruir a forma original de todas as edificações tal 'como tinha sido no princípio', ou como foi 'revelada' por Deus ou por algum ancestral divinizado, é um elemento importante da vida religiosa de muitos povos, de modo que parece praticamente universal. Nos ritos, cabanas desse tipo são construídas sazonalmente. Tais construções têm conotações múltiplas e complexas; com frequência, identificam-se com um corpo, seja humano ou sobrenatural e perfeito, e apresentam afinidades com a terra de origem ou com todo o universo. A construção de cabanas primitivas parece particularmente associada a festividades de renovação (Ano-Novo, coroação), bem como aos ritos de passagem que marcam a iniciação e o casamento". É altamente reveladora esta convergência: tanto para grupos arcaicos quanto para Corbusier, buscando uma nova linguagem arquitetural, a cabana primitiva surge como signo da renovação: a volta às origens em função de um novo começo. Rykwert: "O desejo de renovação é eterno e inevitável. A própria persistência de tensões sociais e intelectuais assegura sua recorrência, e se a procura pela renovação sempre figurou nos ritos primitivos de mudanças sazonais ou de iniciação, foi a preocupação de reformar costumes e práticas corrompidas que guiou os teóricos [da arquitetura] em seu apelo à cabana primitiva. Tudo isso me leva a crer que ela continuará a oferecer um modelo para quem quer que se interesse pela construção, uma cabana primitiva situada permanentemente, talvez além do alcance do historiador ou do arqueólogo, em algum lugar que devo chamar de Paraíso. E o Paraíso é uma promessa, tanto quanto uma rememoração".

* * *

Em suma, de Corbusier-Gropius-McLuhan a Eliade-Bachelard-Rykwert, aprendemos: casa é tecnologia – casa é linguagem. É implantação de um objeto real em determinado espaço do mundo. E é, nesse mesmo momento, semantização ou semiotização desse espaço, feita pelo "animal simbólico" de que nos fala Cassirer, em sua *Antropologia Ffilosófica*. Mas a humanidade é isso mesmo: massa movente onde, para usar expressões androcêntricas, o *homo faber* e o *homo semioticus* nunca descolam um do outro. Cada abrigo que construímos é um retrato expressivo de nós mesmos. Pode-se, pois, falar de uma *poética da habitação*, em pelo menos dois sentidos. No sentido de uma poética do objeto construído, visto em sua materialidade, com suas linhas, ritmos e cores. E no sentido de uma poética do habitar, no campo das leituras ou interpretações que a humanidade faz do significado da habitação, quando, para lembrar Bachelard, "o espaço habitado transcende o espaço geométrico". No primeiro caso, a casa-construção. No segundo, a casa-moradia. Poéticas entrelaçáveis.

(Versão revista e ampliada de ensaio originalmente enfeixado no livro *Mulher, casa e cidade*, São Paulo, 2015.)

Impressão e acabamento

psi7 | book7
psi7.com.br   book7.com.br